Em 2 Timóteo 2.2, Paulo convoca Timóteo a mentorear futuros ministros, os quais, por sua vez, deveriam transmitir o legado apostólico à medida que treinassem novos obreiros. Seguindo essa linhagem e missão e contando com uma experiência de mais de quatro décadas — 35 anos em uma única igreja —, Phil Newton tem se esmerado em traçar para vocacionados e ministros um mapa acessível e completo da árdua e longa tarefa de conduzir as ovelhas do Senhor do cativeiro às terras de Emanuel. Este livro é um precioso guia que aborda desde a identidade e o trabalho do pastor até a crucial conclusão de delegar o cuidado do povo de Cristo a outro conservo.

Vinicius Musselman Pimentel
Pastor na Igreja Batista da Graça (São José dos Campos, SP); editor-chefe na Editora Fiel

As próximas gerações olharão para os nossos tempos e perceberão como o advento da internet modificou radicalmente o ministério pastoral. Os "bons" pastores, em nossos tempos, são os relevantes, influenciadores, engajados nas redes sociais e que são capazes de "pastorear" à distância seus milhares de seguidores. Verão que nos confundimos quanto ao nosso rebanho específico (At 20.28) e quanto ao tipo de "trabalho" (fadiga) que é esperado de nós (1Ts 5.12). Neste livro, Phil Newton nos traz de volta aos fundamentos do ministério pastoral: pastores que reflitam o tipo de pastoreio de Yahweh (Sl 80.1), definindo-se por realizações das promessas divinas (Jr 23.4-6) e, principalmente, sendo pastoreados por Cristo enquanto pastoreiam pessoas (1Pe 5.4). É por isso que precisamos deste livro; afinal, "destruídos os fundamentos, que poderá fazer o justo?" (Sl 11.3).

Thiago Guerra
Pastor na Igreja da Trindade (São José dos Campos, SP); diretor executivo da Coalizão pelo Evangelho

O ministério pastoral está em crise, sobretudo por conta de uma compreensão deficiente sobre as qualificações e atribuições de um pastor, bem como sobre sua relação com a igreja local. Tendo em vista a estreita conexão entre o ministério pastoral e a vida da igreja, fortalecer o pastorado é essencial para a edificação do povo de Deus. Neste precioso livro, o Dr. Phil Newton aborda 40 questões importantíssimas sobre o pastorado à luz das Escrituras e o faz como um homem experiente no ofício de cuidar de almas. O leitor tem em mãos um dos melhores livros sobre o assunto, uma obra de referência para pastores e líderes. Cada página é uma fonte de instrução, exortação e encorajamento. Recomendo com entusiasmo.

Judiclay Santos
Pastor na Igreja Batista do Jardim Botânico (Rio de Janeiro, RJ); diretor da Pro Nobis Editora

Como eu gostaria de ter lido este livro quando iniciei meu ministério pastoral, há 45 anos. Phil Newton oferece uma sabedoria prática que ajudará pastores experientes e novatos. Será um encorajamento especial aos pastores iniciantes. Os 40 capítulos do livro cobrem toda a gama de questões que pastores enfrentam. Dr. Newton oferece uma sabedoria comprovada, bíblica e prática. Espero que você compre dois exemplares — um para ler e outro para dar a um jovem pastor. Excepcional!

Dr. Ray Pritchard
Presidente do Keep Believing Ministries

Imagine poder sentar e conversar com um amigo que pastoreou fielmente por mais de 40 anos e, em uma série de encontros, ter a chance de ouvi-lo compartilhar as Escrituras, bem como suas experiências e aprendizados. Phil Newton é meu amigo e mentor no ministério, de maneira que posso ouvir sua voz enquanto leio estas páginas. Neste livro, Phil se coloca ao lado de pastores para falar sobre tudo, desde como superar seu primeiro ano, lidar com a oposição e cuidar de sua própria alma até planejar uma série de sermões e avaliar quando pode ser a hora de sair de uma igreja. Estou certo de que esse recurso será um veículo de grande encorajamento para outros pastores!

Matt Mason
Pastor sênior da The Church at Brookhills
(Birmingham, EUA)

Com mais de 40 anos de experiência, Phil Newton está bem preparado por Deus para formular e responder às 40 perguntas contidas neste volume. As respostas são biblicamente fundamentadas e teologicamente estruturadas, ricas em exemplos daqueles que pastorearam antes de nós, além de serem o resultado de longas e até mesmo dolorosas experiências do autor. Talvez o mais importante, ele nos lembra, seja que o amor é a marca do ministério pastoral — algo que nenhum de nós se pode dar ao luxo de esquecer ao servir a noiva de Cristo. Por todo o livro, Newton revela que está sempre ciente da esperança da Igreja (Jesus Cristo) e da missão dela (fazer discípulos). Vale muito a pena lê-lo e tê-lo como uma obra de consulta.

Dr. Richard A. Shenk
Diretor de programas de graduação não
tradicionais; professor adjunto de Teologia
no Bethlehem College & Seminary

Você tem em mãos um dos livros mais importantes que já li sobre a praticabilidade do ministério pastoral. Além disso, não conheço um pastor melhor, mais sábio e mais experiente para escrever uma obra como essa do que Phil Newton. Ele viveu o conteúdo destas páginas durante quatro décadas de ministério fiel e se tornou um modelo para outros pastores durante esse processo. *Introdução à Prática Pastoral* é de fácil acesso, profundamente bíblico e muito prático. Precisa ser lido e relido por todo pastor novato, assim como pelo pastor mais experiente que precisa de um lembrete claro e convincente do chamado, do plano e do desígnio de Deus para suas ovelhas. Recomendo com entusiasmo este livro e o homem que o escreveu.

Brian Croft
Pastor sênior da Auburndale Baptist Church; fundador do ministério Practical Shepherding; membro sênior do Church Revitalization Center (The Southern Baptist Theological Seminary)

Combinando ricas perceções de anos de experiência pastoral com uma abordagem teológica e bíblica do ministério, Phil Newton fornece aos leitores uma importante contribuição. Os ministros não precisam concordar com as convicções teológicas e eclesiológicas de Newton para se beneficiarem da leitura deste manual ponderado e prático sobre o ministério pastoral. *Introdução à Prática Pastoral* será um recurso valioso e um guia útil para pastores em vários estágios de seus ministérios. Tenho o prazer de recomendar este belo trabalho.

David S. Dockery
Presidente da International Alliance for Christian Education; professor egrégio de Teologia no Southwestern Seminary

Quer alguém seja um pastor experiente, quer seja um pastor iniciante, ter um instrutor ministerial é extremamente útil — alguém a quem possamos fazer perguntas, de quem possamos receber conselhos em situações complicadas do ministério. Em *Introdução à Prática Pastoral*, você tem a voz de um pastor-instrutor experiente, alguém que seguiu Jesus em meio aos desafios do ministério e que oferece conselhos sábios sobre os questionamentos mais comuns que tenhamos. Phil Newton produziu uma mina de ouro de sabedoria pastoral. Este livro deve servir de consulta para pastores em todas as etapas do ministério. Eu sei que o tirarei de minha prateleira várias vezes para ouvir meu instrutor ministerial!

Dr. Sean Michael Lucas
Pastor sênior da Independent Presbyterian Church (Memphis, EUA); professor egrégio de História da Igreja no Reformed Theological Seminary

Uma coisa são líderes cristãos serem admirados de longe; outra é que os co-pastores de um ministro e uma multidão de pastores de outras congregações de sua cidade o considerem um exemplo vivo de pastor fiel à Escritura. Pela graça de Deus, o Dr. Phil Newton é um homem assim. Em *Introdução à Prática Pastoral*, você lerá com grande proveito o que eu e muitos outros pastores experimentamos em primeira mão ao lado de Phil, dentro e fora do ministério. Esse irmão é um ninja pastoral.

Nos últimos 20 anos, Phil e eu nos tornamos amigos queridos. Quando passo um tempo com ele, saio sabendo que ele ama Jesus, ama as igrejas locais e a mim também. Neste livro, ele transmite aos colegas pastores não apenas o Evangelho de Deus, mas também sua própria vida (1Ts 2.8).

Pastores, pelo amor de Cristo, eu os desafio a digerirem em oração este conselho abundantemente sábio de um médico de almas experiente, cujos olhos, por décadas, têm estado fixos no Maravilhoso Conselheiro.

Jordan Thomas
Pastor da Grace Church (Memphis, EUA)

Desde que comecei no ministério pastoral, Phil Newton compartilhou generosamente sua enorme sabedoria comigo e me encorajou ao longo do caminho. Alegro-me ao ver no mercado a obra *Introdução à Prática Pastoral*, por meio da qual o conhecimento e a sabedoria bíblicos de Phil estão agora disponíveis a muitos outros. Este livro, doutrinariamente sólido, é um tesouro de sabedoria e de discernimento, resultado do estudo cuidadoso e da fidelidade de Phil através dos desafios e das alegrias do ministério pastoral. Se você é pastor, deseja ser pastor ou simplesmente quer entender melhor o que as Escrituras ensinam sobre esse ofício bíblico, leia este livro. Ao fim, mantenha-o por perto, pois desejará recorrer à sabedoria desta obra nos próximos anos.

Josh Manley
Pastor sênior da RAK Evangelical Church (Ras al Khaimah, Emirados Árabes Unidos)

Pastorear parece estar ficando mais difícil, não mais fácil. Consequentemente, agora mais que nunca, é uma necessidade que pastores tenham colegas mais experientes no ministério a quem possam recorrer com questionamentos. Phil Newton, um pastor humilde e experiente, com um ministério longo em uma igreja local, escreveu *Introdução à Prática Pastoral* para ajudar a responder algumas dessas questões. Quer você seja um pastor novato ou experiente, quer seja jovem ou idoso, quer pastoreie sozinho ou junto com outros pastores, você se beneficiará das respostas do autor. Então, pegue este livro e deixe o pastor Newton encorajá-lo.

Juan R. Sanchez
Pastor sênior da High Pointe Baptist Church (Austin, EUA)

Pastores são chamados por Deus para servir o povo de Deus. Pastores transformam-se em servos fiéis e eficazes por meio da compreensão das próprias responsabilidades que esse chamado lhes atribui. Ser orientado por um pastor experiente, que aceita com alegria sua tarefa, é algo fundamental no desenvolvimento do pastor. Phil Newton levanta

40 questões essenciais sobre o ministério pastoral e procurar respondê-las bíblica, teológica e praticamente. Suas respostas, sábias e cativantes, foram forjadas durante mais de 35 anos de serviço como pastor. Admiro seu ministério há mais de 20 anos. Phil sabe não apenas ser um pastor, como também anda com o Sumo Pastor. Não consigo pensar em uma pessoa melhor para orientar aqueles que são chamados para o ministério pastoral, estejam eles no início da trajetória ou servindo há anos. Todos serão beneficiados com *Introdução à Prática Pastoral*.

Keith Whitfield
Professor associado de Teologia no Southeastern Baptist Theological Seminary

Neste livro, há algo para pastores em cada estágio do ministério. Para o futuro pastor, há um roteiro que lhe mostra o que está por vir. Para o jovem pastor, há sabedoria para ajudá-lo quando as águas ficarem difíceis de navegar. Para o pastor veterano, há ajuda para saber qual caminho seguir. Esta obra será leitura obrigatória para todos os meus estagiários pastorais a partir de agora. Meu amigo de longa data Phil Newton é uma voz confiável, que conhece todos os buracos da estrada do ministério pastoral, pois teve de passar por todos eles nessas décadas de liderança fiel na igreja local.

Jeff Robinson
Pastor principal na Christ Fellowship Baptist Church (Louisville, EUA)

Quando comecei a ler *Introdução à Prática Pastoral*, larguei meu marca-texto. Ao perceber que estava sublinhando praticamente tudo, cheguei à conclusão de que destacar tudo seria destacar nada. Percebi rapidamente que esta obra havia sido escrita com uma pena mergulhada no próprio sangue do autor. Foi redigida a partir da sabedoria de quatro décadas de ministério pastoral fiel, tempo de caminhada íntima com Cristo. Como ocorre em um sermão expositivo típico de

Phil Newton, cada palavra neste livro é importante. Você não pode compor uma obra como *Introdução à Prática Pastoral* como resultado de um projeto de pesquisa. Escrever um livro de memórias e manual de pastoreio bíblico como este em particular leva uma vida inteira. Phil revela detalhadamente o que as Escrituras ensinam a respeito do ministério, incluindo reflexões básicas sobre pastorado, desenvolvimento e saúde pastorais, além de práticas ministeriais. Em cada uma dessas categorias, o autor traz exemplos bíblicos, históricos e pessoais que demonstram os princípios bíblicos e teológicos atemporais descritos. Raros recursos desse tipo contemplam o equilíbrio entre graça e verdade, admoestação e encorajamento. Enquanto mantém o alto padrão que as Escrituras estabelecem para o ministério pastoral, Phil também expressa as promessas de graça e de provisão divina àqueles que Deus chama.

No molde de clássicos como *O Pastor Aprovado*, de Richard Baxter, e *Lições aos Meus Alunos*, de C. H. Spurgeon, as gerações precisam de alguém para assumir a responsabilidade de escrever um manifesto pastoral bíblico e atemporal. Louvo ao Senhor pelo fato de que Phil Newton esteja entre os que assumiram esse fardo em prol de nossa geração e das gerações futuras, se o Senhor tardar. Caros pastores, não apenas folheiem este livro, mas também vivam com ele e permitam que ele os leve a depender mais profundamente do perfeito Sumo Pastor, o qual não precisa de manual de instruções.

Brad Walker
Pastor sênior da First Baptist Church of
Sparta (Tennessee, EUA)

INTRODUÇÃO À
PRÁTICA PASTORAL

PHIL A. NEWTON

Dados Internacionais de Catalogação na Publicação (CIP)
(Câmara Brasileira do Livro, SP, Brasil)

Newton, Phil
  Introdução à prática pastoral / Phil Newton ; [coordenação Gisele Lemes ; tradução Jorge Camargo]. -- São José dos Campos, SP : Editora Fiel, 2025.

  Título original: 40 questions about pastoral ministry.
  ISBN 978-65-5723-390-0

  1. Teologia pastoral I. Lemes, Gisele. II. Título.

24-242444   CDD-253

Índices para catálogo sistemático:

1. Teologia pastoral : Cristianismo   253

Eliete Marques da Silva - Bibliotecária - CRB-8/9380

Introdução à prática pastoral
Traduzido do original em inglês
40 questions about pastoral ministry
Copyright © 2021 por Phil Newton. Todos os direitos reservados.

■

Originalmente publicado em inglês por Kregel Academic,
Grand Rapids, Michigan, EUA.

Copyright © 2022 Editora Fiel
Primeira edição em português: 2025

Todos os direitos em língua portuguesa reservados por Editora Fiel da Missão Evangélica Literária.

PROIBIDA A REPRODUÇÃO DESTE LIVRO POR QUAISQUER MEIOS, SEM A PERMISSÃO ESCRITA DOS EDITORES, SALVO EM BREVES CITAÇÕES, COM INDICAÇÃO DA FONTE.
Os textos das referências bíblicas foram extraídos da versão Almeida Revista e Atualizada, 2ª ed. (Sociedade Bíblica do Brasil), salvo indicação específica.

■

Diretor: Tiago J. Santos Filho
Editor-chefe: Vinicius Musselman Pimentel
Coordenadora Gráfica: Gisele Lemes
Editor: André G. Soares
Tradutor: Jorge Camargo
Revisor: Virginia Neumann
Diagramador: Luís de Paula
Capista: Luís de Paula

ISBN brochura: 978-65-5723-390-0
ISBN e-book: 978-65-5723-391-7

Caixa Postal 1601
CEP: 12230-971
São José dos Campos, SP
PABX: (12) 3919-9999
www.editorafiel.com.br

Para
Kelly
Andrew
John
Lizzy
Stephen

"Eis que os filhos são um presente do Senhor." (Sl 127.3)

SUMÁRIO

Prefácio 17
Introdução 19
Abreviaturas 23

PARTE 1: Considerações fundamentais
  1. O que é um pastor?. 27
  2. O que se entende por ministério pastoral? 37
  3. Que qualidades essenciais devem estar presentes em um pastor?. 51
  4. Como a vida e o ministério de Jesus marcam o pastor? 61
  5. Por que a pluralidade pastoral é melhor para a saúde da igreja do que pastores solitários? 71

PARTE 2: Desenvolvimento e saúde do pastor
  6. Pastores podem permanecer espiritualmente saudáveis ao longo de seu ministério? 85
  7. Como os pastores podem cuidar de sua vida espiritual?. . . .95
  8. Como os pastores podem fortalecer seu casamento? 107
  9. Como os pastores podem pastorear sua família?   117
  10. Pastores precisam de pastoreio?. 129
  11. Como os pastores podem lidar com os desencorajamentos no ministério pastoral? 139
  12. Como os pastores perseveram em seu ministério? 147

13. Como as relações interpastorais fortalecem a perseverança no pastorado?. 157

PARTE 3: Práticas pastorais
14. Qual é o objetivo bíblico do ministério pastoral?. 169
15. Como deve ser o primeiro ano de pastoreio?. 179
16. Como a prática de não "esmagar a cana quebrada" deve moldar o ministério?. 187
17. Quais são os principais perigos a serem evitados no ministério pastoral?. 197
18. Como o pastor deve lidar com a oposição?. 209
19. Como o pastor lidera uma reunião de presbíteros?. 217
20. Como o pastor pode orientar futuros pastores e líderes? . 227

PARTE 4: Pregação pastoral
21. O que distingue pregar pastoralmente de simplesmente pregar?. 237
22. O que o pastor deve ensinar para sua congregação?. . . . 247
23. Como o pastor prepara uma exposição pastoral?. 259
24. Por que o pastor deve pregar todos os livros da Bíblia? . . 271
25. Como o pastor deve decidir qual livro pregar para sua congregação?. 283
26. Como o pastor deve liderar a congregação no culto?. . . . 293
27. Como o pastor deve conduzir funerais?. 305
28. Como o pastor deve conduzir cerimônias de casamento?. . 315

PARTE 5: A igreja e o ministério pastoral
29. O que é a igreja?. 327
30. Que tipo de autoridade as Escrituras dão ao pastor de uma igreja local?. 339
31. Como o bom ministério pastoral está diretamente ligado a uma eclesiologia saudável?. 351
32. Quanto tempo o pastor deve esperar para fazer mudanças no ministério da igreja?. 359

33. Como o pastor deve liderar a congregação na prática da disciplina na igreja?. 371
34. Como o pastor deve liderar a mudança de regime e de estrutura da liderança?. 381
35. Por que o pastor deve liderar a reforma das práticas de membresia de uma igreja?. 391
36. Como o pastor pode identificar o ritmo certo da revitalização da igreja?. 401
37. Como o pastor deve ajudar a congregação a enfrentar o sofrimento?. 411
38. Como o pastor deve liderar a igreja a fim de ela se engajar em missões internacionais?. 419
39. Como saber quando terminar um ministério e fazer a transição para outro?. 429
40. Por que o pastor deve almejar pastorados longos? 437

Bibliografia selecionada. 445

PREFÁCIO

Matt McCullough

Quando eu estava na faculdade, com 18 anos, pouco conhecimento e ainda menos experiência, Phil Newton e os membros da Igreja Batista de South Woods abriram suas vidas para mim. Não é exagero dizer que aqueles dois verões mudaram minha vida. Como estagiário, tive acesso aos bastidores do funcionamento de uma igreja local saudável e observei com atenção a vida e o ministério de um pastor fiel, que ama seu povo, que ama a Palavra de Deus e cuja alegria é fazer uma ponte entre esses dois amores, em público e em particular.

Acompanhei tudo que ali acontecia naqueles dois verões. Ganhei alguma prática também, tentando achar meu caminho através de alguns dos meus primeiros sermões. Ao longo da jornada, fiz muitas perguntas. Muitas e muitas perguntas. As respostas que Phil me deu continuam a moldar meu ministério ainda hoje. E o que eu amo neste livro é que ele dá a você a mesma chance que eu tive de aprender com esse irmão fiel. Ler esta obra foi como fazer uma viagem no tempo.

Há muitas razões pelas quais este livro será uma adição útil à sua biblioteca pastoral. Esta obra é uma ferramenta, um livro de consulta. A estrutura e o formato tornam o conteúdo acessível de forma rápida e fácil. As perguntas são bem escolhidas e bem estruturadas. São questionamentos reais que, mais cedo ou mais tarde, repercutirão no seu dia a dia. Além disso, as respostas são consistentemente úteis e concisas.

Porém, a principal razão pela qual acredito que este livro lhe será útil é que, por meio dele, você aprenderá sobre o ministério com Phil Newton. Você encontrará aqui os mesmos três elementos que mais apreciei no meu tempo como seu estagiário e que tenho apreciado em sua amizade desde então.

Primeiro, você encontrará uma tremenda bibliografia pastoral. Phil passou sua carreira debruçado sobre as riquezas da tradição pastoral reformada. Nas respostas presentes nesta obra, você verá os apanhados que ele fez sobre cada assunto e, acredito, aprenderá a amar esses professores como ele os ama.

Segundo, você encontrará um estudo cuidadoso do que a Bíblia diz sobre o ministério pastoral. Phil vai além de se basear em sua própria sabedoria. Nossa única esperança de frutificação no trabalho que Deus nos concedeu depende de seguirmos a orientação que ele nos deu em sua Palavra. Em suas respostas, Phil nos leva de volta às Escrituras. E, ao longo do caminho, este livro nos ajudará a construir uma teologia bíblica e robusta do ministério.

Finalmente, você conseguirá perceber o benefício de uma vida inteira de experiência pastoral. Eu disse que Phil se baseia na Palavra de Deus, e não em sua própria sabedoria, mas, nestas páginas, também há muita sabedoria conquistada a duras penas. Por quatro décadas, ele praticou o conselho de todos esses livros pastorais. Por quatro décadas, confiou na orientação da Palavra de Deus. E ele fez tudo no ritmo diário e semanal — devo dizer "correria"? — de um ministério pastoral como o seu e o meu. Você perceberá. Phil é um guia que esteve lá.

Então, se você é um jovem pastor que precisa de um aliado ou um pastor que esteja à procura de recursos para ajudá-lo a treinar outros, saiba que este é um livro que pode usar. Eu certamente o farei.

INTRODUÇÃO

Passei a maior parte da minha vida pastoreando quatro igrejas, de 1978 até hoje. Todas eram muito diferentes. Cada uma precisava de um ministério pastoral comprometido. Por vezes, não tive ideia de como lidar com oposição, reforma do culto, pregação pastoral, desenvolvimento de líderes, enfrentamento do desânimo ou mudança política, entre dezenas de outros assuntos. Pastores experientes muitas vezes vinham em meu auxílio para responder perguntas (fiz mais de 40, com certeza!). Outras vezes, boas biografias pastorais trouxeram luz — as de Edwards, Spurgeon e Lloyd-Jones, por exemplo. Ainda em outras ocasiões, a Palavra de Deus e a oração me levaram do dilema à alegria tranquila. Durante todo o tempo, senti a fidelidade de Deus e minha fraqueza, enquanto aprendia o que significava pastorear o rebanho.

Por anos, tenho respondido perguntas de pastores sobre uma variedade de problemas enfrentados na vida e no ministério. Assim como neste livro, uma combinação de exegese bíblica, teologia pastoral e experiência moldou minhas respostas. O ministério pastoral tem seu fundamento na Palavra de Deus, desenvolve-se na reflexão teológica e é aplicado no contexto do pastor e da congregação. Consequentemente, para investigar o ministério pastoral, este livro trabalha por meio das Escrituras, considera implicações teológicas e faz ilustrações a partir da experiência pessoal. É claro que 40 perguntas e respostas não esgotam o tema do trabalho pastoral, mas fornecem uma boa estrutura para os problemas enfrentados pelos pastores.

As cinco seções do livro conferem aos leitores um meio de afunilar as respostas acerca do ministério pastoral. A Parte 1, *Considerações fundamentais*, delineia o que significa ser um pastor, com atenção ao caráter e às qualidades necessárias ao trabalho espiritual. A segunda seção, *Desenvolvimento pastoral e saúde*, aborda uma visão de longo prazo, conduzindo pastores a caminhos que deem atenção à caminhada pessoal, ao casamento, à família, a relacionamentos e práticas de perseverança. A Parte 3, *Práticas pastorais*, identifica como um pastor deve *pastorear* o rebanho, lidar com a oposição e treinar líderes. A quarta seção, *Pregação pastoral*, que traz o cerne do ministério pastoral, mostra que as reuniões comunitárias devem ser centradas no Evangelho. A última seção, *A igreja e o ministério pastoral*, começa tratando da natureza da igreja e, depois, segue rumo ao desenvolvimento de práticas eclesiásticas saudáveis. Cada pergunta ajuda os pastores a enfrentarem os desafios do ministério.

Em meu estudo de passagens referentes e alusivas ao ministério pastoral, estou convencido de que o ofício pastoral é dado pelo Senhor aos homens. Embora certamente não exclua áreas ministeriais para as muitas mulheres fiéis e piedosas que servem de inúmeras maneiras na igreja, minha convicção nesta obra é que são os homens que têm responsabilidade pastoral. Sou grato a muitas mulheres que serviram a Cristo de várias maneiras nas igrejas das quais fiz parte. Sua influência e discernimento são um presente especial de Deus para mim e outros pastores que servem comigo.

Escrevi boa parte deste livro durante uma licença médica, pois precisei isolar-me para uma quimioterapia. De muitas maneiras, ele serviu de bálsamo para minha vida mental e espiritual enquanto meu corpo sofria. Sou grato à congregação e aos presbíteros da Igreja Batista South Woods, localizada na cidade de Memphis, no estado norte-americano do Tennessee, por seu amor e apoio durante todo o meu ministério, mas especialmente durante esses dias mais desafiadores. Eles deram exemplo de como cuidar de seu pastor.

Ao terminar cada pergunta, eu a encaminhava a Matt Sliger, Chris Spano, Raymond Johnson e Tom Tollett, que gentilmente liam os rascunhos, oferecendo correções, fazendo sugestões e me estimulando. Embora as deficiências restantes sejam minhas, o investimento e as percepções pastorais desses amados irmãos aperfeiçoaram o que você lerá. Obrigado, queridos! Vários pastores locais criaram oportunidades para testar grande parte do material do livro — entre eles, Jordan Thomas, Jeremy Wright, Ben Williams e Nathan Sawyer. Meus profundos agradecimentos a Matt Gentry e Joey Newton pela ajuda na edição. Debbie Jones auxiliou-me de inúmeras maneiras. Por meio de muita discussão, meus colegas presbíteros e estagiários pastorais aprimoraram muitas das ideias apresentadas.

Há muito tempo, aprecio a erudição e os escritos que Ben Merkle legou à igreja. Sou grato por trabalhar com ele como editor da série *40 Questions*. Com este livro, é a quarta vez que trabalho com a Kregel Publications. Dennis Hillman fez as coisas andarem nesta obra, mas, depois, se aposentou e a passou às mãos muito capazes de Laura Bartlett. Robert Hand e Bethany Murphy dedicaram-se às melhorias editoriais. Sou grato a todos vocês pelo profissionalismo, comunicação confiável e amizade.

Karen, minha esposa, ouviu minhas reflexões sobre várias questões, apoiou-me ao longo do processo de escrita desta obra e me encorajou quando me senti cansado demais para escrever. Eu não teria ido longe no ministério pastoral sem seu amor constante e perseverança fiel.

Assim como Karen, meus filhos viveram comigo o conteúdo desta obra. Eles, na qualidade de filhos de pastor, experimentaram os altos e baixos do ministério pastoral, as alegrias e tristezas, os triunfos e perdas. Durante todo o tempo, continuaram amando-me e encorajando-me. Nesta época difícil da vida, eles têm sido uma base que me impede de afundar. Obrigado, Kelly, Andrew, John, Lizzy e Stephen! Espero que a jornada tenha deixado lembranças maravilhosas e o exemplo fiel de seguir a Cristo em todas as coisas. Este livro é dedicado a vocês.

ABREVIATURAS

ANF	ROBERTS, Alexander; DONALDSON, James (orgs.). *Ante-Nicene Fathers*: the Apostolic Fathers with Justin Martyr and Irenaeus, ed. Cleveland Coxe. Edição original: 1885. Peabody: Hendrickson, 2004.
AT	Antigo Testamento
BECNT	Baker Exegetical Commentary on the New Testament
BDAG	BAUER, W. et al., orgs. *Greek-English Lexicon of the New Testament and Other Early Christian Literature*. 3ª ed. Chicago: University of Chicago Press, 2000.
BDB	BROWN, F.; DRIVER, S.; BRIGGS, C. (orgs.). *A Hebrew and English Lexicon of the Old Testament*. Oxford: Clarendon, 1906.
BST	The Bible Speaks Today
BTCP	Biblical Theology and Christian Proclamation
Calvino	CALVINO, João. *A instituição da religião cristã*. Tradução de Carlos Eduardo Oliveira e José Carlos Estêvão. São Paulo: Ed. Unesp, 2008. 2 vols.
CSB	Christian Standard Bible
DITAT	HARRIS, R.; ARCHER JR., G.; WALTKE, B. (orgs.). *Dicionário Internacional de Teologia do Antigo Testamento*. São Paulo: Vida Nova, 1998.
EDT	ELWELL, Walter A., org. *Evangelical Dictionary of Theology*. 2ª ed. Grand Rapids: Baker Academic, 2001.
ESV	English Standard Version.
GNT	Good News Translation
HCSB	Holman Christian Standard Bible
JETS	*Journal of the Evangelical Theological Society.*
LEKGNT	ROGERS JR., Cleon L; ROGERS III, Cleon L. *The New Linguistic and Exegetical Key to the Greek New Testament*. Grand Rapids: Zondervan, 1998.

LNTS	Library of New Testament Studies
NASB	New American Standard Bible
NDITEAT	VANGEMEREN, Willem A. (org.). *Novo Dicionário Internacional de Teologia e Exegese do Antigo Testamento*. São Paulo: Cultura Cristã, 2019. 5 vols.
NICNT	New International Commentary on the New Testament
NIDNTTE	SILVA, Moisés (org.). *New International Dictionary of New Testament Theology and Exegesis*. Grand Rapids: Zondervan, 2014. 5 vols.
NIGTC	New International Greek Testament Commentary
NIV	New International Version
NKJV	New King James Version
NSBT	New Studies in Biblical Theology
NT	Novo Testamento
NTC	New Testament Commentary
PNTC	Pillar New Testament Commentary
PTW	Preach the Word
REC	Reformed Expository Commentary
RSV	Revised Standard Version
SBL	Studies in Biblical Literature
SSBT	Short Studies in Biblical Theology
TDNT	KITTEL, G.; FRIEDRICH, G. (orgs.). *Theological Dictionary of the New Testament*. Tradução de Geoffrey W. Bromiley. Grand Rapids: Eerdmans, 1964-1976. 10 vols. _____. *Dicionário internacional de teologia do Antigo Testamento*. São Paulo: Vida Nova, 1998.
WBC	Word Biblical Commentary

PERGUNTA 1
O QUE É UM PASTOR?

Quando calouro na faculdade, meu coração ardia por pastorear o rebanho de Deus. Tendo sentido o chamado dele ao ministério cinco anos antes, esse chamado começou a se estreitar. À época, eu servia em uma equipe pastoral, discipulando jovens e adolescentes. Ao fazer o trabalho pastoral, meu chamado ficou mais claro. Embora visse apenas as margens do ministério, meu espírito saltou de alegria com a chance de pastorear os membros de nossa igreja à saúde espiritual.

Se você me perguntasse: "o que é um pastor?", eu provavelmente teria dito: "um pastor de ovelhas". Claro, isso está correto, já que o termo "pastor", que derivou do latim "pastorem", significa "pastor de ovelhas".[1] Quando nos referimos a um cargo de liderança na igreja, usamos o termo metaforicamente (não queremos falar do verdadeiro pastoreio de ovelhas). Ao longo dos séculos, governos e grupos religiosos usaram o nome "pastor de ovelhas" para se referir a alguém que os governa, lidera ou cuida deles. A Bíblia também usa o termo de modo metafórico. Como isso se relaciona com a pergunta "o que é um pastor?".

---

1 "Pastor", *Dicionário de Etimologia da Língua Portuguesa*. Disponível em: <https://delpo.prp.usp.br/~delpo/consulta/consulta_hiperlema.php?hiperlema=pastor>. Acesso em: 09/10/2023.

A metáfora "pastor de ovelhas"

A cultura do Antigo Oriente Próximo e as Sagradas Escrituras usam o nome "pastor de ovelhas" metaforicamente com regularidade.[2] Ao considerá-lo uma metáfora, Timothy Laniak explica que arrastamos "uma coleção de associações inter-relacionadas do domínio de origem para o domínio de destino, como *perspectivas* de comparação".[3] Em outras palavras, retomamos o conceito original de pastorear ovelhas, ponderamos as várias implicações envolvidas nesse trabalho e, *então*, consideramos como ele é usado metaforicamente em vários contextos bíblicos. A partir desse processo, começamos a derivar uma compreensão de *pastor de ovelhas/pastor*. Responder a pergunta "o que é um pastor?" simplesmente dizendo que é alguém que cuida de um rebanho se mostra inadequado até chegarmos ao significado do vocábulo na metáfora original desenvolvida nas Escrituras.

O substantivo grego *poimēn*, "pastor de ovelhas", é usado 18 vezes no NT, mas traduzido apenas uma vez com o sentido que entendemos hoje: "E ele designou alguns para [...] pastores e mestres" (Ef 4.11).[4] Os usos restantes de *poimēn* lançam luz sobre os significados nominais e verbais ao se referir ao ofício de pastor/presbítero.[5] Moisés Silva explica que a literatura grega usava *poimēn* literal e figurativamente, até mesmo para "o Pastor divino". Metaforicamente, expressava orientação e carinho.

---

2 Veja Timothy Laniak, *Shepherds after My Own Heart: Pastoral Traditions and Leadership in the Bible* (Downers Grove: IVP Academic, 2006), p. 31-74.
3 Ibid., p. 33 (grifo original).
4 *NIDNTTE*, 4:84.
5 Ao usar "pastor" como ofício, faço-o com o entendimento de que o termo é sinônimo de "presbítero" e "bispo", ambos encontrados com mais frequência no NT. Trata-se de um dos dois ofícios eclesiásticos, sendo o outro o de diácono. Ambos são sempre mencionados em pluralidade. Para o uso sinônimo dos termos em referência a um único ofício na igreja, veja Benjamin L. Merkle, *The Elder and Overseer: One Office in the Early Church* (Nova York: Peter Lang, 2003); *40 Questions about Elders and Deacons* (Grand Rapids: Kregel Academic, 2008), p. 54-56; Phil A. Newton & Matt Schmucker, *Equipe Pastoral: Fundamento e Implementação* (São José dos Campos: Editora Fiel, 2023), p. 47-61. O uso de um único artigo em Efésios 4.11 para pastores e mestres indica que uma tradução melhor seria "pastores-mestres". Veja Merkle, *40 Questions about Elders and Deacons*, p. 55-56.

Embora muitas vezes descreva a prática real de pastorear ovelhas, o termo bíblico também encontra imagens importantes de Yahweh pastoreando seu povo Israel.[6] Jesus viu as multidões aflitas e desanimadas "como ovelhas sem pastor" (Mt 9.36). Fazendo um paralelo com a imagem de Yahweh do AT, os Evangelhos descrevem a obra de *pastoreio* de Jesus, à medida que ele procurava aproximar-se das multidões sem pastor, protegê-las, provê-las do necessário e guiá-las.[7] O Bom Pastor, no entanto, vai um passo além: ele dá sua vida pelas ovelhas (Jo 10.11-18), conforme profetizado por Zacarias (Zc 13.7)[8]. Desde o uso de "pastor de ovelhas" no AT em referência a Yahweh até seu uso no NT em referência a Jesus, o "Bom Pastor", começamos a observar o contexto metafórico, no NT, para o ofício de pastor/pastor de ovelhas.

Reflexos de um modelo

Negligenciar o uso de Yahweh como "Pastor de Ovelhas" no AT ao se pensar no ofício de pastor/presbítero/supervisor da igreja empobrece o termo. Quando o patriarca Israel abençoou os filhos de José, ele chamou Yahweh de "o Deus que tem sido meu pastor toda a minha vida, até o dia de hoje" (Gn 48.15), expressando o cuidado, a orientação e a proteção de Yahweh. Da mesma forma, o salmista descreve o poder do Senhor ao libertar Israel do Egito: "Mas conduziu seu povo como um rebanho de ovelhas e os guiou em segurança no deserto" (Sl 78.52). Salmo 80.1 faz soar a mesma nota no que diz respeito à liderança: "Ouve, ó Pastor de Israel, que conduz os descendentes de José como um rebanho." Não é de admirar que haja um grande consolo no Salmo 100.3: "somos o seu povo, rebanho que ele pastoreia". O Senhor conduz, protege, conforta e provê seu rebanho (Sl 23). Essa liderança divina ocasionalmente se deu por meio de instrumentos humanos: "Conduziste

---

6 *NIDNTTE*, 4:81-83; principalmente "em Jeremias (19 vezes), Ezequiel (17 vezes), Gênesis (13 vezes) e Zacarias (nove vezes)". Os membros da família eram os pastores principais no uso comum do AT. A Septuaginta usou o termo 80 vezes.
7 Laniak, *Shepherds*, p. 78-84 (veja Êx 15.13; 33.15-16; Dt 23.14; Sl 78.19; 105.40-41).
8 *NIDNTTE*, 4:85.

teu povo como um rebanho de ovelhas, pelas mãos de Moisés e Arão" (Sl 77.20), o que dá uma pista sobre o uso de "pastor" no NT.

As narrativas bíblicas utilizam essa linguagem para descrever o reinado de Davi. No Antigo Oriente Próximo, a linguagem do pastoreio "está ligada mais frequentemente à instituição da realeza (tanto divina quanto humana)"[9]. Primeiro, Davi é apresentado como um pastor de ovelhas literal (1Sm 16.11; 17.28, 34). Significativamente, quando Davi se uniu às tribos de Israel em Hebrom, na ocasião em que foi ungido rei, os líderes identificaram-no como pastor/rei: "... o SENHOR disse: 'Você será o pastor e guia do povo de Israel'" (2Sm 5.1-2, NBV). Aqui, "pastor" "originou-se com referência aos pastores de nível médio que eram contratados", escreve Laniak, mostrando a conexão do rei recém-nomeado sob a autoridade do Senhor Deus. "Israel recebeu o rei desejado, mas com a condição de que entendesse seu papel [de rei] como derivado e dependente do governo de Yahweh, o verdadeiro Dono do rebanho."[10] Como o verdadeiro Pastor, o Senhor deu responsabilidades ao rei de Israel como a um subpastor, as quais estavam relacionadas a cuidado, governo e proteção.

Quatro dos profetas — Isaías, Jeremias, Ezequiel e Zacarias — usam bastante a linguagem pastoral (a) para descrever o Senhor Deus (Is 40.11; Jr 31.10; Ez 34.11-15; Zc 9.16); (b) para repreender líderes civis e religiosos infiéis (Jr 10.21; 23.1-2; Ez 34.1-10; Zc 10.2-3); (c) para antever o Bom Pastor (Ez 34.23-24; Zc 13.7-9); e (d) para assegurar que ele nomearia pastores fiéis para seu povo (Jr 3.15; 23.3-4). O futuro ofício pastoral foi mantido claramente em vista em todo o AT.

A ênfase no Senhor Deus como pastor comunica sua presença, cuidado, sustento, conforto, proteção, orientação, liderança e provisão. *Qualquer uso futuro da metáfora do pastoreio para os que servem seu rebanho deverá conectar essas características ao ministério pastoral.* Tendo em vista o ofício pastoral do NT, não se esperava que os "pastores designados por Yahweh simplesmente cuidassem de um rebanho; eles

---

9 Laniak, *Shepherds*, p. 94.
10 Ibid., p. 102.

estavam servindo seu Dono".[11] Os pastores, consequentemente, deverão refletir o modelo do Senhor Deus como Pastor de seu rebanho.

Servos prometidos

Israel acostumou-se com reis que *negligenciaram* a defesa dos fracos, o julgamento imparcial, a liderança nos caminhos do Senhor e os desejos mantidos sob controle. Da mesma forma, os líderes religiosos sacerdotais desrespeitaram os que eles deviam ter pastoreado para que dependessem fielmente do Senhor. Como consequência, o Senhor agiu.

Primeiro, ele anunciou que resgataria seu rebanho. Tomou a iniciativa de libertar seu povo da escravidão, o que implicava em uma paz salvífica futura na presença do Senhor (Ez 34.11-16). Essa promessa estabelece as bases para o uso neotestamentário da igreja como rebanho de Deus (Jo 10.1-30; Hb 13:20-21).

Segundo, ele prometeu enviar pastores fiéis para assistir, proteger, guiar e sustentar seu rebanho (Jr 3.15). "Nomearei bons pastores que cuidarão dessas ovelhas" (Jr 23.4). Nessa passagem escatológica, Jeremias aponta para Jesus, o Rei messiânico vindouro, dando a garantia de que Deus "levantar[ia] a Davi um Renovo justo; e, rei que é, reinará, e agirá sabiamente, e executará o juízo e a justiça na terra" (23.5). O rebanho de quem os futuros pastores cuidariam pertencia ao Messias prometido. Seus pastores prometidos encontram realização no ofício pastoral da igreja (presbítero/supervisor). Reis e sacerdotes falharam no pastoreio do rebanho de Deus. No entanto, a Nova Aliança anteviu uma dimensão diferente de pastores que cuidavam do rebanho. Laniak aponta: "Isso ilustra o que chamaremos de 'preferência divina pela ação humana'. A nomeação divina implica em chamado, mordomia e prestação de contas."[12] Ele conclama os pastores prometidos a cuidarem fielmente de seu rebanho.

---

11 Ibid., p. 152.
12 Ibid., p. 21-22.

A promessa divina de pastores fiéis para o rebanho de Deus acrescenta responsabilidade ao trabalho dos pastores. Essa promessa veio em conexão com o Messias davídico prometido (Jr 23.5-6). Não é à toa que Paulo usou uma linguagem tão marcante para lembrar aos anciãos de Éfeso que eles não tinham apenas um emprego, mas estavam pastoreando pessoas compradas à custa da morte sangrenta de Jesus: "Atendei por vós e por todo o rebanho sobre o qual o Espírito Santo vos constituiu bispos, para pastoreardes a igreja de Deus, a qual ele comprou com o seu próprio sangue" (At 20.28). Esses homens, juntamente com inúmeros pastores ao longo dos séculos, responderam à promessa profética de pastorear a igreja de Deus, comprada pelo seu sangue.

Instrumentos nomeados

"O que o Cristo exaltado dá à igreja?", pergunta Andrew Lincoln, referindo-se a Efésios 4.11: "Ele dá pessoas, essas pessoas particulares que proclamam a Palavra e lideram."[13] Os dons apostólicos e proféticos cumpriram seu propósito nos primeiros dias da igreja, mas isso não continuou além desse período. Apóstolos e profetas lançaram os fundamentos da igreja em todas as épocas, particularmente pela inspiração especial, através da qual nos deram a Palavra de Deus.[14] Essa parece ter sido claramente a posição de Paulo (Ef 2.19-22; 3.1-10). Uma vez realizado o trabalho de estabelecer o fundamento do Evangelho na igreja, como observa Thomas Schreiner, "tais apóstolos e profetas oficiais são supérfluos".[15] Da mesma forma, os evangelistas foram peças-chave para estender o Evangelho a lugares onde a igreja ainda não havia sido plantada. O dom restante (ou dons), "pastores mestres", continua no ofício pastoral de presbítero/bispo.[16] Paulo e Pedro chegam ao cerne do que

---

13 Andrew T. Lincoln, *Ephesians* (Dallas: Word, 1990), p. 249.
14 Louis Berkhof, *Systematic Theology* (Grand Rapids: Eerdmans, 1993), p. 585 [*Teologia Sistemática* (São Paulo: Cultura Cristã, 2019)].
15 Thomas R. Schreiner, *New Testament Theology: Magnifying God in Christ* (Grand Rapids: Baker, 2008), p. 723-24.
16 Merkle, *40 Questions about Elders and Deacons*, p. 46-53.

significa pastorear o rebanho de Deus. Os presbíteros deverão demonstrar aptidão para ensinar, de forma a exortarem os seus a viverem na sã doutrina. Isso explica o que significa ser "pastores e mestres" (At 20.28; 1Pe 5.1-2; 1Tm 3.2; Tt 1.9). "A conversa funcional sobre o presbiterato", Derek Tidball afirma corretamente, "é lançada na metáfora do pastoreio".[17] São os pastores que dão ensinamentos ao rebanho.

A frase "concedeu dons aos homens" seguida por "ele mesmo concedeu uns [...] para pastores e mestres" indica o ofício pastoral como o instrumento divinamente designado para servir a igreja através dos tempos (Ef 4.8, 11). Paulo coloca os pastores no contexto dos dons de Deus para maturar a igreja e cuidar dela. Percebe-se que ele considerou a necessidade de líderes pastorais quando o vemos *nomeando* presbíteros nas novas igrejas em sua primeira viagem missionária (At 14.23). Ele reconfirmou a responsabilidade dos presbíteros de pastorear a igreja de Éfeso (At 20.28) e, então, deixou Tito em Creta, a fim de nomear presbíteros nas comunidades onde as igrejas haviam sido estabelecidas (Tt 1.5). Visto que o Senhor da igreja designou pastores para cuidar do rebanho, Paulo insistiu no cuidado pastoral das igrejas que plantava.

Subpastores do Sumo Pastor

Antes da ascensão, Jesus chamou Simão Pedro para cuidar de seu rebanho (Jo 21.15-17). Perguntou-lhe três vezes se ele o amava. Diante de cada pergunta, Pedro afirmava seu amor pelo Senhor Jesus Cristo. A cada afirmação, Jesus prosseguia o chamado para pastorear a igreja: "Apascenta os meus cordeiros. [...] Pastoreia as minhas ovelhas. [...] Apascenta as minhas ovelhas." O primeiro termo, "apascentar" (*boske*), era uma das atividades dos pastores, que nutriam e cuidavam de suas ovelhas. "Pastorear" (*poimaine*), da mesma forma, significa nutrir o rebanho ou zelar por ele. "Apascenta as minhas *ovelhas*" (*boske*) reforça

---

17 Derek Tidball, *Ministry by the Book: New Testament Patterns for Pastoral Leadership* (Downs Grove: IVP Academic, 2008), p. 189.

a alimentação, o pastoreio e a nutrição que Jesus chamou Pedro a oferecer regularmente à igreja.

Trinta ou mais anos depois, como um líder experiente e apóstolo da igreja, Pedro humildemente escreveu aos presbíteros das igrejas espalhadas (1Pe 5.1-5) e chamou a si mesmo de "presbítero como eles", identificando-se, assim, com as responsabilidades de pastoreio e liderança daqueles que cuidam de igrejas em toda a Ásia Menor antiga (1Pe 1.1). Com essa identificação, também olhou *para trás* como "testemunha dos sofrimentos de Cristo" e para a *frente* como "co-participante da glória que há de ser revelada". Ao fazer isso, ancorou suas exortações de pastoreio na cruz, ressurreição, Reino, retorno e esperança de Cristo, preparando a mesma âncora para esses pastores enquanto serviam a igreja. Falou com eles olho no olho, como co-pastores do rebanho comprado.

Como esses presbíteros tinham de ver suas responsabilidades? Eles deviam tão somente pastorear o rebanho. Pedro não precisava listar todos os detalhes do pastoreio. Esses primeiros presbíteros entendiam que Jesus era o modelo de pastoreio: ele ia em busca de ovelhas errantes, mostrava compaixão, ensinava as Escrituras, alimentava os necessitados e cuidava deles, curava os quebrantados, nutria os cordeiros com ternura, chamava os seus pelo nome e entregava sua vida pelas ovelhas. Yahweh forneceu o mesmo tipo de proteção, provisão, compaixão, orientação e nutrição a Israel.

Em contraste com os pastores ímpios de Israel, os presbíteros deviam exercer a supervisão "não por constrangimento, mas espontaneamente, como Deus quer; nem por sórdida ganância, mas de boa vontade; nem como dominadores dos que vos foram confiados, antes, tornando-vos modelos do rebanho" (1Pe 5.2-3). Pedro retrata homens ávidos por servir humildemente o rebanho de Deus, não o confundindo com *seu próprio rebanho*, com o qual poderiam fazer o que quisessem, mas exercendo a supervisão "como Deus quer". Como Laniak coloca: "A humildade é a marca distintiva do serviço desses homens (1Pe 5.5-6)."[18] Eles só poderiam ser modelos (*tupoi*) se fossem membros do rebanho,

---

18 Laniak, *Shepherds*, p. 234.

participando plenamente da vida da igreja local. Laniak sabiamente nos lembra: "Ele é um seguidor *antes* de ser um líder. É um líder *porque* é um seguidor."[19] Esses presbíteros ficaram cara a cara com a realidade de que eram pastores apenas porque procuravam cuidar do rebanho da maneira como Jesus modelou o pastoreio. Eles, e todos os pastores fiéis, reconhecem que os subpastores se unem ao Sumo Pastor no cuidado de seu rebanho (1Co 3.5-9).

Resumo

O que é um *pastor*? Um pastor do rebanho de Deus, por certo, mas a Bíblia carrega a metáfora de significado pela forma como usa o termo.

(1) Pastores são aqueles que *refletem* o modelo que o Senhor Deus conferiu ao pastorear Israel, ou seja, priorizando a vida entre o rebanho, protegendo-o espiritualmente, fornecendo-lhe alimentos ricos da Palavra de Deus e levando-o à santidade, maturidade e unidade.

(2) Pastores são aqueles que o Senhor *prometeu*, por meio dos profetas, que levantaria para cuidar de seu povo (a igreja), em contraste com os muitos maus pastores de Israel.

(3) Pastores são aqueles que o Senhor *designou* como instrumentos da igreja, para falar a verdade em amor, ensinar-lhe a sã doutrina, equipá-la, edificá-la e conduzi-la à unidade e maturidade.

(4) Pastores são aqueles reconhecidos como *subpastores*, com a responsabilidade de cumprir fielmente as responsabilidades de pastoreio, conscientes de que prestarão contas ao Sumo Pastor.

Perguntas para reflexão

1. O que o modelo do Senhor como Pastor no AT informa e como ele molda a compreensão do que é um pastor?

---

19 Ibid., p. 22 (grifo original). Ele acrescenta: "Os reis de Israel tinham de entender que ser um membro do rebanho de Deus era mais fundamental do que ser um pastor designado sobre o rebanho" (p. 114).

2. Como a repreensão aos pastores falsos e infiéis em Israel (civis e religiosos) e o julgamento deles afetam seu pensamento sobre o chamado de Deus para pastorear o rebanho dele?

3. De que maneira o ofício de pastor (presbítero) é um instrumento designado por Cristo para a igreja?

4. Como a experiência de Pedro em João 21.15-17 transformou sua visão futura de pastorear?

5. De que maneira se enxergar como membro de uma igreja afeta a maneira como um homem deve enxergar seu ofício como pastor?

PERGUNTA 2
O QUE SE ENTENDE POR MINISTÉRIO PASTORAL?

Minha primeira aventura no ministério pastoral resultou em mais perguntas que respostas. Quando aluno do seminário aos 19 anos, uma pequena igreja pediu-me que liderasse o ministério de louvor. Eu falei que faria o trabalho se me permitissem trabalhar com seus alunos. O pastor nunca explicou nada sobre o ministério em geral ou em particular daquela igreja muito adoentada. Só queria que eu aparecesse, selecionasse alguns hinos e fosse embora. Nunca perguntou como os alunos estavam respondendo aos meus estudos bíblicos ou ao discipulado. Simplesmente não parecia se importar com nada que tivesse a ver com ministério pastoral. Lá aprendi o que não fazer no ministério pastoral, mesmo que ainda não tivesse aprendido o que fazer.

O que é o ministério pastoral? Dito de maneira simples, é o trabalho de pastores/presbíteros. Isso, no entanto, leva-nos a indagar detalhes. Se pensarmos no pastor como um pastor de ovelhas, veremos o quadro um pouco colorido: o ministério pastoral envolve cuidado, proteção, provisão e proximidade com o rebanho.

O pastor de Estrasburgo do século XVI, Martin Bucer, mentor de João Calvino, via o ministério pastoral de forma ampla antes de estreitá-lo: "Os ministros da igreja devem prover os cordeiros de Cristo de tudo o que o Senhor lhes prometeu em seu ofício como pastor."[1] Bucer

---

1 Martin Bucer, *Concerning the True Care of Souls* (edição original: 1538;

considera a maneira de Jesus de pastorear seu rebanho, juntamente com o que ele prometeu no Evangelho, como sendo fundamental para a amplitude do ministério pastoral. Além disso, acrescenta que os ministros devem atentar para "que eles [o rebanho] não sejam privados de nada que contribua para seu crescimento contínuo e desenvolvimento da santidade".[2] O ministério pastoral concentra-se, portanto, no crescimento da santidade do cordeiro.

Timothy Laniak acrescenta outra camada ao pensamento de Bucer: "Um bom pastor é aquele que faz o que é exigido por cada circunstância, em cada contexto."[3] Em outras palavras, embora o ministério pastoral tenha semelhanças bíblicas entre diferentes grupos, o modo como as práticas pastorais funcionam na vida real não deve ser pensado como monolítico. Como exerço o ministério pastoral em Memphis pode ser um pouco diferente de como meu amigo pastoreia em Nairobi. Algumas das circunstâncias que ele enfrenta — sincretismo, pobreza extrema, espaços de encontro desafiadores, falta de liderança masculina — significam que ele enfatizará algumas coisas de maneira diferente do que enfatizo em meu trabalho. Ainda edificaremos em torno do mesmo alicerce, mas nossos contextos exigirão ênfase em vários aspectos do ministério.

Por que o Senhor escolhe pastores para o ministério? O reformador genebrino João Calvino explica que, devido ao fato de o Senhor da igreja não habitar visivelmente entre nós, ele escolheu o trabalho pastoral dos ministros "como uma espécie de trabalho delegado, não pela transferência de seu direito e sua honra a eles, mas apenas para que, por meio da boca deles, ele realize sua obra, assim como um trabalhador usa uma ferramenta para fazer seu trabalho."[4] O trabalho delegado por meio de *ferramentas escolhidas* captura a ideia de ministério pastoral.

Edimburgo: Banner of Truth Trust, 2009), p. 69 [*Remédios Preciosos contra as Artimanhas do Diabo: a Verdadeira Batalha Espiritual* (São Paulo: Dordt, 2020)].
2 Ibid.
3 Timothy Laniak, *Shepherds after My Own Heart: Pastoral Traditions and Leadership in the Bible* (Downers Grove: IVP Academic, 2006), p. 40.
4 *Calvino*, 4.3.1

Pergunta 2: O que se entende por ministério pastoral?

Mas no que isso implica? Estudaremos o ministério pastoral explorando uma palavra que o represente, cinco tarefas espirituais que o constituam e quatro particularidades dele.

Ministério pastoral em uma palavra

Quando Laniak descreve o trabalho incansável dos pastores de rebanho no mundo antigo, com suas implicações para os pastores modernos, ele escreve: "Vigiar [...] é um resumo abrangente das tarefas do pastoreio."[5] Andrew Davis concorda: "Essencial para o trabalho de um pastor, na qualidade de subpastor, é a vigilância laboriosa do estado espiritual do rebanho."[6] Em meio ao ser "laborioso", a *vigilância* nunca é fácil. Demanda tempo, energia, lágrimas e disciplina do pastor que é fiel ao Sumo Pastor no cumprimento de suas responsabilidades em prol da vitalidade do rebanho (1Pe 5.1-4).

O autor de Hebreus identifica a vigilância como um resumo adequado do trabalho pastoral. "Obedecei aos vossos guias e sede submissos para com eles; *pois velam por vossa alma, como quem deve prestar contas*, para que façam isto com alegria e não gemendo; porque isto não aproveita a vós outros" (Hb 13.17, grifo adicionado). Encarregar a igreja de obedecer (*peithō*) à autoridade delegada[7] daqueles que a lideram, segui-los e submeter-se (*hupeikō*) ou ceder a eles seria mais natural se esses líderes espirituais fossem responsáveis por vigiar as almas dos crentes. Vigiar (*agrupneō*) significava ficar acordado e alerta, sacrificar o sono e o conforto para fins de vigilância.[8] Pastores fiéis vigiam a vida espiritual de seus rebanhos.

---

5 Laniak, *Shepherds*, p. 233.
6 Andrew Davis, "Those Who Must Give an Account: a Pastoral Reflection", em João S. Hammett e Benjamin L. Merkle, orgs., *Those Who Must Give an Account: a Study of Church Membership and Church Discipline* (Nashville: B&H Academic, 2012), p. 208-9. O equilibrado ensaio de Davis fornece uma visão séria da prestação de contas do pastor perante o Sumo Pastor em virtude de suas responsabilidades.
7 BDAG, πείθω, p. 791-92, ὑπείκω, p. 1030.
8 *NIDNTTE*, ἀγρυπνέω, 1:141-42.

Os pastores só podem vigiar aqueles que eles *observam*. Só podem observar as mudanças, altos e baixos, lutas e progressos daqueles que eles conhecem. E só podem conhecer aqueles em quem *investem* suas vidas, seus labores e suas orações.[9]

Davis divide a vigilância em três áreas. Primeiro, os pastores zelam pela "identidade do rebanho". Ele escreve: "Especificamente, devemos conhecer as pessoas confiadas a nós pelo Senhor". Esse tipo de vigilância demanda relacionamentos construídos por meio do contato pessoal. É difícil pastorear estranhos. Em segundo lugar, os pastores zelam pela "condição física do rebanho". Davis escreve que precisamos saber o que está acontecendo na vida de cada pastoreado, quais desafios ou provações eles enfrentam, o que se passa em seus relacionamentos familiares, como se relacionam com os outros e assim por diante. Essas questões afetarão a vida espiritual deles. Terceiro, os pastores zelam pela "condição espiritual do rebanho". Ele divide isso em negativo e positivo: "Negativamente, um pastor deve estar ciente da tendência avassaladora que todo membro de seu rebanho tem de se afastar de Cristo por meio do engano do pecado" (Hb 3.12-13). Não devemos impor nossa antropologia ao trabalho pastoral. "Positivamente, um pastor deve pastorear cada membro do rebanho para que ele seja cheio de amor e de boas obras, desenvolvendo plenamente os dons espirituais que Cristo lhe confiou" (Hb 10.24-25). Devemos ter objetivos para a pregação, discipulado, trabalho pessoal, comunicação e detalhes pastorais que resultem em auxílio para o crescimento espiritual do rebanho.[10] Isso é vigilância do rebanho.

---

9   Para um exemplo clássico, veja Richard Baxter, *O Pastor Aprovado: Modelo de Ministério e Crescimento Pessoal* (São Paulo: PES, 2016).
10 Davis, *"Pastoral Reflection"*, p. 211-12 (grifo original).

Pergunta 2: O que se entende por ministério pastoral?

Cinco tarefas espirituais envolvidas no ministério pastoral

Pastores podem facilmente "sair dos trilhos" do ministério pastoral enquanto lidam com tarefas administrativas e organizacionais. Podem até mesmo esquecer por que estão organizando um evento ou um ministério. *O ministério pastoral diz respeito a pessoas.* Ironicamente, essas pessoas às vezes ficam à margem das papeladas, dos telefonemas, dos e-mails, dos detalhes das redes, dos *podcasts* e das pressões em uma dúzia de direções. As cinco tarefas principais de Bucer, que ele relaciona a cinco categorias de pessoas, são úteis para a vida espiritual dos membros da igreja.

1. Faça o trabalho de evangelismo: leve à fé em Cristo a ovelha perdida que não tenha reconhecido Cristo como Senhor

Bucer trabalhou em um contexto paroquial que consolidava o batismo infantil e a cidadania. Apesar dessa prática, ele reconheceu que muitos, incluindo os batizados na igreja quando crianças, não tinham fé em Cristo. Ele exorta os pastores a buscarem os eleitos de Deus indo atrás daqueles que estavam alienados de Cristo (Mt 22.1-14; Lc 14.16-24).[11] O pastor deve fazer a obra de um evangelista — como Paulo exortou Timóteo a fazer (2Tm 4.5) —, estabelecendo relacionamentos com os incrédulos enquanto procura oportunidade para lhes falar das Boas Novas.

2. Faça o trabalho de disciplina formativa: restaure os que deixaram de ter comunhão com a igreja devido às seduções da carne ou à falsa doutrina[12]

O ministério pastoral envolve *vigilância*. Particularmente, os pastores precisam vigiar os que cederam a práticas pecaminosas

---

11 Bucer, *Care of Souls*, p. 70-71.
12 Ibid., p. 71.

ou falsos ensinos que os levaram a deixar a comunhão e a aliança da igreja. Isso significa confrontar o pecado deles com firmeza, mas amorosamente — falando a verdade em amor (Ef 4.15). O pastor lidera na disciplina, seja ela *formativa* (disciplinadora), ajudando a restaurar aquele que caiu em pecado, seja *formal* (corretiva), seguindo o padrão de Mateus 18.15-20, que visa restaurar uma ovelha errante e manter o bom testemunho da igreja.[13] Alguns caem na armadilha do falso ensino, e, portanto, de forma humilde e ousada, devem ser confrontados com a verdade da Palavra de Deus (1Tm 4.1-6; 2Tm 2.14-19).

3. *Faça o trabalho de exortar e admoestar: "auxilie na verdadeira reforma" daqueles que cederam a um pecado grave e ainda permanecem na igreja*[14]

Essa categoria pode incluir os membros do corpo que deixam de ouvir a verdade ou se afastam da comunhão. Inclui também os que prejudicaram seus relacionamentos na igreja devido a temperamento, atitudes erradas, amargura ou espírito beligerante. Os que se engajam na imoralidade, vivendo vidas profanas aprisionados pelo mundo, precisam de reforma (arrependimento) em seu comportamento. Se, de fato, forem crentes verdadeiros, Cristo precisa ser formado neles (Gl 4.19). Bucer distingue essa categoria da primeira, na medida em que essas pessoas permaneceram em alguma parte da igreja, sem que a tenham abandonado totalmente ou se alienado dela por completo. No entanto, sua continuidade nela rompe a unidade e a pureza que devem caracterizar o corpo de Cristo (Ef 4.13–5.14). O ministério pastoral os leva ao arrependimento e à disciplina pessoal como seguidores de Cristo (2Tm 4.2).

---

13 Veja Andrew Davis, "The Practical Issues of Church Discipline", em Hammett e Merkle, orgs., *Those Who Must Give an Account*, p. 157-85. Veja a Pergunta 33 para mais informações sobre disciplina na igreja.
14 Bucer, *Care of Souls*, p. 70-72

4. Faça o trabalho de cura cuidadosa: restaure a força e a saúde cristãs dos que perseveram, embora ainda estejam um pouco doentes espiritualmente

Bucer inclui nessa categoria os desanimados diante das dificuldades, os lentos para servir os outros, os que se tornaram descuidados nas disciplinas espirituais e "aqueles que erram no entendimento correto".[15] Eles permaneceram na igreja, participaram das reuniões, fizeram algum esforço para perseverar, mas ainda continuam espiritualmente doentes. Estar ao lado deles, criar parceria entre eles e crentes mais maduros, fazer com que prestem contas, fornecer-lhes bons recursos e encorajá-los regularmente ajuda a restaurar a saúde espiritual deles. Nossas igrejas têm muitos que se encaixam nessa categoria. São crentes que amam a igreja, mas que precisam de pastoreio que lhes dê saúde e vitalidade. Podemos ficar frustrados como pastores, esperando que eles se comportem melhor. Alguns carecem de estrutura para responder tão bem quanto outros. Portanto, devemos trabalhar pacientemente com eles até vê-los, por sua vez, ajudando outros a caminharem com Cristo.

5. Faça a obra de guardar o rebanho: "Proteja-o de toda ofensa e distanciamento e incentive continuamente a toda boa obra os que permanecerem junto do rebanho no aprisco de Cristo, sem pecar gravemente ou sem se tornar fracos e enfermos na caminhada cristã"[16]

Esses membros fiéis do corpo prosseguem em suas caminhadas espirituais, servem uns aos outros e participam da obra do Evangelho na comunidade. Além disso, oferecem-se para ajudar no ministério e encorajam os pastores em seu trabalho. Bucer lembra-nos que os pastores não devem presumir que esses membros do rebanho administrarão suas caminhadas espirituais sem a necessidade de supervisão pastoral. Eles

---

15   Ibid., p. 72-73.
16   Ibid., p. 70.

devem ser vigiados, protegidos e encorajados tanto quanto os outros. Eles também precisam de cuidados pastorais.

O objetivo do ministério pastoral é levar a congregação a temer a Deus, a crer no Evangelho, a permanecer fiel ao corpo e a mostrar diligência e entusiasmo ao viver uma vida santa, que glorifique a Jesus Cristo em todas as coisas.[17]

Quatro especificidades do ministério pastoral

"Os pastores são generalistas", assinala Laniak.[18] Eles cobrem uma ampla gama de responsabilidades no exercício do ministério pastoral. Essa avalanche de responsabilidades pode frustrá-los enquanto buscam pastorear o rebanho. Eles, por vezes, se sentem estressados por conta de uma fraqueza em determinada área do ministério ou porque o trabalho em que parecem menos competentes parece demandar mais energia e tempo. Assim é o ministério pastoral. Laniak escreve: "A tarefa dos pastores é determinada diariamente pelas necessidades dinâmicas do rebanho que está sob seus cuidados."[19] Inevitavelmente, pastores têm pontos fortes em algumas áreas e fraquezas em outras. Por isso, devemos seguir o padrão de pluralidade presente na igreja do Novo Testamento. Na pluralidade, a fraqueza de um é compensada pela força de outro presbítero/pastor parceiro.

Podemos oferecer inúmeras listas de responsabilidades específicas do ministério pastoral. No entanto, quatro categorias precisam ser operantes no trabalho de cada pastor: alimentar com a Palavra, liderar o rebanho, cuidar do corpo e dar o exemplo.

1. Alimente com a Palavra

Ensinar e pregar a Palavra de Deus continua sendo o que é mais básico e essencial ao trabalho do ministério pastoral. Gerações vêm e

---

17 Ibid., p. 176-81.
18 Laniak, *Shepherds*, p. 247.
19 Ibid.

vão, mas a necessidade de ouvir a exposição da Palavra de Deus nunca muda. Historicamente, grandes períodos de avivamento espiritual sempre chegam logo após o fervor renovado pela proclamação da Palavra de Deus.[20] Martyn Lloyd-Jones, cujo ministério pastoral que exerceu no século XX ainda impacta o mundo evangélico, escreveu: "... eu diria, sem hesitação, que a mais urgente necessidade da igreja cristã, na atualidade, é a pregação autêntica. E, visto que esta é a maior e mais urgente necessidade da igreja, evidentemente ela é também a maior necessidade do mundo."[21] A razão dessa urgência da pregação, é claro, não tem nada a ver com a necessidade de oradores mais talentosos. Temos muitos deles. Sempre vivemos mesmo é com a necessidade de ouvir a Palavra de Deus.

Mark Dever e Paul Alexander concordam: "A primeira responsabilidade do pastor é alimentar o rebanho com a Palavra de Deus (Jo 21.15-17; 2Tm 4.2). Um pastor não pode ser fiel à sua tarefa, se não alimenta bem o seu rebanho (Ez 34.2-3, 13-14; 1Tm 3.2; Tt 1.9)."[22] Encontramos o padrão de proclamação bíblica em todo o livro de Atos, aonde quer que os apóstolos e os primeiros membros da igreja fossem. Pedro e João pregaram ao redor da área do templo e foram presos por esse ato (caps. 3–4). Estêvão tornou-se o primeiro mártir da igreja depois de pregar a oponentes religiosos, entre os quais se achava Saulo de Tarso (7.1–8.3). Filipe deixou Jerusalém devido à perseguição e acabou pregando o Evangelho de Samaria a Cesareia (8.4-40). Pedro pregou o Evangelho a Cornélio (cap. 10). Paulo e Barnabé pregaram o Evangelho em toda a antiga Ásia Menor e continuaram com novos parceiros de pregação na próxima rodada de expansão missionária (caps. 13–14; 16–21). Paulo, em seu trabalho com as igrejas primitivas, reforçou regularmente a

---

20 Isso é ilustrado, por exemplo, na pregação dos primeiros pais Agostinho e Crisóstomo; Lutero, Calvino, Bucer, Knox e Tyndale na Grande Reforma; e os irmãos Wesley, Whitefield e Edwards no Primeiro Grande Avivamento.
21 D. Martyn Lloyd-Jones, *Pregação e Pregadores*, 2ª ed. (São José dos Campos: Editora Fiel, 2008), p. 15.
22 Mark Dever & Paul Alexander, *Como Edificar uma Igreja Saudável: um Guia Prático para Liderança Intencional*, 3ª ed. (São José dos Campos: Editora Fiel, 2024), p. 126.

centralidade da Palavra (Rm 1.1-17; 1Co 1.18–2.5; Ef 4.11-16; Cl 4.17; 2Ts 2.13).

Alguns parecem pensar que a igreja precisa de mais sabedoria popular, motivação pessoal e inspiração, em vez da tarefa árdua de trabalhar a Palavra semana após semana. Dever e Alexander respondem: "Um homem pode ter uma personalidade carismática; pode ser um administrador talentoso e um orador refinado; pode estar de posse de um programa impressionante; pode até ter as habilidades pessoais de um político e a escuta empática de um conselheiro; mas deixará as ovelhas famintas se não for capaz de alimentar o povo de Deus com a Palavra divina."[23]

Que tipo de pregação é necessária? John Stott insistiu que, se a pregação "é para ser autenticamente cristã, deve ser expositiva".[24] Na Cambridge do século XIX, as exposições de Charles Simeon influenciaram uma geração inteira. Sua convicção sobre a pregação expositiva expressava seu objetivo pastoral: "Meu esforço é tirar da Escritura o que está ali, e não introduzir o que eu acho que poderia estar. Eu tenho uma grande cautela nesta minha cabeça: nunca comunicar mais ou menos do que acredito ser a mente do Espírito na passagem que estou expondo."[25] Com a convicção de Simeon, o ministério pastoral efetivo foca principalmente a alimentação do rebanho com a Palavra de Deus.

2. Lidere o rebanho

Não encontramos presbíteros como uma função em Hebreus,[26] mas encontramos o autor bíblico relacionando o trabalho de pastoreio

---

23 Ibid.
24 John Stott, *Between Two Worlds: the Art of Preaching in the Twentieth Century* (Grand Rapids: Eerdmans, 1982), p. 135.
25 H. C. G. Moule, *Charles Simeon* (Londres: Methuen, 1892), p. 97, citado em David Helm, *Expositional Preaching: How We Speak God's Word Today* (Wheaton: Crossway, 2014), p. 12 [*Pregação expositiva: proclamando a Palavra de Deus hoje* (São Paulo: Vida Nova, 2016)].
26 A mesma palavra traduzida como "presbíteros" em 1 Timóteo 3.17 e Tito 1.5,

dos presbíteros à frase "seus guias" (*hegeomai*, 13.7, 17, tradução minha). Os líderes são responsáveis perante o Sumo Pastor e devem liderar o rebanho de uma forma que beneficie a vida espiritual dos cordeiros e os proteja dos perigos espirituais. Os pastores conduzem o rebanho à maturidade espiritual, à unidade na fé, à estabilidade doutrinária e à vida fiel no corpo (Ef 4.11-16). Como faz o Bom Pastor, eles conduzem o rebanho a pastos verdejantes e a águas tranquilas, para que desfrutem do alimento, da meditação e do refrigério da Palavra de Deus (Sl 23). Eles guiam a igreja em adoração, serviço e organização para a missão (1Tm 4.13; Rm 12.9-13; Mt 28.18-20).

As igrejas reúnem-se para adorar; depois, espalham-se para servir e fazer missão. Contudo, quem as liderará nesse esforço? Aqueles que entraram em aliança uns com os outros na igreja local multiplicam seus ministérios ao servirem juntos sob a liderança de pastores atenciosos. Liderança inclui participação e dar o exemplo para outros.

3. *Proteja o corpo*

Pastores protegem seus rebanhos de ensinos falsos, de gente facciosa, das sutilezas de ideias novas (não bíblicas), de padrões de pecado, preguiça e negligência, além de líderes subversivos e ímpios (At 20.28; 1Tm 4.1-8, 16; 2Tm 2.14-19, 23-26; 4.14-15; Tt 3.9-11; 1Pe 2.11-12; 2Jo 7-11; 3Jo 9-10).

Dever e Alexander explicam que a maioria dos que procuram subverter o fazem por meio da distorção da verdade das Escrituras (At 20.28-31): "Às vezes, temos de ser aqueles que sabem como neutralizar uma situação potencialmente divisora. Outras vezes temos de nos engajar em conflitos doutrinários sobre assuntos importantes — aqueles que afetam o Evangelho e a segurança da igreja nele."[27] Em ocasiões como essas, é preciso agir para proteger o rebanho.

πρεσβυτερος, é usada em Hebreus 11.2 não para designar um ofício da igreja, mas "os antigos" (ACF).
27 Dever & Alexander, *Como Edificar uma Igreja Saudável*, p. 128.

Muitos anos atrás, um homem visitou nossa igreja, e ele parecia ser muito conhecedor da Palavra de Deus. No entanto, quanto mais alguns de nossos presbíteros e eu o ouvíamos, mais percebíamos que ele tinha visões grotescas e heterodoxas da pessoa de Cristo. Juntos, imediatamente tomamos medidas para confrontá-lo e negar-lhe qualquer acesso público para divulgar seus pontos de vista na igreja. Ele logo saiu para procurar presas mais fáceis, na esperança de encontrar líderes que não estivessem guardando o rebanho.

4. Dê exemplo

Os pastores devem zelar por suas caminhadas espirituais, por seus casamentos, por suas finanças e por todas as áreas que possam ameaçar sua integridade como guia do povo de Deus. Paulo disse a Timóteo: "Ninguém despreze a tua mocidade; mas sê o exemplo dos fiéis, na palavra, no trato, no amor, no espírito, na fé, na pureza. [...] Tem cuidado de ti mesmo e da doutrina" (1Tm 4.12, 16). Fique atento aos detalhes em sua vida e doutrina. Observe a maneira como fala, vive, cuida dos outros e dá exemplo de uma vida santa. A palavra traduzida por "tem cuidado de ti mesmo" (*epechō*) é a mesma que Lucas usou para aquele homem que, na Porta Formosa do templo, "fixou sua atenção" em Pedro e João.[28] Isso expressa bem a ideia. Uma vida não examinada e não observada não resistirá por muito tempo diante de tentações internas e agressões externas.

Ao reconhecer as fraquezas inerentes que nos levam ao pecado, à falta de disciplina, às distrações e ao egocentrismo, pastores devem diariamente confessar pecados, viver na plenitude e no poder do Espírito, estar aos pés da cruz morrendo para o pecado e crescer em confiança e segurança no Senhor (Lc 9.23; Rm 6.1-19; 2Co 5.6-10; Ef 4.17–5.14; 5.15-18; 1Jo 1.9). Pastores devem discernir se estão servindo outros no corpo ou apenas se escondendo atrás da vida ministerial (Gl 6.1-2).

---

28 BDAG, επεχω, p. 362.

Pergunta 2: O que se entende por ministério pastoral?

Pastores devem procurar "aprender o que agrada ao Senhor", andando em fidelidade e sendo exemplares na conduta, no amor, no serviço, na generosidade e na dedicação a Cristo e ao seu corpo (Ef 5.10).

Resumo

Ao tentarmos prover tudo às ovelhas de Cristo, como Bucer exortou em sua descrição do ministério pastoral, percebemos quão importante é a pluralidade no trabalho pastoral para o ensino, liderança, cuidado e exemplo fiéis a serem dados ao rebanho. Nossas responsabilidades envolvem evangelizar os incrédulos, buscar restaurar os fracos e caídos e pastorear fielmente aqueles que estão regularmente envolvidos com o corpo. Assim como não há duas igrejas iguais, também as áreas de ênfase no ministério pastoral diferem de igreja para igreja. No entanto, essas quatro áreas de serviço aqui exploradas — Palavra, liderança, proteção e exemplo — devem estar em evidência no ministério pastoral de toda igreja.

Perguntas para reflexão

1. O que Laniak quer dizer ao afirmar que "pastores são generalistas"?
2. Como a palavra "vigilância" resume o ministério pastoral?
3. Quais são as cinco tarefas principais que Bucer identifica no ministério pastoral?
4. Por que *alimentar o rebanho* deve ser primordial no ministério pastoral?
5. Contra o que pastores devem estar atentos em prol do corpo?

PERGUNTA 3
QUE QUALIDADES ESSENCIAIS DEVEM ESTAR PRESENTES EM UM PASTOR?

Sem exagero, caráter é tudo em se tratando de um pastor/presbítero. Não que dons, habilidades, treinamento e experiência não desempenhem nenhum papel no trabalho do pastor. Todavia, sem caráter piedoso, todos os dons e habilidades não significam coisa alguma. Sem a evidência do caráter descrito em 1 Timóteo 3.1-7 e Tito 1.5-9, um pastor exerce seu ministério como um hipócrita, causando muito mais mal do que bem ao corpo de Cristo.

É surpreendente que, além da exigência de ensinar e da restrição do cargo a novos convertidos (1Tm 3.2, 6; Tt 1.9), Paulo não peça nada que não deva estar presente na vida de qualquer cristão. Reputação, temperança, prudência, hospitalidade, gentileza, serenidade — todas essas características retratam a pessoa regenerada que caminha com o Senhor, servindo os outros e demonstrando os efeitos do Evangelho. Fidelidade aos votos matrimoniais, boa administração do lar, autocontrole, renúncia aos vícios e não intimidação de outros deve ser a norma entre os seguidores de Cristo. Como D. A. Carson afirma, "a coisa mais notável acerca dessas características é que não há nada notável acerca delas."[1]

Então, por que Paulo detalha o tipo de caráter necessário para presbíteros/pastores? Primeiro, os pastores precisam viver como os

---

1 D. A. Carson o disse em uma reunião conjunta da escola dominical na Capitol Hill Baptist Church (Washington, EUA), conforme relatado a mim em uma conversa com Mark Dever e Matt Schmucker, que estavam presentes.

que são redimidos por Cristo. Eles são cristãos antes de serem pastores. Nenhuma oratória, liderança ou habilidade administrativa poderia compensar a falta de um caráter piedoso. Segundo, eles devem ser modelo a serem seguidos pelos outros crentes. Pedro escreveu que os presbíteros precisam "ser exemplos para o rebanho" (1Pe 5.3). É de se imaginar que os novos cristãos, vivendo sem nenhum exemplo anterior de vida cristã piedosa, precisassem da referência de presbíteros fiéis que vivessem diante deles como "exemplo dos que creem" (1Tm 4.12). Hoje, crentes que ficam confusos com as mensagens de um mundo pós-cristão ainda precisam de exemplos pastorais a serem seguidos. Portanto, concentrar-se no caráter piedoso precede as responsabilidades do pastoreio.

A fim de considerarmos as qualidades essenciais dos pastores, examinaremos a síntese normativa sobre o caráter dos presbíteros sobre a qual Paulo escreveu para Tito (1.5-9), intercalando com algumas das características semelhantes mencionadas em 1 Timóteo 3.1-7.

As qualidades de caráter que Paulo menciona a Timóteo e Tito se sobrepõem, com poucas exceções[2] — notadamente, a de que a lista de Tito não diz nada sobre o presbítero não ser um novo convertido (1Tm 3.7). É bem provável que Paulo não incluiu a mesma exigência que fez a Timóteo na igreja de Éfeso, já estabelecida, porque em Creta a maioria dos convertidos eram crentes novos.[3] Seguiremos a lista de Paulo em Tito e a dividiremos em quatro categorias, para pensarmos nas quatro qualidades necessárias a pastores: exemplos em casa, exemplos na conduta pessoal, exemplos nos relacionamentos e exemplos na vida comunitária.

---

2 Para um gráfico útil comparando Timóteo e Tito, veja Benjamin L. Merkle, *40 Questions about Elders and Deacons* (Grand Rapids: Kregel Academic, 2008), p. 110.
3 Para mais considerações sobre o porquê de Paulo, em sua carta a Tito, ter omitido o requerimento de o presbítero não ser novo na fé — o que traz implicações para o desenvolvimento de líderes pastorais em lugares difíceis —, veja Phil A. Newton & Matt Schmucker, *Equipe Pastoral: Fundamento e Implementação* (São José dos Campos: Editora Fiel, 2023), p. 243-65; veja também Benjamin L. Merkle, "Ecclesiology in the Pastoral Epistles", em Andreas Köstenberger e Terry Wilder, orgs., *Entrusted with the gospel: Paul's theology in the Pastoral Epistles* (Nashville: B&H Academic, 2010), p. 185.

Pergunta 3: Que qualidades essenciais devem estar presentes em um pastor?

Os primeiros cristãos cretenses não tinham ideia do que significava viver como cristãos. Eles tinham "mentirosos, bestas ruins, ventres preguiçosos" como exemplos (Tt 1.12). Então, como entenderiam como tratar famílias, empregadores, empregados, escravos, senhores e irmãos? Paulo ofereceu aos presbíteros a chave para viverem como exemplos dos discípulos de Cristo: pastores devem ter uma vida piedosa no lar.

Exemplos em casa

A afirmação "marido de uma só mulher", ou melhor, "homem de uma só mulher" (*mias gynaikos anēr*, Tt 1.6) demonstra a dedicação singular do pastor à sua esposa. Debates acerca do significado que Paulo quis dar ao trecho — se o presbítero (a) deveria ser casado, (b) se não poderia ser divorciado e se casar novamente ou (c) se não poderia ser um polígamo — desviam-nos do ponto principal: o pastor/presbítero deve ser "um homem de uma só mulher".[4] Sua fidelidade em amar sua esposa como Cristo ama a igreja, tratando-a com gentileza, bondade e amor sacrificial, proclama o poder do Evangelho no relacionamento conjugal (Ef 5.22-33).

Ele também é dedicado a seus filhos. Eles reconhecem sua fé em Cristo porque ele vive o Evangelho em seu lar (Tt 1.6). Há um debate sobre o significado do adjetivo atrelado ao termo "filhos", ou seja, "filhos fiéis" (*tekna echōn pista*). As Epístolas Pastorais, de forma mais natural e proeminente, trazem "fiéis" ("ter filhos fiéis", lit.). Andreas Köstenberger explica que fiéis "provavelmente significa 'obedientes e submissos às ordens de seu pai' (cf. 1Tm 3.11; 2Tm 2.2, 13)".[5] John Piper concorda: "Portanto, o significado parece ser filhos

---

[4] Veja Merkle, *40 Questions about Elders and Deacons*, p. 124-29. Se um pastor/presbítero mostra-se infiel à sua esposa, ele enfrenta a desqualificação imediata de seu ofício, já que o relacionamento conjugal é o modelo de Cristo e da igreja, conforme descrito em Efésios 5.22-33. Veja uma posição semelhante em João. S. Hammett, *Biblical Foundations for Baptist Churches: a Contemporary Ecclesiology* (Grand Rapids: Kregel Academic, 2019), p. 195-97.

[5] Andreas J. Köstenberger, *Commentary on 1–2 Timothy and Titus* (Nashville: Holman Reference, 2017), p. 314.

que são bem-criados, ordeiros, geralmente obedientes, responsáveis e confiáveis."[6] Brian Chapell nota: "Não estamos necessariamente observando as crenças e ações de um filho, mas o caráter da família como um todo." A tradução "fiéis", em vez de "crentes", "comunica melhor o significado pretendido de que nossa avaliação deva basear-se em observações sobre a conduta e convicções dos filhos feitas ao longo do tempo, e não em declarações ou ações isoladas".[7]

Essa interpretação encontra confirmação adicional na nota explicativa de Paulo, "que não possam ser acusados de dissolução nem são desobedientes" (Tt 1.6). Köstenberger destaca: "Paulo não se refere a uma desobediência ocasional, e sim a uma rebelião arraigada contra a autoridade dos pais."[8] Em outras palavras, eles não estão fora de controle. Seu pai exerce uma supervisão criteriosa, ensinando-os, treinando-os, instruindo-os e, quando necessário, disciplinando-os de maneira corretiva. A fidelidade deles é demonstrada pela forma como respondem à liderança paterna.

Exemplos de conduta pessoal

"Aquele que for irrepreensível" é o guarda-chuva característico de um presbítero (Tt 1.6; 1Tm 3.2). Ele controla toda a sua vida. Paulo não exige perfeição, senão ninguém jamais poderia servir como presbítero. Ele quer dizer que os pastores devem ter consciência da maneira como conduzem sua vida. Eles procuram certificar-se de que não existam áreas pendentes que desonrem Cristo ou prejudiquem o Evangelho. Não há motivos para encobrir seu comportamento ou mentir constantemente sobre isso. O que você vê neles dentro da igreja será o mesmo que verá na casa deles, no trabalho,

---

6 John Piper, "Biblical Eldership: Shepherd the Flock of God Among You", *Desiring God*. Disponível em: https://www.desiringgod.org/messages/biblical-eldership-session-1#Qualifications.
7 R. Kent Hughes & Brian Chapell, *1 e 2 Timothy and Titus: To Guard the Deposit* (Wheaton: Crossway, 2000), p. 296-97.
8 Köstenberger, *1–2 Timothy and Titus*, p. 314.

na comunidade e mesmo quando ninguém os observa. Presbíteros lideram demonstrando caráter cristão, tornando-se exemplo para toda a igreja (Hb 13.7).

Como é ser "irrepreensível"? Paulo explica com alguns exemplos. (a) "Não soberbo" (Tt 1.7): o pastor não é obstinado e arrogante na maneira de agir; ele se recusa a viver como se o mundo girasse em torno dele. Evita o espírito orgulhoso de alguém que usa as pessoas em vez de servi-las e se recusa a pisar nos outros para alcançar seus desejos.

(b) "Nem iracundo" (Tt 1.7): o pastor não é cabeça-quente ou pavio curto. Os relacionamentos são importantes para ele, de modo que demonstra paciência e longanimidade no trato com os outros.

(c) "Nem dado ao vinho" (Tt 1.7; 1Tm 3.3): na ilha de Creta, o culto dionisíaco proeminente incluía a embriaguez como parte da adoração. Os líderes cristãos nunca deviam ser confundidos com líderes do culto a Dionísio. O que os diferencia é o autocontrole e a contenção de seus apetites.

(d) "Nem espancador" (Tt 1.7; 1Tm 3.3): pastores não devem ser valentões, dados a brigas ou ter a mão pesada. Seu autocontrole não permite que se defendam rapidamente ou lutem para ter a última palavra em uma conversa tensa. Aqui vemos o exemplo de Cristo: "quando padecia, não ameaçava" (1Pe 2.23).

(e) "Nem cobiçoso de torpe ganância" (Tt 1.7; cf. "livre do amor ao dinheiro", 1Tm 3.3; 1Pe 5.2): os pastores devem guardar-se das áreas da cobiça e da ganância. Eles demonstram muita ética no trabalho e se recusam a ganhar coisas de forma indiscreta, desonesta ou por meio de crassa manipulação.

Exemplos nos relacionamentos

Em certo sentido, tudo em Tito 1.7-8 tem a ver com o comportamento pessoal e com os relacionamentos. Entretanto, as características de Tito 1.8 exemplificam particularmente relacionamentos fiéis.

(a) "Dado à hospitalidade" (Tt 1.8; 1Tm 3.2): em vez de ser um valentão ou de usar as pessoas para ganho egoísta, o pastor pratica a hospitalidade. Ao pé da letra, a palavra significa "amor por estranhos" ou "amor por estrangeiros". De bom grado, ele abre sua casa aos outros. Dois dos presbíteros da minha igreja têm a reputação de abrir suas casas com tanta frequência que pensamos em colocar placas de hospedaria em suas portas. A hospitalidade condiz com o caráter cristão (Rm 12.13).

(b) "Amigo do bem" (Tt 1.8): alguns traduzem essa frase como amar os que são bons ou amar as coisas boas. Mais incisivamente, presbíteros devem ter afinidade com coisas boas, em vez de coisas sombrias, malignas ou questionáveis. Isso deve estar evidente no que leem, assistem ou discutem. "Denota devoção a tudo que é o melhor."[9] Isso também envolve a maneira como eles gastam seu tempo e recursos, bem como o que eles buscam nos relacionamentos em geral.

(c) "Moderado" (Tt 1.8): o pastor mantém controle sobre si, isto é, disciplina sua vida visando à sabedoria. Uma tradução da mesma palavra em 1Timóteo 3.2 é "prudente" (*sōphrona*), que consideramos com o sentido de "agir sabiamente". Paulo usa a palavra em Tito 2.2, 5 e 6 para indicar que alguém ocupa sua mente, pensa sobriamente com um coração sábio e procura falar ou agir com sabedoria.

(d) "Justo" (Tt 1.8): o pastor tem uma sensibilidade aguçada para manter os padrões corretos de conduta e honrar as leis de Deus. Valoriza a integridade. Trata todos da mesma maneira conscienciosa, independentemente de condição financeira/social, nível de envolvimento na igreja ou contribuição para o ministério em geral.

---

9 *LEKGNT*, p. 508.

(e) "Santo" (Tt 1.8): pastores levam a sério a piedade pessoal. Embora, às vezes, seja interpretada de forma negativa, ela significa simplesmente que alguém está preocupado em viver uma vida pura e dedicada a Cristo como seu Senhor em todas as coisas. Santidade é algo significativo para ele (1Pe 1.13-16).

(f) "Temperante" (Tt 1.8): como uma palavra que significa viver sob "restrição divina" ou viver uma vida disciplinada, ela dá uma imagem clara de alguém que morre para o eu ou *mortifica* a carne (Lc 9.23; Rm 6.6). Nenhuma palavra ou ato descuidado confunde seu testemunho como seguidor de Cristo. Significa "ter as emoções, impulsos ou desejos sob controle".[10] Em lugar de ceder à tolice, à vida dissoluta, aos desejos sensuais ou à linguagem impensada, pastores devem refrear os impulsos naturais da carne.

Exemplos na vida comunitária

A principal marca distintiva entre presbíteros e diáconos é que os primeiros devem ser "aptos a ensinar" (1Tm 3.2).[11] Embora dois protótipos[12] de diáconos, Estêvão e Filipe, tenham dado evidência clara dos dons de ensino e de pregação (At 6–8), Paulo não manda aos diáconos que ensinem (1Tm 3.8-13). Eles devem apegar-se "ao mistério da fé com uma consciência clara". Mounce explica: "e, à medida que o Evangelho vai agindo na vida deles, suas consciências não devem condená-los por conta de algum pecado."[13]

Já os pastores têm a prioridade de proclamar a Palavra de Deus. O lugar principal em que a congregação enxerga um pastor é no ministério do ensino e da pregação. No ambiente comunitário, a congregação encontra um exemplo tríplice fundamental demonstrado por pastores fiéis.

---

10 BDAG, ἐγκρατής, p. 274.
11 A distinção "aptos a ensinar" não exige que os presbíteros preguem, embora alguns o façam (e.g., 1Tm 5.17).
12 Merkle, *40 Questions about Elders and Deacons*, p. 227-29.
13 William D. Mounce, *Pastoral Epistles* (Waco: Nelson, 2000), p. 199.

(1) Pastores demonstram à congregação o que significa ser um estudante diligente da Palavra de Deus, que dá importante atenção à interpretação e à aplicação de seu conteúdo, para que tudo ocorra de forma cuidadosa e apropriada. O exemplo dos pastores espalha-se pelo modo como a congregação aprende a ler, estudar, interpretar e aplicar a Palavra de Deus. A capacidade de ensinar (1Tm 3.2) e de exortar na sã doutrina (Tt 1.9) modela a maneira apropriada de ler e aplicar a Palavra na vida diária. Em lugar de membros da igreja pensarem que é permitido terem suas próprias interpretações e aplicações da Palavra, pastores fiéis, semana após semana, expõem a congregação a interpretações sãs, as quais levam a aplicações saudáveis da doutrina bíblica.

(2) Pastores comprometidos em ensinar a sã doutrina incutem amor à boa doutrina aos membros de suas congregações (Tt 1.9). Deixar de crescer ouvindo a sã doutrina ensinada no púlpito deixou-me amargurado. Graças a Deus, isso mudou quando comecei a estudar a Palavra de Deus e percebi que ela é um livro doutrinário vivo (2Tm 4.1-4). Quando pastores expõem regularmente a Palavra de Deus e explicam as doutrinas do texto bíblico, a igreja começa a compreender quão fundamental é a doutrina para toda a vida cristã. Eles começam a perceber que qualquer conversa sobre a pessoa e sobre a obra de Cristo, pecado, salvação, julgamento, céu, Espírito Santo e sobre a igreja requer consideração da doutrina bíblica. Quando a igreja testemunha o entusiasmo de seus pastores em pregar a sã doutrina, isso se torna maravilhosamente contagioso na congregação, na medida em que ela passa a enxergar o quadro maior da Palavra de Deus e como a doutrina conecta cada detalhe.

(3) A habilidade dos pastores em defender a fé e "convencer os que contradizem" a Palavra de Deus (Tt 1.9) desafiará e inspirará os membros da congregação a entenderem melhor suas Bíblias. Acontece regularmente que, quando os membros da igreja enfrentam falsos ensinos e recebem ajuda de seus pastores para serem capazes de dar uma resposta fiel a eles, sua fome de conhecer e de aplicar a Palavra

aumenta. Pastores que demonstrem clareza na interpretação bíblica e que respondam apropriadamente aos que tentam contradizer a fé provavelmente terão membros que lhes peçam que os ensinem a fazer o mesmo. Isso oferece uma oportunidade maravilhosa de discipular o corpo no manejo adequado da Palavra de Deus, não como uma ferramenta para vencer guerras, mas como a mensagem da verdade que transforma vidas.

Resumo

O apóstolo deixou claro que os delegados apostólicos Timóteo e Tito, ao liderarem as congregações à pluralidade de presbíteros, tinham de dar atenção, acima de tudo, ao caráter dos candidatos ao cargo. Com relação à tendência moderna de algumas igrejas de procurar um homem cordial, maneirismos agradáveis ou um currículo ministerial de peso, Paulo não tinha nada disso. O caráter destaca-se na avaliação dos que pastoreiam o rebanho de Cristo.

Afora essas três exigências — caráter, saber ensinar e não ser um novo convertido —, Paulo simplesmente pediu aos pastores que vivessem como verdadeiros discípulos de Jesus Cristo. Se eles lembrarem que são primeiramente cristãos e membros da igreja, isso os manterá concentrados em ter uma vida santa, edificar relacionamentos e dar exemplo à igreja como crentes. Excetuada essa fidelidade intencional como discípulos, os homens não têm nada que lhes garanta servir como pastores de igrejas cristãs.

Perguntas para reflexão

1. Por que os pastores devem prestar atenção ao próprio caráter?
2. Que tipo de problemas de caráter Paulo expõe sobre casamento e família em Tito 1?
3. Como "ser irrepreensível" funciona como um *guarda-chuva* para a conduta pessoal de pastores?

4. O que Paulo quis dizer ao conclamar os presbíteros a serem "temperantes"?

5. Como a pregação e o ensino dos pastores afetam os membros de suas congregações?

PERGUNTA 4
COMO A VIDA E O MINISTÉRIO DE JESUS MARCAM O PASTOR?

Nós poderíamos responder a essa pergunta de forma muito simples: *em tudo*. Não erraríamos com essa resposta. Paulo disse aos coríntios: "Sejam meus imitadores, como eu sou de Cristo" (1Co 11.1). Da mesma forma, aos efésios: "Portanto, sede imitadores de Deus, como filhos amados; e andai em amor, como também Cristo vos amou e se entregou a si mesmo por nós, como oferta e sacrifício a Deus em aroma suave" (5.1-2). Seja em palavras, seja em ações, devemos ter em Jesus nosso modelo de como viver, amar e servir.

Assim, uma consideração de certas características da vida e do ministério de Jesus não deve ser interpretada como a escolha de algumas como necessárias enquanto outras são desprezadas. Devemos olhar para Jesus Cristo todos os dias. Devemos orar, disciplinar-nos, estudar e aprender, morrer para o eu, meditar nas Escrituras e confiar no Senhor até que Cristo seja formado em nós (Gl 4.19). O Pai predestinou os que de antemão conheceu "para serem conformes à imagem de seu Filho, para que ele seja o primogênito entre muitos irmãos" (Rm 8.29). Devemos buscar, pela graça de Deus, ser como Cristo na vida e no ministério. Contudo, como podemos entender a extraordinária vida de Cristo?

Embora as qualidades de 1 Timóteo 3 e Tito 1 ajudem a retratar a vida cristã vivida com fidelidade, três características essenciais encontradas na vida e no ministério de Jesus também devem marcar o pastor: a humildade, o serviço e o amor. Nós as vemos juntas na narrativa notável de João 13, em que Jesus se reúne com os discípulos para a Última Ceia.

A humildade deve marcar o ministério pastoral

A introdução de João ao ato de Jesus de lavar os pés dos discípulos como servo prepara o terreno para entendermos como o Senhor Jesus tratava os relacionamentos dentro de seu círculo de comunhão. O apóstolo enfatiza a autoconsciência de Jesus ao abordar a Última Ceia (Jo 13.1-3). Ele usou duas vezes "saber" (*oida*), expressando *compreensão* ou *percepção*, a partir da raiz de uma palavra que significa *ver*.[1] Ele sabia que, em breve, retornaria à glória eterna que tinha antes da encarnação (17.5). Sabia que, em algumas horas, Judas Iscariotes o entregaria aos líderes religiosos, e eles o entregariam aos romanos para ser crucificado (13.2). João escreve:

> Jesus, sabendo que o Pai tinha depositado nas suas mãos todas as coisas, e que havia saído de Deus e ia para Deus, levantou-se da Ceia, tirou as vestes e, tomando uma toalha, cingiu-se. Depois colocou água em uma bacia e começou a lavar os pés dos discípulos, e a enxugá-los com a toalha com que estava cingido. (13.3-5)

Jesus assumiu a posição de servo, aceitando de bom grado uma tarefa normalmente dada ao membro mais humilde de cada casa. A humildade marcou todo o seu ministério. É claro que, na própria encarnação, observamos humildade na chegada do Filho de Deus ao mundo (Lc 2.1-7). Quando os discípulos discutiram sobre quem era o maior entre eles, Jesus declarou: "porque mesmo aquele que entre vós todos for o menor será grande" (9.46-48). Jesus tomou o lugar do servo mais humilde ao lavar os pés dos discípulos. Não tinha desejo de impressionar seus seguidores ou mesmo os líderes religiosos para ganhar um favor. Não teve reservas em ser "o hóspede de um pecador" quando entrou na casa de Zaqueu para jantar com ele e declarar o cobrador de impostos

---

[1] *NIDNTTE*, οἶδα, 3:460-62.

Pergunta 4: Como a vida e o ministério de Jesus marcam o pastor?

como um novo homem de fé (19.1-10). Quando Jesus chamou todos os cansados e sobrecarregados para virem a ele e terem descanso, disse: "Tomai sobre vós o meu jugo e aprendei de mim, porque sou manso e humilde de coração, e encontrareis descanso para as vossas almas" (Mt 11.28-29). O pastor puritano Richard Sibbes aplicou isso vividamente aos ministros: "Os embaixadores de um Salvador tão manso não devem ser arrogantes, alojando-se no coração das pessoas, nos quais somente Cristo deveria estar, como em seu próprio templo."[2] Ao longo de seu ministério, encontramos sua mansidão e humildade. Então, essas características também não deveriam ser claramente evidentes naqueles que o representam?

O momento mais significativo da humildade de Jesus foi a cruz. Paulo capta-o e, em uma linguagem memorável, transmite-o a nós, sugerindo que coloquemos em prática o mesmo tipo de pensamento e atitude de Jesus.

> Que haja em vós o mesmo sentimento que houve também em Cristo Jesus, que, sendo em forma de Deus, não teve por usurpação ser igual a Deus, mas esvaziou-se a si mesmo, tomando a forma de servo, fazendo-se semelhante aos homens; e, achado na forma de homem, humilhou-se a si mesmo, sendo obediente até à morte, e morte de cruz. (Fp 2.5-8)

A mesma maneira de pensar (*phroneite*) ou disposição[3] tão evidente na caminhada de Jesus até a cruz deve moldar aqueles a quem ele deu o encargo de pastorear seu rebanho. Esse tipo de humildade não pode ser produzido por atos de autoflagelação ou de introspecção sombria. Isso acontece sempre que olhamos para nosso Senhor Jesus Cristo em sua morte substitutiva. Quanto mais compreendemos nosso pecado e claramente enxergamos o preço pago por nossas transgressões, mais nos sentimos humilhados ao ver o Filho de Deus crucificado.

---

2 Richard Sibbes, *The Bruised Reed* (edição original: 1630; Edimburgo: Banner of TruthTrust, 1998), p. 26 [*O Caniço Ferido* (Brasília: Monergismo, 2013)].
3 BDAG, φρονέω, p. 1065-66.

C. John Miller comentou a humildade de Brownlow North, o evangelista anglicano do século XIX: "Ele se esforçava conscientemente para falar a partir de um conhecimento interior de que era o maior dos pecadores."[4] Pastores necessitam da mesma atitude quando sobem ao púlpito, iniciam uma sessão de aconselhamento, lideram uma reunião de presbíteros ou discipulam. A menos que nos enxerguemos como grandes pecadores que precisam desesperadamente de um Salvador maior, seremos vítimas da sedução do orgulho. Miller adverte: "Minha convicção é de que a carne ainda é tão forte no líder cristão que cada um de nós precisa ter um temor saudável de nossa própria capacidade de arruinar a obra de Deus com nosso orgulho *inconsciente*."[5]

De maneira apropriada, logo após instruir seus companheiros presbíteros, Pedro escreveu: "Vós jovens, sede sujeitos aos anciãos; *e sede todos* [jovens e anciãos] sujeitos uns aos outros, e revesti-vos de humildade, porque Deus resiste aos soberbos, mas dá graça aos humildes" (1Pe 5.5, grifo adicionado). A humildade deve marcar nossa vida e ministério como marcou a vida e ministério de nosso Senhor.

O serviço deve marcar o ministério pastoral

Quando os discípulos ficaram indignados com a disputa de Tiago e João pelos lugares nobres no Reino celestial, Jesus corrigiu a todos eles (Mc 10.35-45). Em seguida, abriu a cortina para que vissem como ele encarava sua missão, a fim de que, arrependidos do orgulho, adotassem a mesma atitude: "Porque o Filho do Homem também não veio para ser servido, mas para servir e dar sua vida em resgate de muitos" (Mc 10.45). Contemple isso por um momento. O Filho eterno, enviado pelo Pai para redimir um povo por meio de sua morte sangrenta na cruz, que seria ressuscitado dos mortos pela glória do Pai e ascenderia de volta à glória eterna, conscientemente viu sua missão como *a de servir outros*.

---

4 C. John Miller, *The Heart of a Servant Leader* (Phillipsburg: P&R, 2004), p. 69 (grifo original).
5 Ibid., p. 86 (grifo original).

Jesus, de maneira pungente, estabeleceu a referência para os discípulos. Se alguém quiser segui-lo, deve aprender a servir.

No mesmo contexto de João 13, outra disputa surgiu quando os discípulos debateram quem entre eles seria o maior. Jesus disse que a conversa deles soava como a dos incrédulos. Então, aquele que acabara de lavar seus pés corrigiu suas inclinações: "Pois qual é maior: quem está à mesa ou quem serve? Porventura não é quem está à mesa? Eu, porém, entre vós, sou como aquele que serve" (Lc 22.24-27). Mesmo após a ressurreição, encontramos Jesus servindo ao preparar o café da manhã aos discípulos que tinham ido pescar à noite (Jo 21.9-13). Ao longo de seu ministério, Jesus serviu seus seguidores, as multidões e os indivíduos alienados.

Jesus deixou a mesa para pôr de lado suas vestes; tomou uma toalha, um jarro de água e uma bacia e, depois, lavou os pés sujos dos discípulos (Jo 13.1-5). E, naquele ato humilde de serviço, ele simplesmente patenteou o que estava fazendo entre eles e o que faria na cruz. Jesus veio para servir.

Se o Senhor da igreja serviu tão fielmente, seu serviço abnegado, sacrificial e amoroso deve marcar o ministério pastoral. Se pastores fracassam em servir seu povo durante a semana, amando-os, demonstrando deferência a eles, procurando maneiras de suprir suas necessidades, buscando conhecê-los melhor, aconselhando-os e encorajando-os, unindo-se a eles em projetos missionários e humanitários, perdem poder quando os servem do púlpito. Jesus não limitou o serviço do pastor ao ensino. Ele, por exemplo, curou, libertou, ressuscitou, alimentou, envolveu-se em relacionamentos, acalmou, perdoou, declarou esperança e deu sua vida pelos outros. Esse é o modelo dado aos encarregados de pastorear o rebanho.

Charles Haddon Spurgeon praticou esse serviço encontrado no Senhor Jesus. Spurgeon conhecia pessoalmente os membros de sua imensa congregação do século XIX. Viu os necessitados em Londres e agiu, iniciando ministérios para servir os iletrados, pobres, órfãos, viúvas, desempregados e muitos outros. Respondia pessoalmente centenas de cartas todos os meses, oferecendo conselhos, verdades do Evangelho e encorajamento. Muitas vezes, serviu em meio a grande dor física. De modo notável, esse homem, que se tornou o pregador mais conhecido daquela época, regularmente se entregava ao serviço, em prol de sua congregação e do povo de sua cidade. Porém, ele simplesmente seguiu o que viu em Jesus.[6]

O profeta Isaías chamou o Messias que viria de "Servo". Ele prediz essa missão do que possuiria um coração servil, a qual é lindamente expressa na tradução de Isaías 42.1-4 feita por Alec Motyer.

> Eis o meu Servo, a quem sustento,
> meu Escolhido, a quem minha alma aceita favoravelmente.
> Eu lhe concedi meu Espírito;
> juízo às nações ele trará.
> Ele não gritará, nem se levantará,
> nem fará as pessoas ouvirem sua voz fora de casa.
> A cana quebrada ele não quebrará,
> e um pavio fumegante ele não apagará;
> de acordo com a verdade, ele trará juízo.
> Ele não arderá nem ferirá,
> até que estabeleça o juízo na terra.
> E os seus ensinamentos o mundo inteiro espera com esperança.[7]

A docilidade de Jesus, sua preocupação com as nações, sua ternura para com os quebrantados e desanimados e sua paciência com aqueles que precisavam dele expressam seu coração servil — esse é o modelo que os pastores devem seguir. Sejam servos de suas congregações da mesma maneira dócil, sacrificial e fiel como Jesus nos serve.

---

6 Arnold A. Dallimore, *Spurgeon: a New Biography* (Edimburgo: Banner of Truth Trust, 1985) [*Spurgeon: uma Nova Biografia* (São Paulo: PES, 2008)].
7 Alec Motyer, *Isaiah by the Day: a New Devotional Translation* (Fearn: Christian Focus, 2011), p. 201.

Pergunta 4: Como a vida e o ministério de Jesus marcam o pastor?

O amor deve marcar o ministério pastoral

João fala do amor profundo de Jesus por seus seguidores mesmo quando se aproximava da cruz: "Tendo amado os seus que estavam no mundo, amou-os até o fim" (Jo 13.1). Observe bem o grupo cujos pés Jesus lavou. Reclamação, negação, covardia, dúvida e ostentação pareciam marcá-los mais do que humildade, amor e serviço. No entanto, Jesus os amou até o fim. Não permitiu que as falhas deles diminuíssem seu amor. Esse tipo de amor é pessoal, consciente da necessidade e deseja buscar o bem daqueles que ama.

Paulo dá uma boa imagem de como é esse amor na prática:

> Ora, é necessário que o servo do Senhor não viva a contender, e sim deve ser brando para com todos, apto para instruir, paciente, disciplinando com mansidão os que se opõem, na expectativa de que Deus lhes conceda não só o arrependimento para conhecerem plenamente a verdade, mas também o retorno à sensatez, livrando-se eles dos laços do diabo, tendo sido feitos cativos por ele para cumprirem a sua vontade. (2Tm 2.24-26)

Observe o objetivo do amor cristão: ver a misericórdia de Deus despertar e libertar aqueles que estão presos no laço do Diabo. Que postura devem adotar os que servem Cristo ao tentar alcançar pessoas tão cegas? Podemos pensar que trovejar contra eles os afastará de seus pecados. Paulo, porém, aconselha que, em vez de atropelá-los, lhes demonstremos amor por meio da gentileza; em lugar de falar o que pensamos de maneira briguenta, que lhes mostremos bondade; ele ainda recomenda que ensinemos a eles com paciência, até perdoando suas palavras duras e recalcitração.

O amor será evidente em nossa gentileza, serviço e cuidado sacrificial pelos outros mais do que em declarações de amor enfeitadas. O tipo de amor que Jesus demonstra age em favor dos outros, não se importando consigo mesmo, sacrificando-se voluntariamente pelo bem do outro e se importando mais com a condição dessa pessoa diante do Senhor Deus do que com a conveniência pessoal, horário ou custo. Jesus estabeleceu a conexão entre sua demonstração de amor e o modo como esse mesmo tipo de amor deve viver por meio de seus seguidores, quando disse: "Nisso todos conhecerão que sois meus discípulos, se tiverdes amor uns pelos outros" (Jo 13.35). Já que isso deve ser verdade para todos os seguidores de Jesus, muito mais deve ser verdade para aqueles a quem ele confia o cuidado dos cordeiros que ele reuniu por seu amor sacrificial na cruz.

Resumo

Como pastores, podemos ler João 13 e meditar nessa passagem o bastante? Aqui encontramos a humildade, o serviço e o amor de Jesus condensados em uma única narrativa, que escancara para nós o modo de vida de pastores do rebanho de Cristo. Não devemos relegar essa narrativa a um escapismo ocasional que faça lembrar as horas que antecedem a crucificação. Em vez disso, o modelo de Jesus servindo humilde e amorosamente seus discípulos dá aos pastores o modelo que devem seguir junto da igreja de Cristo.[8] No entanto, não faremos isso sem a ajuda do Espírito, assim como Jesus ensinou a seus discípulos (Jo 14–16). Miller traz isso de forma pungente:

> Agora está claro para mim que meu zelo por tornar Cristo conhecido deve ser temperado com uma vontade humilde de reconhecer meus limites, uma vez que sou uma pessoa fraca que constantemente cai na tentação de pensar que pode fazer o trabalho do Espírito Santo.[9]

O serviço humilde e amoroso é obra do Espírito Santo. Não é natural da carne. O chamado para seguir o modelo de ministério de Cristo também nos convida a depender de Jesus, a Videira (Jo 15.1-11), sem a qual nada podemos fazer; e é o Espírito que nos guia na verdade de glorificar a Cristo em nossos ministérios (16.12-15).

---

8 Enquanto as Epístolas Pastorais orientam nossa prática no ministério pastoral, os Evangelhos *devem* moldar a maneira como vivemos e servimos no ministério pastoral, seguindo o modelo do Bom Pastor.
9 Miller, *Servant Leader*, p. 69.

Pergunta 4: Como a vida e o ministério de Jesus marcam o pastor?

Perguntas para reflexão

1. Descreva as implicações da descrição de João sobre a autoconsciência de Jesus enquanto se preparava para lavar os pés dos discípulos.
2. Como podemos crescer em humildade ao servir o povo de Deus?
3. De que maneiras tangíveis pastores podem servir regularmente suas congregações?
4. Como a ideia de amor em ação de Paulo (2Tm 2.24-26) pode manifestar-se em seu ministério?
5. O que Deus deu para nos capacitar a servir os outros ao nosso redor com humildade e amor?

PERGUNTA 5
POR QUE A PLURALIDADE PASTORAL É MELHOR PARA A SAÚDE DA IGREJA DO QUE PASTORES SOLITÁRIOS?

Em meus primeiros dias de ministério, servi como pastor solo. As igrejas não tinham presbíteros, mas apenas diáconos, de modo que todas as responsabilidades do ministério pastoral caíam sobre meus ombros. Era responsabilidade minha — e somente minha — lidar com conflitos na igreja, aconselhar cônjuges destroçados, organizar os ministérios da igreja, administrar os planos da igreja, supervisionar o escritório, visitar hospitais, confortar os enlutados, liderar cultos, pregar e liderar reuniões no meio da semana. Ocasionalmente, um diácono poderia juntar-se a mim em um hospital ou em uma visita de luto, mas, fora isso, eu tinha de lidar com essas preocupações pastorais enquanto me preparava para pregar e ensinar em muitas ocasiões.

Tive sucesso em todas essas áreas? Certamente não! Gastar muito tempo planejando, organizando e administrando reduz o tempo de preparação do sermão. Lutar contra os conflitos na igreja — às vezes, múltiplas questões aconteciam simultaneamente — consumia minha energia, e o que restava era pouco para um pensamento criativo sobre como descompactar um texto bíblico. A área que mais tendia a sofrer (a preparação para alimentar o rebanho) era a que deveria receber mais dedicação minha.[1] Um modelo de pastor único deixa muito a desejar caso se queira pastorear a igreja de maneira saudável.

O Novo Testamento mostra consistentemente um padrão de pluralidade para aqueles que servem como pastores/presbíteros/bispos.[2] Como explica o teólogo John Hammett, "Quando se olha para os versículos que contêm as palavras *presbítero*, *bispo* e *pastor*, surge um padrão consistente de pluralidade."[3] Pode ser que uma igreja tenha apenas um homem qualificado, de acordo com 1 Timóteo 3 e Tito 1, para servir como pastor/presbítero. No entanto, esse pastor, juntamente com a congregação, deve procurar adicionar outro pastor para acompanhá-lo o mais rápido possível, de preferência levantando um homem fiel dentro da congregação para servir como presbítero.[4] Esse é o padrão do Novo Testamento.

Por que uma pluralidade de pastores/presbíteros lidera melhor uma congregação local? Investigaremos essa questão pesquisando, antes de mais nada, o padrão bíblico para pastores/presbíteros. Então, veremos dez aspectos desse conceito de pastores plurais.

---

1 "A primeira responsabilidade do pastor é alimentar as ovelhas com a Palavra de Deus (Jo 21.15-17; 2Tm 4.2)" (Mark Dever & Paul Alexander, *Como Edificar uma Igreja Saudável: um Guia Prático para Liderança Intencional*, 3ª ed. (São José dos Campos: Editora Fiel, 2024), p. 126).
2 Conforme observado na Pergunta 1, esses termos são usados alternadamente para designar o mesmo ofício bíblico. Veja Phil A. Newton & Matt Schmucker, *Equipe Pastoral: Fundamento e Implementação* (São José dos Campos: Editora Fiel, 2023), p. 47-61. Para um estudo acadêmico completo desse assunto, veja Benjamin L. Merkle, *The Elder and Overseer: One Office in the Early Church* (Nova York: Peter Lang, 2003).
3 John S. Hammett, *Biblical Foundations for Baptist Churches: a Contemporary Ecclesiology* (Grand Rapids: Kregel Academic, 2019), p. 208.
4 "Em uma igreja onde não se pode ter mais de um [presbítero], ele pode ser nomeado com base no princípio de que, assim que outro puder ser nomeado, haverá uma pluralidade", escreveu o líder batista do século XIX, W. B. Johnson (*The Gospel Developed through the Government and Order of the Churches of Jesus Christ* [Richmond: H. K. Ellyson, 1846], citado em Mark Dever, *Polity: Biblical Arguments on How to Conduct Church Life — a Collection of Historic Baptist Documents* [Washington: Center for Church Reform, 2001], p. 194). Outro presbítero pode não ser remunerado e servir sem fazer parte do quadro de funcionários.

Pergunta 5: Por que a pluralidade pastoral é melhor para a saúde da igreja do que pastores solitários?

O padrão bíblico

Jesus estabeleceu seu grupo de discípulos, a quem ele eventualmente entregaria seu ministério, como uma pluralidade (Lc 6.12-16; At 1.1-8). A discussão pós-ascensão no cenáculo acrescentou Matias ao grupo, a fim de que se totalizasse o número de doze apóstolos — uma pluralidade que deu testemunho da ressurreição de Jesus Cristo (At 1.12-26; 1Co 15.5). À medida que a igreja começou a ter suas dores de crescimento, as queixas que surgiram das viúvas helenísticas levaram à nomeação de sete homens — uma pluralidade — para servir ao lado dos apóstolos no cuidado das viúvas (At 6.1-7). A primeira menção a uma pluralidade de presbíteros na igreja surgiu de forma bastante incidental, quando Lucas falou sobre o presente que a nova igreja de Antioquia enviou por meio de Barnabé e Saulo "aos presbíteros" de Jerusalém, para o alívio da fome (At 11.30). Os presbíteros pareciam tão normais entre eles, seguindo a estrutura de liderança da comunidade judaica ajustada à igreja local, que Lucas não viu motivo para dar atenção especial ao anúncio do surgimento de presbíteros.

Quando Paulo e Barnabé estabeleceram igrejas em Listra, Icônio e Derbe, eles voltaram a essas cidades e "designaram-lhes presbíteros em cada igreja" (14.23, NVI). Observe que "presbíteros" (plural) foram designados "em cada igreja" (singular). O padrão de vários presbíteros em cada congregação identificava a maneira como Paulo e Barnabé acreditavam que as igrejas precisavam ser pastoreadas e lideradas. Lucas identificou os presbíteros da igreja de Jerusalém com os apóstolos como líderes daquela congregação (15.2). Os anciãos e apóstolos ouviram os oponentes de Paulo e Barnabé debaterem acerca da validade da conversão dos gentios à parte da circuncisão e dos rituais judaicos. O engajamento dos presbíteros na discussão teológica levou a uma posição doutrinária clara e a uma decisão crítica que afetou o testemunho do Evangelho para a igreja (15.1-29).

Sem dar atenção especial à pluralidade de presbíteros, Lucas registra a mensagem de Paulo a Éfeso, pedindo "aos presbíteros da igreja" ("presbíteros" no plural, "igreja" no singular) que o encontrassem em

Mileto (20.17). Em sua discussão, ele também os chama de "bispos" (*episkopoi*, plural), os quais deviam "apascentar [*poimainein*] a igreja de Deus que ele comprou com seu sangue" (20.28). A visita de Paulo a Jerusalém para entregar a Tiago seu relatório missionário também incluiu "todos os presbíteros" da igreja de Jerusalém (21.18).

    Paulo refere-se à separação de Timóteo efetuada pelos anciãos ("presbitério" na ARA; "grupo de presbíteros" na NTLH; "colégio dos anciãos" na TEB) em sua congregação doméstica (1Tm 4.14; At 16.1-3). Ele identifica os líderes eclesiásticos como os que exercem "o episcopado" em 1 Timóteo 3.1,[5] enquanto os chama de "presbíteros" em 1Timóteo 5.17. A última passagem identifica que a responsabilidade dos presbíteros é "governar bem", bem como pregar e ensinar — com o uso óbvio de linguagem plural; por exemplo: "os que se afadigam na palavra e no ensino".[6] Isso implica em uma distribuição de responsabilidades dentro da pluralidade dos presbíteros. Tito 1.5 refere-se a designar "presbíteros em cada cidade" — mais uma vez, "presbíteros" (no plural) em uma "cidade" (singular). Em Filipenses 1.1, quando Paulo identifica os destinatários de sua epístola, ele menciona "os bispos e diáconos", ambos os cargos em pluralidade.

    Pedro exortou "os presbíteros entre" as igrejas espalhadas a pastorearem o rebanho de Deus (1Pe 5.1). Benjamin Merkle refere-se a 1 Coríntios 16.15-16 ("que também vos sujeiteis a esses tais, como também a todo aquele que é cooperador e obreiro") e 1 Tessalonicenses 5.12 ("os que trabalham entre vós e os que vos presidem no Senhor e vos admoestam") como líderes adicionais na igreja, "desempenhando funções semelhantes às de presbíteros", com o uso plural.[7] Os "guias"

---

5 Este é um dos poucos casos do uso singular de supervisor ou presbítero, e, em cada ocasião, o escritor bíblico escolhe um presbítero dentre outros (e.g., 1Pe 1.1; 2Jo 1; 3Jo 1).
6 Argumentei que dividir os presbíteros em "presbíteros regentes" e "presbíteros docentes", a partir dessa passagem, cria uma distinção artificial não pretendida no texto. Todos eles governam e todos ensinam, enquanto alguns, devido aos dons e ao temperamento, destacam-se em uma área ou outra. Veja Newton & Schmucker, *Equipe Pastoral*, p. 75-76. Para uma visão diferente, veja David Dickson, *The Elder and His Work* (Phillipsburg: P&R, 2004).
7 Benjamin L. Merkle, "The Biblical Role of Elders", em Mark Dever & Jonathan

de Hebreus 13.17 são os presbíteros/bispos/pastores da congregação. Mesmo a exortação reflexiva "Lembrai-vos dos vossos guias", com referência plural provavelmente a ex-pastores, chamava a igreja a continuar a "imita[r] a fé que tiveram" (Hb 13.7).

Depois que Hammett examina o uso da pluralidade de presbíteros no NT, ele conclui: "Não há nenhum versículo que descreva alguém como *o* presbítero de uma igreja."[8] Merkle declara:

> A vidência do Novo Testamento indica que cada igreja tinha uma pluralidade de presbíteros. Não há exemplo no Novo Testamento de um presbítero ou pastor liderando uma congregação como o único ou principal líder.[9]

O Novo Testamento claramente apresenta a pluralidade como modelo aos que pastoreiam o rebanho. Mas por que a pluralidade de pastores é tão importante? Veremos a razão desse entendimento com base em dez pontos que demonstram por que cada igreja local deve esforçar-se para ter uma pluralidade de presbíteros/pastores a liderá-la.

A sabedoria na pluralidade

Tendo servido como pastor por mais de 40 anos, descobri que 25 deles, em que trabalhei junto de presbíteros, foram mais profícuos no fortalecimento de meu ministério pastoral, na melhor utilização de meus dons e no serviço eficaz à minha congregação do que aqueles anos como pastor solitário. Embora não sejam exaustivos, os dez motivos para a pluralidade demonstram uma lógica sólida para as congregações nunca se contentarem com um pastor solitário que se esforce por pastorear o rebanho e para um pastor persistir até que tenha uma liderança plural junto a ele no ministério pastoral.

Leeman, orgs., *Baptist Foundations: Church Government for an Anti-Institutional Age* (Nashville: B&H Academic, 2015), p. 285.
8 Hammett, *Biblical Foundations*, p. 208 (grifo original).
9 Merkle, "Biblical Role", p. 285.

1. A pluralidade compartilha a carga do pastoreio

Sejam grandes ou pequenas, as necessidades de uma congregação exigem mais de um par de olhos para ver e mais de um par de pés para entrar em ação e servir. A energia e o tempo necessários para alimentar, aconselhar e encorajar o rebanho, oferecer orientação aos que lutam, discipular novos crentes, cuidar dos doentes e aflitos e ajudar os que lutam podem esgotar a vida de uma pessoa encarregada de lidar com tudo isso. No entanto, quando vários presbíteros se unem para servir um rebanho, essas responsabilidades podem ser divididas de tal forma que a congregação não seja negligenciada e o pastor/presbítero possa realizar o trabalho nas áreas em que seus dons melhor servirem a igreja.

2. A pluralidade utiliza vários dons para servir o corpo

W. B. Johnson chamou isso de "uma divisão de trabalho entre eles [os presbíteros]". Ele apontou, além disso, que, em relação a 1Timóteo 5.17, embora as mesmas qualificações fossem identificadas em cada um, "alguns trabalhavam na palavra e na doutrina, ao passo que outros não; a distinção entre eles não estava na posição, mas no caráter de seu serviço".[10] Mantida a pluralidade, ele indica, por meio da expressão "caráter de seu serviço", que os presbíteros aplicaram à igreja seus dons e forças de forma eficaz e diferente. Nem todos os anciãos têm os mesmos dons. Embora todos se engajem, em algum grau, em governar, liderar e ensinar, alguns têm dons de ensino mais evidentes e, portanto, devem ser liberados para exercê-los em prol do corpo. Outros têm dons mais apurados em liderança, organização e administração. Eles precisam utilizar seus dons nessas áreas, liberando aqueles com dons mais claros de pregação e ensino para instruir e treinar a congregação. Na pluralidade, os presbíteros trabalham juntos, sem considerar um mais importante que o outro — a igreja precisa de todos os dons utilizados fielmente dentro do corpo de presbíteros.

---

10 Johnson, *Gospel Developed*, em Dever, *Polity*, p. 191

3. A pluralidade compensa as fraquezas de um pastor solitário por meio de múltiplas forças

Qualquer pastor que avalie honestamente suas habilidades reconhece que tem fraquezas. Isso é normal, e ele não deveria ter vergonha de admitir isso. Paulo deixa claro que o Espírito Santo distribui os dons soberanamente. Isso não tem nada a ver com o indivíduo. É o prazer divino que determina como o indivíduo servirá o restante da igreja (1Co 12.4-7). Ele não só tem fraquezas nas áreas do ministério, como também possui fraquezas pessoais — áreas nas quais luta para crescer e se solidificar. Se ele enfrentar o desafio de pastorear uma igreja sozinho, suas fraquezas ficarão evidentes. Mas, na pluralidade, vários pastores/presbíteros combinam seus pontos fortes para compensar as fraquezas uns dos outros, e ninguém se perde nas agruras do ministério e do cuidado pastoral.

4. A pluralidade cria responsabilidade

Todo crente precisa prestar contas, para que, diante da tentação, lutas com disciplina, momentos de desânimo e dificuldade de perseverar, ele seja encorajado e admoestado por outros membros do corpo. Os presbíteros fazem isso uns pelos outros. Unindo-se para buscar santidade, disciplina, integridade e pureza doutrinária, cada homem dentro da equipe pastoral estimula o outro à fidelidade. Oramos uns pelos outros, compartilhamos nossas lutas com franqueza, discutimos a Palavra uns com os outros, encorajamos e edificamos uns aos outros e preenchemos as lacunas de cada um, a fim de andarmos como homens de Deus.

5. A pluralidade restringe o autoritarismo

O idoso apóstolo João chamou a atenção de uma igreja para o autoritário Diótrefes, que se colocava acima dos outros, recusava conselhos apostólicos, espalhava palavras falsas sobre o apóstolo e tentava impedir que outros liderassem a igreja (3Jo 9-10). Devido à realidade da existência de certas pessoas que possuem personalidades autoritárias, somada às suas tentativas arrogantes de serem, na prática, ditadores dentro de uma igreja, uma forte equipe presbiterial/pastoral restringe os que tentam controlar uma congregação. Andrew Clarke está certo no modo como se deve evitar esse tipo de espírito: "A autoridade dos presbíteros é exercida coletivamente", não individualmente.[11] Johnson, anos mais tarde, concordou: "Todos [são] iguais em posição e em autoridade, sem ter qualquer preeminência sobre o restante."[12] Manter a igualdade entre os presbíteros restringe os autoritários.

6. A pluralidade é essencial em se tratando de questões disciplinares

Se um único pastor tentou levar sua igreja a disciplinar um membro, ele provavelmente desejou que outros líderes se associassem a ele no esforço. Eu soube de alguns que tentaram isso sozinhos e que, posteriormente, viram a situação virar contra si. Precisamos da sabedoria, da unidade e da clareza da pluralidade em questões sérias como essas, relacionadas aos passos da disciplina de Mateus 18.15-20. Sou grato porque, ao enfrentar essas situações, não tive de fazê-lo sozinho, mas ao lado de outros presbíteros/pastores, com os quais eu dividia o mesmo discurso.

7. A pluralidade oferece o modelo de unidade e maturidade para a igreja

A congregação observa os presbíteros — e realmente deve fazê-lo, pois eles servem de modelo de vivência cristã (1Pe 5.3; Hb 13.7). O mesmo desafio que a congregação enfrenta — aprender a viver uns com os outros em amor e unidade — uma equipe de pastores/presbíteros enfrenta, com suas diferentes personalidades, interesses, dons e habilidades. Quando os presbíteros demonstram

---

11 Andrew D. Clarke, *A Pauline Theology of Church Leadership* (Londres: T&T Clark, 2008), p. 56. Enquanto Clarke considera bispos e presbíteros como cargos distintos — um conceito que segue mais a influência de Inácio, do século II, do que a evidência bíblica —, ele está certo na questão da autoridade entre os presbíteros.
12 Johnson, *Gospel Developed*, in Dever, *Polity*, p. 190.

crescimento fiel juntos em maturidade e união, servem como modelos para o restante do corpo.

8. A pluralidade fornece consistência às decisões da liderança

Clarke menciona os presbíteros "que agem em coro, tomando decisões como um grupo coeso", diferentemente de um indivíduo que tenta liderar sem consultar os outros.[13] A sabedoria combinada, a visão congregacional, a experiência e o discernimento reunidos em uma equipe de pastores darão à congregação muito mais consistência na liderança do que um único homem à mercê de sua restrita visão.

9. A pluralidade multiplica a capacidade de treinar e orientar futuros líderes da igreja

Pastores/presbíteros não fazem simplesmente reuniões. Estão empenhados em pastorear o rebanho. Parte do pastoreio envolve o treinamento proativo de futuros líderes, que servirão a própria congregação e potencialmente outras. Em lugar de deixar a responsabilidade de orientar para um único homem na igreja, a riqueza da maturidade espiritual e a visão pastoral em uma equipe de pastores multiplicam o impacto no treinamento de futuros líderes.[14]

10. A pluralidade cultiva liderança estável para a igreja

Enquanto escrevo este capítulo, estou de licença do trabalho pastoral por quatro meses, para meu tratamento de quimioterapia. Meu isolamento do rebanho, embora me cause angústia, não ameaçou a saúde de nossa congregação, devido à maneira como cultivamos uma equipe constante e consistente de pastores/presbíteros. Se um pastor solitário sai, tem uma doença prolongada ou morre enquanto em serviço, pode deixar uma igreja sem pastor por certo

---

13 Clarke, *Pauline Theology*, p. 58.
14 Veja Phil A. Newton, *The Mentoring Church: how Pastors and Congregations Cultivate Leaders* (Grand Rapids: Kregel Ministry, 2017).

tempo, fazendo que ela sofra perda espiritual. Contudo, presbíteros/pastores que servem em pluralidade, reconhecendo e utilizando os dons uns dos outros em prol do corpo, preenchem as lacunas deixadas por um pastor ausente. Isso ajuda a congregação a aprender a viver em maior dependência do Senhor do que de um homem que serve como pastor.

Sem dúvida, outros pontos da pluralidade no ministério pastoral podem ser acrescentados, mas essa lista deve ser suficiente para mostrar como é importante que as congregações mantenham uma pluralidade saudável de pastores/presbíteros que a liderem semana após semana.

Resumo

A evidência neotestamentária da prática regular do ministério pastoral plural não pode ser menosprezada. Mesmo um escritor que defenda a autoridade de um pastor solitário para igrejas locais admite: "É verdade que sempre que o termo *presbítero* ou *bispo* aparece no Novo Testamento, ele é usado no plural, o que significaria que a prática geral das igrejas à época era ter pelo menos dois presbíteros."[15] Para a saúde da igreja local, a pluralidade no ministério pastoral mostra-se essencial.

Posso testemunhar os benefícios desses dez pontos da pluralidade pastoral em comparação com o modelo de um único pastor. Cada item foi de grande benefício para mim e também para nossa congregação, além de aumentar minha longevidade pastoral ao compartilhar a carga com uma equipe de pastores/presbíteros fiéis.

Perguntas para reflexão

1. Qual é a evidência, no Novo Testamento, da pluralidade pastoral?

---

15 Gerald Cowen, *Who Rules the Church? Examining Congregational Leadership and Church* (Nashville: B&H, 2003), p. 14 (grifo original).

Pergunta 5: Por que a pluralidade pastoral é melhor para a saúde da igreja do que pastores solitários?

> 2. Como a prática de Paulo de pluralidade de presbíteros nas igrejas que ele plantou oferece um modelo às congregações atuais?
> 3. Algum dos dez pontos aqui elencados da pluralidade pastoral está faltando em seu ministério?
> 4. Qual dos dez itens parece mais importante em seu contexto pastoral?
> 5. Como o conflito do apóstolo João com Diótrefes em 3 João exorta as congregações a adotarem a pluralidade pastoral, tendo em vista a subsistência de uma igreja saudável?

PARTE 2
Desenvolvimento e saúde do pastor

PERGUNTA 6
PASTORES PODEM PERMANECER ESPIRITUALMENTE SAUDÁVEIS AO LONGO DE SEU MINISTÉRIO?

Com exceção de alguns anos durante a faculdade e o seminário, eu servi de certo modo no ministério pastoral desde 1973. Minha caminhada com Cristo foi ficando mais forte com os anos, mas isso não quer dizer que não surgiram lutas. Elas surgiram. Durante todo esse tempo, tive de aprender a lidar com meu pecado, áreas em que me faltava disciplina, inconsistências, frieza de coração, amargura para com os membros da igreja, insatisfação com a vida e com o ministério, além de outros problemas do coração. Deus tem sido misericordioso para me sustentar ao longo dos anos. Com todas as deficiências restantes, concordo com o apóstolo Paulo: "Mas, pela graça de Deus, sou o que sou" (1Co 15.10). Embora o Senhor tenha me guiado em meio a muitas dificuldades, ele não me chamou à ociosidade em minha saúde espiritual. Em vez disso, a saúde espiritual é uma busca diária pela graça de Deus.

Com essa busca em mente, vamos considerar dez áreas que precisam de atenção para que permaneçamos espiritualmente saudáveis durante todo o ministério.

1. Cultive uma vida devocional forte e consistente

Nada substitui o tempo diário a sós com Deus por meio da Palavra e da oração. Ocupar-se com o ministério e cuidar da alma de outros nunca deverá atrapalhar o cuidado pessoal da própria alma. Um pastor pode facilmente passar cada momento acordado preparando, visitando, aconselhando, administrando e fazendo mil outras tarefas relacionadas ao ministério. No entanto, deve reservar um tempo no início de cada dia para se aproximar de Deus e meditar, refletir, confessar pecados, dar graças, adorar, orar e expressar amor a Cristo.[1] Como disse o santo pastor escocês Robert Murray M'Cheyne: "Sinto que é muito melhor começar com Deus — contemplar primeiro sua face e aproximar minha alma dele antes de estar perto de outra."[2]

Além do tempo devocional, a preparação do sermão deve ser um tempo de maior devoção, oração, meditação, alegria, confissão, gratidão e glória ao Senhor. Estude muito, faça o difícil trabalho de exegese, teologia bíblica, teologia sistemática e homilética, ao mesmo tempo que está ciente de que está estudando a *Palavra de Deus*. Seja sensível à ação do Espírito Santo de expor pecados que precisam ser confessados, áreas de obediência que devem ser renovadas e novas perspectivas para adoração e louvor.

2. Faça um inventário espiritual diário

Por intermédio da Palavra e da obra do Espírito Santo, abra-se ao olhar de Deus que expõe os pecados ocultos e dos quais ainda não houve arrependimento. Ore com o salmista: "Sonda-me, ó Deus, e conhece o meu coração, prova-me e conhece os meus pensamentos; vê se há em mim algum caminho mau e guia-me pelo

---

1 Veja a Pergunta 7 para mais detalhes sobre como desenvolver uma vida devocional consistente.
2 S. F. Smith, *The Christian Review* (Boston: Gould, Kendall & Lincoln, 1948), vol. 13, p. 601.

caminho eterno" (Sl 139.23-24). Confesse seus pecados e creia na promessa do Evangelho de purificação do ser e de renovação da comunhão com Cristo (1Jo 1.5–2.2). Mate o pecado (Rm 6.1-14; Gl 5.24; Ef 4.17–5.21). O grande teólogo puritano John Owen advertiu:

> Os pensamentos são os grandes fornecedores de satisfação da alma; e, se o pecado permanecer sem ser mortificado [morto] no coração, eles [os pensamentos] continuamente alimentarão a carne, a fim de cumprir suas concupiscências.[3]

3. Nunca deixe as feridas inflamarem

Qualquer um que tenha servido no ministério, mesmo por um curto período, entende o que quero dizer com "feridas". Alguém fala uma palavra dura e crítica a você ou pelas suas costas. Alguém começa um boato sobre você, em um esforço para arruinar seu ministério. Outro interrompe uma reunião congregacional na tentativa de fazê-lo parecer errado ou inapropriado. Os que lhe prometeram um aumento três anos atrás ainda não o concederam, sem mostrar nenhum sinal de preocupação com seu bem-estar. Um membro da equipe tenta minar sua liderança. Um grupo com poder trabalha pelas suas costas para que você seja demitido. A lista não termina. O ministério terá grandes momentos de alegria, mas também situações em que seu coração ficará saturado de amargura, raiva, pensamentos de retaliação e ressentimento.

No entanto, se você não viver as Boas Novas, não terá Boas Novas para pregar. Paulo disse aos efésios: "E não entristeçais o Espírito Santo de Deus, no qual estais selados para o dia da redenção. Toda a amargura, e ira, e cólera, e gritaria, e blasfêmia e toda a malícia sejam tiradas dentre vós" (4.30-31). Enquanto pregamos isso alegremente à nossa congregação, pregamos também a nós mesmos? Como podemos colocar esses pecados amargos de lado? "Antes sede uns

---

3   John Owen, *Overcoming Sin and Temptation* (edição original: 1656; Wheaton: Crossway, 2006), p. 65 [*Para Vencer o Pecado e a Tentação* (São Paulo: Cultura Cristã, 2019)].

para com os outros benignos, misericordiosos, perdoando-vos uns aos outros, como também Deus vos perdoou em Cristo" (Ef 4.32). Provavelmente, nenhuma exortação me redirecionou mais vezes do que essa quando as feridas inflamaram. Pastores, já que fomos perdoados, devemos perdoar e mostrar bondade da mesma formaque Cristo. Isso requer que vivamos aos pés da cruz, com a consciência de que Jesus nos perdoa. A menos que façamos isso, as feridas apodrecerão e nos destruirão.

4. Tire uma folga regular

No início do ministério, eu não tirava um dia de folga. *Tinha muito o que fazer.* Ou assim eu pensava. Mas isso nunca muda. Os pastores sempre têm muito o que fazer. Contudo, negligenciar o tempo livre para se deixar consumir pelo trabalho encurtará o tempo de ministério. O ritmo do sábado, quando paramos o que normalmente fazemos para descansar, disse Jesus, foi feito para as pessoas, e não as pessoas para o sábado (Mc 2.27). Essa mudança de ritmo, afastando-se das demandas normais de trabalho para encontrar um ponto de descanso e refrigério, é essencial à vida espiritual do pastor. Deixar de lado o peso do ministério um dia por semana pode recarregar as baterias espirituais e revigorar o pastor para enfrentar as demandas do ministério. Tirar *todo* o tempo de férias permitido é fundamental para o pastor e sua família. Mesmo se você simplesmente passear pela casa, levar as crianças ao zoológico ou fazer um piquenique em família, esse tipo de atenção aos seus sem as exigências do ministério fortalecerá a vida familiar, ao mesmo tempo que estenderá o tempo de ministério. As igrejas devem incluir um período sabático nos benefícios do pastor. Se sua congregação não tem um período sabático em sua agenda, trabalhe para isso.[4]

---

4 A fim de obter ajuda para estabelecer um período sabático pastoral, veja Matt Schmucker, "Caring for the Pastor: the Sabbatical", *9Marks*. Disponível em: https://www.9marks.org/article/caring-pastor-sabbatical.

5. Construa relacionamentos pastorais fortes no corpo

O pior conselho que recebi durante meu concílio ordenatório foi: "Não se aproxime do seu povo." Meu alarme interno disparou, sabendo que aquele pastor tinha relacionamentos ruins com os membros de sua congregação e que ele nunca veria a melhora deles. Você, pelo contrário, encontrará forças na longa jornada do ministério pastoral conhecendo sua congregação, observando-a e aprendendo com suas tendências e padrões de vida, orando nominalmente pelas suas ovelhas a cada semana, estando com elas em momentos de necessidade, encorajando-as em suas lutas, amando-as mesmo com suas fraquezas, olhando em seus olhos e falando-lhes a verdade nas reuniões semanais, enviando-lhes bilhetes de encorajamento e sentindo o peso de suas almas. Quando você ama profundamente seu povo, quer continuar perseverando ainda quando as coisas estão difíceis, quer dar atenção à sua própria alma para que possa servi-lo com mais eficiência.

6. Permita-se ser pastoreado

Os pastores tendem a ser os últimos a ser pastoreados. Porém, é por isso que o Senhor estabeleceu o presbitério plural para a igreja local. Os presbíteros devem pastorear uns aos outros para que cada um seja encorajado a prosseguir em fidelidade a Cristo. Isso requer algumas coisas do pastor. (1) Humildemente, submeta-se àqueles que foram designados pela igreja para cuidar de sua alma. (2) Mantenha a atitude de que ainda não alcançou o alvo (Fp 3.12-16) e valorize os meios de graça divinos disponíveis para a jornada, incluindo outros pastores que cuidem de você. (3) Sustente a verdade de que Deus não o salvou para andar sozinho. Caminhe ao lado de seus co-presbíteros e da congregação, recebendo apoio, encorajamento, exemplo, exortações, perdão, admoestações e contribuições múltiplas à sua caminhada espiritual. (4) Verifique regularmente se você tem sido ensinável, isto é, se

tem aprendido com aqueles que Deus colocou em sua vida (Hb 13.17).[5]
(5) Estime aqueles com quem passará a eternidade, dando atenção ao crescimento, aos relacionamentos, à obediência, à unidade e à alegria (Ef 4.11-16).

7. Trabalhe em seu casamento

Não seja presunçoso em seu casamento. Aprenda a amar sua esposa como Cristo ama a igreja (Ef 5.22-33). Isso significa aprender a aprofundar seu amor pela sua esposa e seu serviço a ela. Observe se a maneira como fala com ela a edifica, em vez de esmagá-la com palavras duras (1Pe 3.7). Abra sua vida para ela. Mantenha o fogo do romance aceso. Certifique-se de que ela, ao observar seu tempo, energia e foco, saiba que tem prioridade sobre seus filhos. Nunca fale mal dela em público ou em particular. Muitos pastores deixam de dar atenção à esposa, fazendo-a pensar que são casados com a igreja. Proteja-se da presunção, desfrutando do dom de Deus que é ter uma esposa.[6]

8. Invista na construção de uma boa liderança

Construir uma liderança significa aprender a viver a vida *juntos* em Cristo, o que exige que você seja um exemplo de fé para os que lidera (1Tm 4.12). Ao liderar, você estabelece o ritmo no ministério pastoral, demonstrando paciência com os que parecem lentos para entender, corrigindo suavemente os que precisam de sua admoestação, elogiando e encorajando as pessoas com a maior frequência possível e transferindo responsabilidades aos outros à medida que os dirige, aprimora e aperfeiçoa. Aqueles que você lidera precisam do exemplo de um pastor

---

5 Por exemplo, você fala antes de ouvir? Tenta defender-se antes de escutar e aplicar o que os outros falam sobre sua vida? Você reconhece que Deus usa outras pessoas para sua santificação contínua?
6 Um bom encorajamento nessa área pode ser encontrado no livro de Paul David Tripp, *O Que Você Esperava? Expectativas Fictícias e a Realidade do Casamento* (São Paulo: Cultura Cristã, 2011); e Timothy Keller, *O Significado do Casamento* (São Paulo: Vida Nova, 2012).

humilde, santo e com um coração de servo. Você não pode viver com a sensação de estar ameaçado pela popularidade e habilidade de um líder em ascensão. Confie no Senhor e no que ele fará para formar uma equipe que o aconselhará, que servirá com você e que será conduzida por você fielmente. Dessa forma, você perceberá que o *ministério pastoral* não estará somente sobre seus ombros, mas também sobre os daqueles que se reúnem em torno de sua liderança.[7]

9. Leia bons livros

Trabalhe na construção de uma biblioteca bíblica e teológica robusta, que servirá como ferramenta para a vida e para o ministério.[8] Inclua comentários,[9] vários ramos da teologia — bíblica, sistemática, histórica, prática, pastoral —, biografias, hermenêutica, línguas originais, história da igreja, eclesiologia, missões, devocionais, teologia aplicada e o amplo campo do ministério prático. Leia não apenas o necessário para a preparação dos sermões dominicais. Leia para encorajar sua alma. Leia por prazer. Leia para aprender. Não limite sua leitura apenas a livros cristãos. Leia bons romances, história mundial, autobiografias e outros campos de interesse. Como meu pai serviu na Segunda Guerra Mundial, gosto de ler sobre esse conflito, incluindo batalhas específicas e líderes daquela geração. Esse gênero de leitura me relaxa ao mesmo tempo que me dá percepções sobre liderança e comportamento humano. Eu geralmente tenho à mão vários livros de gêneros variados, para que eu possa selecionar aquele que atenda à necessidade do momento, quer seja a preparação de um sermão, quer seja encorajamento, devoção ou recreação.

---

[7] Veja meu livro para detalhes sobre treinamento e mentoria de líderes: *The Mentoring Church: how Pastors and Congregations Cultivate Leaders* (Grand Rapids: Kregel Ministry, 2017).

[8] Veja Danny Akin, "Building a Theological Library", *Danny Akin*. Disponível em: https://www.danielakin.com/building-a-theological-library-2013-update.

[9] Veja Tremper Longman III, *Old Testament Commentary Survey* (Grand Rapids: Baker Academic, 2013); e D. A. Carson, *New Testament Commentary Survey* (Grand Rapids: Baker Academic, 2013).

10. Participe anualmente de uma boa conferência ou retiro

O tempo de um pastor é precioso. Da mesma importância é sua necessidade de ser reavivado por meio da pregação bíblica, discussão teológica, interação ministerial e comunhão cristã. As conferências são abundantes em nossos dias, mas o tempo e o dinheiro limitam nossa participação. Tente fazer um orçamento anual para uma conferência ou retiro de pastores que o ajude espiritualmente e o leve a ser mais fiel no trabalho pastoral. Vários seminários oferecem conferências curtas sobre tópicos específicos de interesse para pastores. As igrejas locais também oferecem conferências bíblicas e temáticas que podem ser leves no orçamento, mas fortes no incentivo. Se a única pregação que você escuta é a sua, provavelmente ficará obsoleto. Seja revigorado pela forma como os outros ensinam e pregam a Palavra de Deus em uma conferência ou retiro. Seja encorajado a perseverar no ministério enquanto se reúne com outros pastores que passam por demandas semelhantes.

Resumo

Permanecer espiritualmente saudável durante todo o ministério não é complicado, mas requer disciplina e consistência nas áreas que estimulam a fidelidade a Cristo e ao ministério. Avalie as dez áreas identificadas neste capítulo e veja em quais precisa de fortalecimento ou mudanças. A fidelidade a Cristo durante um longo ministério deixa uma marca na congregação que acompanha sua vida e seu trabalho. A congregação será encorajada a perseverar na fé ao observar o modelo que você estabeleceu. E você terá a alegria de um ministério pastoral duradouro.

Perguntas para reflexão

1. Em que áreas você precisa fortalecer sua vida devocional?

2. Como um pastor pode lidar com as feridas acumuladas em meio às tensões do ministério?
3. O que significa para um pastor ser pastoreado?
4. De que maneiras um pastor pode trabalhar em seu casamento?
5. Como a formação de uma equipe de liderança ajuda a fortalecer a saúde espiritual do pastor?

PERGUNTA 7
COMO OS PASTORES PODEM CUIDAR DE SUA VIDA ESPIRITUAL?

Perigos estão à espreita no ministério pastoral. Ouvimos as corretas advertências contra a ganância, luxúria, poder e orgulho. Porém, talvez outro "personagem" represente um perigo maior, devido à sua aparência inócua: a *presunção*. Como estudamos a Palavra, pregamos sermões, lideramos cultos, fazemos orações públicas, intercedemos pelos doentes e moribundos, damos aconselhamento bíblico, falamos sobre assuntos espirituais e explicamos o Evangelho aos outros, podemos pensar que nossa vida espiritual está bem. Diante da fachada de um ministério pastoral eficaz, nossa alma seca e se deteriora. Perguntamo-nos por que nos sentimos esgotados, por que a próxima visita nos irrita, por que a preparação do sermão se tornou acadêmica e por que mal podemos esperar o fim dos domingos e, assim, escapar da comunhão dos santos. Enquanto lideramos outros espiritualmente, não temos dado atenção à nossa alma.

Lewis Allen, pastor experiente, escreve que o ministério pode tornar-se um dos maiores oponentes para se viver a verdadeira alegria em Cristo. Ele confessa:

> Às vezes, em meu próprio ministério, meu coração parecia um túnel de vento, com orações e preparação de sermões focados nas necessidades dos outros, enquanto eu lutava para ter tempo suficiente para ministrar para minhas próprias necessidades.

Nesses momentos, "Jesus deixa de ser a luz que conhecemos e recomendamos aos outros e se torna aquele cuja doçura se desvaneceu."[1]

Cuidamos regularmente da alma dos outros, mas e quanto à nossa? Sem uma atenção consistente à nossa vida espiritual, acabamos tendo pouco a oferecer aos que somos encarregados de pastorear. O foco mais importante do ministério pastoral deve ser o cuidado do pastor com a própria alma. Desse modo, ele multiplica a efetividade de seu trabalho pastoral. Veremos os padrões e práticas que precisam ser tecidos na teia e na trama da vida espiritual do pastor.

Vá fundo em sua vida devocional

Uma vida devocional não significa um livro devocional, embora possa incluir um. Antes, tem a ver com o aprofundamento contínuo da comunhão com Deus. Não separe tempo para mais nada senão conhecer a Deus, desfrutá-lo e ter comunhão com ele. Através de sua Palavra, nós contemplamos a Deus. O puritano George Swinnock explicou:

> Aqueles que nunca viram o Sol ficam maravilhados com uma vela. Da mesma forma, aqueles que nunca conheceram o Deus bendito gostam de coisas lamentáveis na terra. Mas o mundo inteiro se torna um monturo quando contemplamos o Deus incomparável.[2]

Em um momento assim de comunhão com ele, todo o resto empalidece. Saímos de cena, seguindo o conselho do pastor escocês do século XVI Samuel Rutherford: "que saiam, deixem a multidão e permitam que Cristo tenha a companhia de vocês"[3]. Colocado de modo simples, encontramos Deus sozinhos, com a Bíblia aberta para buscar sua presença, conhecer seus caminhos e desfrutar de sua companhia. Não paramos para fazer mais sermões ou criar um estudo bíblico

---

1 Lewis Allen, *The Preacher's Catechism* (Wheaton: Crossway, 2018), p. 33.
2 George Swinnock, *The Blessed and Boundless God* (edição original: 1672; Grand Rapids: Reformation Heritage Books, 2014), p. 143.
3 Samuel Rutherford, *The Loveliness of Christ: Extracts from the Letters of Samuel Rutherford* (edição original: 1909; Edimburgo: Banner of Truth Trust, 2007), p. 56.

novo. Viemos "para provar e querer provar mais".[4] Paul Tripp resume: "Não buscamos satisfação, esperando que Deus no-la conceda. Não, nós buscamos Deus, e o resultado é a satisfação do coração."[5] Considere três pontos.

1. Tenha hábitos diários

Tenho o hábito de conversar com minha esposa de manhã, beijá-la no caminho para o escritório, ligar para ela em um horário marcado no fim da manhã e retornar para casa para conversarmos sobre nosso dia. Apenas hábitos. Esses e outros hábitos, entretanto, cultivaram um amor e uma paixão profundos em nós.

Uma vida devocional saudável não pode desenvolver-se sem hábitos diários. Como Rutherford nos lembra: "Todos os dias podemos ver algo novo em Cristo. Seu amor não tem borda nem fundo."[6] Todos os dias procuramos encontrar nossa alegria e confiança somente em Cristo. Não devemos tratar isso como um trabalho que realizamos obedientemente durante cinco dias, para que, depois, corramos rumo ao fim de semana. Isso é mais como um casamento que cresce em amor, devoção e prazer por intermédio do compromisso diário.

2. Concentre-se na comunhão com Deus

Não estamos apenas praticando bons hábitos devocionais como outros deveres excelentes que nos cercam. Estamos buscando a comunhão com Deus centralizada em Jesus Cristo, o que Rutherford chama de "uma comunhão mais próxima com Cristo e uma comunhão crescente".[7] Duas coisas acontecem na comunhão. O pastor puritano

---

4 Allen, *Preacher's Catechism*, p. 32.
5 Paul David Tripp, *New Morning Mercies: a Daily Gospel Devotional* (Wheaton: Crossway, 2014).
6 Rutherford, *Loveliness of Christ*, p. 13.
7 Ibid., p. 16. D. A. Carson escreve: "A espiritualidade deve ser pensada em conexão com o Evangelho" ("When is Spirituality Spiritual? Reflections on Some Problems of

John Flavel explica: "A comunhão com Deus, apropriada e estritamente cultivada, consiste em duas coisas, a saber, a manifestação do próprio Deus à alma e a resposta apropriada da alma a Deus."[8] O Senhor manifesta-se por meio da Palavra, e nós respondemos a ele por meio de meditação, adoração, deleite, alegria, oração, ações de graças, confissão e louvor.

A comunhão envolve-nos não de alguma forma mística, mas mediante um conhecimento real e experiencial de Deus, um conhecimento que está particularmente enraizado no Evangelho (Ef 1.15-23; Cl 2.1-3). Na parte oculta do coração (Sl 51.6; 1Rs 8.39), o Senhor encontra-nos. "É esse conhecimento", escreveu Swinnock, "que enche o coração de amor por ele, temor a ele e ódio por tudo o que é contrário a ele".[9] Em outras palavras, quanto mais enxergamos o Senhor revelado nas Escrituras, mais respondemos com amor e temor, afeto e reverência santa. Isso leva ao desapego do mundo e ao repúdio a velhos padrões de pecado.

3. Procure não ter pressa

Temos compromissos diários que tomam nossa atenção. Por isso, devemos nos planejar para, sem pressa, dedicar um tempo com o Senhor todas as manhãs. A atitude de não ter pressa marca o amor e a afeição profundos, permitindo que desfrutemos de cada momento de comunhão e aguardemos o próximo momento de solitude para expressarmos alegria juntos. Allen acrescenta:

> Precisamos dar tempo e espaço ao nosso coração e trazê-lo, sem distrações, de volta ao Evangelho. Precisamos de uma nova descoberta do quanto somos amados em Cristo. Na correria da vida, precisamos lutar por tempo para ouvir a Palavra

---

Definition, *JETS*, n. 37 [1994], p. 387, citado em A. J. Köstenberger, *Excellence: The Character of God and the Pursuit of Scholarly Virtue* [Wheaton: Crossway, 2011], p. 68).
8 John Flavel, *The Mystery of Providence* (edição original: 1678; Edimburgo: Banner of Trust Trust, 1963), p. 144 [*Providência: um Mistério* (São Paulo: PES, s.d.)].
9 Swinnock, *Blessed and Boundless God*, p. 140.

de Deus. Se não fizermos isso, os cardos e espinhos do trabalho, do ministério e das preocupações sufocarão nossa alma.[10]

Desenvolva padrões saudáveis na vida devocional

Assim como a comunhão diária e sem pressa marca nosso tempo devocional, o crescimento só acontece quando estabelecemos padrões saudáveis na leitura da Palavra e na oração, juntamente com outros aspectos da vida devocional.

1. Elementos primários da vida devocional

Estabelecemos *padrões* saudáveis usando os meios que Deus deu para crescermos em devoção a ele. A Palavra, a oração, a adoração, a meditação, a memorização e o registro em um diário são úteis — alguns desses itens são absolutamente essenciais se quisermos ter comunhão com Deus.[11] A *Palavra de Deus*, em uma tradução boa e legível, é o fundamento da vida devocional.[12] As devocionais devem ser guiadas pela Palavra; caso contrário, seremos levados a um misticismo doentio.[13] A *oração* envolve nossa resposta à Palavra em confissão, louvor, ações de graças, admiração, intercessão e petição. A *meditação* leva-nos para além de uma leitura rápida das Escrituras, guia-nos para uma reflexão cuidadosa e para um exame demorado de seu significado, considerando suas múltiplas aplicações para a alma (Js 1.8; Sl 119.97, 103, 148). A *memorização* esconde a Palavra no coração para uso imediato ao longo do dia (Sl 119.11; Ef

---

10 Allen, *Preacher's Catechism*, p. 33. Esse "sem distrações" funciona melhor sem telefones e mídias sociais.
11 Não incluí o culto comunitário, já que o foco está nas devoções pessoais; ambos são necessários para o cuidado de nossa alma.
12 Achei uma boa prática escolher uma versão bíblica por ano.
13 "Esta 'espiritualidade da Palavra' deve ser o padrão pelo qual qualquer disciplina espiritual é medida, porque o estudo das Escrituras e a obediência a ela formam a disciplina espiritual preponderante ensinada nas Escrituras" (Köstenberger, *Excellence*, p. 77).

6.17). Um elemento adicional que muitos, inclusive eu, acham útil é o *registro em um diário*. Se estivermos meditando profundamente na Palavra, o diário será uma ferramenta para escrevermos nossas reflexões, incluindo orações, expressões de louvor e considerações sobre as muitas maneiras como o Senhor trabalha em nossa vida.

A pitoresca redação escocesa de Rutherford ajuda-nos a entender o que acontece na devoção particular:

> Há muito na despensa de nosso Senhor que satisfará todas os seus filhos, e tanto vinho em sua adega que saciará toda a sede deles. Continue faminto, pois há carne na fome por Cristo; nunca se afaste dele, incomode-o (ele ainda se agrada da importunação de almas famintas) com um prato cheio de desejos famintos, até ficar satisfetio. E, se ele tardar, ainda não vá embora, mesmo que desfaleça a seus pés.[14]

2. Plano de leitura

Quando jovem, infelizmente, eu não tinha um plano de leitura da Bíblia. Simplesmente abria uma página e começava a ler. Não funcionava. Somente quando comecei a percorrer os livros da Bíblia, enxergando a leitura diária dentro de um contexto e, no dia seguinte, construindo sobre a leitura anterior, meu crescimento em Cristo decolou.

Como o pastor deve conduzir uma leitura contínua da Bíblia? Eu recomendo que pastores leiam a Bíblia inteira anualmente. Precisamos de um novo olhar sobre porções obscuras em lugar de apenas apreciar nossas seções favoritas. Alguns podem fazer isso fora de seu tempo devocional. Outros enquadram sua leitura devocional no foco anual. Eu prefiro a última abordagem. Encontrar no início do ano um plano de seu gosto e ser perseverante nele estimulará suas disciplinas espirituais.[15] Apenas lembre que o próprio trabalho do

---

14 Rutherford, *Loveliness of Christ*, p. 4.
15 N.E.: O portal Voltemos ao Evangelho disponibiliza três planos de leitura anual da Bíblia: https://voltemosaoevangelho.com/blog/2015/12/plano-de-leitura-biblica-anual/

Pergunta 7: Como os pastores podem cuidar de sua vida espiritual?

coração do pastor "é a primeira responsabilidade do pregador, e não um extra, algo opcional".[16]

3. Oração

Ler a Palavra e meditar nela repercutirá na oração, bem como estimulará, enquanto você reflete na Palavra, a confissão, o arrependimento, as ações de graças pelos atos de Deus, o louvor pela revelação de Deus de si mesmo, a adoração (que pode incluir a leitura ou canto de um hino), a alegria e o regozijo, o lamento, as súplicas a Deus para que cumpra suas promessas, a intercessão por aqueles que estão em seu coração.[17] Adoro a maneira como John Piper resume as inúmeras sentenças sobre a oração: "A oração é a tradução em mil palavras diferentes de uma única frase: 'Sem mim [Cristo] nada podeis fazer' (Jo 15.5)."[18]

Assim como se faz com um plano de leitura da Palavra, pode-se usar fielmente um plano de intercessão que brote do tempo devocional. A oração pelos líderes da família e da igreja faz parte da lista diária. Orar pelos membros da congregação todos os dias de modo que se ore por toda a membresia ao menos uma vez por mês (de preferência, semanalmente, dependendo do tamanho de sua congregação) torna-se parte dessa lista diária. Dividir a semana em focos diários de oração pode incluir co-pastores, congregações locais, autoridades governamentais, amigos de ministério, família estendida, trabalho missionário, obreiros enviados por sua igreja, além de amigos e familiares incrédulos.

4. Meditação e memorização

Quando Josué começou a suceder Moisés, o Senhor ordenou que ele meditasse diariamente em sua lei (Js 1.8). O Salmo 119 está repleto de exortações e descrições de meditação na Palavra. O sermão

---

16   Allen, *Preacher's Catechism*, p. 34.
17   Veja Donald S. Whitney, *Praying the Bible* (Wheaton: Crossway, 2015).
18   John Piper, *Brothers, We Are Not Professionals: a Plea to Pastors for Radical Ministry* (Nashville: B&H, 2002), p. 55 [*Irmãos, Nós Não Somos Profissionais* (São Paulo: Shedd, 2009)].

de Pedro no Pentecoste dá evidência da rica meditação e memorização da Palavra de Deus e de seu foco em Cristo (At 2). O sermão de Paulo no Areópago reflete sua profunda meditação sobre o tesouro da Palavra (At 17.22-31). Se alguém empunhar "a espada do Espírito" na batalha diária contra a tentação e contra o pecado, deverá meditar na Palavra de Deus e memorizá-la, estando pronto para qualquer situação (Ef 6.10-20). A própria batalha de Jesus com Satanás mostrou sua prática de decorar as Escrituras e aplicá-las contextualmente (Mt 4.1-11). Precisamos da lembrança imediata da Palavra de Deus para enfrentarmos os desafios diários.[19]

Don Whitney, em sua obra clássica *Spiritual Disciplines for the Christian Life* [*Disciplinas espirituais para a vida cristã*], define "*meditação* como um pensamento profundo sobre as verdades e realidades espirituais reveladas nas Escrituras ou sobre a vida a partir de uma perspectiva bíblica, para fins de compreensão, aplicação e oração". O autor faz uma comparação: a leitura das Escrituras funciona como mergulhar rapidamente um saquinho de chá em água quente, enquanto a meditação, como deixá-lo em infusão. "Meditar nas Escrituras é deixar a Bíblia fermentar no cérebro."[20]

Dentro do escopo da leitura bíblica, inclua um tempo diário para meditar em porções específicas, a fim de fazê-las "fermentar no cérebro" e trabalhar profundamente em seu coração. A partir dessa meditação, memorizar porções da Palavra será algo natural, levando a mais meditação e aplicação no dia a dia.

---

19 Veja Andrew Davis, *An Approach to Extended Memorization of Scripture* (Greenville: Ambassador International, 2014), disponível gratuitamente no Kindle [*Um Método para Memorização Extensiva da Bíblia* (s.l.: Éden, 2022)]. Para ajuda adicional na meditação e na memorização, veja Donald S. Whitney, *Spiritual Disciplines for the Christian Life* (Colorado Springs: NavPress, 2014) [*Disciplinas Espirituais para a Vida Cristã* (São Paulo: Editora Batista Regular, 2010)].
20 Ibid., p. 46-47 (grifo original).

5. Diário

Escrever em um diário não tem de ser complicado. Um caderno espiral servirá para anotar meditações sobre a Palavra, orações estimuladas pela leitura da Palavra e reflexão acerca dela, além de louvores e ações de graças lembrados durante a oração e meditação, bem como promessas do Evangelho reiteradas através da leitura da Palavra. Pode acontecer diariamente ou várias vezes por semana. Você não está escrevendo para consumo público, mas para edificação pessoal. O tempo gasto no diário ajuda a mente a absorver melhor o que foi considerado na Palavra.[21]

Uma prática pessoal como exemplo

Ao longo dos anos, variei minhas práticas devocionais. Em certo período, li lentamente um livro da Bíblia, registrando meditações e orando por uma longa lista de pedidos. Em outro, expandi minha leitura para incluir vários capítulos a cada dia — sem necessariamente passar por toda Bíblia —, dividindo minhas orações, além do tópico "família", em diferentes categorias, trabalhando uma por dia. Nas últimas duas décadas, meu compromisso passou a ser ler a Bíblia inteira no ano durante meus momentos devocionais. Em mais de 50 anos como cristão, descobri que esse é o método mais gratificante. Aqui está minha rotina diária.

Eu utilizo a mesma Bíblia. Então, calculei o quanto eu precisava ler diariamente para passar pelo AT aproximadamente duas vezes, três vezes pelo NT e de quatro a cinco vezes por Salmos–Cantares. Eu começo lendo três ou mais páginas do AT e, em seguida, duas ou mais páginas dos Salmos–Cantares. Em seguida, leio um pouco mais de duas

---

[21] Veja Whitney, sobre o "valor do registro no diário", em ibid., p. 252-66: o registro no diário ajuda na autocompreensão, na avaliação, na meditação, na expressão de pensamentos e sentimentos ao Senhor, na lembrança das obras do Senhor, na criação e na preservação de uma herança espiritual, no esclarecimento e na articulação de percepções, no monitoramento de metas e prioridades, bemo como na manutenção de outras disciplinas espirituais.

páginas do NT. Geralmente leio também um capítulo da série expositiva que estou fazendo aos domingos. Durante a leitura, reflito. Faço uma pausa para meditar em algo que me impressiona, refletir sobre uma promessa que me anima ou adorar a partir de uma percepção sobre o caráter de Deus. Às vezes, paro para fazer uma anotação no diário. Outras vezes, termino minha leitura e volto a ele. Ou posso não escrever no diário naquele dia, dando mais atenção à memorização ou à meditação. Algo que leio pode me estimular a orar pela necessidade de um amigo ou por uma situação que enfrentamos em nossa igreja. Ou uma passagem fora do meu escopo normal de memorização me atrai, de modo que me detenho nela para escondê-la em meu coração. Ou algum trecho me convence profundamente de meu pecado, de sorte que não há como ir adiante até que eu lide com isso por meio da confissão e do arrependimento. Em algumas ocasiões, posso ler mais do que a quantidade do meu dia por causa do fluxo do texto ou da maneira como ele serve ao meu coração. Em outras palavras, não hesito em variar minha prática de um dia para o outro, embora eu ainda trabalhe no âmbito do meu plano de leitura. *O objetivo de ter comunhão com Deus permanece primordial*, de maneira que, se o meu modelo atrapalha isso, não hesito em mudar o que estou fazendo. Quero meu coração aquecido diante do Senhor, sentindo sua presença para dirigir meus passos ao longo do dia.

Meu tempo de oração concentra-se diariamente em minha esposa, filhos, cônjuges dos filhos, netos, mãe, irmão e cunhada, irmãos de minha esposa e concunhados, presbíteros e diáconos de nossa igreja e nossos estagiários pastorais. Utilizamos um cartão de oração da igreja que tem nomes de famílias divididos em seis dias da semana, de modo que oro pelas famílias destacadas para cada dia. No sábado e no domingo, oro pela pregação de outros irmãos; às segundas-feiras, coloco a oração em dia; às terças-feiras, oro pela família estendida; às quartas-feiras, pelo governo; às quintas-feiras, pelos amigos íntimos; às sextas-feiras, pelos missionários; aos sábados, por aqueles que enviamos para trabalho pastoral ou missionário. As necessidades atuais fazem parte da rotina diária de oração. Meu objetivo é alternar, a cada dois dias, registros no diário e memorização.

Se algo acontece para atrapalhar o plano de um dia (e.g., as sessões de quimioterapia, quando meu nível de fadiga permitia apenas a leitura de um capítulo ou dois e o murmurar de uma oração curta), eu não me martirizo. O Senhor conhece o desejo do meu coração de buscá-lo e estar com ele naquele tempo prolongado de devoção. Assim que a interrupção termina, volto à rotina. Permanecer na rotina, mesmo que ela varie de tempos em tempos, é fundamental para manter o ímpeto e tirar o máximo proveito de qualquer plano devocional que você vier a escolher.

Resumo

O tempo diário em busca do Senhor nunca deve ser um acréscimo a uma vida ocupada de trabalho pastoral. Em vez disso, é fundamental para tudo o que fazemos no ministério pastoral. Como Allen nos lembra: "Ele é a primeira responsabilidade do pregador, não um extra, algo opcional."[22] Os pastores precisam desenvolver um plano devocional que se adapte à sua vida e horários e, então, ser consistentes em sua prática diária. A pessoa pode variar e melhorar à medida que avança, mas a prática consistente com o objetivo de ter comunhão com Deus deve ser sua busca diária.

Perguntas para reflexão

1. Por que uma vida devocional consistente é fundamental para o pastor?
2. Que elementos compõem a vida devocional?
3. Por que uma vida devocional centrada na Palavra é essencial?
4. O que acontece ao meditarmos na Palavra?

---

22 Allen, *Preacher's Catechism*, p. 34.

5. Que objetivo o pastor deve ter em mente com relação ao tempo devocional de cada dia?

PERGUNTA 8
COMO OS PASTORES PODEM FORTALECER SEU CASAMENTO?

Vidas ocupadas podem prejudicar casamentos. Embora nem todo pastor seja casado, muitos são. Os que são podem reconhecer rapidamente essa tensão. A natureza do trabalho pastoral tende à ocupação. Em meio a isso, se um pastor não fortalecer intencionalmente seu casamento, ele provavelmente cairá em um padrão de apatia conjugal. Isso não significa que pensou em deixar de lado seus votos de casamento. Ele ama sua esposa e permanece totalmente comprometido com ela. Todavia, com o ministério pressionando de todos os lados, ele pode erroneamente presumir que seu casamento florescerá mesmo sem dedicar atenção a ele.

Quando isso acontece, o ministério torna-se uma amante, exigindo tempo e atenção que precisam ser dedicados à esposa. Uma vez que o relacionamento conjugal espelha da melhor forma o relacionamento de Jesus Cristo com sua noiva, a igreja, um pastor não deve permitir que o ministério tome o lugar destinado à sua esposa (Ef 5.22-33). Ele deve aprender de Cristo e da maneira como Cristo ama sua noiva e cuida dela.

O que os pastores podem fazer para fortalecer seu casamento? Três pontos centrais ajudarão a fortalecê-lo.

Construa seu relacionamento sobre o Evangelho

Devemos começar com o Evangelho. As Boas Novas de Jesus Cristo, que se entrega em uma morte substitutiva na cruz e, depois, ressuscita dos mortos, chama-nos a continuar crendo nas realidades do Evangelho e a continuar a vivê-las. Paulo explica que a paz justificadora que temos por meio do Senhor Jesus Cristo — o Evangelho —, recebida pela fé, continua a ser a "graça na qual estamos firmes" (Rm 5.1-2). Somos instruídos a continuar caminhando com Jesus exatamente como o recebemos — o que fizemos ao crermos no Evangelho (Cl 2.6-7; tempo presente, "andai"). O Evangelho mantém, fundamenta e dirige nossa caminhada com Jesus. Caminhamos diariamente na revelação do Evangelho, com seus efeitos que continuam a operar em todas as áreas de nossa vida até o dia de Cristo (Fp 1.6; 2.12-13; Tt 2.11-14).[1]

Essa é uma boa notícia para o casamento! Dave Harvey observa corretamente: "o Evangelho é uma fonte inesgotável da graça de Deus em seu casamento."[2] Quando o pastor e sua esposa conhecem bem o Evangelho e, a partir desse conhecimento experiencial, discutem-no e aplicam-no no dia a dia, aprendem a viver no Evangelho. Lidando com os tipos de problemas que todo pastor e esposa de pastor enfrentam (e.g., medos, ansiedades, interrupções, desânimo e oposição), o Evangelho traz conforto, paz, poder, força e uma nova perspectiva no trato dessas coisas. O Evangelho assegura a alegria em meio aos bombardeios que perturbam o casamento.

Contudo, se o marido e a esposa negligenciam essa comunhão contínua no Evangelho e o modo como ele continua a operar em suas

---

1 Observe o padrão de Paulo em suas epístolas trabalhando as verdades do Evangelho e passando a aplicá-lo a todas as áreas da vida (e.g., Rm, Ef e Cl). A maneira como os cristãos vivem está enraizada em uma compreensão contínua do Evangelho, assim como em uma constante experimentação dele e em um prazer duradouro nele. Caso contrário, caímos em uma vida legalista, enraizada na capacidade pessoal e na espiritualidade percebida, e não no que Jesus realizou.
2 Dave Harvey, *Quando Pecadores Dizem "Sim"*, 2ª ed. (São José dos Campos: Editora Fiel, 2022), p. 31.

vidas, eles deixam de encorajar um ao outro a descansar na suficiência de Cristo. Eles inevitavelmente se apoiarão em outras coisas, as quais não serão suficientes. A fundação de seu casamento estará no esforço próprio, reações emocionais e conselhos de amigos, em vez de repousar na obra redentora de Cristo. Não devemos defraudar nosso casamento dessa maneira. Como o alicerce do Evangelho funciona de maneira prática?

1. O alicerce do Evangelho demonstra o desejo de viver para a glória de Deus[3]

Com esse fundamento, o pastor e sua esposa ordenam suas prioridades em torno da vida em Cristo. Isso afeta a maneira como eles se relacionam um com o outro, as decisões que tomam, suas conversas, o treinamento de seus filhos e suas conexões com a congregação.[4] Se eles, como pessoas que foram transformadas pelo Evangelho e vivem diariamente à luz dele, almejam a glória de Deus em todas as coisas, a mesquinhez de brigar por pequenas coisas é deixada de lado. Eles têm objetivos mais elevados do que perder tempo discutindo, manipulando ou reivindicando direitos pessoais de modo egoísta. A glória de Deus em Cristo, centrada no Evangelho, redireciona os detalhes da vida.

2. O alicerce do Evangelho centraliza o relacionamento matrimonial na imagem de Cristo e da igreja

Efésios 5.22-33 fornece o modelo de como marido e mulher devem relacionar-se. Muitas vezes, essa centralidade do Evangelho é

---

[3] Ibid., p. 29-31.
[4] Por exemplo, nos relacionamentos comunitários, conjugais e familiares de Efésios 5.15–6.9, descobrimos que eles se desviam do modo de viver de Paulo, que constrói tudo sobre o Evangelho (observe como a saturação do Evangelho nos capítulos 1–3 lança as bases). Vocês amam, cuidam e perdoam uns aos outros comunitariamente à luz do amor e do sacrifício substitutivo de Cristo (4.32–5.2, que ele já explicou em 1.3-8; 2.1-10). A obra santificadora e purificadora de Cristo no Evangelho tece seu caminho nas instruções para maridos e esposas (5.32-33). O cuidado dos pais de não provocar a ira de seus filhos terá suas raízes no perdão de Cristo (6.5 continua a aplicar como nos comportamos em relação aos outros — incluindo nossos filhos — em decorrência da obra do Evangelho de Cristo [e.g., 4.32; 5.2]).

evitada na pressa de se enfatizar a submissão e a liderança. Porém, a submissão e a liderança não devem estar separadas da estrutura relacional altruísta, amorosa, generosa e honrosa entre Cristo e a igreja, apresentada nessa passagem. Quando não são vistos sob essa luz, esses papéis ordenados por Cristo são deturpados. Essa imagem do Evangelho, no entanto, chama o marido e a mulher à responsabilidade de resistir ao egoísmo, ao orgulho ou aos direitos percebidos. Ela esclarece os papéis confiados a cada um pelo Senhor, inclusive como esses papéis funcionam na dependência de Cristo. O marido, então, enxerga seu papel de liderar sua esposa à luz da obra redentora de Cristo em sua vida. Como uma nova criatura em Cristo, perdoada e amada por Cristo, ele lidera sua esposa com o tipo de amor altruísta e sacrificial que Cristo lhe mostrou no Evangelho.

3. O alicerce do Evangelho muda a maneira como dois pecadores que vivem juntos no casamento respondem um ao outro

Os efeitos da Queda continuam a expor a pecaminosidade do marido e da esposa (Gn 3). A luta diária contra a tentação e contra o pecado não significa que as ofensas nunca aconteçam. Elas se dão. Mas a centralidade do Evangelho no relacionamento leva à prática do perdão, assim como Cristo nos perdoou (Ef 4.31-32). A permissão para que o rancor se estabeleça ou a amargura penetre no coração *não pode* durar muito quando marido e mulher continuam a retornar ao fundamento do Evangelho a cada dia.

4. O alicerce do Evangelho incita ao serviço e ao amor no casamento

Jesus veio ao mundo não para ser servido, mas para servir, dando sua vida em resgate de muitos (Mt 20.28). Ao longo de seu ministério, Jesus serviu seus discípulos (Jo 13), os pobres e necessitados (Jo 6.1-14), os doentes e enfermos (Jo 9), os enlutados (Lc 8.49-56) e os endemoniados (Lc 8.26-39). Ele continua a servir a igreja na medida em que a nutre e cuida dela, até que, em glória imaculada, seja apresentada em sua presença (Ef 5.25-29). Esse exemplo, especialmente no modelo de casamento de Efésios 5, faz do serviço amoroso um pelo outro a norma para um casamento saudável. Ao aconselhar casais, digo-lhes que a coisa mais importante que podem fazer um pelo outro é se servirem como Cristo nos serve: com sacrifício, amor e generosidade. Esse tipo de serviço atua na vida diária à luz de Jesus, que nos serve. Quando seguimos Cristo, o ato de serviço de Jesus no Evangelho torna natural a ação de servir o outro e ser servido por ele. Os maridos devem tomar a iniciativa de servir suas esposas, assim como Jesus faz com a igreja (Ef 5.25-29).

Maridos, sejam firmes ao nutrir suas esposas espiritual e emocionalmente

Os termos usados em Efésios 5.29 em referência ao ato de Cristo alimentar e sustentar[5] a igreja fornecem uma abordagem intencional para a nutrição que um marido dá à sua esposa. Como termos de ternura e carinho, eles transmitem a ideia de alimentar e vestir um ao outro, além de cuidar um do outro. Embora possamos tomá-los literalmente, parece melhor expressar figurativamente o cuidado íntimo que o marido tem por sua esposa, assim como Jesus faz pela igreja. Em lugar de esperar que a igreja chegue a um estado particularmente adequado para nutri-la e prestar-lhe cuidados, Jesus ama-a tanto que nada o impedirá de fornecer aquilo de que ela precisa para crescer em prazer no relacionamento com ele e em seu potencial como sua noiva. Jesus como cabeça "não esmaga a igreja", escreveu John Stott. "Antes, ele se sacrificou para servi-la, a fim de que ela se torne tudo aquilo por que ele anseia, a saber, que ela se mostre na plenitude de sua glória." Da mesma forma, um marido "se entregará por ela [sua esposa], para que ela desenvolva todo o seu potencial sob Deus e, assim, se torne mais completamente ela mesma".[6]

---

5 "Nutrir" (ἐκτρέφω) carrega a ideia de fornecer alimento nutritivo, com o fim de suprir as necessidades mais básicas de sustentação da vida (BDAG, p. 311); "cuidar" (θάλπω) originalmente significava "aquecer" e expressa figurativamente a ideia de acalentar, confortar ou cuidar (BDAG, p. 442)
6 John R. W. Stott, *The Message of Ephesians* (Downers Grove: InterVarsity, 1979), p. 229 [*A Mensagem de Efésios* (Viçosa: Ultimato, 2007)].

O marido, então, não usa a desculpa de que sua esposa tem falhas aqui ou ali, as quais o impedem de nutri-la (essa atitude significa que ele ignora suas próprias falhas). Em vez disso, uma vez que Cristo defende sua noiva em amor, o marido faz o mesmo com sua esposa. Como isso funciona no relacionamento diário?

(1) *Preste atenção à sua esposa.* Não chegue em casa à noite e se jogue nas redes sociais ou comece a fazer um projeto. Pare e concentre-se em sua esposa, mesmo enquanto os filhos clamam por atenção. Eles precisam ver que a esposa tem prioridade nos relacionamentos familiares.[7] Procure oportunidades durante o dia para ligar para ela, encontrá-la para almoçar ou enviar uma mensagem de texto. Deixe-a entrar em seu dia enquanto a ouve com interesse falando sobre o dela. Faça contato visual. Demonstre carinho. Certifique-se de como pode servi-la e cuidar dela.

(2) *Observe sua esposa detalhadamente para servi-la com amor.* Era isso o que Pedro tinha em mente: "Maridos, vós, igualmente, vivei a vida comum do lar, com discernimento; e, tendo consideração para com a vossa mulher como parte mais frágil, tratai-a com dignidade, porque sois, juntamente, herdeiros da mesma graça de vida, para que não se interrompam as vossas orações" (1Pe 3.7). Pedro não expressou o menor pensamento de superioridade masculina nesse comentário, uma vez que esclareceu que a esposa deve ser honrada como "herdeir[a] da mesma graça de vida". Seu uso do comparativo "mais frágil" significa "fraqueza física em relação à força dos homens", como observa Karen Jobes, ao mesmo tempo que infere a proteção contra o uso indevido de autoridade na estrutura social de sua época, que negava a igualdade das mulheres.[8] Mais propriamente, ele insiste que os maridos percebam

---

7 As crianças são residentes temporários de nossa casa. Devemos nutrir o relacionamento entre marido e mulher, dando-lhe prioridade mesmo quando ainda temos filhos em casa, de maneira que eles saberão o que significa amar e servir o cônjuge. Se, em vez disso, o lar for centrado nos filhos, eles não terão esse exemplo para levar a seus casamentos.

8 Karen H. Jobes, *1 Peter* (Grand Rapids: Baker Academic, 2005), p. 209 [*1Pedro* (São Paulo: Vida Nova, 2022)].

Pergunta 8: Como os pastores podem fortalecer seu casamento?

que suas esposas têm diferenças em relação aos homens na maioria das áreas da vida.[9] Observe as diferenças e deleite-se nelas, assim como Adão fez quando Deus lhe apresentou Eva (Gn 2.23). O marido precisa enxergar as diferenças da esposa que o complementam em todos os sentidos. Viver de maneira *compreensiva* implica em dedicar tempo para compreender as diferenças da esposa em relação ao marido, não com o objetivo de mudá-la, mas para tratá-la como igual, desfrutando da vida com ela e encontrando maneiras de servi-la melhor. Ele mantém um olhar atento, buscando enxergar como ela pode ser encorajada espiritual e emocionalmente.

Muitas vezes, os homens tendem a ser lentos em se tratando de prestar atenção a detalhes de suas esposas. A exortação de Pedro corrige essa falha e aponta para a necessidade de procurarem as maneiras pelas quais a esposa precisa de cuidados, conforto e carinho. Pode ser tão simples quanto comentar como ela está linda ou, ao observar que seu automóvel precisa de combustível, encher o tanque para ela. Ele não conclama os maridos a moverem montanhas, mas a conhecerem suas esposas tão bem a ponto de entenderem exatamente aquilo de que elas precisam a qualquer hora do dia. E, quando, por algum motivo, esse marido não consegue entender o que é preciso fazer naquele momento, ele pergunta à esposa, para não perder nada.

(3) *Estabeleça uma rotina devocional com sua esposa*. Embora o pastor se ocupe com a alimentação do rebanho, reservar um tempo para ler a Palavra de Deus com sua esposa ou debruçar-se sobre um livro devocional e orar com ela reforçará a intenção de colocá-la acima de seu trabalho.[10] Seja criativo. Encontre um padrão que funcione bem. Assim,

---

9 Embora isso deva ser óbvio para um homem, parece que Pedro sugere a tendência masculina de não notar pequenos detalhes com relação à sua esposa. Pode até haver um pouco de humor ou repreensão: "Marido, observe que sua esposa é uma mulher; então, pare de tratá-la como se fosse um homem."

10 Esse tempo de devocional pode ser com toda a família, utilizando as Escrituras, cantando hinos, lendo um livro, usando um catecismo, lendo *O peregrino*, de Bunyan etc. Nesses casos, eu sugeriria não apenas aplicações voltadas aos filhos, mas também ao casal. Se você achar que o foco devocional nos filhos não está satisfazendo suas necessidades como casal, separe um curto tempo devocional para o casal. Se o tempo

como "herdeiros da mesma graça de vida", o casal encontra o Senhor em conjunto por alguns minutos, apresentando seus fardos, preocupações e oração mútua e confiando no Senhor juntos. Esse tempo envolve a comunicação do Evangelho entre os dois.

Continue trabalhando na comunicação do casal

R. C. Sproul explica:

> A comunicação é, acima de tudo, um meio de conhecimento. [...] O objetivo da comunicação é o conhecimento — não o conhecimento abstrato, teórico, impessoal, mas o conhecimento pessoal, o conhecimento da intimidade.[11]

Queremos informação quando nos comunicamos. Porém, no casamento, a comunicação assume um foco diferente. Ela constrói um relacionamento que cresce na intimidade. A comunicação, na explicação de Sproul, engloba todo o processo de romance no casamento.

Uma vez que orgulho, arrogância e impaciência interferem regularmente na comunicação saudável, maridos e esposas devem aprender a conversar com gentileza e humildade. À medida que os cônjuges aprendem a falar um com o outro, dando atenção concentrada ao que o outro diz e ouvindo com o objetivo de entender o que é comunicado, em vez de apenas ouvir uma ou duas palavras enquanto se concentram em seu celular, eles realmente conhecem um ao outro. Eles vivem juntos de forma compreensiva. Cuidado mútuo, respeito, ternura e atenção criam uma estrutura para casamentos saudáveis. Esse tipo de intimidade na comunicação prenuncia uma intimidade alegre e projetada por Deus no quarto (Gn 2.24-25; Hb 13.4). Uma vida sexual saudável não apenas protege o casamento da infidelidade (Pv 5.15-23; 1Co 7.1-5;[12] 1Ts 4.3-8),

---

parecer muito apertado, considere alternar dias para devocionais com toda a família e dias para o casal.

11 R. C. Sproul, *The Intimate Marriage: a Practical Guide to Building a Great Marriage* (edição original: 1975; Phillipsburg: P&R, 2003), p. 10.

12 Sproul explica que 1 Coríntios 7.1-5 ordena expressamente que maridos e esposas não pratiquem a abstinência de sexo no casamento, exceto por um breve período

como também constrói o relacionamento conforme proposto por Deus através do dom da intimidade sexual. O deleite regular da intimidade sexual reforça e fortalece o pacto matrimonial "caracterizado pela permanência, sacralidade, intimidade, reciprocidade e exclusividade".[13]

Como maridos e esposas podem melhorar a comunicação? Primeiro, reservem um tempo para ficar sozinhos. Mas não quando se está cansado demais para falar e se desmaia na cama. Em vez disso, saiam para jantar, façam uma caminhada, uma viagem curta (descobrimos que até mesmo um pernoite é revigorante) ou um passeio. Basta estarem juntos. Você não precisa falar sem parar para se comunicar. Muito disso é feito não verbalmente, por contato visual, toque, mãos dadas e expressões faciais.

Em segundo lugar, falem sobre a vida: seus sonhos, lutas, conflitos, futuro, desafios presentes e maneiras de conhecer melhor o cônjuge e servi-lo. Conversem sobre o que o Senhor tem ensinado a vocês juntos. Ouçam bem sem discutir, senão provavelmente desligarão a comunicação. Mesmo quando discordarem, façam isso como pessoas que estão mutuamente comprometidas em amor, permanecendo sobre o fundamento do Evangelho. Expressem perdão quando houver ofensa. Reforcem verbalmente seu amor e carinho um pelo outro.

Terceiro, valorizem seu relacionamento. Valorizem-no como um presente de Deus. Tratem-no como um tesouro para ser admirado e desfrutado. A maneira como vocês falam, olham, tocam e mostram intimidade comunicará a maneira como valorizam o casamento. Ao valorizá-lo consistentemente, à medida que os anos passam, o relacionamento fica mais forte e mais agradável.

---

de oração (ibid., p. 120-23), e acrescenta: "Assim, temos neste texto o ensinamento claro de que o sexo é uma obrigação fundamental do casamento. Essa obrigação não deve ser violada ou abusada para que o casamento seja saudável" (p. 123). O uso da palavra *obrigação* por Sproul não implica demanda ou coerção, e sim que a atmosfera saudável do casamento leva à intimidade sexual e que a intimidade sexual alimenta um casamento saudável.

13 Andreas Köstenberger & David Jones, *God, Marriage, and Family: Rebuilding the Biblical Foundation* (Wheaton: Crossway, 2010), p. 80 [*Deus, Casamento e Família* (São Paulo: Vida Nova, 2014)].

Resumo

O casamento não deve ser complicado. No entanto, as disposições pecaminosas que trazemos para ele multiplicam as complicações. Isso exige edificar o casamento sobre o fundamento sólido do Evangelho, honrando Cristo pela maneira como o marido e a esposa se relacionam. Os maridos fortalecem seus casamentos nutrindo intencionalmente suas esposas espiritual e emocionalmente, prestando atenção a elas e vivendo com elas de maneira compreensiva. Cônjuges com casamentos fortes dão atenção ao cultivo da comunicação: falar, ouvir, conhecer e crescer na intimidade. O tipo de casamento que reflete Cristo e a igreja não se fortalece pela passividade (Ef 5.22-33), mas exige ação diária.

Perguntas para reflexão

1. Quais são os maiores obstáculos que pastores e suas esposas enfrentam para ter um casamento saudável e realizado?
2. Por que o Evangelho é fundamental para o casamento?
3. De que maneira o Evangelho embasa o casamento e atua em seu dia a dia?
4. O que é preciso para que um marido supra as necessidades de sua esposa?
5. O que está envolvido na comunicação conjugal?

PERGUNTA 9
COMO OS PASTORES PODEM PASTOREAR SUA FAMÍLIA?[1]

Temos sorte de ter tantos bons livros sobre casamento e parentalidade.[2] Ainda assim, em meio a tantos bons conselhos, devemos ter cuidado para não adquirirmos uma abordagem de linha de montagem para a vida familiar. Isso impõe a personalidades únicas e projetadas por Deus a ideia de outra pessoa sobre como deve ser seu lar. Sem dúvida, existem ideias, conceitos, estratégias e ilustrações muito boas que nos ajudam a moldar nosso lar. No entanto, esses escritores não moram com minha esposa e/ou filhos. Não conhecem a maneira única como Deus projetou minha família para *representar* sua criatividade e sua glória no lar. É aí que Provérbios 24.3-4 oferece orientação enquanto

---

1 Alguns pastores não têm família, mas seus ministérios regularmente se cruzam com famílias e as influenciam. Minha esperança neste capítulo é que os princípios considerados sirvam para os pastores à medida que servem suas congregações.
2 Veja a pergunta anterior sobre livros relacionados ao casamento. Para a parentalidade, considere Tedd Tripp, *Pastoreando o Coração da Criança*, 2ª ed. (São José dos Campos: Editora Fiel, 2017); Robbie Castleman, *Parenting in the Pew: Guiding Your Children into the Joy of Worship* (Downers Grove: InterVarsity, 2013); Josh Mulvihill, *Preparing Your Children for Marriage: how to Teach God's Good Design for Marriage, Sex, Purity and Dating* (Phillipsburg: P&R, 2017); Paul David Tripp, *Desafio aos Pais: os 14 Princípios do Evangelho que Podem Transformar Radicalmente Sua Família* (São Paulo: Cultura Cristã, 2019); Julie Lowe, *Criando Filhos pela Fé, Não por Fórmulas* (São José dos Campos: Peregrino, 2022); Rachel Jankovic, *Loving the Little Years: motherhood in the Trenches* (Moscow, EUA: Canon, 2010).

consideramos os materiais que o Senhor nos fornece para fortalecer e construir nosso lar para sua glória e nossa alegria.

> Com a sabedoria edifica-se a casa,
> e com a inteligência ela se firma;
> pelo conhecimento se encherão as câmaras
> de toda sorte de bens, preciosos e deleitáveis.

Se você está construindo uma casa, deve ter o tipo certo de material para começar a obra. Você não encontrará massinha de modelar e ferramentas de brinquedos nesse local de trabalho. São necessários materiais propícios para a construção de uma casa para que ela seja construída e habitada.

Da mesma forma, Salomão aponta para os materiais que Deus provê para construirmos nossa casa. Sabedoria, inteligência e conhecimento, afirma o sábio escritor, são materiais essenciais para a construção de lares que saboreiam e experimentam a glória e a alegria de Deus. Ele não os usa como conceitos abstratos. Antes, o Senhor utilizou o mesmo trio quando criou o mundo: "O Senhor com *sabedoria* fundou a terra, com *inteligência* estabeleceu os céus. Pelo seu *conhecimento* os abismos se rompem, e as nuvens destilam orvalho" (Pv 3.19-20, grifo adicionado). A criação foi feita com sabedoria, entendimento e conhecimento. Foi assim que o Criador construiu o universo. Ele modelou esses materiais para nós, portadores de sua imagem, na construção de nosso lar. Com os desafios singulares de formar uma família em meio ao ministério pastoral, usar materiais projetados por Deus para edificar nosso lar encoraja-nos, mesmo quando a tensão do ministério e da família nos traz lutas.

Busque sabedoria

"Com a sabedoria se edifica a casa." Sabedoria, nesse sentido, não tem nada a ver com nível de inteligência; o termo aponta para como Deus manifesta a si e a seus caminhos através da revelação das Sagradas Escrituras. A sabedoria observa os caminhos que Deus escolheu para cada detalhe da vida e enxerga a verdade da vida, especialmente centrada na revelação que Deus fez de si mesmo em Cristo, conforme declarado no Evangelho. Deus revela-se em sua Palavra para que os crentes a estudem, interpretem e apliquem (2Tm 2.15; 3.16-17). Isso é especialmente útil para pais que buscam fortalecer suas famílias. Em vez da frustração de tentar decidir quais princípios e ideias dos livros mais recentes colocarão sua família em um bom caminho, eles começam com o fundamento da revelação de Deus em Cristo.[3]

Paulo viu a sabedoria com clareza. Falou de sua luta em favor dos crentes em Colossos e Laodiceia:

> para que o coração deles seja confortado e vinculado juntamente em amor, e eles tenham toda a riqueza da forte convicção do *entendimento* [há a aplicação para toda a vida], para [assim ele demonstra a continuidade ou progresso] *compreenderem* plenamente o mistério de Deus, Cristo, *em quem todos os tesouros da sabedoria e do conhecimento estão ocultos*. (Cl 2.2-3, grifo adicionado)

Ele explica que a sabedoria adequada para cada necessidade/situação, incluindo questões de família, encontra-se em Jesus Cristo. Nesse sentido, o apóstolo ensina que *a sabedoria é principalmente relacional, e não informativa*.

Entrar em um relacionamento com Cristo, porém, apenas inicia uma vida de descoberta de todos os tesouros de sabedoria e conhecimento escondidos nele. Dick Lucas explica que confiar em Cristo conforme revelado no Evangelho "não é o fim, e sim o começo da vida". Continuamos edificando sobre o fundamento de Cristo como Senhor e Vida, e todo o "crescimento e progresso da vida cristã devem ser inteiramente

---

3 Não estou sugerindo jogar fora livros sobre família! Recursos muito bons estão disponíveis para nos ajudar em nossa jornada de fortalecimento das famílias. No entanto, como essa passagem mostra, cada família tem suas personalidades e desafios, de maneira que não se deve simplesmente seguir uma abordagem "enlatada" da vida familiar. Aprenda com as ideias, conceitos, ilustrações e recomendações oferecidas, mas faça-os passar pelo crivo da sabedoria, compreensão e conhecimento que Deus dá a cada um para edificar seu lar.

consistentes com seu início".[4] A sabedoria, então, implica que a revelação divina na Palavra aponta de modo supremo para Cristo e para o Evangelho como fundamentos para tudo o que é necessário para se viver fielmente diante do Senhor.

Enquanto muitas coisas compõem um lar, e muitos detalhes que colocamos em ação aprendemos a partir de vários trechos das Escrituras, a revelação de Deus em Cristo continua sendo a mais crítica. Se não começarmos com a revelação de Cristo como fundamento de toda sabedoria, coletaremos aleatoriamente versículos e princípios que poderão ser transformados em uma estrutura legalista para a vida familiar. O relacionamento com Cristo por meio do Evangelho deve moldar e aprimorar o caráter, a conversa, as atitudes, as ações, o amor, o serviço, o perdão e a bondade, conforme o pai e a mãe lideram seus filhos. Ao aplicarmos o Evangelho a toda a vida, damos exemplos aos nossos filhos do impacto e do poder do Evangelho para toda a vida. O Evangelho afeta tudo em nossos lares. É por isso que a sabedoria os edifica. Estamos aprendendo a construí-los sobre Cristo e seu Evangelho.

Exercite a inteligência

"Com a inteligência ela se firma" (Pv 24.3). A *inteligência* tem mais a ver com sabedoria do que simplesmente com um momento de lampejo. Podemos relegar a inteligência apenas ao conhecimento melhor de algumas coisas. Mas a ideia expressa saber algo por meio de sua aplicação. Quando Salomão escreve "O Senhor com sabedoria fundou a terra, com inteligência estabeleceu os céus" (Pv 3.19), ele não quer dizer apenas que Deus compreendeu como estabelecer os céus. Ao contrário, ele os fez. Inteligência, nesse caso, refere-se à ação, e não simplesmente a um conceito cognitivo.

É aqui que a "inteligência" se torna particularmente útil. "Com a inteligência ela [a casa] se firma." A sabedoria envolve revelação, a luta

---

4 Dick Lucas, *The Message of Colossians and Philemon* (Downers Grove: IVP Academic, 2014), p. 87.

com a verdade em Cristo até que ela se torne real para você. A inteligência toma a verdade e começa a aplicá-la aos detalhes da vida. Por exemplo, quando chegamos a um acordo sobre a maneira como Jesus veio para servir (Jo 13), essa verdade se aplica à maneira como damos exemplo de serviço à nossa família. Portanto, ao sermos o exemplo, temos uma estrutura que nos permite ensinar o serviço a nossos filhos, adaptando-o às circunstâncias particulares deles. A sabedoria revela o serviço; a inteligência o aplica. Além do "serviço" de Cristo, pode-se acrescentar o modo como Jesus foi modelo de perdão, cuidado com os outros, valorização dos relacionamentos, generosidade, sacrifício, abnegação, humildade e assim por diante. Existem infinitos pontos da sabedoria em Cristo que podemos trabalhar com nossos filhos.

A aplicação da revelação de Deus nas Escrituras varia de uma família para outra. A revelação é a mesma. A verdade não varia. Verdade é verdade (2Tm 3.16). Contudo, a forma como essa verdade é aplicada em decisões, conversas, criação de filhos, relacionamentos, disciplina e milhares de outras coisas será diferente de família para família. Haverá algumas semelhanças? Certamente, mas o ponto importante a ser observado é que uma abordagem simplória na edificação de uma família ignora a aplicação saudável da verdade. Uma lista rígida de coisas que se devem ou não fazer acompanhada por versículos aleatórios tem o efeito de tirar o *entendimento* do todo. Não é preciso usar a mente se uma lista controla as ações da família. Porém, é realmente preciso pensar sobre a revelação de Deus na Palavra e como essa revelação funciona nos detalhes particulares de sua família.

1. Personalidades

Cada pessoa tem uma personalidade. Pode haver semelhanças, mas uma pessoa difere do outra. Cada personalidade processa as conversas, a linguagem corporal e a correção da sua maneira. Cada um encara a responsabilidade com atitudes variadas e com uma certa ética de trabalho. Cada um reage a demandas, estresse e desafios com uma gama de emoções, níveis de angústia e ação ou inércia. Cada um tem interesses, objetivos e níveis de disciplina específicos. A maturidade não pode ser limitada a uma abordagem da vida doméstica.

Uma amálgama de várias personalidades, interesses, pontos de vista, níveis de maturidade, compreensão das Escrituras, estágios de desenvolvimento espiritual e temperamentos mora na sua casa. Você, então, simplesmente extrai do livro de certo autor um plano de dez passos para a família e obriga todos os familiares a seguirem a ideia daquele homem de como *sua família* deveria ser? Você pode até fazer isso, mas, no processo, deixará de assegurar ao seu lar o tipo de amor, alegria e atitudes repletas de Cristo que precisam estar presentes nos lares liderados por cristãos, bem como suprimirá um pouco da criatividade e dos prazeres que brotam quando se dedica tempo para aplicar cuidadosamente a verdade das Sagradas Escrituras a cada personalidade. Essa aplicação sob medida não esmaga as pessoas, mas as leva à liberdade em Cristo.

Isso é certamente o que Paulo tinha em mente quando escreveu: "E vós, pais, não provoqueis vossos filhos à ira" (Ef 6.4). Uma abordagem de treinamento dos filhos que ignore a personalidade de cada um deles pode causar mais danos que benefícios. Em vez de provocar raiva ao ignorar a personalidade, mágoas ou medos de uma criança ou ao não lhe dar ouvidos adequadamente para entender melhor o que a faz agir daquela maneira, devemos criá-la "na disciplina e na admoestação do Senhor" (Ef 6.4). "Criar" é a mesma palavra traduzida por "alimentar" em Efésios 5.29, um termo carinhoso que significa "nutrir" ou, no caso dos filhos, "educar".[5] "Disciplina" carrega as ideias de educação e de correção. Em um sentido verdadeiro, expressa o *discipulado*. Isso é o que acontece por meio da aplicação da sabedoria às particularidades de uma criança: pais discipulando seus filhos. "Admoestação" traduz uma palavra que significa "colocar na mente".[6] Assim, os pais prestam aten-

---

5 BDAG, ἐκτρέφω, p. 311.
6 "Instrução", νουθεσια, vem de νους (mente) e τιθημι (colocar ou por) (*NIDNTTE*, 3:423). Prefiro a ideia de "assentar na mente", pois é isso que estamos fazendo quando instruímos nossos filhos. Devemos ter em mente como cada um aprende e procura colocar em sua mente as verdades de que precisa para viver com o coração inclinado ao Senhor.

ção à pessoa que recebe a "admoestação", adaptando a aplicação para se adequar ao entendimento, situação e necessidade daquele filho. Ambas devem ser feitas com o objetivo de cultivar o coração para o Senhor.[7]

2. Providências

Observar o que acontece nos detalhes das providências divinas nas famílias das igrejas que pastoreei faz minha imaginação "viajar". Cada um experimenta de maneira única uma ampla gama de coisas que Deus traz para sua vida: circunstâncias estranhas, dificuldades, desafios, adversidades, alegrias e oportunidades. Nenhum lar se equipara a outro. A compreensão viva e contínua da revelação de Deus nas Escrituras, especificamente aplicada às circunstâncias dos membros de nossa família, com suas personalidades e experiências de vida variadas, descarta a abordagem simplória da vida familiar.[8] Antes, a providência dá lugar a rostos curvados em oração sobre a Palavra. Isso vem depois da fidelidade a Cristo. Por meio da providência, começamos a perceber como o Senhor ordenou os detalhes da vida, de modo que crescemos na graça, aprendemos mais sobre a dependência a Deus, desenvolvemos disciplinas espirituais e exercitamos o fruto do Espírito nos relacionamentos familiares.[9]

---

[7] John R. W. Stott, *The Message of Ephesians* (Downers Grove: InterVarsity, 1979), p. 249-50 [*A Mensagem de Efésios* (Viçosa: Ultimato, 2007)].
[8] Isso pode envolver uma criança participar ou não de um time; a aceitação ou não em um clube; a morte súbita do pai de um amigo; um amigo paralisado por conta de um acidente; mal-entendidos com colegas; críticas ou ataques verbais; lutas com um novo professor; o desafio de se mudar para uma nova cidade etc. Em cada um desses casos, como a Palavra de Deus responde? Como você ensina, treina, ora e caminha com seu filho em meio a essas situações? É aqui que a sabedoria e a compreensão atuam na vida familiar.
[9] Ao treiná-los por meio da sabedoria em Cristo, também temos a alegria de mostrar aos nossos filhos o quanto a teologia é prática para toda a vida.

3. Aplicação

Por exemplo, o entendimento ou aplicação da Palavra pode fazer com que você trate ou discipline uma criança de maneira diferente de outra. É a aplicação que o torna sensível à posição de cada criança em relação ao Senhor. Aquele que é incrédulo você nutre, para que ele enxergue seu pecado e a beleza de Cristo revelada no Evangelho. Aquele que é crente você ajuda a nutrir longe do legalismo, para que ele ande no Espírito.

Com o uso da "inteligência" ou da aplicação no lar, devemos considerar a personalidade, o temperamento, os interesses, o estágio de vida, as sensibilidades e os desafios de cada filho. Como você aplica a Palavra a cada um? Isso exigirá mais esforço do que ter uma abordagem "hermética" para a vida doméstica? Sim, certamente exigirá, mas o efeito será muito mais rico e completo a longo prazo.

Viva no conhecimento

"Pelo conhecimento se encherão as câmaras de toda sorte de bens, preciosos e deleitáveis" (Pv 24.4). A sabedoria envolve a revelação da Palavra de Deus. A inteligência implica na aplicação apropriada da revelação divina. O *conhecimento* significa que você continua a crescer em sabedoria e compreensão do Senhor e de seus caminhos. Podemos até chamar o conhecimento de uma *amplificação* da verdade para toda a vida. Em certo sentido, trata-se de uma combinação contínua de sabedoria e inteligência. Observamos isso na declaração de Salomão sobre a criatividade do Senhor. "Pelo seu conhecimento os abismos se rompem, e as nuvens destilam orvalho" (Pv 3.20). Aqui, Salomão não usa o conhecimento como uma compreensão estática da informação, e sim como a verdade que continua a agir para realizar os propósitos encontrados na sabedoria. Em outras palavras, ele enfatiza que, ao usarmos o *conhecimento*, devemos aplicar efetivamente a verdade específica necessária para aquele filho específico e suas necessidades. Devemos pensar

Pergunta 9: Como os pastores podem pastorear sua família?1

no resultado do treinamento, da instrução e da disciplina em lugar de apenas operar no piloto automático como pais.

A maneira como Paulo usa o conhecimento em sua oração pelos cristãos colossenses traz uma instrução melhor: "Por esta razão, também nós, desde o dia em que o ouvimos, não cessamos de orar por vós e *de pedir que transbordeis de pleno conhecimento da sua vontade, em toda a sabedoria e entendimento espiritual*" (Cl 1.9, grifo adicionado).

Paulo relaciona conhecimento com sabedoria e entendimento, assim como Salomão fez. Trata-se do crescimento e da compreensão da vontade de Deus que se encontra na sabedoria (isto é, na revelação da Palavra de Deus), com o objetivo de aplicá-la. "Sua vontade" aponta para o conhecimento da verdade que Deus revelou na Palavra, e não para respostas sobre a vontade de Deus com relação à escola que seu filho frequentará, à compra de uma casa nova ou à aceitação de uma oferta de emprego. À medida que andamos na "sua vontade" revelada nas Sagradas Escrituras, outras decisões se encaixam. Andar com o Senhor dá direção e clareza sobre a melhor forma de educarmos e orientarmos nossos filhos.

Paulo explica que estar cheio do *conhecimento* da vontade de Deus em toda a *sabedoria* e *entendimento* espirituais afeta (1) a caminhada rumo ao que agrada ao Senhor, (2) a produção de frutos por meio das boas obras, (3) o crescimento no conhecimento de Deus, (4) o fortalecimento espiritual através do poder de Deus, (5) o aumento da perseverança e da paciência e (6) a vida vivida em alegres ações de graças a Deus (Cl 1.9-12). À medida que construímos nossa família com sabedoria, compreensão e conhecimento nos caminhos de Deus, mudanças ocorrem na maneira como pensamos, agimos e falamos, no modo como nos relacionamos, vemos o mundo e encontramos alegria.

Agora, vamos pensar em nossos lares. Se nosso objetivo é produzir determinado tipo de família que siga rigidamente a ideia de outra pessoa sobre o lar perfeito, Provérbios 24.3-4 e as percepções de Colossenses têm pouco a nos oferecer. Todavia, se nosso objetivo, *pela graça de Deus*, é ver o tipo de fruto que só Deus pode produzir, precisamos seguir o padrão que ele estabeleceu. Isso significa que, se você tem filhos, todos se tornarão cristãos? Não sabemos. Essa é uma obra soberana de Deus. Mas significa que, pela sabedoria de Deus no Evangelho, bem como pelo entendimento de sua operação e pela ampliação dessa compreensão por meio do conhecimento da verdade do Evangelho, você estabeleceu um alicerce sólido para a vida deles. Você ancorou sua vida, seu lar e seu casamento na revelação de Deus em Cristo. Além disso, no processo, haverá alegrias surpreendentes ao ver Deus trabalhando por intermédio da aplicação de sua Palavra.

Resumo

A criação de filhos não é uma ciência exata. Pais cristãos aprendem a andar em sabedoria, inteligência e conhecimento na medida em que ensinam, treinam, corrigem e orientam seus filhos. Isso leva em conta as personalidades e as distinções emocionais de cada filho, em vez de se basear numa tentativa de se criarem os filhos a partir de uma abordagem enlatada. Os pais começam vivendo na sabedoria encontrada em Jesus Cristo, passam a exercitar a inteligência na aplicação da sabedoria e, então, ampliam a sabedoria e a inteligência ao perseverar no conhecimento centrado em Cristo. Esse padrão estabelece o alicerce do Evangelho, sobre o qual construímos nosso lar.

Perguntas para reflexão

1. Como o uso de Salomão da sabedoria, da inteligência e do conhecimento em referência ao Senhor Deus na criação instruì os pais na aplicação desse trio no lar (Pv 3.19-20; 24.3-4)?
2. Em última análise, qual é a sabedoria sobre a qual construímos nosso lares?
3. O que deve ser considerado em cada criança na aplicação da sabedoria?
4. Como Provérbios 24.3-4 orienta os pais a se distanciarem de uma abordagem única para a criação dos filhos?

Pergunta 9: Como os pastores podem pastorear sua família?1

5. Como o conhecimento se relaciona com a sabedoria e com a inteligência na forma como é aplicado em casa?

PERGUNTA 10
PASTORES PRECISAM DE PASTOREIO?

As Epístolas Pastorais são modelo para pastores que *pastoreiam*. Timóteo e Tito foram pastoreados por Paulo, que os enviou à igreja de Éfeso e às igrejas da ilha de Creta, respectivamente, para representá-lo pastoralmente.[1] Eles enfrentaram os mesmos tipos de problemas de todo pastor: lutas pessoais, oposição, ensino distorcido, grupos de poder, inconsistências entre os membros, liderança inadequada, questões sobre ministério, imaturidade no lugar de maturidade e tentação de recuar ou desistir. Em meio aos problemas com as igrejas de Éfeso e Creta, Paulo pastoreou Timóteo e Tito para continuarem no ministério fiel. Como ele fez isso?

Nas Epístolas Pastorais, ele tratou de questões particulares enquanto procurava levar suas congregações a serem mais fiéis como igrejas cristãs. Em 1 Timóteo, o apóstolo tem uma "aresta polêmica" para aparar com os mestres heterodoxos que ameaçam a estabilidade

---

1   John Stott sugere que o papel de Timóteo foi o de "uma espécie de 'bispo' embrionário" (*The Message of 2 Timothy* [Downers Grove: InterVarsity, 1973], p. 19 [*A Mensagem de 2Timóteo* (São Paulo: ABU, 2001)]). Mas um título melhor é o de "delegado apostólico", já que Paulo não conhecia o tipo de hierarquia comunicada pelo uso atual do termo "bispo". Derek Tidball usa o termo "delegados" para Timóteo e Tito (*Ministry by the Book: New Testament Patterns for Pastoral Leadership* [Downers Grove: IVP Academic, 2008], p. 149-51); Andreas Köstenberger chama-os de "delegados apostólicos que são temporariamente designados para sua localização atual, a fim de lidar com problemas particulares que surgiram em suas respectivas igrejas e requerem atenção especial" (*Commentary on 1–2 Timothy and Titus* [Nashville: Holman Reference, 2017], p. 9).

da igreja. Em 2 Timóteo, sua última carta, ele exorta Timóteo à fidelidade diante da oposição, confiando nas promessas do Evangelho. Com relação a Tito, Paulo "exige o cultivo de um claro senso de identidade e de comunidade cristã" por meio da transformação ética que marca os verdadeiros seguidores de Cristo.[2] Porém, nas entrelinhas das cartas, Paulo recorda a esses homens as questões essenciais e básicas de suas caminhadas cristãs e de seus ministérios públicos.

Lembretes pastorais

Ao refletir sobre as Epístolas Pastorais, pelo menos cinco lembretes se destacam na maneira como Paulo encorajou Timóteo e Tito em suas caminhadas e ministérios. Esses lembretes são um bom conteúdo sobre como pastorear companheiros presbíteros. Paulo lembra as coisas que mais importam quando servimos uns aos outros no ministério pastoral.

1. Lembrem uns aos outros do Evangelho — seu poder, sua eficácia e suas promessas

George Wieland aponta que as Pastorais contêm pelo menos 13 passagens distintamente salvíficas.[3] De modo significativo, para nossos propósitos, Paulo tece muitas de suas exortações aos jovens com raízes evangélicas. Para encorajar Timóteo a ser firme, Paulo fala sobre a fidelidade do Senhor para com ele, apesar de sua vida pregressa como perseguidor da igreja (1Tm 1.12-17). Depois de apresentar as responsabilidades de liderança da igreja, ele irrompe em uma confissão cristológica, lembrando Timóteo, com base na obra fiel de Cristo, da maneira como ele deve se comportar na casa de Deus (1Tm 3.14-16). Para encorajar

---

2 George M. Wieland, "The Function of Salvation in the Letters to Timothy and Titus", em Andreas Köstenberger & Terry Wilder, orgs., *Entrusted with the Gospel: Paul's Theology in the Pastoral Epistles* (Nashville: B&H Academic, 2010), p. 171-72.
3 Wieland, "Function of Salvation", p. 155-62. As passagens são as seguintes: 1Tm 1.1; 1.15-16; 2.1-7; 2.15; 4.10; 4.16; 2Tm 1.8-10; 2.8-10; 3.14-15; 4:16-18; Tt 1.1-14; 2.11-14; 3.4-7.

Timóteo a agir com ousadia, o apóstolo estabelece seu conselho sobre a certeza da segurança do Evangelho (2Tm 1.8-12). Antes de lembrar a Tito de sua razão para deixá-lo em Creta, Paulo faz com que ele rememore a esperança de vida eterna encontrada no Evangelho que ele proclama (Tt 1.1-3). Para ajudar Tito a falar e a corrigir os cristãos cretenses com autoridade, o apóstolo fundamenta a exortação em uma das mais magníficas declarações evangélicas de toda a Escritura (Tt 2.11-14). Pastores precisam de lembretes do Evangelho tanto quanto Timóteo e Tito, pois, somente se continuarmos a crer e a viver no Evangelho, andaremos em fidelidade.

2. Lembrem uns aos outros de viver de modo santo e lutar contra o pecado com regularidade

Paulo não presumiu nada com respeito a esses dois jovens que ele havia mentoreado fielmente.[4] Derek Tidball explica que, mesmo com as instruções detalhadas sobre suas responsabilidades na igreja,

> parece haver uma preocupação igual — senão maior — acerca de seus papéis e de como eles deviam desempenhá-los. [...] Ele estava preocupado com o cumprimento da tarefa, mas estava ainda mais preocupado com o tipo de pessoa que eles eram.[5]

Paulo não permitiu que Timóteo desse desculpas juvenis, mas insistiu: "torna-te padrão dos fiéis, na palavra, no procedimento, no amor, na fé, na pureza" (1Tm 4.12). Timóteo tinha de manter "[a] fé e [a] boa consciência" (1Tm 1.19), prestar muita atenção a si mesmo e ao seu ensino, perseverar na fidelidade a Cristo (1Tm 4.16), não se enredar nos assuntos mundanos (2Tm 2.2) e mais: "Foge, outrossim, das paixões da mocidade. Segue a justiça, a fé, o amor e a paz com os que, de coração puro, invocam o Senhor" (2Tm 2.22). Prestarmos contas uns aos outros

---

4 Veja Phil A. Newton, *The Mentoring Church: How Pastors and Congregations Cultivate Leaders* (Grand Rapids: Kregel Ministry, 2017), p. 53-57, 64-66.
5 Tidball, *Ministry by the Book*, p. 149.

como pastores/presbíteros em prol de uma vida santa nos deixa mais fortes na luta contra o pecado.

3. Lembrem uns aos outros da constante necessidade de perseverar na fé

Enquanto diz a Timóteo que fuja das armadilhas da tentação da riqueza, Paulo faz uma exortação: "Combate o bom combate da fé. Toma posse da vida eterna, para a qual também foste chamado e de que fizeste a boa confissão perante muitas testemunhas" (1Tm 6.11-12). A perseverança assegura a genuinidade de nossa fé no Senhor Jesus Cristo. A certeza da salvação nunca gera passividade; antes, estimula o cristão — incluindo os pastores — a perseverar. John Stott explica que tomar posse da vida eterna significava que, "embora Timóteo já tivesse recebido a vida eterna, Paulo exortou-o a agarrá-la, abraçá-la, apoderar-se dela, torná-la completamente sua, desfrutá-la e vivê-la plenamente".[6] Os pastores devem encorajar uns aos outros à perseverança na fé, pois nela experimentamos mais prazer no que Cristo realizou em nosso favor em sua morte e ressurreição.

4. Lembrem uns aos outros de ser homens da Palavra, estudantes das Sagradas Escrituras

Embora se possa supor que os pastores não precisem de lembrete, se Paulo teve de lembrar Timóteo de ser diligente na busca por melhorar seu estudo e compreensão da Palavra de Deus, precisamos também disso: "Procura apresentar-te a Deus aprovado, como obreiro que não tem de que se envergonhar, que maneja bem a palavra da verdade" (2Tm 2.15). O reitor de um seminário e ex-pastor Ligon Duncan comenta:

> Aqui nós temos uma diretriz apostólica a um jovem ministro para estudar com um empenho e esforço equivalentes ao de um incansável trabalhador braçal. O verdadeiro ministro é um

---

6 John Stott, *Guard the Truth: the Message of 1 Timothy and Titus* (Downers Grove: InterVarsity, 1996), p. 157 [*A Mensagem de 1Timóteo e Tito* (Viçosa: Ultimato, 2018)].

trabalhador (Paulo realmente gosta desta metáfora!). Ele trabalha muito em sua tarefa. O verdadeiro ministro deve trabalhar duramente, dedicando-se aos estudos, a fim de conhecer e pregar a verdade corretamente.[7]

Discutir regularmente as verdades que aprendemos com o estudo da Palavra de Deus estimula os colegas pastores a se aprofundarem e estudarem com fervor.

5. *Lembrem uns aos outros de se manter afastados de argumentos especulativos e ilusórios que sejam imprestáveis*

Como é fácil para pastores caírem na armadilha dos argumentos inúteis feitos por (às vezes) pessoas bem-intencionadas. Devemos ajudar a proteger uns aos outros de nos tornarmos presas do desperdício do tempo e do esforço pastoral com a mera especulação. Paulo reiterou isso em várias passagens (1Tm 4.6-7; 6.20-21; 2Tm 2.14-19, 22-26; Tt 2.1-15; 3.9). Lidar com o erro é uma coisa; devemos fazê-lo (Tt 1.10-11). Porém, a conversa infrutífera e especulativa sobre questões periféricas no campo da escatologia, dons espirituais, numerologia e assim por diante tem de ser deixada de lado.

Pastores precisam de pastoreio

Os lembretes de Paulo a Timóteo e Tito ajudam a definir o tipo de conteúdo que precisa fazer parte do pastoreio de presbíteros. O Evangelho, a vida santa, a perseverança na fé, o estudo das Escrituras e o desprezo a argumentos especulativos são abordados em uma grande variedade de materiais que visam à discussão e ao aperfeiçoamento mútuo. Enquanto estão ocupados em pastorear o rebanho que lhes foi confiado, os pastores devem vigiar uns aos outros.

Paulo, por certo, tinha isso em mente quando disse aos presbíteros de Éfeso: "Atendei *por vós* e por todo o rebanho" (At 20.28, grifo

---

[7] Ligon Duncan, "Continue Estudando", em *Amado Timóteo: uma Coletânea de Cartas ao Pastor*, ed. Thomas Ascol (São José dos Campos: Editora Fiel, 2005), p. 171.

adicionado). "Vós" implica em outros presbíteros. Cuidem de seus companheiros pastores, assim como também cuidam dos membros do rebanho. Ou, de um ângulo diferente, assim como não pensariam em deixar de cuidar do corpo, não pensem em deixar de cuidar de seus companheiros presbíteros.

No entanto, podemos facilmente abusar do outro. Juntos com os nossos companheiros presbíteros, temos a expectativa de que tenhamos nossas vidas totalmente organizadas. Talvez até as tenhamos às vezes. Entretanto, e quanto às outras vezes em que as coisas estão bagunçadas em nossas vidas? Se os pastores do rebanho não cuidarem uns dos outros, quem cuidará deles? Aqui estão algumas sugestões para fazer com que o pastoreio de pastores aconteça.

1. Orem diariamente uns pelos outros

Assim como você ora diariamente por suas necessidades espirituais e pelas de sua família, ore por seus companheiros presbíteros. Aqueles que você mantém regularmente diante do trono mantém mais próximo de seu coração. Esse ato de oração diária traz à mente as necessidades de seus companheiros de pastorado. Você está orando pelo que observou a respeito deles e pelo que aprendeu nas conversas com eles. Vocês têm compartilhado a vida juntos. Portanto, muito naturalmente, compartilhem as necessidades deles com o Pai.

Preste atenção aos seus co-presbíteros. Comunique-se com eles sobre suas famílias, trabalho e pastoreio. Tenha discernimento da(s) área(s) pela(s) qual(is) o adversário os ataca. Observe seus pontos fortes e fracos. Eles servem lado a lado com você. Portanto, apresente-os diante do Senhor. Suplique por suas disciplinas pessoais, casamento, filhos e ministério.

2. Sejam amigos, não parceiros de negócios

Podemos cair na armadilha de tratar outros presbíteros ou membros da equipe pastoral como se fossem meros membros do conselho.

Essa é uma das razões pelas quais prefiro não usar o termo "conselho de presbíteros". Não somos um conselho. Somos um corpo que serve a congregação juntos, em nome de Cristo. Os membros do conselho podem ser um tanto indiferentes uns para com os outros enquanto o conselho funcionar. Podem discutir, deliberar, tomar decisões e pensar que suas responsabilidades estão concluídas quando a reunião termina. No entanto, não é hipocrisia seguirmos agindo como um conselho e fracassarmos no real cuidado uns dos outros? Porém, como membros de um corpo, aprendemos a amar uns aos outros, cuidar uns dos outros, chorar e rir juntos, conhecer as lutas uns dos outros, carregar os fardos uns dos outros.

Como co-pastores, compartilhamos com alegria o nascimento de filhos e netos. Choramos pela morte de pais e irmãos. Temos trabalhado em oração nas lutas com nossos filhos e netos. Passamos por dores, emergências e celebrações. Amigos importam-se o suficiente com amigos para conhecer e servir uns aos outros.

3. *Aconselhem uns aos outros*

Quando somos amigos de nossos co-pastores, em vez de apenas membros do conselho ou da equipe, temos o direito de aconselhar uns aos outros. O encorajamento de Paulo no crescimento, desenvolvimento e clareza doutrinária do corpo exigia falar a verdade em amor (Ef 4.14-16); presbíteros não foram excluídos disso. Seus lembretes a Timóteo e Tito geram muito conteúdo para pensarmos sobre como influenciamos a vida uns dos outros. Se os pastores não falarem a verdade em amor uns aos outros, provavelmente farão pouco disso com o rebanho.

No entanto, falar sobre a vida de outra pessoa exige uma postura dupla. Aquele que fala deve aproximar-se de seu irmão com humildade, amor e disposição, a fim de ouvi-lo e caminhar ao seu lado. A pessoa abordada deve compartilhar a mesma humildade em ouvir, amor em aceitar a correção e disposição de se submeter à palavra de advertência de um irmão. Tanto o que fala como o que ouve devem manter o coração sempre aberto a aprender. Presbíteros que pensam que nunca precisam de correção e admoestação não devem ser presbíteros. Até que estejamos diante de Cristo sem mancha ou defeito, precisamos que outros nos aconselhem, especialmente aqueles companheiros presbíteros que oram por nós, amam-nos e nos mantêm em seu coração.

4. Preste atenção às oportunidades pastorais com presbíteros

Um de nossos presbíteros e sua esposa enfrentaram a intensa dor de perder um filho menos de uma hora após o nascimento. Jamais esquecerei a cena de meus companheiros presbíteros e suas esposas reunidos no hospital chorando, orando e amando esse irmão e sua esposa. Não devemos supor que jamais precisaremos de cuidado pastoral.

O cuidado pastoral pode vir de muitas maneiras. Talvez durante uma doença familiar ou morte; a saída de um filho de casa por conta de faculdade ou serviço militar; o nascimento de um filho ou neto; mudanças adversas na vida, no trabalho ou na família. Às vezes, é a sensibilidade a conflitos espirituais intensos que faz com que outros pastores se aproximem de seus irmãos.

Não imagine que outro pastor servirá aquele irmão em seu momento de necessidade. Aproveite aquela oportunidade e outras que surgirem para pastorear seus colegas pastores. Provavelmente chegará o tempo em que você será o alvo desse ministério. Portanto, ministre o Evangelho fielmente a seus irmãos em tempos de necessidade. Estou escrevendo este capítulo durante um tempo de isolamento e debilidade física, devido a quatro meses de tratamento quimioterápico. O cuidado de meus companheiros de ministério elevou meu ânimo repetidas vezes.

5. Vivam juntos no corpo

Ao usar "vivam juntos no corpo", estou pensando no tipo de coisa que fazemos como membros da congregação, mas a expressão é ainda intensificada quando aplicada aos co-pastores. Lemos livros e falamos sobre eles. Compartilhamos histórias de como Deus trabalhou em alguma oportunidade ou necessidade. Discutimos sermões e estudos bíblicos que estamos preparando. "Abrimos" nossas fraquezas. Falamos sobre as lutas com o pecado. Visitamos membros carentes da igreja. Participamos de viagens missionárias. Trabalhamos lado a lado durante o expediente e fora dele, em vários projetos da igreja. Temos comunhão à mesa. Participamos de eventos juntos. Oramos. Rimos. Vivemos juntos.

Sim, os pastores precisam ser pastoreados por seus companheiros presbíteros. Por certo, podemos desenvolver estruturas formais para fazê-lo (e.g., tempos de prestação de contas, estudos bíblicos, avaliações mútuas etc.). Contudo, estou defendendo algo mais holístico: vida sobre vida no crisol do ministério. Conheçam-se bem. Como pastores, sirvam uns aos outros fielmente.

Resumo

Aprendendo com as exortações de Paulo a Timóteo e Tito, ficam nítidas algumas áreas concretas em que pastores precisam continuar pastoreando uns aos outros: Evangelho, santidade, perseverança, estudo e foco. Na prática, quando oramos uns pelos outros, construímos amizades, aconselhamos, prestamos atenção às oportunidades pastorais e vivemos a vida juntos, damos e recebemos cuidados pastorais como co-pastores.

Perguntas para reflexão

1. Que problemas tanto Timóteo quanto Tito enfrentaram e você também enfrenta como pastor?
2. Por que Paulo passou tanto tempo lembrando Timóteo e Tito do Evangelho?
3. Quais são os temas que Paulo tinha em mente quando procurou pastorear Timóteo e Tito?

4. Que outros temas presentes nas Epístolas Pastorais serviriam para ajudar os pastores a pastorearem uns aos outros?

5. De forma prática, como pastores podem servir e pastorear regularmente co-pastores?

PERGUNTA 11
COMO OS PASTORES PODEM LIDAR COM OS DESENCORAJAMENTOS NO MINISTÉRIO PASTORAL?

Enquanto estudante universitário, servi em uma equipe pastoral com um pastor que parecia desanimado toda segunda-feira. Ele não tivera a resposta que esperava para sua pregação; o que ele pensara que seria um grande sermão simplesmente não funcionou; um membro mais velho reclamou de algo no culto; um diácono falou com ele de forma maldosa; as finanças não cobriam o orçamento. Consequentemente, sua motivação no início da semana afundava. Ele reclamva, chafurdva na miséria e parecia sem ação, em vez de buscar ativamente a alegria que o libertaria do desânimo.

Desde aquela época, tenho mais de 40 anos servindo como pastor. Posso testemunhar que os desânimos miram em alvos pastorais regularmente. Se o pastor não tiver um escudo para desviá-los, sucumbirá à ingratidão, ao orgulho, à reclamação e à letargia que o desânimo muitas vezes produz. Aqui está minha observação: lidamos melhor com o desânimo quando nos concentramos mais na verdadeira alegria.

Que crédito tem um pastor miserável?

Em uma de suas exposições sobre a Epístola aos Filipenses, o pastor londrino do século XX Martyn Lloyd-Jones fez a pergunta: "Que crédito para Deus tem um cristão miserável?"[1] Ou, tomando emprestadas as palavras de Lloyd-Jones, que crédito para Deus tem um pastor miserável? Um pouco de experiência no ministério pastoral expõe níveis de miséria *e* alegria. Às vezes, pastores, representando por meio do pastoreio e da proclamação aquele que, quando conhecido, é "plenitude de alegria", projetam o contrário (Sl 16.11; Jo 15.11). Suas lutas com uma congregação podem infiltrar-se em sermões, conversas de corredor e visitas pastorais. Seus sentimentos incertos sobre questionamentos de "sucesso" ou "insucesso" de seu ministério tendem a mantê-los vagando em várias direções para encontrar o "ponto ideal" ilusório do ministério. Eles podem tornar-se calculistas em suas atividades ministeriais na tentativa de encontrar alegria, mas raramente experimentam alegria, visto que tentam achá-la nos lugares errados. O desânimo é instalado.

A alegria deve estar na frente e no centro do ministério pastoral. Isso não significa que questões desafiadoras do ministério não solaparão a alegria. Essas batalhas acontecem na prática normal do serviço a uma congregação. No entanto, precisamente nesse ponto, os pastores devem aprender onde devem encontrar alegria profunda, satisfatória e contagiante. Se não andarem com alegria, dificilmente serão capazes de direcionar o rebanho para viver em alegria.

O caminho de Jesus para a verdadeira alegria

É útil acompanhar o Evangelho de Lucas e ver como a vida intensa de seguir Jesus e morrer para si mesmo não contradiz a vida em meio à alegria indescritível. Jesus disse-nos que, se desejamos segui-lo, devemos negar a nós mesmos, tomar nossa cruz diariamente e continuar

---

[1] Martyn Lloyd-Jones, *The Life of Peace: an Exposition of Philippians* (Grand Rapids: Baker, 1999), p. 14.

seguindo-o (9.23). Ao fazer isso, somos levados a níveis de alegria que o mundo não consegue compreender.

Ao proferir essa palavra decisiva sobre ser discípulo, Jesus iniciou seu caminho rumo a Jerusalém. Ele falou aos discípulos acerca de seu sofrimento, morte e ressurreição iminentes (9.22, 44). Sabendo o que estava por vir, Jesus voltou seu rosto para Jerusalém, uma cidade que havia matado os profetas do passado e se rebelado contra Deus sob um fino verniz de prática religiosa fiel (9.51). Ao longo do caminho, ele contrapôs as confissões que são abrandadas por qualificações, desculpas e prioridades egocêntricas à declaração concisa a seguir: "Ninguém que, tendo posto a mão no arado, olha para trás é apto para o reino de Deus" (9.62). Jesus só quer discípulos que sigam o caminho da cruz. E, no entanto, é o caminho da cruz que leva à verdadeira alegria.

Surpreendentemente, temos um indício desse mesmo espírito entre seus seguidores quando Jesus enviou os Setenta (10.1-20). Ele os enviou "como cordeiros no meio de lobos", sem provisões e com a certeza de que alguns os ouviriam e outros os rejeitariam (10.3-12). Eles voltaram com espíritos aborrecidos, desanimados e abatidos? Em vez disso, "regressaram os setenta, possuídos de alegria" (10.17).

Lucas permanece nesse tema da alegria ao narrar a história de Jesus recebendo os Setenta discípulos depois da missão deles nas cidades da Galileia. Ao fazê-lo, ajuda-nos a *ouvir* o tom de Jesus e de seus seguidores, bem como a descobrir a alegria incomensurável de pertencer a ele. *Jesus quer que seus seguidores vivam na alegria de pertencer a ele.* Isso é particularmente verdadeiro para seus subpastores, que ele chama para levar seu povo a alegrias maiores. Mas como podemos viver sentindo esse tipo de alegria?

Alegria em lugares inusitados

Seis vezes em Lucas 10.17-24, a cena que descreve o retorno dos Setenta, Lucas usa quatro termos diferentes que expressam *alegria, regozijo* ou *felicidade* (v. 17, chara; v. 20, chairos; v. 21, agalliaō; v. 23, makarios). Claramente, ele destaca esse ponto no contexto dessa narrativa.

Jesus voltou o rosto para Jerusalém, para a cruz, para a ressurreição e para a ascensão, e, "em troca da alegria que lhe estava proposta, suportou a cruz" (Hb 12.2). Ele conclamou seus seguidores a se alegrarem e exemplificou isso, mesmo com os dias de sua Paixão à frente. Mas, para Jesus, a alegria não significava leveza ou ausência de problemas, e sim a profunda euforia e exuberância que brota de nosso coração quando sabemos que pertencemos a Deus por meio de Cristo. Trata-se de consciência de relacionamento e esperança para a eternidade. Circunstâncias externas não podem deter ou controlar esse sentimento — nem mesmo liderança em desacordo, planos fracassados ou ovelhas rabugentas. Essa alegria, como disse Lloyd-Jones, "é o produto — quase o subproduto — de minha concentração em meu relacionamento com Deus em Jesus Cristo".[2] Jesus direciona os discípulos a esse tipo de alegria quando eles retornam de sua missão.

Precisamos entender a cena. Ele disse aos Setenta, enquanto saíam para o trabalho, que esperassem "desencorajamentos (Lc 10.2), perigos (10.3) e perdas (10.4)", como observa James Edwards. "O palco parece estar montado, em outras palavras, para que os discípulos, mal equipados e despreparados, voltem mancando da derrota."[3] Era a fórmula perfeita para o desânimo! Porém, aconteceu exatamente o contrário. "Então, regressaram os setenta, possuídos de alegria, dizendo: Senhor, os próprios demônios se nos submetem pelo teu nome!" (10.17). Eles conheceram a alegria do sucesso em seu trabalho. Isso é certamente louvável e normal. É aí que normalmente encontramos nossa alegria — nas realizações, habilidades, tarefas bem-sucedidas e experiências satisfatórias. A alegria, como os Setenta a experenciaram, depende do que fazemos ou experimentamos. Se pregamos um grande sermão, aconselhamos cônjuges que estavam num casamento ruim e voltam a ter harmonia, levamos uma igreja a adotar a pluralidade de presbíteros ou acolhemos muitos novos membros, sentimos alegria. Esse, contudo, é o perigo! Esse tipo de

---

2 Ibid., p. 15.
3 James Edwards, *The Gospel According to Luke* (Grand Rapids: Eerdmans, 2015), p. 311.

Pergunta 11: Como os pastores podem lidar com os desencorajamentos no ministério pastoral?

alegria é temporário e pode involuntariamente depender de sucesso pessoal. J. C. Ryle adverte: "... o tempo de sucesso é uma ocasião de perigo para a alma do crente."[4] E por que isso acontece? Esse tipo de alegria pode cegar-nos para uma alegria verdadeira, duradoura, mais rica e mais completa em Cristo.

Jesus respondeu à euforia dos Setenta com um redirecionamento gentil: "Eu via Satanás caindo do céu como um relâmpago" (10.18). Essa poderia ter sido uma palavra profética com relação à cruz,[5] ou um reconhecimento de Jesus da queda original de Satanás,[6] ou o impacto que Jesus percebeu que a proximidade do Reino de Deus teria na derrocada de Satanás promovida naquela missão.[7] Talvez haja uma combinação de todos os três, embora eu me incline a pensar que o tema da chegada do Reino de Deus, conforme expresso em Lucas 10.9 e 11, seja o ponto. Os discípulos podiam ver evidências do irrompimento do Reino de Deus! Edwards está certo: "Sempre que o Reino de Deus é verdadeiramente proclamado, a obra de Deus é realizada de modos que até mesmo seus proclamadores muitas vezes desconhecem."[8] Aconteceu mais do que esses discípulos previam.

Porém, pensamentos de sucesso pessoal devem ser corrigidos rapidamente. Jesus faz isso tendo em vista que a verdadeira alegria não depende de coisas que realizamos: "Eis aí vos dei autoridade para pisardes serpentes e escorpiões e sobre todo o poder do inimigo, e nada, absolutamente, vos causará dano" (10.19). Em outras palavras, Jesus lembrou-os de que não haviam sido capazes expulsar demônios por sua própria autoridade. Essa autoridade sobre o mal vinha por meio de Cristo. Satanás e seus auxiliares não podem conquistar os seguidores de Cristo. Romanos 8.31-39 é verdade![9]

---

4   J. C. Ryle, *Meditações no Evangelho de Lucas*, 2ª ed. (São José dos Campos: Editora Fiel, 2018), p. 254.
5   David Gooding, *According to Luke: the Third Gospel's Ordered Historical Narrative* (Belfast: Myrtlefield House, 2013), p. 207.
6   Ryle, *Meditações*, p. 253.
7   Philip G. Ryken, *Luke* (Phillipsburg: P&R, 2009), 1:525.
8   Edwards, *Luke*, p. 312.
9   Ibid., p. 313.

Alegria através da garantia estabelecida

Assim, a verdadeira alegria não é encontrada no sucesso em si, mas *somente quando a realização nos leva à glória no Senhor*. Corretamente entendido, qualquer sucesso deve ser atribuído à graça de Deus revelada a nós para esse ato em particular. Dessa forma, voltamos nossa conquista ao Senhor com gratidão e nos gloriando nele. Caso contrário, entramos na zona de perigo do orgulho, que nos espreita para nos destruir, especialmente no ministério pastoral! "A soberba precede a ruína, e a altivez do espírito, a queda" (Pv 16.18). Como Thomas Watson adverte: "O orgulho é capaz de se reproduzir em nossas coisas sagradas como o verme se reproduz na fruta mais doce."[10] Não encontramos a verdadeira alegria no caminho do orgulho. Ela só é encontrada na humilde estrada palmilhada pelos que carregam sua cruz e encontram sua felicidade no fato de pertencerem a Jesus.

"No obstante" — Jesus interrompe a linha de pensamento e de euforia no ministério aparentemente bem-sucedido dos Setenta. Ele nos chama a viver em meio a uma alegria muito mais rica: "Não obstante, alegrai-vos, não porque os espíritos se vos submetem, e sim porque o vosso nome está arrolado nos céus" (Lc 10.20). *Aqui está a verdadeira alegria: ter o maior de todos os prazeres no que Deus fez por toda a eternidade por meio de Cristo em nosso favor.* O mundo antigo usava a palavra "arrolado" em referência à inscrição do nome de alguém em um registro oficial ou em um rol de cidadania.[11] Esse verbo passivo indica Deus como aquele que registrou nosso nome no céu. O que ele registra não pode ser removido (como expressa o passivo perfeito). Assim, o chamado para "alegrar-se", como observa Moisés Silva, está em encontrar "alegria no amor eletivo de Deus".[12]

Uma mudança precisa ocorrer em nosso pensamento ministerial. Aqui está o ponto em que precisamos encontrar nossa principal

---

10 Thomas Watson, *The Godly Man's Picture* (edição original: 1666; Edimburgo: Banner of Truth Trust, 1997), p. 79.
11 *NIDNTTE*, εγγραφω, 1:593-94.
12 *NIDNTTE*, 4:647.

alegria. Descobrimos o amor eletivo de Deus, que nos escolheu antes da fundação do mundo (Ef 1.3-6), chamou-nos pelo Evangelho de Cristo por meio do Espírito Santo (Ef 1.7-14), regenerou-nos e deu graça para arrependermo-nos e crermos nas Boas Novas de Cristo (Ef 2.1-10), selou-nos com o Espírito até que ele nos leve à sua presença (Ef 1.13-14), adotou-nos em sua família para sempre (Gl 4.1-7) e nos dá uma esperança eterna em Cristo — isso tudo é suficiente para produzir alegria todos os dias (Ef 1.18-23). O peso da certeza que nos enche de alegria não está, portanto, em nosso sucesso com a liderança da igreja, no nível percebido de eficácia do ministério ou na aprovação que recebemos de nossa congregação. Antes, ela repousa na fidelidade do Deus que nos escolheu, buscou e amou o suficiente para enviar seu Filho à cruz em nosso favor. Jesus disse a seus discípulos: "O que vocês fizeram em sua missão foi maravilhoso, mas não é nisso que vocês encontrarão alegria. Ela se encontra no que Deus fez ao chamá-los de seus e protegê-los para sempre." É aí que os pastores devem encontrar a verdadeira alegria que vence o desânimo.

Resumo

Então, como lidamos com o desânimo no ministério pastoral? Aqui estão sete ações a serem tomadas regularmente para se combater o desânimo por meio da busca pela obtenção da alegria da segurança estabelecida.

1. Contemple a fidelidade de Jesus Cristo em sua morte e ressurreição.
2. Pense na fidelidade de Deus à sua promessa de salvar todos os que se arrependerem e crerem no Evangelho.
3. Arrependa-se intencionalmente da autoconfiança e da confiança em qualquer pensamento de que nossos sucessos aumentam nossa posição diante de Deus.
4. Reflita e agradeça, porque Jesus realmente pagou nossa dívida de pecado e nos reconciliou com Deus por meio de sua morte e ressurreição.

5. Concentre-se na grandeza do amor eletivo de Deus, na morte expiatória de Cristo, em sua ressurreição triunfante e no testemunho regenerador e experiencial que o Espírito Santo dá acerca da obra de Deus em nós.

6. Encontre alegria em Jesus — de pertencer a ele, estar unido à sua família e seguro em seu amor fiel. Ele é suficiente em tudo o que o Pai o incumbiu de fazer para redimir seu povo. Podemos descansar nele.

7. Concentre-se na verdade de que, no fim, o Senhor recompensa a fé perseverante, e não o grande desempenho (2Tm 4.6-8).

Perguntas para reflexão

1. O que lhe causa desânimo no ministério pastoral?
2. Por que a alegria de um pastor é tão importante para o restante da congregação?
3. Como o Evangelho de Lucas conduz o leitor ao caminho da verdadeira alegria?
4. Para onde Jesus redirecionou a alegria dos Setenta?
5. Quais ações regulares podem/devem ser tomadas para encontrarmos a verdadeira alegria diante do desânimo?

PERGUNTA 12
COMO OS PASTORES PERSEVERAM EM SEU MINISTÉRIO?

Durante uma conferência de pastores que durou um dia, eu me uni a outros pastores em um painel de discussão sobre a perseverança no ministério pastoral. Nós tínhamos em média 28 anos de trabalho em uma mesma igreja. Como isso pode soar assustador para um jovem pastor, o moderador perguntou se originalmente planejamos ficar tanto tempo em nosso ministério.

Aquela pergunta me levou ao passado, mais de três décadas atrás, até o início de meu pastorado atual. Não me lembro de pensar conscientemente nessa fase: "estou plantando minha vida em Memphis". Muitos em minha geração tendiam a ir com calma na eclesiologia e pensavam em subir a escada ministerial em vez de ficar com uma congregação. As discussões sobre mudanças para coisas maiores e melhores frequentemente marcavam reuniões pastorais. Permanecer em um lugar, fincar raízes, suportar as muitas mudanças que acompanham qualquer congregação simplesmente não parecia ser o foco.

No entanto, após anos de envolvimento no ministério pastoral, *acho que ficar muito tempo em uma igreja deveria ser a regra, e não a exceção.*[1] Certamente se pode aludir ao ministério missionário de plantação de igrejas que Paulo exercia como um modelo pastoral possível. Ele permanecia de alguns meses a, no máximo, três anos em uma mesma localidade. Ainda assim, o chamado de Paulo para "pregar o evangelho não onde Cristo já fora anunciado" difere do chamado do pastor para "pastorea[r] o rebanho de Deus que há entre vós" (Rm 15.20; 1Pe 5.2). De forma natural, Paulo transferia o papel de pastoreio a presbíteros/pastores da igreja local (At 14.23), enquanto avançava para novas regiões com o Evangelho. Entretanto, os pastores ficavam um longo tempo para ensinar, treinar, pastorear, corrigir, admoestar, aconselhar e encorajar as congregações locais.

Por que ficar muito tempo em um pastorado?

Sem dúvida, algumas igrejas dificultam a permanência por muito tempo no ministério devido à falta de apoio, grupos de poder, compensação financeira precária, negligência no cuidado com líderes e insatisfação contínua com pastores (sim, eu já vivi isso). No entanto, pela bondade do Senhor, muitas congregações fornecem uma boa base para longos mandatos. Fome por Cristo, desejo de alcançar os de dentro e os de fora com o Evangelho, apreço pelo cuidado pastoral fiel e respeito pelo ofício pastoral tendem a encorajar pastorados mais longos. Esses tipos de igrejas só precisam de pastores fiéis que permaneçam e suportem as dificuldades até que seja possível trabalhar em prol da saúde da congregação.

Todavia, às vezes pastores se movimentam rápido demais para desfrutar do que o Senhor plantou nessas igrejas. Surgem alguns

---

[1] Minha tese não pretende prender a consciência de ninguém nem deixa de levar em consideração que a primeira ou segunda igreja que um homem pastoreia pode não ser um lugar onde ele passará a vida. Eu pastoreei três igrejas em um período de quase dez anos, antes de plantar a Igreja Batista South Woods, em Memphis, onde tenho estado no ministério pastoral desde 1987. Olhando para trás, não consigo me ver plantando minha vida nos outros lugares onde servi. Sou grato, porém, pelas experiências nessas igrejas, que ajudaram a me preparar para plantar minha vida e ministério em um só lugar. Um *bom* pastorado curto deve preparar para um pastorado longo.

problemas, e eles imediatamente atualizam o currículo. Esses pastores não percebem que provavelmente enfrentarão o mesmo tipo de problema no próximo pastorado. Pela minha observação, poucos homens herdam igrejas saudáveis, e igrejas saudáveis não significam igrejas sem problemas. Congregações devem ser pastoreadas para alcançar boa saúde por um longo período, e isso exige perseverança da equipe pastoral que deseja ver Cristo formado nelas (Gl 4.19).

É verdade que muito precisa acontecer para que uma igreja se torne uma comunhão saudável de crentes. As arestas irregulares da clareza doutrinária precisam ser niveladas (1Tm 4.16). A prática da exposição bíblica deve ser cultivada (1Co 2.1-5; 2Tm 4.1-5). Um regime de igreja bíblica deve ser estabelecido (1Tm 3.1-13; Tt 1.5-9). Os relacionamentos devem ser fortalecidos na prática do Evangelho (Ef 4.4–6.9). Os vínculos confessionais precisarão ser ensinados (1Tm 3.14-16). A trajetória da missão precisa ser estabelecida (Mt 28.18-20; 2Co 5.16-21). Porém, como esses tipos de práticas comunitárias saudáveis acontecerão se os pastores continuarem trocando de igreja?[2] Provavelmente, sem estabilidade pastoral, não acontecerão.[3]

Algumas igrejas poderiam ter um forte impacto na comunidade à medida que crescem em saúde e semelhança com Cristo, em vez de apenas "funcionar como igreja", tendo pouco objetivo bíblico. Estão satisfeitas com *os negócios de sempre*, relacionando-se pouco com o cristianismo bíblico. Passam-se por igreja cristã por causa dos cultos regulares e programas identificados como *cristãos*. O "salto" pastoral suga sua vida. Até que um pastor se comprometa a permanecer em dias difíceis

---

2 Um bom ponto de partida quando se pensa nas áreas de que uma igreja precisa para caminhar rumo à saúde bíblica é a obra de Mark Dever, *Nove Marcas de uma Igreja Saudável*, 2ª ed. (São José dos Campos: Editora Fiel, 2024). Para um volume complementar que ajuda a detalhar como caminhar rumo a uma direção saudável, veja o texto de Mark Dever & Paul Alexander, *Como Edificar uma Igreja Saudável: Um Guia Prático Para Liderança Intencional*, 3ª ed. (São José dos Campos: Editora Fiel, 2024).

3 Para uma perspectiva sobre longevidade, veja a Pergunta 40.

para conduzi-las à saúde — e esses dias chegam em qualquer pastorado —, essas igrejas provavelmente continuarão a patinar.

A longevidade pastoral testa e molda o caráter e os dons do pastor. Ela o desafia a trabalhar mais a Palavra de Deus com a congregação, em lugar de repetir os mesmos cem sermões — arquivados nas pastas que ele carrega de uma igreja para outra. Ela dá à congregação uma dieta mais equilibrada das Escrituras, à medida que o pastor trabalha livro após livro — Antigo Testamento e Novo Testamento — para expor as riquezas da Palavra. A longevidade leva-o a crescer em suas habilidades hermenêuticas e homiléticas. Isso melhora sua vida devocional, pois ele deve ir fundo na busca do Senhor se quiser servir sua igreja por bons anos. A longevidade pastoral lhe dá tempo para desenvolver discípulos sólidos, que conheçam a Palavra, entendam como interpretá-la e a apliquem a toda a vida. Oferece a ele a chance de construir uma congregação apaixonada pelo trabalho de evangelismo local e em geral.

Permanecer por muito tempo em um pastorado significa que a vida de oração do pastor mudará — tanto em particular quanto nas orações pastorais durante os cultos. Ele passará mais tempo conhecendo o rebanho que pastoreia, o que acrescentará cada vez mais necessidades à sua oração. Quanto mais tempo ele passa naquele ministério, mais percebe que não é seu poder ou sua habilidade que traz mudança à igreja, mas o poder de Deus (At 6.2, 4). Ao orar publicamente, ele também percebe que cresce seu desejo de ver o corpo se desenvolver em oração particular e coletiva uns pelos outros. O fardo que carrega por seu povo, o qual ele amou e serviu por anos em meio a provações, tristezas, alegrias e desafios, ficará evidente na maneira como sua vida de oração muda e afeta a congregação ao seu redor.[4]

À medida que perseverar em seu encargo pastoral, ele descobrirá cada vez mais o que significa viver na graça de Deus, "arriscar tudo em Deus", como John Bunyan expressou.[5] Ele inevitavelmente enfren-

---

[4] Basta olhar para as orações de Paulo pelas igrejas para ser tocado por sua paixão pastoral por essas congregações (e.g., Ef 1.15-23; Fp 1.9-11; Cl 1.9-14). Observe como a oração pastoral se aprofunda ao longo do tempo.
[5] Para uma visão encorajadora da resistência de Bunyan, veja a obra de Roger Duke &

tará batalhas. Grupos de poder que mantiveram a igreja em cativeiro, caso se queira dissolvê-los, deverão ser enfrentados de frente por um homem de Deus fiel, que se mantém na Palavra, protegendo o corpo de bandidos espirituais e proclamando corajosamente a verdade, não deixando seu posto em troca de uma situação mais fácil. Com o tempo, sua ousadia e humildade, seu poder e graça exporão os falsos ensinos e a eclesiologia defeituosa, enquanto corrigem uma vida negligente e relacionamentos congregacionais anêmicos. Esse pastor os conduzirá da adoração centrada no ser humano a uma adoração robusta, alegre e centrada no Evangelho do Deus vivo. Ele dará o exemplo em testemunho e missão, mudando a cultura da igreja em prol do mundo incrédulo.

Nada disso acontece em um pastorado curto. Um pastor pode tentar fazer algumas coisas boas em um curto ministério, mas, a menos que persevere, pouca mudança duradoura acontecerá. Concordo com Mark Dever: "Ficar com uma congregação nos bons e maus momentos ajuda a igreja a ver que você não está com eles porque é fácil ou porque tudo acontece do seu jeito. Você está com eles porque os ama e confia em Deus. Você persevera por causa dele, pelo amor que ele lhe deu por seu povo."[6] Permanecer por muito tempo em uma igreja e continuar fiel a longo prazo, pela graça de Deus, pode promover mudanças saudáveis no corpo e na instituição.

O que é necessário para se ter um pastorado longo?

Embora qualquer pastor que tenha permanecido por muito tempo possa mencionar necessidades adicionais, as cinco seguintes estão no topo da minha lista.

Phil A. Newton, *Venture All for God: the Piety of John Bunyan* (Grand Rapids: Reformation Heritage Books, 2015).
6 Mark Dever, "Staying for the Glory of God: the Sibbes, Simeon and Stott Model". *9Marks*. Disponível em: https://www.9marks.org/article/staying-glory-god-sibbes-simeon-and-stott-model/.

1. Paciência

Essa é uma palavra que pode grudar em sua pele; ela grudou na minha. Queremos o que queremos *agora*! Assim como você não pode levar seu próprio corpo a ter boa saúde com práticas precipitadas e impacientes, não pode tornar sua igreja saudável sem paciência. É preciso paciência para cultivar ouvidos atentos, fazer mudanças políticas significativas, cultivar um coração missionário, ver transformação nos relacionamentos e encontrar renovação na adoração comunitária. É por isso que Paulo associou "toda a longanimidade" à pregação da Palavra de Deus ao rebanho (2Tm 4.2). John Stott sabiamente escreve: "Por mais solene que seja nossa incumbência e por mais urgente que seja nossa mensagem, não pode haver justificativa possível para um gesto brusco ou impaciente."[7] Pastorados curtos tentam obter resultados rápidos em lugar de, com paciência — por meio de instrução fiel e bíblica e da dependência do Espírito Santo —, confiar nas promessas de Deus para transformar a congregação. Essas mudanças muitas vezes levam anos, seguidas de um aperfeiçoamento contínuo e paciente de cada faceta de uma vida comunitária saudável.

2. Contentamento

As congregações podem ser duras com os pastores. Elas podem reclamar, deixar de demonstrar gratidão apropriada, ignorar os apelos pastorais, rejeitar a instrução bíblica, recusar a liderança amorosa e assim por diante. Nossas expectativas pastorais são altas. Queremos respostas rápidas para que avencemos rumo ao próximo grande plano de nossa agenda.

Porém, ficar muito tempo em um pastorado exige contentamento com as pequenas e graduais mudanças: a única pessoa que parece "entender" quando você ensina; o surpreendente voluntário de uma

---

[7] John R. W. Stott, *The Message of 2 Timothy* (Downers Grove: InterVarsity, 1973), p. 108 [*A Mensagem de 2Timóteo* (São Paulo: ABU, 2001)]. Stott escreve: "Nós nunca devemos recorrer ao uso de técnicas de pressão humana ou tentar idealizar uma 'decisão'" (p. 108).

Pergunta 12: Como os pastores perseveram em seu ministério?

equipe missionária; o testemunho de um aluno que levou um amigo a Cristo; as lágrimas inesperadas no meio do culto; o ato gentil de proteger um frequentador facilmente preterido; o serviço abnegado prestado a um membro necessitado. Quando essas pequenas coisas começam a emergir da congregação depois de anos de ministério fiel, o pastor feliz encontra a satisfação de continuar perseverando no serviço ao rebanho. Assim como Jesus, que não esmagaria a cana quebrada ou apagaria o pavio fumegante "até que faça vencedor o juízo" (Mt 12.20), pastores devem mostrar contentamento nas pequenas coisas até que a transformação do Evangelho ocorra em suas congregações.

Quando Paulo escreveu sobre contentamento na Carta aos Filipenses, abordou o tema no contexto de sua vida *e* ministério. Eles supriram algumas de suas necessidades enquanto estava na prisão em Roma, mas ele os informou de que, embora grato, sua suficiência estava em outro lugar. Ele podia fazer todas as coisas por meio de Cristo, que o fortalecia (Fp 4.10-14). O contentamento, então, não diz respeito tanto a quantas resoluções positivas um pastor obtém em seu ministério, mas sim ao quanto Jesus Cristo é suficiente para ele nas demandas diárias do ministério e da vida em geral, quer se saia bem, quer não.

3. *Vulnerabilidade*

Relacionamentos saudáveis e longos requerem certa medida de vulnerabilidade. Outros nos verão pelo que somos; conhecerão nossos pontos fortes certamente, mas enxergarão nossas fraquezas porque estamos vivendo a vida entre eles. À medida que me aproximo de outros por meio de um ministério duradouro, eles perceberão que nem sempre sou organizado, que às vezes preciso de um bom chute para começar a me mover, que ocasionalmente enfrento desânimo, que luto como eles para encontrar minha alegria em Jesus a cada dia. Eles saberão que não sou o Sr. Super Cristão, e sim um companheiro de luta aprendendo a negar a si mesmo, tomar sua cruz diariamente e seguir Jesus (Lc 9.23).

Vulnerabilidade significa disposição para arriscar em prol da fidelidade. O orgulho é esmagado, certa imagem projetada é estilhaçada e, com o processo, passamos tempo suficiente ali para que uma congregação saiba que somos verdadeiramente discípulos (*mathētēs*), *aprendizes de Jesus Cristo*. Como Paulo admitiu aos filipenses, ele não havia conseguido, mas ainda estava procurando "conquistar aquilo para o que também fui conquistado por Cristo Jesus" (Fp 3.12-16). A vulnerabilidade deixa-nos pessoalmente desconfortáveis, mas nos torna *reais* perante nosso povo.

4. Coragem

Verifique os exemplos de coragem do livro de Atos e de outros. Filipe precisou ter coragem para plantar igrejas em Samaria e pela costa até Cesareia, durante um período de perseguição (8.4-40). Paulo, Barnabé, Silas e Timóteo estabeleceram novas igrejas na Ásia Menor e, depois, por todo o caminho até a Europa. Isso exigiu coragem (caps. 13–16). Em Listra, Icônio e Derbe, onde Paulo havia sido apedrejado, os pastores enfrentaram a difícil tarefa de continuar o trabalho pastoral — isso exigiu coragem (14.23). Éfeso, Galácia, Corinto, Roma, Filipos e Colossos eram lugares hostis ao Evangelho, com notável oposição; os pastores dessas regiões tinham de ser corajosos para continuar a servir fielmente suas congregações.

A igreja cresceu com pastores corajosos, suportando sofrimentos para estabelecer o Evangelho firmemente em suas congregações. A história da igreja atesta isso. Atanásio enfrentou o exílio por sua posição sobre a divindade de Cristo. Um Patrício convertido voltou como missionário do Evangelho para a terra de seus captores. John Wycliffe pregou, traduziu, escreveu e aconselhou enquanto servia o povo inglês em meio a ameaças e oposição constantes. Lutero passou anos pastoreando em Wittenberg sob ameaça de morte. Calvino foi expulso de Genebra apenas para voltar e passar o resto de sua vida servindo a Igreja de St. Pierre, que impactou a Europa com o Evangelho. Charles Simeon enfrentou uma incrível oposição e dificuldades na Holy Trinity Church, em Cambridge, continuando com um ministério que durou 54 anos. Martyn Lloyd-Jones suportou os anos da Segunda Guerra Mundial em

Londres e a oposição daqueles resistentes a suas exposições doutrinárias, permanecendo ali por quase 30 anos. A coragem perdura porque muitos frutos só podem ser vistos com o tempo.

5. Confiança

Mais do que tudo, negligenciar o cultivo da confiança no Senhor antecipa as partidas pastorais. Isso não significa que todo pastorado curto seja sinônimo de incredulidade. Contudo, por vezes, isso acontece. Aprender a confiar no Senhor, especialmente quando a adversidade persegue os passos do pastor, é a única maneira de permanecer naquele ministério por muito tempo.

A confiança em Cristo cresce quando vivemos no Evangelho; perseveramos em nossa vida devocional; intensificamos nossa vida de oração, em vez de nos preocuparmos; deleitamo-nos no Senhor, e não no sucesso percebido; e confiamos nas promessas de Deus a seu povo. As dificuldades dentro do ministério são para o pastor o mesmo que halteres são para o levantador de peso: elas servem para fortalecer nossa confiança no Senhor à medida que perseveramos e não desistimos em troca de um caminho mais fácil.

Resumo

Talvez você tenha encontrado um grande problema em seu trabalho pastoral. Não atualize seu currículo; pense no que pode acontecer se, por meio de paciência, contentamento, vulnerabilidade, coragem e confiança no Senhor, você conseguir ficar mais tempo. Daqui a 25 anos, uma igreja saudável e um pastor maduro poderão dar testemunho da graça de Deus na perseverança. Os anos difíceis de dor e sofrimento darão lugar à alegria de ver uma congregação ficar cada vez mais parecida com o caráter de Cristo. Pastorados curtos não permitirão que você aprenda muito de si mesmo e das áreas da congregação que precisam ser aperfeiçoadas; tampouco você aprenderá muito do rebanho e das áreas que precisam ser cuidadas. A perseverança, no entanto, leva o pastor e a igreja a um relacionamento mais profundo, tanto um com o outro como com o Senhor. A perseverança vale o preço a ser pago por ela.

Perguntas para reflexão

1. Você concorda com a tese deste capítulo de que "ficar muito tempo em uma igreja deveria ser a regra, e não a exceção"? Por que sim ou por que não?
2. Que circunstâncias tornam difícil um ministério longo?
3. Por que ficamos impacientes no ministério pastoral?
4. O que impede os pastores de se contentarem com seus pastorados?
5. Como um pastor pode cultivar e fortalecer sua confiança em Deus?

PERGUNTA 13
COMO AS RELAÇÕES INTERPASTORAIS FORTALECEM A PERSEVERANÇA NO PASTORADO?

O pastor confere sua agenda e se pergunta como concluir a lista de tarefas do dia em 24 horas. O que não for feito hoje terá de ser feito amanhã. Mas algumas coisas não podem esperar. Sentir a pressão da preparação dos sermões de domingo, fazer outra ligação, verificar o último visitante da igreja, dirigir o carro até o hospital para visitar um membro da igreja em cirurgia e voltar a tempo de fazer o aconselhamento pré-matrimonial combinado dois meses antes, quando seu calendário parecia estar em branco, praticamente tomará seu dia e resultará em pouco tempo para completar as tarefas do dia. A agenda cheia repete-se amanhã, no dia seguinte e no próximo. Na sexta-feira, quando os sermões parecem meros rascunhos, a reunião da tarde de domingo ainda não foi planejada, e surge a necessidade de voltar ao hospital para visitar outro membro doente, ele se recosta na cadeira e se pergunta por quanto tempo pode continuar nesse ritmo. Ele ama seu rebanho e o que faz. Entretanto, não gosta da sensação frenética que o toma de assalto toda sexta-feira à tarde. Será capaz de suportar o bastante para treinar uma equipe que estará com ele para servir o corpo? Conseguirá perseverar até que sua disciplina e experiência lhe permitam eliminar muitos dos obstáculos de sua semana?

Esse pastor precisa de uma rede pastoral, uma comunhão de companheiros pastores, uma irmandade fraterna nas trincheiras que o ajude a navegar no ritmo do ministério. Contudo, ele se sente tão ocupado que teme dedicar tempo a uma reunião dessas. Esse tipo de conexão interpastoral, no entanto, pode ser exatamente aquilo de que ele precisa para perseverar pacientemente no ministério pastoral.

Pastores não devem atuar sozinhos em seus trabalhos pastorais. Além do companheirismo que é nutrido em uma pluralidade saudável de presbíteros, fazer conexões com outros pastores — locais e de fora — que compartilham doutrinas semelhantes, paixão pelo trabalho pastoral e desejo de ver o Evangelho proclamado ajudará a estimular os pastores em seu trabalho. Para demonstrar essa tese, examinaremos as conexões interpastorais de maneira bíblica, histórica e contemporânea.

Conexões bíblicas interpastorais

Ao nos referirmos a *conexões interpastorais*, consideramos o modo como pastores com convicções semelhantes sobre teologia, eclesiologia e ministério pastoral se unem no que pode ser chamado de rede, grupo, comunhão ou associação, com o propósito de encorajamento mútuo, comunhão no Evangelho, aconselhamento e aprendizado ministerial. A aparência desses encontros pode variar de um grupo para outro, mas eles compartilham características semelhantes de construção de relacionamentos centrados no ministério do Evangelho, a fim de perseverarem fielmente. Os vínculos dão-se ao longo do tempo, por meio dos encontros e/ou contatos mútuos, mediante vários meios. *Amizades pastorais* poderia ser a melhor maneira de chamá-las, mas se trata de amigos que se ajudam a continuar seguindo adiante com fidelidade nos ministérios confiados a cada um.

Em se tratando de precedentes bíblicos para conexões interpastorais, não encontramos comandos ou instruções além daqueles já utilizados nos relacionamentos entre crentes (e.g., Rm 12.9-13; Ef 4.1-6; Fp 2.1-4; Cl 4.7-17). No entanto, observamos padrões que

Pergunta 13: Como as relações interpastorais fortalecem a perseverança no pastorado?

sugerem que alguns dos relacionamentos entre pastores/presbíteros com os de fora de seu ajuntamento local podem ter fortalecido a comunhão e aprofundado os laços ministeriais.

 Certamente se deve considerar como uma dessas conexões interpastorais o episódio em que Paulo e Barnabé, junto de outros de Antioquia,[1] viajaram a Jerusalém para se encontrar com os apóstolos e presbíteros, a fim de resolver a confusão provocada pelos judaizantes (At 15). Embora a agenda teológica tenha sido abordada, não devemos pensar que fossem disputas teológicas estéreis e formais. Ali estavam pastores, missionários, presbíteros, apóstolos e líderes de várias igrejas reunidos em torno do Evangelho. Isso é fundamental para as conexões interpastorais. A comunhão acontece. A unidade que se dá por meio da obra de Cristo se manifesta. O desafio de expandir o trabalho evangélico espalha-se através das conversas. O incentivo para perseverarem no ministério acontece. É certo que chamar isso de conexão interpastoral "oficial" pode ampliar o termo. Todavia, o que ocorreu entre eles descreve o que ocorreu em algumas redes pastorais, com teologia sendo discutida, questões resolvidas, declarações doutrinárias feitas e incentivo à perseverança no ministério.

 Paulo tinha uma rede de relacionamentos com pessoas que se cruzavam regularmente ou viajavam com ele em seus trabalhos missionários.[2] Uma dessas "redes" tomou forma depois de deixarem Éfeso e viajarem pela Grécia. Lucas identifica os acompanhantes de Paulo como "Sópater de Beréia, [...] Aristarco e Segundo de Tessalônica, Caio de Derbe, Timóteo, Tíquico e Trófimo da Ásia" (At 20.4). Esse grupo eclético de companheiros se conheceu através de Paulo. Ele os reuniu para serem mais do que companhia em uma longa jornada. Ele os ensinou, treinou e moldou para o ministério.[3] Durante todo

---

1 Será que foram Tito e Lucas que os acompanharam na viagem, já que provavelmente faziam parte dessa igreja?
2 Robert J. Banks, *Paul's Idea of Community: the Early House Churches in Their Cultural Setting* (Grand Rapids: Baker, 1994), p. 149-51.
3 Veja Phil A. Newton, *The Mentoring Church: How Pastors and Congregations*

o tempo, esses homens se uniram em relacionamentos evangélicos, em uma comunhão mútua, no aprimoramento e na discussão das coisas que estavam aprendendo com Paulo. Eles formaram uma conexão interpastoral para estimular uns aos outros na fidelidade a Cristo e ao ministério. Não sabemos se todos se encontraram novamente como grupo, mas esse tempo juntos certamente afetou a perseverança de cada um deles nos anos que se seguiram.[4]

Conexões interpastorais históricas

No século II, Inácio de Antioquia enviou epístolas aos cristãos de Éfeso, Magnésia, Trália, Roma, Filadélfia e Esmirna, bem como a Policarpo, bispo desta última igreja. Em cada uma delas, demonstrou preocupação com a saúde espiritual, política, unidade e maturidade das outras congregações, com ênfase nas igrejas que seguem seus líderes pastorais.[5] Sua carta a Policarpo exala ternura e amor por um colega de trabalho do Evangelho, oferecendo encorajamento, exortação e conselho, considerando o contexto da igreja local.[6] Séculos mais tarde, podemos aprender com o carinho da conexão interpastoral registrado nessas cartas.

Na Genebra do século XVI, João Calvino engajou-se em conexões interpastorais. A *Vénérable Compagnie*, isto é, a Companhia de Pastores, organizada por ele, reunia-se nas manhãs de sexta-feira para falar sobre teologia, eclesiologia, questões de membresia e para engajar candidatos ao ministério. A companhia era composta de oito a dez igrejas da cidade, além de outras dez ou 11 de pequenas comunidades paroquiais

---

Cultivate Leaders (Grand Rapids: Kregel Ministry, 2017), p. 63-82.
4 A longa lista de saudações nas epístolas de Paulo indica que, provavelmente, alguns presbíteros/pastores/missionários que viviam e/ou serviam em todo o Império Romano faziam parte da rede ministerial do apóstolo. Eles tiveram comunhão em torno do Evangelho em algum momento e provavelmente ofereceram encorajamento mútuo no trabalho pastoral e missionário uns dos outros (Rm 16.1-14; 1Co 1.15; Ef 6.21; Fp 4.18; Cl 4.10, 12, 17; 2Tm 4.10, 12; Tt 3.13). Embora as saudações não tornem essas relações "redes pastorais", elas indicam afeto, unidade e afinidade evangélica. Isso é fruto das conexões interpastorais.
5 *ANF* 1:45-104.
6 *ANF* 1:93-96.

Pergunta 13: Como as relações interpastorais fortalecem a perseverança no pastorado?

ao redor de Genebra. Como benefício adicional, Calvino permitia que estagiários do ministério fizessem parte dessas reuniões para aprender com pastores experientes.[7]

Os batistas particulares da Inglaterra do século XVII fizeram da "comunhão entre igrejas" parte de sua prática, mais bem demonstrada na formação de associações. Mesmo durante os tempos de perseguição sob Carlos II e Jaime II, eles ainda tentaram reunir a associação quando possível. Eles não consideravam que as reuniões tinham autoridade formal sobre nenhuma das igrejas, mas eles se viam como um corpo útil para dar conselhos e manter "a paz, a união e a edificação" entre as igrejas. Essa fraternidade pastoral incluía pastores perseguidos e presos que suportaram sofrimento em ministérios de longa duração. Eles ganharam força com os laços de companheirismo formados em suas associações.[8]

O Presbitério de New Brunswick, do século XVIII, formado pelo Sínodo da Filadélfia (presbiteriano), reuniu pastores de mentalidade parecida com treinamento semelhante, paixão pelo avivamento espiritual e diligência para identificar conversões genuínas. Entre eles, Gilbert Tennent, William Tennent Jr., John Cross, Samuel Blair e Eleazar Wales, nomes associados ao Primeiro Grande Avivamento. Eles compartilharam esforços a fim de treinar e nomear ministros do Evangelho para serem enviados. Essa conexão interpastoral constatou muitos frutos do Evangelho em ministérios longos.[9]

Uma das comunidades pastorais mais significativas começou em 1792, com a formação da Sociedade Batista Particular para a Propagação do Evangelho entre os Pagãos, também chamada de Sociedade Missionária Batista. Onze pastores, um diácono e um estudante

---

7 Scott Manetsch, *Calvin's Company of Pastors: Pastoral Care and the Emerging Reformed Church, 1536–1609* (Nova York: Oxford University Press, 2013), p. 2. Veja também Newton, *Mentoring Church*, p. 90-91.
8 James M. Renihan, *Edification and Beauty: the Practical Ecclesiology of the English Particular Baptists, 1675–1705* (Eugene: Wipf & Stock, 2009), p. 154-66. Entre eles se achavam os primeiros líderes batistas, Nehemiah Coxe, Benjamin Keach, Hanserd Knollys, William Kiffin, Hercules Collins e John Spilsbury.
9 Thomas S. Kidd, *The Great Awakening: the Roots of Evangelical Christianity in Colonial América* (New Haven: Yale University Press, 2007), p. 36-37.

ministerial se reuniram em uma pequena sala de estar em prol de um compromisso com o trabalho de missões globais. S. Pearce Carey, bisneto de William Carey, um dos membros, observou que eles eram "pastores de causas obscuras de pequenas aldeias... sem fama e com salário mínimo".[10] No entanto, os nomes de Carey, Andrew Fuller, John Sutcliff, John Ryland Jr. e Samuel Pearce ainda ecoam nas discussões sobre o envolvimento da igreja local em missões globais. O foco no Evangelho, as discussões teológicas, a estratégia missionária, a amizade profunda, o encorajamento mútuo e a precisão eclesiológica ajudaram a sustentá-los no ministério enquanto apoiavam Carey na Índia. Michael Haykin comenta que os pastores foram "fiéis ao seu chamado e trabalharam pela aprovação de Deus, não dos homens". Apenas um deles fracassou em manter a fé, a amizade íntima, o companheirismo e o apoio missionário até o dia de sua morte.[11]

Sob a liderança do pastor londrino Martyn Lloyd-Jones, a Westminster Fellowship — também conhecida como "Fraternal" — começou a reunir-se trimestralmente em 1941. Eles se concentraram em "questões experimentais e práticas" por meio do discurso teológico, da discussão e de modelos de como aplicar a teologia bíblica básica à vasta gama de problemas que uma igreja enfrenta. Entre os membros, estavam Alan Stibbes, Philip Edgcumbe Hughes, Earnest F. Kevin, J. I. Packer, Iain Murray, Geoffrey Thomas. Sem dúvida, a perseverança fiel no ministério do Evangelho da Fraternal continua a afetar o mundo evangélico, pois muitas de suas percepções para a igreja foram forjadas por meio da Westminster Fellowship.[12]

---

10 Michael A. G. Haykin, *One Heart and One Soul: John Sutcliff de Olney, His Friends and His Times* (Durham: Evangelical Press, 1994), p. 220. Pearce Carey usou a palavra "causas" para se referir às pequenas igrejas.
11 Haykin, *One Heart*, p. 219-23. Veja também Timothy George, *Faithful Witness: the Life and Mission of William Carey* (Birmingham: New Hope, 1991), p. 67-69. Essas biografias, juntamente com outras sobre esses homens, revelam a fecundidade encontrada nas conexões interpastorais.
12 Iain H. Murray, *The Life of Martyn Lloyd-Jones 1899–1981* (Edimburgo: Banner of Truth Trust, 2013), p. 240-41, 375.

Pergunta 13: Como as relações interpastorais fortalecem a perseverança no pastorado?

Conexões interpastorais contemporâneas

Ao longo dos anos, sempre tive conexões com outros pastores. Às vezes, amigos de tempos de faculdade ou de seminário constituíam esse grupo. Eles animaram meu espírito durante os frequentes desafios do início do ministério. Entretanto, essas conexões não foram teológica ou eclesiologicamente profundas. Durante um período particularmente difícil em que enfrentei a possibilidade genuína de ser demitido de minha igreja devido à clareza teológica renovada, o Senhor trouxe à minha vida uma comunhão de pastores que adoravam falar sobre teologia, igreja, missões e trabalho evangélico. Apesar de nos vermos apenas algumas vezes por ano, aqueles dias de comunhão me sustentaram durante alguns dos períodos mais sombrios do ministério. Eu perseverei, em parte, devido ao encorajamento deles, ao discernimento nas Escrituras, às experiências compartilhadas, à oração intensa e ao contato regular uns com os outros.

Nos últimos anos, uma comunhão local de pastores de mentalidade semelhante proporcionou grande encorajamento e oportunidade de aprofundamento dos laços. Ajudamo-nos uns aos outros. Como um dos membros mais antigos do grupo, meu papel mudou um pouco, na medida em que passei mais tempo oferecendo conselhos aos muitos pastores mais jovens para perseverarem no ministério. Estando junto da irmandade local, acabo envolvido com uma rede mais ampla de pastores espalhados por muitos lugares. Grande parte do nosso contato acontece por e-mail, mensagens de texto ou ligações, embora tentemos reunir-nos presencialmente para aprofundar a comunhão, discutir teologia, aprimorar a eclesiologia, estimular a proclamação do Evangelho e fortalecer a pregação expositiva. Descobrimos que discutir um dilema que um pastor enfrenta nos dá a oportunidade de falar e oferecer conselhos para a ação. Compartilhamos fardos, oramos uns pelos outros e exortamos uns aos outros a continuar com perseverança no trabalho pastoral.

Sugestões para conexões interpastorais

Se você perceber a necessidade do tipo de comunhão pastoral ou fraterna que a pergunta a seguir aborda, considere o que pode estar disponível em sua área. Há grupos de pastores de mesma mentalidade em sua comunidade, mas você não buscou aproximação? Ou você precisa considerar a possibilidade de iniciar uma comunhão pastoral em sua comunidade? Não é necessário que seja algo grande. Nossa rede pastoral local tem de 10 a 20 componentes por reunião, mas conheço algumas muito menores que servem bem os pastores. Aqui estão algumas ideias.

(1) *Faça algo simples.* Pense naquilo de que os pastores em sua área precisam para continuar perseverando no trabalho pastoral. As coisas mais benéficas que você fizer não custarão financeiramente. Seja prático, e não teórico. Concentre-se na igreja local.

(2) *Seja focado e organizado.* Desenvolva o objetivo da reunião. Se decidir que se reunirão uma manhã por mês (esse é o plano de nossa irmandade local, exceto nos verões), divida o tempo da seguinte maneira: apresentações, oração uns pelos outros, ouvir uma exposição ou um tópico teológico, discussão sobre o tema, conselhos a qualquer irmão que padeça algum tipo de necessidade e almoço barato em um restaurante local.

(3) *Preocupe-se com os relacionamentos.* Os pastores precisam de bons relacionamentos com outros pastores. Certifique-se de que sua agenda cheia não o fará perder isso de vista. Convide pastores locais para fazer parte da comunhão, aqueles que acredita que contribuirão com outros pastores ou aqueles que talvez estejam passando por dificuldades e precisem da contribuição de outros pastores.

(4) *Sirva o grupo e se utilize dele.* Fale sobre questões reais do ministério, recomende bons livros, identifique comentários úteis para pregações expositivas, ouça conselhos e ofereça-os a pastores em crise, construa amizades duradouras e até mesmo presenteie os colegas com livros de vez em quando.

Pergunta 13: Como as relações interpastorais fortalecem a perseverança no pastorado?

Resumo

Dos companheiros de viagem de Paulo à Westminster Fellowship de Lloyd-Jones e à minha comunidade pastoral local, as conexões interpastorais continuam a fortalecer os pastores para que permaneçam firmes no ministério. Embora o tamanho, forma, formalidade, regularidade e agenda difiram de uma rede pastoral para outra, o mais importante é que os pastores precisam dessas conexões para aguçar o pensamento, oferecer apoio, estimular a santidade e fornecer bons modelos de ministério. Se um pastor não conseguir localizar uma rede adequada, ele deve considerar iniciar uma em sua comunidade.

Perguntas para reflexão

1. Que tipo de discussão teria ocorrido com Paulo e o pequeno grupo que viajava com ele, conforme registrado em Atos 20.4? O que você supõe?
2. Como João Calvino utilizou suas conexões interpastorais?
3. Como a Sociedade Missionária Batista, fundada em 1792, moldou os pastores que faziam parte dela e, em última análise, o mundo evangélico?
4. Como deve ser uma irmandade/rede/fraternidade pastoral?
5. O que um pastor interessado deve ter como prioridade ao iniciar uma comunhão pastoral?

PARTE 3
Práticas pastorais

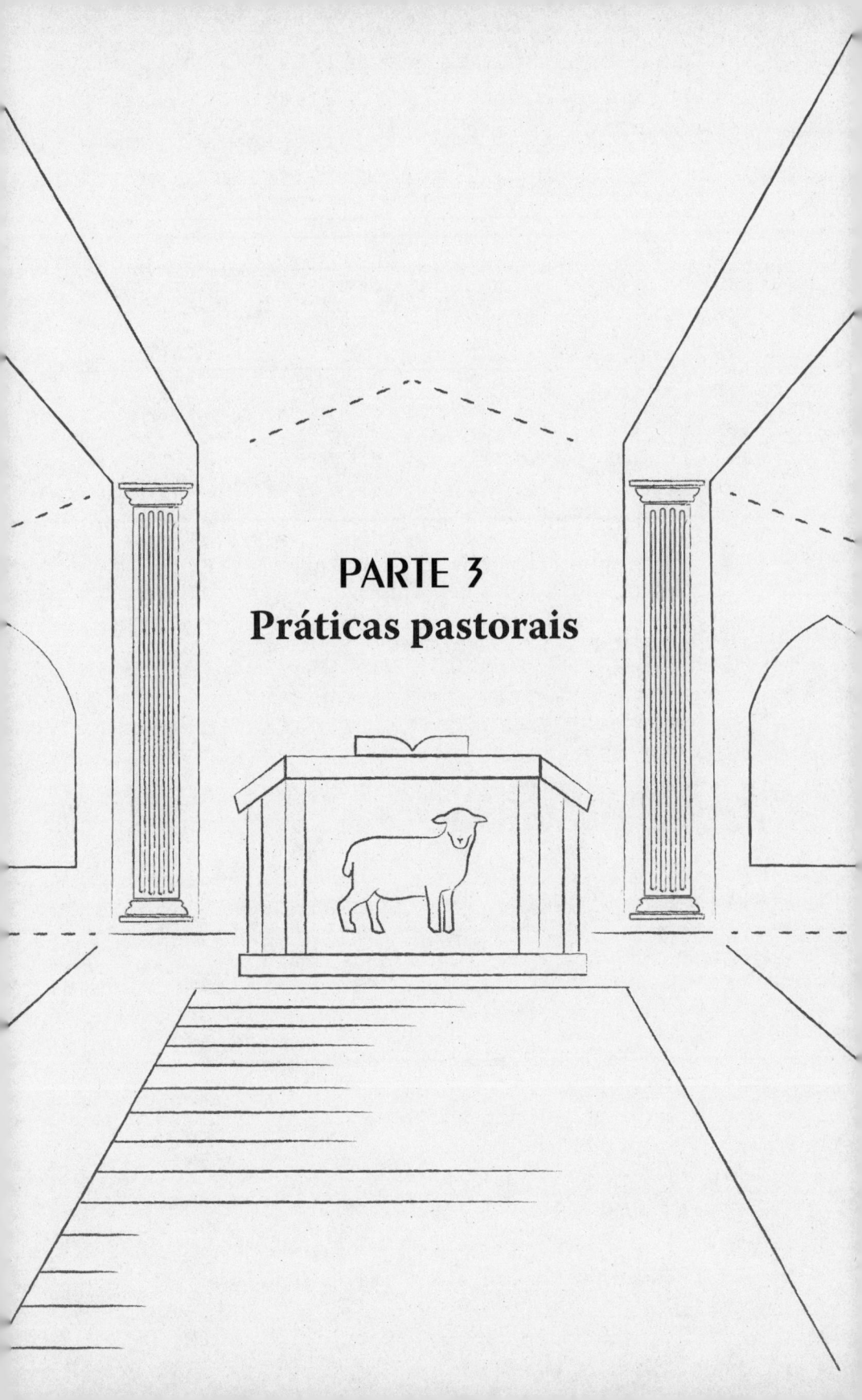

PERGUNTA 14
QUAL É O OBJETIVO BÍBLICO DO MINISTÉRIO PASTORAL?

Por onde um pastor deve começar quando chega a uma congregação para servi-la? Por outro lado, e se já estiver ali há algum tempo? Ele talvez enxergue muitos problemas diante de si: divisão, confusão, listas de membros inchadas, adoração sem vida, discipulado negligenciado, líderes apáticos, professores não qualificados, atividades inúteis e assim por diante. Não há como extinguir essas coisas por decreto nem como mudar a lista de pontos fracos da noite para o dia.

O pastor não precisa vasculhar muito para encontrar uma nova lista de programas para implementar ou de atividades para apresentar à igreja. Essas coisas podem atrair mais algumas pessoas interessadas em fazer "coisas", mas não podem melhorar a saúde da igreja. Em vez de lançar ideias que não transformarão vidas, o pastor deve conduzir a congregação focalizando o objetivo bíblico, que permanece o mesmo para todas as igrejas. Paulo deixou esse propósito totalmente claro na única passagem em que o título "pastor" (*poimēn*) é usado no Novo Testamento (Ef 4.11).[1] Examinaremos o

---

[1] Como observamos em várias perguntas, os termos "pastor", "presbítero" e "supervisor" são usados como sinônimos em todo o NT. No entanto, somente em Efésios 4.11, encontramos o uso nominal de "pastor" como descritivo de um ofício que serve a igreja local. Observe o uso verbal em Atos 20.28 e 1 Pedro 5.2, em conexão com o trabalho dos presbíteros/bispos.

objetivo do ministério pastoral investigando seus meios e objetivos específicos em Efésios 4.11-16.²

Os meios do ministério pastoral

Ao usarmos a palavra *meios*, referimo-nos ao que o Senhor da igreja confiou aos pastores a fim de que cumprissem fielmente o ministério pastoral. Jesus deu "alguns como pastores e mestres" para servir a igreja local tendo em vista um fim particular.³ Isso significa que os pastores-mestres⁴ não precisam recorrer a nenhuma novidade quando se trata do papel deles na igreja. Jesus Cristo deixou isso perfeitamente nítido. Eles devem procurar cumprir esse papel pelo poder do Espírito, na dependência do Senhor da igreja (1Co 2.4-5). Equipar os santos para a edificação do corpo de Cristo dá-se através dos meios comuns aos pastores — como a pregação, ensino, oração, aconselhamento, exortação e exemplo de vida como discípulo.

1. Proclame a Palavra de Deus

Paulo explica os meios disponíveis ao ministério nas igrejas: "o qual nós anunciamos, advertindo a todo o homem e ensinando a

---

2 A Pergunta 2 indaga: "O que se entende por ministério pastoral?". Ela busca uma definição da *natureza* do ministério pastoral. Embora haja alguma sobreposição na presente questão, o objetivo é pensar mais estritamente sobre o como e o *porquê* do ministério pastoral.

3 Para uma discussão sobre se apóstolos, profetas e evangelistas em Efésios 4.11 permanecem como ofícios atuais para a igreja, veja Benjamin L. Merkle, *40 Questions About Elders and Deacons* (Grand Rapids: Kregel Academic, 2008), p. 46-53.

4 O grego, τους δε ποιμενας και διδασκαλους, utiliza um artigo (τους) com os dois substantivos plurais (ποιμενας και διδασκαλους), o que indica que Paulo não identifica dois papéis diferentes, mas descreve como esse papel/ofício único funciona com a igreja. São pastores que ensinam ou mestres que pastoreiam. O uso de και pode ser explicativo em vez de conjugar dois substantivos separados, resultando em "pastores que são mestres". F. F. Bruce observa: "O ensino é uma parte essencial do ministério pastoral; é apropriado, portanto, que os dois termos, 'pastores e mestres', sejam unificados para denotar uma ordem ministerial" (*The Epistles to the Colossians and Filemon and the Ephesians* [Grand Rapids: Eerdmans, 1984], p. 348).

Pergunta 14: Qual é o objetivo bíblico do ministério pastoral?

todo o homem em toda a sabedoria" (Cl 1.28). Como "o qual" está na posição enfática no grego, a linguagem salienta que o foco da proclamação da Palavra de Deus é Jesus Cristo e o Evangelho. F. F. Bruce escreve:

> Esse Cristo, cuja vida flui em todo o seu povo, é aquele proclamado pelo apóstolo e seus associados. Ele é a soma e a substância de sua mensagem. [...] Ele é, de fato, a personificação da sabedoria divina, mas a exploração da sabedoria que reside nele é tarefa de uma vida inteira.[5]

Uma vez que "o aperfeiçoamento dos santos" busca levar a igreja "à unidade da fé e do pleno conhecimento do Filho de Deus", isso não pode ser feito senão através da proclamação da Palavra de Deus (Ef 4.12-13). É por isso que Paulo disse enfaticamente a Timóteo: "Prega a palavra!" (2Tm 4.2).

Quando Mark Dever foi entrevistado para o cargo de pastor sênior na Capitol Hill Baptist Church, em Washington, ele explicou que seu foco seria pregar, orar, discipular e esperar pacientemente que Deus trabalhasse ali, em vez de adicionar novos programas à igreja. Ele escreveu: "O que eu pretendia comunicar era que há somente uma coisa que, de acordo com a Bíblia, é necessária à edificação da igreja — a pregação da Palavra de Deus."[6] O trabalho de edificação da igreja não depende de técnicas inteligentes ou programas caros. Depende da proclamação fiel da Palavra (veja 1Tm 4.11; 2Tm 2.15; Tt 2.1, 15, sem se esquecer de que a proclamação fiel inclui estudo diligente e clareza doutrinária).

Dever e Alexander explicam por que isso sempre permanece verdadeiro:

> A Palavra de Deus é o seu poder sobrenatural para realizar sua obra sobrenatural. Essa é a razão por que eloquência, inovações e programas são muito menos importantes do que pensamos.

---

5 Bruce, *Epistles*, p. 86.
6 Mark Dever & Paul Alexander, *Como Edificar uma Igreja Saudável: Um Guia Prático para a Liderança Intencional*, 3ª ed. (São José dos Campos: Editora Fiel, 2024), p. 45.

> Essa é a razão por que nós, pastores, temos de nos dedicar à pregação e não a programas. Essa é a razão por que precisamos ensinar a nossas igrejas que a Palavra de Deus é mais valiosa do que os programas.

Eles continuam abordando a primazia de ensinar o Evangelho ao nosso povo:

> Pregar o conteúdo e a intenção da Palavra de Deus é o que desencadeia o poder de Deus sobre o seu povo, porque o poder de Deus para edificar o seu povo está na Palavra, especialmente conforme o achamos no evangelho (Rm 1.16). A Palavra de Deus edifica a sua igreja.[7]

2. Pastoreie o povo de Deus

Enquanto pastoreiam o rebanho, pastores envolvem-se com a congregação, para cultivar no grupo a compreensão e prática fiel da Palavra de Deus. Paulo e Pedro exortam os presbíteros "a pastorearem a igreja de Deus, que ele comprou com seu próprio sangue" (At 20.28; 1Pe 5.2). Essa linda metáfora traz à mente dos pastores o envolvimento pessoal deles com o corpo de Cristo, para admoestar, explicar, instruir, exortar e pacientemente liderar a igreja no discipulado de Cristo. Muito trabalho de pastoreio ocorre por meio da proclamação, mas não a sua totalidade. O trabalho pessoal de conhecer o rebanho, orar pelas ovelhas, ajudar a aplicar o Evangelho em sua vida e encorajar a obediência a Cristo em todas as coisas acontece em conversas, notas, conselhos, reuniões de grupo e visitas.[8] Assim como o bom pastor conhece suas ovelhas (Jo 10.11-15), os pastores de igrejas locais precisam conhecer a condição espiritual de suas ovelhas, para que as pastoreiem rumo ao tipo de maturidade comunitária descrita em Efésios 4.13.

---

7 Dever & Alexander, *Como Edificar uma Igreja Saudável*, p. 47-48.
8 Veja Charles Bridges, *The Christian Ministry: With an Inquiry into the Causes of Its Inefficiency* (edição original: 1830; Edimburgo: Banner of Truth Trust, 1967).

3. Seja exemplo de maturidade espiritual

Pedro chamou os pastores para servirem "de exemplo ao rebanho" (1Pe 5.3). Da mesma forma, Paulo disse a Timóteo: "sê o exemplo dos fiéis" (1Tm 4.12). O escritor pastoral de Hebreus explicou que aqueles que haviam anunciado aos seus leitores a Palavra de Deus — presumivelmente, pastores/presbíteros — deviam ser imitados na maneira como praticavam a fé cristã (13.7). Paulo não hesitou em encorajar as igrejas jovens a imitarem o comportamento dele e de outros que os guiaram na fé (1Co 4.16; Fp 3.17; 1Ts 1.6; observe que o uso de "nós" nesses versículos se refere a Paulo, Silas e Timóteo). Ser exemplo do que pregamos oferece ilustrações de como aplicar a Palavra de Deus à vida diária. Obediência, amor, santidade e serviço devem marcar os pastores, uma vez que servem de modelo do Evangelho para sua congregação, equipando-a para o serviço.

Jesus Cristo deu aos pastores os meios para atingir o objetivo do trabalho pastoral: proclamação, pastoreio e exemplo de maturidade espiritual.

O objeto do ministério pastoral

Embora o trabalho pastoral sempre busque fazer novos discípulos (Mt 28.18-20; 2Tm 4.5), ele se concentra principalmente no corpo de Cristo. O "aperfeiçoamento dos santos para a obra do ministério" dá uma abordagem pontual à pregação pastoral e ao trabalho de pastoreio.[9] Os pastores devem *equipar* a igreja para que o corpo se envolva no ministério uns dos outros[10] e na obra do Evangelho na comunidade. Paulo não reconhecia o ministério da igreja como pertencente apenas aos pastores. Ele entendia que a congregação trabalhava em conjunto na obra do ministério — aprendendo a servir

---

9 Observe que "santos" é o termo comum de Paulo para se referir à igreja (veja Rm 1.7; 1Co 1.2; Ef 1.1; Fp 1.1; Cl 1.2).
10 Mais de 40 vezes no NT, encontramos passagens que trazem "uns aos outros" — às vezes chamadas de passagens do "viver recíproco" — e instruem a igreja sobre como os cristãos devem viver em relação uns com os outros.

como embaixadores de Cristo tanto uns aos outros no corpo (1Co 12.7-26; Gl 6.1-2; Ef 4.15-16; 5.19-21; Fp 2.1-4; Cl 3.12-17) quanto aos de fora (Mt 28.18-20; Rm 12.14-21; 2Co 5.16-20; Cl 1.27-28).

Para a igreja exercer o ministério, ela deve estar equipada. *Equipar* significa "pôr em ordem, restaurar, preparar".[11] Originalmente, significava colocar um osso quebrado no lugar com o fim de se ter seu uso restaurado, emendar redes rompidas para serem usadas novamente e fornecer o equipamento certo para uma expedição. A palavra transmite a ideia de treinar, corrigir deficiências, fazer as provisões certas (a Palavra) e disciplinar com vistas a um serviço eficaz.[12] Pastores ficarão ocupados enquanto equipam suas ovelhas! Isso significa incansavelmente nos doarmos para garantir que o corpo seja ensinado na Palavra, treinado como seguidores de Cristo e receba bons exemplos e práticas. Envolve dar exemplo de disciplina pessoal e de como Cristo molda nossa vida para servir uns aos outros com a humildade e amor demonstrados por ele à igreja (Jo 13).

Quando a igreja, bem equipada, se engaja na obra de serviço, ocorre a "edificação do corpo de Cristo" (Ef 4.12). Não são mais alguns crentes que se reúnem ocasionalmente para empreendimentos espirituais, mas um edifício em construção que espelha Cristo, com o objetivo de exibir a glória de Deus. A terminologia de uma construção retrata a igreja como uma casa ou templo (1Co 3.9; Ef 2.19-22; Hb 3.5-6; 1Pe 2.4-5) que é edificado sobre um bom alicerce, uma estrutura forte que pode resistir aos elementos, que serve a um propósito grandioso e que, esteticamente, chama a atenção de quem está de fora (Mt 5.14-16; 7.24-25; 1Co 3.10-17; 1Pe 2.12; 3.15-16). Jesus projeta e edifica a igreja para que viva, respire e aja em conjunto para mostrar a glória de Deus.[13]

---

11 *NIDNTTE*, καταρτισμος, 1:408.
12 BDAG, καταρτιζω, καταρτισμος, p. 326.
13 Veja Mark E. Dever, *Refletindo a Glória de Deus: Elementos Básicos da Estrutura da Igreja* (São José dos Campos: Editora Fiel, 2008).

Pergunta 14: Qual é o objetivo bíblico do ministério pastoral?

Por meio da proclamação, pastoreio e exemplo de fidelidade ao Evangelho, pastores equipam a igreja para se engajar regular e naturalmente no trabalho do serviço (ministério), que resulta na edificação da própria igreja. Em outras palavras, à medida que pastores ensinam e treinam os crentes, os quais, então, respondem ao ensino amando uns aos outros, cuidando uns dos outros e fazendo o trabalho do Evangelho na comunidade (e além), ela naturalmente cresce *em seu interior*, gerando amadurecimento no corpo, e *em seu exterior*, gerando discípulos entre as nações. Em vez de serem pastores/presbíteros que tentam fazer tudo dentro da obra do ministério, eles equipam o corpo para servir uns aos outros e testemunhar de Cristo ao mundo. Jesus nunca desejou que seu corpo fosse espectador quando o assunto é ministério. Pelo contrário, quando o Cabeça se envolve no ministério, o corpo o segue (Ef 4.15-16).

O objetivo do ministério pastoral

No versículo seguinte, "até" fornece a razão, a explicação ou a finalidade de os pastores equiparem os santos para fazerem a obra do ministério, que edifica o corpo: "até que todos cheguemos à unidade da fé e do pleno conhecimento do Filho de Deus, à perfeita varonilidade, à medida da estatura da plenitude de Cristo" (Ef 4.13). Se lermos essa passagem como se fosse escrita apenas para indivíduos, perderemos seu significado. Paulo escreveu para a igreja. *A finalidade do corpo é nada menos que a construção de unidade comunitária, conhecimento experiencial de Cristo e plena maturidade.* Nisso os pastores devem concentrar o propósito de seus trabalhos pastorais. Outras coisas não deverão desviá-los disso. Mesmo esforços nobres que falhem em levar as congregações locais a demonstrar a plenitude de Cristo entre seus membros — por meio da unidade, desfrute de Cristo e maturidade — devem ser deixados de lado.

1. Unidade da fé e do conhecimento do Filho de Deus

Visto que o apóstolo já declarou a unidade como um dom do Espírito Santo (Ef 4.3) e que "uma fé" constitui parte da declaração confessional estrita (4.4-6), a frase proposicional e intencional de Paulo explica o tipo de unidade que ele tem em mente ao se referir à unidade no corpo da fé — as verdades da Sagrada Escritura. À luz dos desvios doutrinários desenfreados que atormentavam as igrejas jovens (4.14), a unidade do Espírito aglutina-se ao redor da verdade doutrinária, e não de um sentimento caloroso.[14]

A igreja encontra unidade na "fé" objetiva, que conhecemos como o conjunto de verdades chamado Evangelho, *e* no conhecimento experiencial[15] do Filho de Deus. Paulo localiza a unidade corporativa da igreja no *relacionamento* com o próprio Cristo revelado e declarado no Evangelho. À medida que pastores equipam os santos, eles continuamente levam a igreja às profundezas e às alturas do Evangelho, a fim de que os fiéis sejam nutridos comunitariamente em seus relacionamentos mútuos com Cristo como Senhor. Isso leva a experiência da unidade a todas as facetas do relacionamento e da vida da igreja. Na experiência contínua (conhecimento) do Evangelho (fé), a igreja cresce em maturidade.

2. Para um corpo espiritualmente maduro

O trecho "à perfeita varonilidade" (Ef 4.13) vislumbra os muitos na igreja local como *um*, unidos na maturidade em Cristo. Paulo não deixa espaço para membros inativos na igreja, membros periféricos ou membros não participantes. É por isso que o ministério pastoral se empenha em discipular continuamente cada membro do corpo. Paulo

---

14 Essa é mais uma razão para se especializar na pregação expositiva, passando por toda a Palavra de Deus, como meio de treinar nossas congregações em "todo o desígnio de Deus" (At 20.27).

15 "Conhecimento" (επιγνωσις) significa "conhecimento direcionado a um objeto particular"; portanto, conhecimento experiencial centrado em Cristo Senhor (*LEKGNT*, p. 441).

Pergunta 14: Qual é o objetivo bíblico do ministério pastoral?

conclama cada pessoa que pertença a uma congregação local a estar sob o trabalho de capacitação dos pastores, trabalho que tem como alvo a edificação da igreja, visando à unidade na fé e ao conhecimento de Jesus Cristo. Quando isso acontece, a igreja cresce comunitariamente até a maturidade espiritual. Por fim, a maturidade encontra-se na "medida da estatura da plenitude de Cristo", que John Stott explica como "a plenitude que o próprio Cristo possui e concede".[16] Nessa frase, o apóstolo faz uma ponte entre o *já* e o *ainda não*, ao olhar para a maturidade da igreja. Agora a igreja se aproxima cada vez mais de Cristo em todos os aspectos do caráter e da vida.[17] Um dia, nós o veremos como ele é em toda a sua plenitude (1Jo 3.1-2). É por isso que Paulo continuou orando com esse fim pelas igrejas, uma vez que a intenção final do corpo, como grupo, é refletir o Senhor Jesus em sua plenitude em todos os sentidos (Ef 1.16-19; Fp 1.9-11; Cl 1.9-12).

O objetivo do ministério pastoral, então, abrange esse grande alvo, o da "unidade da fé e do pleno conhecimento do Filho de Deus, à perfeita varonilidade, à medida da estatura da plenitude de Cristo" (Ef 4.13). Não é de admirar que o apóstolo use termos que expressem o esforço mais árduo e intenso para descrever o ministério pastoral (Cl 1.29). Junto com o trabalho, ele também declara a necessidade de depender do poder ativo e vigoroso de Cristo que opera por meio de pastores, a fim de apresentarmos "todo homem perfeito em Jesus Cristo" (Cl 1.28-29).

Resumo

Tanta ênfase na vida da igreja hoje recai sobre o pastor individual, mas não no NT. No Texto Sagrado, a ênfase se concentra constantemente no amadurecimento, crescimento, serviço e testemunho da entidade coletiva. Um retorno ao foco do NT para o ministério pastoral

---

16 John R. W. Stott, *The Message of Ephesians* (Downers Grove: InterVarsity, 1979), p. 170 [*A Mensagem de Efésios* (Viçosa: Ultimato, 2007)].
17 Colossenses 3.12-17 oferece uma boa imagem de como é esse tipo de maturidade na igreja.

— trabalhar até alcançar a unidade da fé e do conhecimento do Filho de Deus — edificará igrejas saudáveis e maduras, que perseverarão em todas as lutas. No entanto, para fazer isso, os pastores devem deixar de lado a tendência de adicionar novos programas em lugar de confiar no poder da Palavra de Deus proclamada, guiada e modelada para o corpo de Cristo.

Perguntas para reflexão

1. Quais são os três elementos identificados como "meios do ministério pastoral"?
2. Avalie quão valorizada é a *proclamação* em seu ministério pastoral. Como isso poderia melhorar?
3. Como o ato de equipar o ministério leva à edificação do corpo de Cristo?
4. Qual é o *objetivo* do ministério pastoral de acordo com Paulo em Efésios 4.13?
5. Como deve ser a maturidade comunitária em uma igreja local?

PERGUNTA 15
COMO DEVE SER O PRIMEIRO ANO DE PASTOREIO?

Ao longo do ano, jovens (e, às vezes, homens mais maduros) esperam ansiosamente por uma indicação ao pastorado. Eles usam suas redes de contatos para ter o nome ventilado nas igrejas como candidato pastoral. Perguntas chegam, questionários são preenchidos e vídeos de sermões são enviados, junto a outros materiais. Depois de uma enxurrada de atividades, o silêncio. As buscas pastorais parecem notoriamente lentas para se preocuparem em atualizar o processo ou informar um candidato sobre sua situação. Mas, finalmente, uma igreja convida o candidato a visitá-la, reunir-se com líderes e pregar diante dela.

A espera pela decisão da igreja continua. Enfim, com a votação concluída, vem a chamada. O processo de aceitação do convite da igreja começa com discussão sobre compensação, detalhes da mudança, futura existência ou não de oposição persistente daqueles que votaram contra a admissão, preocupação com o que pregar, primeira reunião de liderança, adequação ou não da compensação e ansiedade por mandar as crianças para uma nova escola. O novo pastor e sua família arrumam seus pertences e se mudam para uma nova comunidade, onde não têm amigos próximos, e sem saber se serão realmente aceitos. Começa o primeiro ano de pastoreio.

Lembro-me também do meu primeiro pastorado. Comecei a servir em uma pequena igreja na zona rural do sudoeste do

Mississippi durante meu último ano de seminário. No dia da formatura, alguns dos membros ajudaram a carregar nossos móveis e utensílios de cozinha em um reboque de gado e nos levaram para a casa pastoral. Eu não sabia no que estava me metendo ou o que precisava fazer ao embarcar no meu primeiro ano como pastor.

Todo pastor deve passar pelo primeiro ano de pastoreio para que comece a estabelecer a base para uma vida inteira dedicada ao ministério. Não há dois pastorados iguais. No entanto, podemos aprender com outros que trilharam esse caminho antes de nós. Então, no que um novo pastor deve concentrar-se durante esse ano?

Aprenda a esperar o inesperado

Um jovem pastor fez contato comigo para falar a respeito de seu primeiro ano de ministério. Eu abri um sorriso largo enquanto lia aquelas linhas sobre os "primeiros" anos dele e acabei ponderando sobre meu primeiro ano. Em uma igreja típica, o primeiro ano inclui o primeiro batismo, a primeira Ceia do Senhor, o primeiro casamento, o primeiro funeral, a primeira reunião de diáconos, a primeira reunião de negócios e o primeiro conflito. Nada no seminário pode tornar o jovem pastor completamente pronto para essa série de "primeiros". Aqui estão alguns desafios do meu primeiro ano:

- Um comitê de púlpito ausente que não comunicava nada a respeito das expectativas da igreja;
- Um aumento de cinco dólares por semana quando eu passasse de meio período para período integral;
- O ministério bivocacional significava encontrar outro emprego — sem saber de antemão quão difícil seria estar em uma comunidade deprimida, que não estava nem um pouco impressionada com meu bacharelado e mestrado em teologia;
- Celebrar o centésimo aniversário de um membro que não frequentava a igreja há décadas e que nunca conheci e, algumas semanas depois, fazer seu funeral;

- Morar em uma casa de propriedade da igreja que ninguém se deu ao trabalho de conferir para ter certeza de que permanecia habitável;
- A solidão enfrentada em uma pequena igreja e comunidade rural, em que três ou quatro famílias compunham a congregação e, sem perceber, excluíam-nos de sua vida;
- O desafio de tentar preparar dois sermões para o domingo e um estudo bíblico para o meio da semana, enquanto se tem um segundo trabalho além do pastorado.

Eu poderia acrescentar mais, mas você entendeu. Nada que você leia e ninguém com quem converse poderão prepará-lo totalmente para as coisas inesperadas que acontecerão no primeiro ano de pastoreio (ou nos anos seguintes). Portanto, espere o inesperado — não de maneira ansiosa, mas cultivando uma vida devocional saudável que o mantenha confiando com firmeza no Senhor. Perceba que todo evento que se desenrola vem do governo sábio e providencial de Deus sobre sua vida, para que você confie nele e receba sabedoria, força, poder, aprimoramento, disciplina e preparação para servi-lo com maior fidelidade (Sl 139; 2Co 12.1-10; Rm 8.26-39; Hb 12.1-17; 1Pe 1.3-16). Fortaleça-se para o inesperado, fazendo uso de bons recursos, conferências revigorantes, blogs e podcasts úteis.[1]

Seja diligente na busca por permanecer ensinável

Uma moléstia séria que muitas vezes aflige os que acabaram de obter um diploma de uma faculdade bíblica ou seminário é a *síndrome do sabichão*. Em sua preparação para o trabalho pastoral, eles podem conseguir um diploma, depois de terem estudado uma série

---

1 Consulte a bibliografia selecionada para recursos úteis para o ministério pastoral. Além disso, Brian Croft tem uma série de livros de sua autoria, coautoria ou patrocínio em sua série *Practical Shepherding* (Zondervan), bem como um blog, podcast e workshops (http://practicalshepherding.com). O Ministério 9Marks tem livros, podcasts, artigos, conferências e workshops que podem ser adquiridos pela internet (https://pt.9marks.org/). A Coalizão pelo Evangelho tem livros, podcasts, artigos e conferências voltados ao auxílio a pastores que podem ser obtidos também a distância (https://coalizaopeloevangelho.org/).

de assuntos relacionados ao ministério. Isso é uma coisa boa de se ter e estabelece a base da preparação. A base. Um diploma de seminário ou faculdade bíblica é só o começo para o pastor. Ele o expõe a muitas coisas boas e a ricas verdades, mas levará anos para esse conhecimento se solidificar, aprimorar-se e, em alguns casos, podar a si próprio para se tornar útil no trabalho pastoral.

Enquanto isso, tudo bem que pastores novos ainda não dominem o ministério. Os primeiros anos de trabalho pastoral são parte do maravilhoso processo pelo qual o Senhor ensina e treina um homem para que ele seja capaz de servir fielmente o corpo de Cristo nas próximas décadas. Então, o que esse jovem pastor deve fazer?

(1) *Leia vorazmente*. Mantenha-se atualizado sobre as línguas bíblicas e livros teológicos, exegéticos e homiléticos. Leia bons sermões para ajudar a expandir sua criatividade e agitar dias monótonos. Leia um bom material devocional para estimular a oração, meditação, louvor e adoração. Leia os puritanos, que entenderam as Escrituras, a prática e a dependência do Senhor como nenhuma outra geração de ministros. Leia boas biografias e história da igreja. Em alguns momentos de minha jornada pastoral, boas biografias resgataram-me do desespero, dos grandes erros e do cinismo.

(2) *Desenvolva amizades com pastores mais velhos e experientes, e não apenas com colegas inexperientes*. Em meu primeiro pastorado, tive dois amigos pastores da minha idade com quem compartilhar fardos e orar. Todavia, eu precisava de um pastor mais velho que pudesse orientar-me. Felizmente, em meu segundo pastorado, um ministro mais velho colocou-me sob suas asas. Sou eternamente grato por seus encorajamentos, conselhos e ajudas diversas naquele período em que eu procurava navegar no ministério pastoral. Procure ajuda sem desculpas. A maioria dos pastores que está no trabalho há algum tempo terá prazer em ajudar um irmão mais novo no ministério. Todos nós precisamos de ajuda!

(3) *Ouça sua esposa*. Ela pode não ter um diploma de seminário, mas provavelmente possui uma visão melhor dos detalhes

Pergunta 15: Como deve ser o primeiro ano de pastoreio?

que você. Não deixe as ideias e correções dela de lado. Ela é o instrumento escolhido pelo Senhor para ajudá-lo a ver as coisas com mais clareza. Além disso, ela o conhece, assim como a suas fraquezas e lutas, estando disposta a ajudá-lo. Portanto, dê ouvidos a ela.

(4) *Ouça sua congregação.* Eles faziam parte da igreja muito antes de você chegar. Aproveite o tempo para apenas ouvir, em lugar de sempre os instruir. Dois homens mais experientes serviram como diáconos em meu primeiro pastorado. Eram cavalheiros silenciosos, com pouca escolaridade, mas muita sabedoria. Tirei proveito de suas percepções em minha busca por manter meus pés no chão enquanto servia essa congregação.

Trabalhe para estabelecer prioridades

Você pode ter acabado de terminar o seminário ou a faculdade teológica; talvez tenha simplesmente largado uma profissão para iniciar o trabalho pastoral. Vá em frente e admita para si mesmo que não tem tudo bem organizado em sua vida. Em seguida, comece a trabalhar no estabelecimento de prioridades saudáveis que o conduzirão ao longo da vida.

(1) *Concentre-se no desenvolvimento de uma vida devocional e de oração intensa.* Alimente sua caminhada com Cristo. Que nada substitua um relacionamento alegre e vibrante com ele. Estabeleça um padrão regular de tempo devocional que alimentará sua alma.[2]

(2) *Desenvolva a habilidade de expor e aplicar pastoralmente a Palavra de Deus.* A exposição bíblica, se usada corretamente, abrirá o texto e permitirá que ele fale às necessidades da congregação com aplicação sensível e direta. Nunca pare de crescer nessa área. Seja sempre um estudante da Palavra. Procure maneiras de aplicar as Escrituras a sua congregação. Essa é uma parte importante do pastoreio.[3]

---

2 Veja as Perguntas 6 e 7.
3 As Perguntas 21 a 25 ampliarão vários aspectos relacionados à boa pregação.

(3) *Esteja atento a seu casamento e vida familiar.* Nesse caso, estar atento é deixar deixa de lado as exigências intermináveis do ministério para se concentrar em sua esposa — servindo-a, amando-a e desfrutando dela. Seus filhos também precisam desse tipo de atenção. Não se envolva tanto com o ministério que sua família obtenha apenas as migalhas de seu tempo e energia. A congregação permitirá esse tempo com eles. Você deve programar a agenda para garantir que sua família tenha o melhor de seu tempo e atenção (Ef 5.22–6.4).[4]

(4) *Reúna ao seu redor alguns homens a quem você possa dedicar sua vida em um relacionamento de discipulado.* Leiam e estudem a Palavra juntos. Orem juntos. Prestem contas mutuamente. Sirvam Cristo juntos. Façam o trabalho de evangelismo juntos (2Tm 2.1-2).

(5) *Ouça com paciência, pastoreie e sirva o corpo que lhe foi confiado, sendo lento para fazer mudanças significativas.* Alguns pastores se apressam como "profissionais", prontos para fazer grandes mudanças em uma igreja. Eles geralmente têm pastorados curtos. Aproveite o tempo para conhecer o rebanho. Aprenda a amá-lo genuinamente. Não tente fazer grandes mudanças no primeiro ano, talvez nem mesmo no segundo ou terceiro. Concentre-se nas mudanças incrementais em áreas importantes e essenciais para a saúde da igreja. Estabeleça as bases bíblicas e teológicas das mudanças para que elas aconteçam mais naturalmente, à medida que o corpo aprende a Palavra e a prática (At 20.28).

Concentre-se em algumas coisas

O ministério estará repleto de altos e baixos. Isso é normal. Então, quando você pensar que um período de baixa ou inatividade em particular significa o fim de seu mandato pastoral, perceba que isso é parte do ciclo de serviço a uma congregação em meio aos problemas difíceis da vida. Persevere na dificuldade. Vivemos em um mundo caído. Sua

---

4 Veja as Perguntas 8 e 9.

ascensão ao púlpito não mudou essa realidade. Então, concentre-se em alguns pontos:

(1) *Seja fiel como cristão, marido, pai, amigo, estudante das Escrituras e pastor.*

(2) *Pregue bem.* Muitas coisas podem ser desculpadas, mas nunca uma pregação desleixada, sem teologia, mal interpretada, desorganizada, piegas e sem aplicação (2Tm 4.1-5). Não deixe que o lazer, a falta de disciplina, as redes sociais ou a teimosia atrapalhem a boa pregação.

(3) *Pastoreie fielmente.* Você foi encarregado — como subpastor do Bom Pastor — de cuidar de um de seus pequenos rebanhos. Um dia, ele pedirá contas de como você amou, serviu e pastoreou seu povo, de como cuidou dele (Hb 13.17). Esteja pronto a prestar contas de sua fidelidade ao Criador.

(4) *Dê o exemplo como crente.* Concentre-se em viver uma vida santa e alegre (1Tm 4.12).

(5) *Deixe a Escritura guiar você e seu ministério.* Não perca tempo focando as últimas modas das mídias sociais. Coloque em prática a dependência da suficiência da Palavra de Deus.

(6) *Encontre a maior de todas as alegrias.* Como Jesus disse aos 70 discípulos, a alegria não é encontrada no que você pode realizar no trabalho pastoral, no quanto você imagina ser grande em sua pregação, em quantos foram adicionados à membresia da igreja ou em quão estimado você é pelos outros, mas no fato de seu nome estar escrito no céu (Lc 10.20).

Resumo

Aproveite o processo do trabalho pastoral. Nem todos os dias serão cor-de-rosa, assim como nem todos serão sombrios. Demandas e desafios servem para mantê-lo dependente de Cristo. Aprenda que o Senhor permanece fiel a você enquanto você, em meio à fraqueza e, por vezes, ao medo, pastoreia o rebanho dele. Trabalhe duro para permanecer aberto a aprender — um pastor teimoso e sabichão gera miséria para todos ao seu redor. Você não pode fazer tudo o que deseja. Concentre-se, então, no que é mais importante. Certifique-se de que a sua caminhada com Cristo, relacionamentos familiares, pregação, pastoreio e discipulado o tornem focado, para que, quando o inesperado acontecer, você permaneça firme e fiel em todas as coisas.

Perguntas para reflexão

1. Se você está em seus primeiros anos de ministério pastoral, quais são as situações que você está enfrentando pela primeira vez?
2. O que ajudará o pastor a estar preparado para o inesperado e a permanecer fiel quando isso acontecer?
3. Que papel tem o permanecer aberto ao aprendizado no ministério?
4. Quais são suas prioridades na vida e no ministério?
5. Já que você não pode fazer tudo o que gostaria de fazer na vida e no ministério — e ninguém pode —, quais áreas precisam de sua concentração?

PERGUNTA 16
COMO A PRÁTICA DE NÃO "ESMAGAR A CANA QUEBRADA" DEVE MOLDAR O MINISTÉRIO?

A abordagem de Jesus do ministério demonstrou sua profunda consciência das pessoas que ele serviu. Aos quebrantados, sofredores, rejeitados, empobrecidos e fracos que o seguiam, Jesus mostrou extraordinária gentileza (Mt 11.25-30; Lc 13.10-17; 18.35-43; 19.1-10). No entanto, no trato com os fariseus, ele não hesitou em chamar a atenção para a hipocrisia nem deixou de declarar uma série de desgostos (Lc 11.37-52). Como disse o pastor puritano Richard Sibbes, "as feridas dos pecadores seguros não serão curadas com palavras doces."[1]

No ministério pastoral, tanto os pecadores seguros quanto os feridos e quebrantados precisam de uma palavra pastoral. Contudo, utilizar o mesmo tom e estratégia com ambos não os atenderá no âmago de sua necessidade. Jesus foi exemplo em todo o seu ministério. Mateus chama especial atenção para a maneira como Jesus lidou com "uma cana quebrada" e com "um pavio fumegante", usando metáforas da primeira profecia do Servo de Isaías para descrever os pobres, excluídos e necessitados (Mt 12.15-21; Is 42.1-4).[2] Seu modelo de compaixão esta-

---
1 Richard Sibbes, *The Bruised Reed* (edição original: 1630; Edimburgo: Banner of Truth Trust, 1998), p. 24 [*O Caniço Ferido* (Brasília: Monergismo, 2013)].
2 Isaías 42.1-4 é a primeira de quatro profecias a respeito do Servo — as quais se

belece a abordagem de um ministério pastoral eficaz com aqueles que sentem sua fraqueza e o peso de seus pecados.

O exemplo de compaixão

Mateus 12 registra histórias do fracasso dos fariseus em mostrar compaixão pelos necessitados, enquanto criticavam Jesus por fazê-lo. Primeiramente, em um sábado, os discípulos estavam famintos e resolveram juntar punhados de grãos para comer enquanto passavam por um campo. Em lugar de se preocuparem com a fome dos homens, os fariseus só conseguiam pensar em sua observância rígida da guarda do sábado. Jesus repreendeu-lhes: "Mas, se vós soubésseis o que significa: Misericórdia quero, e não sacrifício, não teríeis condenado inocentes" (Mt 12.1-7; Jesus cita Os 6.6).[3]

Em segundo lugar, no mesmo dia, na sinagoga, Jesus curou um homem que tinha a mão atrofiada. Os fariseus questionavam a legalidade da cura no sábado. Jesus questiona qual deles deixaria uma de suas ovelhas dentro de uma cova no sábado e, então, rapidamente acrescenta: "Ora, quanto mais vale um homem que uma ovelha? Logo, é lícito, nos sábados, fazer o bem" (Mt 12.9-14). Isso levou os fariseus a tramarem a destruição de Jesus.[4]

Conhecendo o plano dos fariseus, Jesus retirou-se de cena, porém não sem seguidores: "Muitos o seguiram, e a todos ele curou" (Mt 12.15). Mateus explica que o trato de Jesus com os enfermos, pobres e necessitados cumpriu a profecia de Isaías sobre o Servo de Yahweh (Is 42.1-4; Mt 12.17-21). O Servo escolhido e amado por Yahweh proclamaria, pelo

---

referem a Jesus, o Messias — que cumpre o fracasso de Israel como servo de Yahweh: 49.1-12; 50.4-9; 52.13–53.12. Veja Craig Blomberg, "Matthew", em G. K. Beale & D. A. Carson, orgs., *Commentary on the New Testament Use of the Old Testament* (Grand Rapids: Baker, 2007), p. 42 [*Comentário sobre o Uso do Antigo Testamento no Novo Testamento* (São Paulo: Vida Nova, 2014)]; e D. A. Carson, org., *NIV Biblical Theology Study Bible* (Grand Rapids: Zondervan, 2018), p. 1238.
3 Veja Blomberg, "Mateus", p. 40-42, com relação ao uso de Oseias 6.6 por Jesus.
4 Outra história os mostra blasfemando contra Jesus quando ele curou um homem endemoniado (Mt 12.22-32).

Pergunta 16: Como a prática de não "esmagar a cana quebrada" deve moldar o ministério?

Espírito, justiça às nações, mas não o faria com alarde. Com gentileza e compaixão, serviria aos oprimidos, necessitados, quebrantados e fracos "até que faça vencedor o juízo", não permitindo que o mal triunfe. "E, no seu nome, esperarão os gentios" (Mt 12.20-21). Leon Morris comenta: "Com sua visão ampla, o profeta vê todos eles [os gentios] inclusos no escopo do amor compassivo de Deus e da atividade salvadora do servo."[5] Na obra do Messias, encontramos o modelo de compaixão e gentileza para com canas quebradas e pavios fumegantes, metáforas para os esquecidos e necessitados. Tanto as canas quanto o linho/pavio eram frágeis e encontrados em abundância, de modo que, em vez de serem recuperados para uso contínuo, geralmente eram substituídos.[6] Jesus nunca enxergou os fracos e indefesos como substituíveis ou dispensáveis. Ao contrário dos fariseus, que perdiam de vista as pessoas em sua rígida aplicação da lei, Jesus serviu os necessitados com compaixão e gentileza.

As canas quebradas

Em sua obra clássica *The Bruised Reed*, Richard Sibbes oferece sabedoria pastoral sobre como servir os necessitados e quebrantados, seguindo o padrão misericordioso de Jesus. Ele descreve canas quebradas de oito maneiras, para que reconheçamos aqueles entre nós que sofrem sob o peso do pecado, da culpa e das provações — e, como Jesus Cristo, os sirvamos com compaixão e gentileza.

> (1) Canas quebradas foram abatidas especialmente por enxergarem o próprio pecado e sentirem o poder esmagador, a culpa e o juízo que vêm dele. Elas também podem ter experimentado "cruzes", isto é, atos da providência de Deus que disciplinam ou abatem a pessoa.
> (2) Canas quebradas enxergam o malefício do pecado e, então, pensam biblicamente sobre ele, mesmo que talvez não entendam o remédio de Deus para o pecado em Cristo. À luz desse malefício,

---

5 Leon Morris, *The Gospel According to Matthew* (Grand Rapids: Eerdmans, 1992), p. 311-12.
6 Ibid.

elas também reconhecem o favor de Deus como o maior de todos os bens conhecido pelo homem.

(3) Canas quebradas anseiam por misericórdia por causa da consciência pessoal de pecado e da fraqueza que ele gera.

(4) Canas quebradas sentem profundamente quão indignas são da bondade do Senhor.

(5) Canas quebradas têm simpatia por outros que vivem debaixo de circunstâncias difíceis ou da convicção de pecado. Em vez de criticá-los ou condená-los, elas *sentem* essas dores com eles.

(6) Canas quebradas consideram as pessoas mais felizes do mundo as que desfrutam do conforto do Espírito Santo. Elas anseiam por essa felicidade, mas ela parece distante.

(7) Canas quebradas tremem diante da Palavra de Deus enquanto honram aqueles que a proclamam. Elas respeitam os pastores que procuram aconselhar por meio da Palavra.

(8) Canas quebradas não têm interesse em formalidade ou exibição. Elas estão "ocupadas com os exercícios internos de um coração quebrantado" e são "cuidadosas ao usar todos os meios sagrados para transmitir consolo".[7]

Canas quebradas podem ser incrédulos lutando para crer no Evangelho ou cristãos que sucumbiram sob o peso do pecado ou das "cruzes" e lutam para acreditar no poder do Evangelho para levantá-los e reconduzi-los à alegria e à felicidade em Cristo.

Ao contrário do espírito farisaico, que valoriza a formalidade, a letra da lei, a tradição e uma suposta elite espiritual, aqueles que são caracterizados como canas quebradas reconhecem suas fraquezas, sua indignidade diante de Deus, seu quebrantamento pelo pecado e suas feridas diante de circunstâncias amargas. Eles anseiam pela misericórdia de Deus, mas lutam para acreditar que o Senhor Deus os encontrará em seu quebrantamento. Eles precisam enxergar que feridas nivelam "todos os pensamentos orgulhosos e elevados, bem como que podemos entender que somos o que realmente somos por natureza", pecadores indefesos que precisam de um Salvador misericordioso.[8] E, ao fazê-lo,

---

7 Sibbes, *Bruised Reed*, p. 10-11
8 Ibid., p. 4

Pergunta 16: Como a prática de não "esmagar a cana quebrada" deve moldar o ministério?

humilhadas diante do Senhor, canas quebradas encontram a compaixão e a gentileza de Cristo por meio de seus servos que ministram a Palavra de Deus.

A prática da compaixão

Pastores podem ficar frustrados com pessoas fracas e necessitadas que não respondem rapidamente a suas exortações ou conselhos. "Por que fulano não pode simplesmente fazer o que eu disse para ele fazer?", um pastor talvez pergunte a si mesmo, sentindo ter desperdiçado seu tempo com alguém que parece sobrecarregado pelo pecado ou por alguma dificuldade. Em vez de seguir as instruções dadas, ele continua lutando e gemendo sob um peso que o Evangelho poderia aliviar. Sem perceber, pastores podem cair no modo farisaico, colocando sobre uma pessoa expectativas mais altas do que ela pode atender. Sibbes procura ajudar pastores a se afastarem de qualquer atitude farisaica ao servir pessoas quebrantadas e necessitadas e seguir a prática compassiva de Jesus Cristo com os necessitados. O que vemos em Jesus que serve de exemplo para o ministério pastoral entre canas quebradas? Vamos deixar Sibbes ajudar-nos.

1. Misericórdia

Enclausurados pelo pragmatismo ministerial, pastores podem tornar-se presunçosos para com aqueles que, por causa de sua fraqueza, parecem oferecer pouca contribuição ao corpo. No entanto, eles precisam de misericórdia, não de presunção. Sibbes escreve: "Esse espírito de misericórdia em Cristo deve levar seus servos a se contentarem em se rebaixar pelo bem dos mais mesquinhos" [i.e., aqueles de pouca importância].[9] Um espírito humilde estende misericórdia àqueles que são considerados os "piores". Contudo, muitas vezes podemos menosprezar os humildes. Sibbes aconselha: "A miséria deve ser um ímã de misericórdia,

---

9 Ibid., p. 27.

não um estrado para ser pisado pelo orgulho."[10] Como lidamos com a misericórdia para com os outros? Sibbes brinca: "Nas admoestações da igreja, é mais adequado ao espírito de Cristo se inclinar à parte mais branda, em lugar de matar uma mosca com uma marretada na testa ou excluir os homens do céu por uma ninharia."[11] Estender misericórdia é mais adequado ao espírito de Cristo do que uma mão pesada que tende a esmagar os quebrantados.

2. *Humildade*

Jesus disse aos quebrantados e necessitados:

> Vinde a mim, todos os que estais cansados e sobrecarregados, e eu vos aliviarei. Tomai sobre vós o meu jugo e aprendei de mim, *porque sou manso e humilde de coração*; e achareis descanso para a vossa alma. (Mt 11.28-29, grifo adicionado)[12]

O humilde Rei da glória acolheu pessoas "cansadas e sobrecarregadas", a fim de sustentá-las por meio de sua força. Esse tipo de humildade anula a propensão humana natural ao orgulho e à superioridade, propensão que pode afetar pastores acostumados a atenção e elogios. "Os melhores dentre os homens", aconselha Sibbes, "são severos consigo mesmos, ternos com os outros."[13] Em lugar de demonstrar superioridade, que despreza os que não progridem como o esperado, pastores devem seguir a prática de Martin Bucer: "Depois de longa experiência, ele decidiu não recusar ninguém em quem visse *aliquid Christi*, algo de Cristo. Os melhores cristãos nesse estado de imperfeição", observa Sibbes, "são como o ouro que, por estar um pouco leve demais, precisa de alguns grãos de tolerância para que passe".[14] Somente corações humildes mostrarão esse tipo de ternura para com os fracos.

---

10 Ibid, p. 31.
11 Ibid, p. 30.
12 Veja Dane Ortlund, *Manso e Humilde: O Coração de Cristo para Quem Peca e para Quem Sofre* (São Paulo: Thomas Nelson Brasil, 2021).
13 Sibbes, *Bruised Reed*, p. 23.
14 Ibid., p. 33.

Pergunta 16: Como a prática de não "esmagar a cana quebrada" deve moldar o ministério?

3. Gentileza

Pregadores rudes, bombásticos e de mão pesada que atacam espantalhos recebem aplausos nas conferências. No entanto, Jesus deu o exemplo oposto. Sibbes explica: "Aquele grande médico que tinha olhos espertos e uma língua revigorante também tinha uma mão gentil e um coração terno."[15] Os maus atos, reservados aos líderes religiosos hipócritas, davam lugar ao coração meigo de Jesus para com os quebrantados e cansados. "Alguns acham que é força da graça não suportar nada nos mais fracos", escreve Sibbes, "enquanto os mais fortes são os mais prontos a suportar as enfermidades dos fracos".[16] Devemos ser como Jesus em gentileza para com os fracos. "Ele é um rei manso que admitirá enlutados em sua presença; um rei de pobres e aflitos é o nosso modelo."[17] Com mansidão, devemos suportar as debilidades dos fracos (Rm 15.1), assim como Jesus fez com as dúvidas de Tomé (Jo 20.27), as negações de Pedro (Lc 22.61) e a incredulidade do pobre (Mc 9.24).[18]

4. Graça

A graça experimentada deve motivar-nos a mostrar graça aos outros, mesmo quando vemos pouca graça neles. Sibbes ressalta: "Devemos lembrar que a graça, por vezes, é tão pequena que é imperceptível para nós."[19] Alguns que achamos que não são cristãos podem ser crentes fracos que precisam de nossa gentileza e exortação, a fim de confiarem em Cristo e no Evangelho. Devemos levá-los com paciência de volta às verdades do Evangelho que eles já deviam conhecer. Devemos mostrar-lhes graça na maneira como falamos e agimos. Quanto a outros, podemos pensar em julgá-los, em vez de servi-los, pois a vida espiritual deles parece fraca, e nós esperávamos que fosse forte. Entretanto, escreve Sibbes, "uma centelha de fogo é fogo, assim como todo o

---

15 Ibid., p. 34.
16 Ibid., p. 33.
17 Ibid., p. 8.
18 Ibid., p. 20-21.
19 Ibid., p. 37.

elemento. Portanto, devemos olhar para a graça tanto na faísca quanto na chama".[20] Consequentemente, devemos pastoreá-los graciosamente, de forma a nos resguardar para que não adotemos o padrão da lei no modo como os conduzimos. "Moisés, sem qualquer misericórdia, quebra todas as canas quebradas e apaga todo pavio que fumega", observa Sibbes sobre a distinção entre a lei e a aliança da graça. "Cristo chega com bênção mesmo sobre aqueles que Moisés amaldiçoou, bem como com bálsamo curativo para as feridas que Moisés fez."[21] Assim, também nós, que recebemos a graça de Deus, temos de pastorear canas quebradas na graça plena e rica de Cristo.

Jesus demonstrou misericórdia, humildade, gentileza e graça repetidas vezes à cana quebrada e ao pavio fumegante que encontrou. Esse é o modelo de compaixão que pastores devem adotar em seu trabalho de pastoreio.

Resumo

Estudar o exemplo pastoral de Jesus Cristo ajuda a tirar dos pastores a tendência de agir com impaciência, dureza, julgamento e censura. Ao longo de seu ministério, Jesus ficou cara a cara com canas quebradas que carregavam fardos pesados. Muitos pastores enfrentam as versões de canas quebradas do século XXI com a fraqueza, culpa, medo e peso que já lhes dispensavam no primeiro século. Porém, conforme o modelo de Jesus, pastores devem aprender a lidar com canas quebradas com misericórdia, humildade, gentileza e graça. Esse tipo de compaixão honra Cristo e molda amorosamente o ministério pastoral.

Perguntas para reflexão

1. Qual é o contexto de Mateus 12 para o autor usar a profecia de Isaías 42.1-4?

---

20 Ibid., p. 36.
21 Ibid., p. 36-37.

Pergunta 16: Como a prática de não "esmagar a cana quebrada" deve moldar o ministério?

2. Como você descreveria pastoralmente as metáforas da cana quebrada e do pavio fumegante?
3. Quem vem à mente quando você pensa em canas quebradas e pavios fumegantes em seu contexto pastoral?
4. Quais são as características da compaixão manifestada por Jesus para com os necessitados e quebrantados?
5. Qual das quatro práticas de compaixão consideradas neste capítulo parece mais difícil para você colocar em prática neste momento? Por quê?

PERGUNTA 17
QUAIS SÃO OS PRINCIPAIS PERIGOS A SEREM EVITADOS NO MINISTÉRIO PASTORAL?

O tema "perigos do ministério pastoral", que pode compreender uma lista interminável, pode envolver grande carga emocional. Mas, uma vez que outras perguntas desta obra consideram muitos desses perigos, simplesmente quero chamar a atenção para alguns muito presentes e oferecer observações que ajudem um colega pastor a evitá-los.

Depois de mais de quatro décadas no ministério, testemunhei colegas pastores sendo vítimas de vários perigos que lhes custaram seus ministérios — e, às vezes, suas famílias. As boas intenções com que iniciamos o trabalho pastoral não podem ser executadas no piloto automático. O Adversário não mostra misericórdia para conosco em áreas em que somos fracos ou negligentes; antes, explora-as, com a intenção de destruir dois alvos de uma vez: nós e as igrejas que servimos (1Pe 5.8). Estamos envolvidos em conflito espiritual dia após dia, de modo que devemos aprender a ser "fortalecidos no Senhor e na força do seu poder", revestindo-nos "de toda a armadura de Deus, para poder[mos] ficar firmes contra as ciladas do diabo" (Ef 6.10-11).[1]

---

1 Veja D. Martyn Lloyd-Jones, *O Combate Cristão: Exposição sobre Efésios 6:10-13* (Campinas: PES, 2011); *O Soldado Cristão: Exposição sobre Efésios 6:10-20* (Campinas: PES, 1996).

Reconhecer perigos e ameaças em nosso caminho é uma das melhores maneiras de se engajar na batalha espiritual. Embora todo cristão enfrente perigos espirituais, pastores parecem ter alguns específicos de seu trabalho. Examinemos, então, alguns perigos da vida pessoal e da vida ministerial do pastor.

Perigos pessoais

Os perigos pessoais podem vazar para o ministério e vice-versa. Para uma melhor compreensão, exploraremos oito deles.

1. Descuidar da santidade pessoal

Visto que o Senhor é santo, Pedro escreve: "tornai-vos santos também vós mesmos em todo o vosso procedimento" (1Pe 1.15-16). Ele acrescenta:

> Amados, exorto-vos, como peregrinos e forasteiros que sois, a vos absterdes das paixões carnais, que fazem guerra contra a alma, mantendo exemplar o vosso procedimento no meio dos gentios, para que, naquilo que falam contra vós outros como de malfeitores, observando-vos em vossas boas obras, glorifiquem a Deus no dia da visitação. (1Pe 2.11-12).

A santidade é precedida da união com Jesus Cristo (Rm 6.5-7). No entanto, ela não é algo passivo, e sim uma razão urgente para lutar e não deixar o pecado reinar em nós (Rm 6.12-14).[2] Robert Murray M'Cheyne disse: "A maior necessidade de meu povo é a minha santidade", diz Deus[3] — e não somente de seu povo; ela é a maior necessidade pessoal de todos os seres humanos.[4]

---

2 Veja a advertência contra os "pastores" profanos, os líderes espirituais de Israel, em Ezequiel 34.1-10.
3 Citado em S. F. Olford & D. L. Olford, D. L., *Anointed Expository Preaching* (Nashville: Broadman & Holman Publishers, 1998), p. 221.
4 Veja John Owen, *Overcoming Sin and Temptation* (edição original: 1656; Wheaton: Crossway, 2006), p. 65 [*Para Vencer o Pecado e a Tentação* (São Paulo: Cultura Cristã, 2019)]; J. C. Ryle, *Santidade: Sem a qual Ninguém Verá o Senhor*, 2ª ed. (São José dos

Pergunta 17: Quais são os principais perigos a serem evitados no ministério pastoral?

2. Alimentar sentimentos ruins

O ministério pastoral fornece um laboratório de oportunidades à ofensa. O mesmo acontece com um pecador que vive em um lar com outros pecadores. Permanecer amargo, ferver por algo que foi dito, alimentar um olhar zangado ou furioso por um ato negligenciado azeda o coração. Devemos "deixar de lado" a amargura, a ira, a raiva, o clamor, a calúnia e a malícia, respondendo como pessoas perdoadas, com gestos bondosos e ternos de perdão (Ef 4.31-32). Não chame isso de mau humor; chame-o pelo nome verdadeiro: pecado, do qual precisamos nos arrepender. Volte-se para Cristo diariamente, para manter o coração livre de amargura (1Jo 1.7-9). Perdoe os outros como quem foi perdoado por Deus.

3. Adiar o desenvolvimento da disciplina pessoal

Devemos disciplinar-nos visando à piedade (1Tm 4.7). Uma vida de disciplina significa que temos dado atenção à organização de nossos dias diante de Deus, para que ele tenha preeminência em todas as coisas (Cl 1.18). Negligenciar a disciplina torna-se algo destrutivo (Pv 15.32). A disciplina envolve o desenvolvimento de bons hábitos, que cultivam a vida espiritual, o controle dos desejos, o bom uso do tempo, o foco nas prioridades e a perseverança em dias difíceis (Pv 12.1; 13.18). Isso não acontece da noite para o dia. Entretanto, não acontecerá sem atenção aos detalhes necessários a uma caminhada saudável e a um ministério fiel.

4. Negligenciar a saúde física

Malaquias repreendeu os sacerdotes que ofereciam sacrifícios doentios e deformados no altar (1.6-14). Se devemos ser "sacrifícios vivos" (Rm 12.1), é lógico que, embora a vida física nunca tenha prioridade sobre a espiritual (1Tm 4.7-8), também não deve ser

---

Campos: Editora Fiel, 2016); J. I. Packer, *Rediscover Holiness: Know the Fullness of Life with God* (Grand Rapids: Baker, 2009).

menosprezada. Deus presenteou-nos com nosso corpo, de maneira que devemos cuidar dele mantendo-nos em forma, comendo bem, exercitando-nos e dormindo o suficiente. Caso contrário, quando não temos o tipo de saúde física necessária para manter uma agenda robusta, prejudicamos nossa família, congregação e a nós mesmos.[5] Agende um exame físico anualmente. Discuta com seu médico o tipo de exercício apropriado para sua idade, condição física e saúde. Então, parta para a ação! Tenha hábitos de alimentação e sono que lhe permitam maximizar cada dia para a glória de Deus. Esteja disposto a obter ajuda em qualquer uma das áreas necessárias para se manter com a saúde em dia.

5. Negligenciar o casamento

Leve seu casamento a sério. Um automóvel em ponto morto funcionará bem em descidas, mas isso não durará muito. Apenas deixar seu casamento seguir em frente, aceitando o que vier, equivale a deixá-lo em ponto morto. Procure maneiras de servir sua esposa diariamente. Divida o trabalho doméstico com ela, fique com as crianças ou se ofereça para ir ao supermercado. Seja criativo. Sua esposa vai adorar ver que você está procurando maneiras de servi-la intencionalmente. Ela se sentirá amada por conta de seu serviço altruísta.

6. Negligenciar o tempo com os filhos

A simples exortação de Paulo em Colossenses 3.21 — "Pais, não irriteis os vossos filhos, para que não fiquem desanimados" — exige que avaliemos a forma como nos relacionamos com nossos filhos. Às vezes, nossa ausência — mesmo quando estamos fazemos coisas boas — fala muito sobre nossa preocupação com as lutas e desafios deles. Reserve um tempo para se envolver nos interesses de seus filhos (esportes, música, atividades ao ar livre). Ajude-os em seus trabalhos escolares. Dê-lhes espaço para falar e até mesmo para reclamar, com um ouvido atento e

---

5 Uma deficiência ou doença crônica tornará isso difícil; porém, mesmo nesse caso, os pastores devem fazer tudo que for preciso para manter a melhor saúde possível.

Pergunta 17: Quais são os principais perigos a serem evitados no ministério pastoral?

sem uma reação áspera. Exercite o autocontrole ao corrigi-los e discipliná-los. Peça desculpas quando errar de alguma forma para com eles. Em suma, seja cristão em todas as coisas com seus filhos.[6]

7. *Negligenciar o descanso*

Quando os Doze voltaram de seu primeiro ministério solo, Jesus ouviu seus relatórios e, então, "retirou-se", para que pudessem descansar (Lc 9.10).[7] Independentemente de você chamar isso de retirar-se ou tirar um dia de folga, Jesus sabia que eles não podiam manter um ritmo intenso sem fazer uma pausa para relaxar. Nem os pastores. Pastores devem priorizar um dia de folga por semana dos trabalhos do ministério. Eu tirei as segundas-feiras nos últimos 30 anos e descobri que isso me dá novo vigor para a semana. A congregação respeita esse tempo, e raramente sou chamado para ministrar às segundas-feiras (embora esteja disposto a fazê-lo quando necessário). Programe as férias com antecedência e, ao fazer isso, certifique-se de que o púlpito e outras responsabilidades suas sejam cobertas internamente ou por meio de um convidado. Enxergue isso como o trabalho que um mordomo faz para que consiga um período de folga.

8. *Gastar muito tempo nas redes sociais*

É incrível quanto tempo pode ser desperdiçado em um dia! Verificar todas as contas da mídia social várias vezes ao dia, adicionar novas postagens e interagir com amigos sobre o que outra pessoa postou pode custar uma, duas ou quatro horas do dia, as quais deveriam ser dedicadas a coisas melhores. Limite seu uso das redes sociais. Discipline-se para encontrar um horário de folga em que as examinará (lembre-se de que elas também podem ser destrutivas para a vida familiar). Fique longe de sites que envolvam discussões inúteis (2Tm 2.14-19). Evite permanecer

---

6 Paul David Tripp, *Desafio aos Pais: Os 14 Princípios do Evangelho que Podem Transformar Radicalmente Sua Família* (São Paulo: Cultura Cristã, 2019).
7 "Retirar", υποχωρεω, usado com a preposição εν, dá o sentido de "retirar-se para um lugar e passar algum tempo ali" (*BDAG*, p. 1043).

em páginas onde você seria tentado a pensamentos ou atos pecaminosos (1Tm 6.3-16). Aproveite a relação com parceiros a quem presta contas para garantir que faça restrições no uso da internet.[8]

Perigos ministeriais

Dizer que o ministério contém campos minados não aumenta os perigos que cada pastor enfrenta. Isso pode ser dito acerca de outras ocupações, com certeza, mas o ministério tem desafios únicos que precisamos entender e agir para sanar.

1. Não prestar contas

Os pastores não estão isentos de tentação, más escolhas, complacência, hábitos ruins ou atos desonestos. Deus projetou a pluralidade no trabalho pastoral como uma forma essencial de prestação de contas.[9] Se sua igreja não tem pluralidade de presbíteros, comece a trazer alguns homens piedosos para sua vida como parceiros de prestação de contas, até que a pluralidade de presbíteros seja estabelecida. Estejam abertos o suficiente para compartilhar a vida uns com os outros, discutir lutas, orar uns pelos outros e exigir uma vida santa uns dos outros. Pastores que vivem sozinhos trilham uma trajetória perigosa.

2. Pensar que é insubstituível

Ou, para aumentar esse perigo, *tentar realizar o ministério da igreja sozinho*. Às vezes é uma questão de controle; outras vezes, uma questão de orgulho ou arrogância; e, ainda outras vezes, uma questão de medo, que nos faz pensar que devemos fazer todo o ministério sozinhos — as visitas, o ensino, as reuniões, a administração e assim por diante. "Ninguém mais consegue fazer isso tão bem!" "Ninguém mais

---

8   Veja Tony Reinke, *12 Maneiras como Seu Celular Está Transformando Você* (Niterói: Concílio, 2020).
9   Veja Phil A. Newton & Matt Schmucker, *Equipe Pastoral: Fundamento e Implementação* (São José dos Campos: Editora Fiel, 2023).

Pergunta 17: Quais são os principais perigos a serem evitados no ministério pastoral?

fará do jeito que eu quero!" Ao agirmos assim, desenvolvemos a mentalidade de que somos insubstituíveis. Em pouco tempo, colocamos mais confiança em nossas habilidades e percepções do que no Senhor. No entanto, visto que a igreja pertence a Jesus, o qual prometeu edificá-la (Mt 16.18), podemos ter certeza de que Jesus pode substituir cada um de nós. Ele não precisa de nós. Ele tem o prazer de nos confiar o rebanho por um tempo, mas o rebanho é dele. Somos seus subpastores, de modo que temos de servir à sua maneira. Pastores devem proteger-se do orgulho, que gera essa sensação de ser insubstituível. Caso contrário, tentar manter essa imagem defeituosa desgastará o pastor.

3. Entrar em relacionamentos ou situações comprometedoras

Provérbios alerta quanto à mulher adúltera ou sedutora e quanto à armadilha de estar em lugares ou situações que nos tornem mais vulneráveis à tentação sexual (Pv 5–7). Esses não são avisos vãos. Aconselhar uma mulher com a porta fechada ou sem mais ninguém no escritório compromete o pastor. Visitar mulheres sozinhas em casa compromete o pastor. Ousar buscar luxúria na internet compromete o pastor. Estabeleça políticas para aconselhamento ou visitas que evitem o comprometimento. Utilize filtros e limite de conta para evitar entrar *acidentalmente* em sites pornográficos. Quando estivermos diante do Senhor para prestar contas de como cumprimos nossas responsabilidades de subpastores, que não haja casos em que tenhamos comprometido a pureza moral e envergonhado o trabalho sagrado que ele nos deu.[10]

4. Deixar de utilizar as pessoas talentosas do corpo

O Senhor tem operado soberanamente na igreja a fim de dotar os membros para o ministério (Rm 12.3-8; 1Co 12.1-31; Ef 4.11-16; 1Pe 4.9-10). A responsabilidade do pastor, em vez de realizar todo o trabalho, é equipar e liberar os membros da igreja para se envolverem na obra. Sofremos sob o peso de um tipo antibíblico de espectador da

---

10 Veja Brian Croft, *Tenho Dificuldade com Pornografia* (Eusébio: Peregrino, 2019).

vida da igreja. Pastores gemem diante da quantidade de coisas que têm de fazer, ao passo que parte do problema se baseia diretamente em sua incapacidade de envolver o corpo. Isso significa intencionalmente *treinar líderes espirituais* que sirvam fielmente a congregação.[11] Significa observar os dons dos membros e colocá-los para trabalhar. Nunca hesite em pedir individualmente às pessoas que se envolvam no ministério. Não conte com avisos dados do púlpito ou por vias eletrônicas; antes, recrute membros pessoalmente para o serviço.

5. Perseguir cada comentário negativo

A natureza pública do trabalho pastoral significa que estamos abertos a críticas e a grandes mal-entendidos. Fatalmente chegam os comentários negativos, as queixas e as farpas. Nas ocasiões em que chegam ao ponto de causar divisão na igreja, os presbíteros precisam enfrentá-los. Na maioria das vezes, porém, esses comentários servem de instrumentos para nos humilhar, fazer com que dependamos do Senhor e lancemos sobre ele nossa irritação (1Pe 5.6-7). Algumas pessoas tendem a ser negativas, de maneira que comentários negativos podem não significar nada de ruim; talvez se trate apenas de um traço da personalidade do crítico. Nesse caso, considere a fonte do comentário e não a leve muito a sério. Se houver um fundo de verdade na reclamação, aprenda com ela; talvez até agradeça a quem reclamou pela percepção.

6. Esquecer-se de expressar gratidão regularmente àqueles que servem com você

A gratidão deve caracterizar todo cristão (Ef 5.20). Pastores devem ser exemplo desse traço para a congregação. Observe como os outros servem, o esforço que colocam em seu trabalho, a postura doce com que conduzem o trabalho, o espírito cooperativo com os colegas de trabalho, a mente sacrificial ao servir e assim por diante — e expresse

---

[11] Veja Phil A. Newton, *The Mentoring Church: How Pastors and Congregations Cultivate Leaders* (Grand Rapids: Kregel, 2017).

gratidão. Não é preciso muito esforço para ser gentil e agradecer aos outros. Basta observá-los como conservos de Cristo. Um bilhete, um e-mail, uma mensagem de texto, um áudio ou uma ligação pode elevar um irmão ou irmã a um novo nível de serviço, simplesmente porque o pastor demonstrou perceber seu serviço e expressou agradecimento.

7. Deixar de exercer a cautela sábia e a coragem piedosa

Cautela sábia é seguir cuidadosamente o ensino das Escrituras, com atenção à operação do Espírito Santo quando se toma uma decisão, não dando lugar a um espírito tímido. Embora pronto para seguir em frente com uma decisão empolgante em uma igreja que servi, senti um freio em meu espírito no dia em que a decisão seria tomada. Não tinha hesitado antes, e, por isso, essa vacilação me intrigou. Isso me fez passar o dia buscando o Senhor na Palavra e na oração. No fim da tarde, quando li Provérbios 17.4, a paz que esteve ausente o dia inteiro invadiu meu coração. Eu estava pronto para tomar uma atitude sem medo, sabendo que o Senhor me havia dado uma cautela sábia para seguir em frente.

No entanto, podemos permitir que uma tendência natural de se esquivar de conflitos ou decisões difíceis seja desculpa para uma cautela constante. A igreja não fará bom progresso com um pastor sempre *cauteloso demais* para tomar decisões que possam "balançar o barco". Nesse caso, precisamos exercitar a *coragem piedosa* (e.g., Js 1.6-7; 2Tm 1.7). Coragem não significa ousadia, ou uma insensibilidade natural para com os outros, ou atropelar as pessoas para fazer o que queremos. Antes, a coragem piedosa "fala a verdade de Deus a um mundo e a uma cultura que será ofendida por ela", escreve John MacArthur. "Mas você faz isso porque foi chamado para fazê-lo e sabe que isso honra o Senhor."[12] Quando nosso orgulho está em jogo, não é corajoso agir. É hora de contenção. A coragem piedosa entra em ação quando Deus recebe toda a glória.

---

12 John MacArthur, "Why Churches Languish Under Cowardly Pastors". *Crossway*. Disponível em: https://www.crossway.org/articles/why-churches-languish-under-cowardly-pastors/.

8. Cair em padrões insalubres de preparação de sermão

Aqui estão alguns padrões pouco saudáveis de preparação do sermão: (1) esperar até o sábado para começar a se preparar para o domingo; (2) tentar criar aplicações sem, antes, as basear em uma boa interpretação; (3) tentar ser inteligente na pregação, em vez de focar na fidelidade ao texto bíblico; (4) tomar emprestadas ideias e longas citações sem dar o devido crédito; (5) recortar e colar sermões de outros pastores sem dedicar tempo para desenvolver cuidadosamente uma estrutura homilética; (6) deixar de orar e meditar no texto; (7) fazer suposições sobre um texto sem o esforço diligente para entendê-lo adequadamente; e (8) deixar de depender humildemente do Espírito Santo na preparação. Quando o pastor reconhece que caiu em alguns padrões de preparação pouco saudáveis, ele precisa agir imediatamente para mudar a forma como se prepara. Ele prega a Palavra de Deus ao povo de Deus, e isso exige seus melhores esforços a cada semana.

Resumo

O adversário comum de todos os crentes mira cuidadosamente seus dardos inflamados nos pastores, sabendo que, quando eles sucumbem à tentação, à indisciplina, à complacência ou à amargura, toda a congregação é impactada. Reconhecer perigos pessoais e ministeriais permite ao pastor a perspicácia na oração, a aplicação da Palavra e a responsabilidade de evitar cair nas armadilhas do adversário. A importância eterna do trabalho do pastor impele-o à fidelidade em todas as coisas.

Perguntas para reflexão

1. De que forma os perigos que rondam os pastores são únicos quando comparados àqueles que os membros comuns enfrentam?
2. Quais advertências da vida pessoal parecem mais pertinentes para você?
3. Você observa a maioria dos pastores lutando para resolver qual desses perigos da vida pessoal?

Pergunta 17: Quais são os principais perigos a serem evitados no ministério pastoral?

4. Como Deus forneceu prestação de contas aos pastores?
5. Por que a negligência em expressar gratidão aos colegas de trabalho é um perigo a ser evitado?

PERGUNTA 18
COMO O PASTOR DEVE LIDAR COM A OPOSIÇÃO?

Pastores não precisam estranhar quando enfrentam oposição. Basta ler as epístolas paulinas e joaninas para perceber que a oposição parecia presente em quase todas as igrejas do primeiro século (e.g., 1Co 1.10-17; 2Co 10–13; Gl 1.6–2.14; Fp 3.17-19; 2Jo 7-11; 3Jo 9-10). E isso acontece em nossos dias. Alguns podem enxergar desacordos, opiniões divergentes ou maneiras diferentes de lidar com questões como *oposição*. Entretanto, alguns desentendimentos podem ser saudáveis quando nos levam a buscar respostas nas Escrituras. A oposição, por outro lado, alcança um nível que ameaça a estabilidade da igreja.

No início de meu segundo pastorado, um membro descontente da comunidade fez acusações duras a três senhoras de nossa congregação por meio de cartas. Sem que eu soubesse da existência desse material, no domingo seguinte, meu sermão tocou em alguns temas contidos nas cartas — embora com um objetivo completamente diferente do autor (isso se chama providência divina!). Abordei-os na aplicação bíblica. Após o culto matinal, uma das destinatárias começou a espalhar que eu era o autor das cartas, embora nada do que eu tivesse dito naquela manhã desse credibilidade àquele conteúdo pouco lisonjeiro.

Em uma noite de domingo de meu pastorado atual, falei, com base em 2 Timóteo 4.1-5, sobre o motivo pelo qual prego expositivamente. Um dos principais professores da escola dominical saiu no meio do sermão de modo insolente, tornando visível sua oposição à minha exposição.

Quando eu trabalhava para estabelecer uma liderança plural de presbíteros em nossa política congregacional, um homem parou abruptamente de comparecer aos encontros, ao passo que, na saída, murmurava contra minhas ações. Depois de conversarmos, ele admitiu que não se importava que fosse bíblica a pluralidade de presbíteros. Era bíblica, mas não era batista; então, ele a rejeitou.

Essas são apenas algumas das ocasiões em que senti o peso forte da oposição. Até pessoas que passei muito tempo servindo durante suas doenças e perdas não foram leais e se opuseram a mim. A questão que enfrentei, como todo pastor, foi como lidar com a oposição e permanecer fiel no ministério pastoral. Reflitamos sobre isso com seis considerações.

Ore sempre

A oposição pode ser uma guerra espiritual. Ataques podem vir de diferentes formas e envolver uma variedade de pessoas e circunstâncias. Quando envolve a saúde da igreja, sua liderança, a unidade da congregação, o testemunho comunitário e a fidelidade ao senhorio de Cristo, trata-se de uma questão espiritual. Isso requer liderança espiritual para enfrentá-la, seja confrontando, seja trabalhando em oração para ver mudanças acontecendo. A exortação de Paulo em Efésios 6.10-20 chama os pastores e congregações a se fortalecerem "no Senhor e na força do seu poder" e a se revestirem da armadura de Deus (v. 10-11).[1] John Stott explicou isso como sendo "a combinação adequada de capacitação divina e cooperação humana".[2] Paulo chama-os a exercê-la com "toda oração e súplica, orando em todo o tempo no Espírito" (v. 18). "Ela [a oração] deve permear toda a nossa guerra espiritual", escreveu Stott.

---

1   Veja Martyn Lloyd-Jones, *O Soldado Cristão: Exposição sobre Efésios 6:10-20* (São Paulo: PES, 1996); e William Gurnall, *The Christian in Complete Armour* (edição original: século XVII; Edimburgo: Banner of Truth Trust, 1990).
2   John R. W. Stott, *The Message of Ephesians* (Downers Grove: InterVarsity, 1979), p. 266 [*A Mensagem de Efésios* (Viçosa: Ultimato, 2007)].

Ele continua: "Equipar-nos com a armadura de Deus não é uma operação mecânica; é, em si, uma expressão de nossa dependência de Deus."[3]

A oração por sabedoria, discernimento, poder, humildade, clareza e graça deve acompanhar qualquer intenção de confrrontar a oposição. Pode ser que, na oração, o pastor perceba que o assunto não merece confronto e, então, o deixe nas mãos do Senhor. Outras vezes, quando o Evangelho está em jogo, ele sabe que deve confrontar os que estão em oposição, de modo que banha seus passos e palavras em oração, sabendo que, se o Senhor não agir em seu favor, seus esforços serão em vão.

Ande em humildade

O chamado à humildade reflete o que encontramos no Senhor Jesus Cristo (Mt 11.29). Ele sabia quando confrontar e quando permanecer em silêncio. Ele manteve o propósito maior de sua missão e de seu Reino à frente de cada confronto, sem o usar por motivos egoístas.

Humildade não deve ser confundida com timidez. Em vez disso, humildade significa que o pastor reconhece a verdade sobre si mesmo e a verdade sobre Deus, mas não as confunde. Percebe que não tem o poder de mudar o coração que se opõe a ele, mas Deus o tem. Ele sabe que, independentemente de sua capacidade de persuasão, é Deus quem pode persuadir o opositor do contrário. Assim, ele aborda a oposição com a profunda consciência de que deve simplesmente ser um vaso que pode ser usado pelo Senhor, não o herói que resolverá um conflito da igreja. Ele conscientemente dá glória a Deus por qualquer mudança, qualquer arrependimento e qualquer correção.

Mantenha o coração aquecido

Com isso, quero dizer: mantenha seu relacionamento com o Senhor aquecido e renovado. Poucas coisas podem ser piores do que um pastor irritado e amargo tentando lidar com a oposição de um membro

---

3   Stott, *Ephesians*, p. 283.

da igreja. Esse tipo de caminhada espiritual empobrecida deixa sequelas, algumas das quais talvez nunca sarem. Antes de enfrentar oposição, um pastor precisa se certificar de ter lidado com suas próprias atitudes pecaminosas e disposições amarguradas (Ef 4.29–5.2). Deve certificar-se de que vive em perdão para com os que criaram a oposição; caso contrário, defenderá a si mesmo e a seus direitos, mas sem pensar na glória e na honra de Deus e do Evangelho. Ele deve saber que caminha cuidadosamente na vontade do Senhor e na plenitude do Espírito Santo (Ef 5.15-21). Verifique seu coração e sua caminhada antes de dar um passo para lidar com a oposição. Pode ser que o maior problema não esteja em outra pessoa, e sim no pastor, que permitiu que a amargura se tornasse uma úlcera. A unidade da igreja e o testemunho do Evangelho estão em jogo nesses momentos.

Parece importante nessas ocasiões que os pastores guardem a Palavra de Deus em seu coração. Durante a preparação para lidar com a oposição bem como durante a confrontação propriamente dita, seria bom decorar e recitar passagens que tratam de humildade (1Pe 5.6-7), gentileza (2Tm 2.25), sabedoria (Tg 1.5-6) e linguagem (Pv 15.1).

Discernir se é melhor deixar para lá ou confrontar

Se alguém fizer uma observação pungente ou falsa — e isso acontecerá várias vezes —, o pastor precisará decidir se isso será um instrumento para humilhá-lo e fazê-lo confiar mais no Senhor; algo injusto, mas que não vale o risco de arruinar relacionamentos; ou um assunto que afeta a unidade da igreja e a mensagem do Evangelho. Muitas vezes, a experiência atesta, leves beliscões nos calcanhares ou arranhões nas canelas, por assim dizer, não merecem o tempo necessário para se desvendar quem disse o que e por que foi dito. A menos que afetem a unidade da igreja, o testemunho do Evangelho, a adoração comunitária, questões de política relacionadas à membresia, à liderança ou à missão, o confronto pode não ser uma opção.

Porém, se o assunto ou a natureza da oposição precisar de confronto, o pastor nunca deverá fazê-lo sozinho. Deve ter pelo menos mais um presbítero (de preferência, um que não seja contratado) para unir-se a ele nessa ação. Esses homens devem orar e discutir como lidarão com a situação, enquanto um cobra do outro que mostre humildade, gentileza e amor em sua conversa e conduta.

Pode ser — e pessoalmente acho que isso acontece com frequência — que a questão da oposição seja simplesmente um mal-entendido. Nesse caso, abordá-la com gentileza e graça pode dissipar qualquer tensão e raiva. Ou pode ser que, na conversa, o pastor perceba sua culpa por algo dito, feito ou negligenciado. Nesses casos, ele precisa receber a correção com humildade e pedir perdão. Se a(s) outra(s) pessoa(s) envolvida(s) iniciar(em) rumores ou falar(em) sem mérito, o pastor e o presbítero deverão apontar o problema, obter esclarecimentos, explicar, com base nas Escrituras, por que isso deve ser interrompido, tendo a expectativa de que as desculpas estejam à altura da ofensa. Se, devido a uma doutrina falsa ou rompimento da unidade da igreja, o assunto chegar ao nível da disciplina, qualquer pessoa envolvida deverá ser abordada no espírito de Mateus 18.15-17, reconhecendo a seriedade dos assuntos em questão. Aqui o pastor e seu companheiro presbítero precisarão permanecer firmes na verdade, cientes de qualquer ameaça ao testemunho ou à unidade da igreja.

Continue pregando a Palavra de Deus

Somente em circunstâncias extremas um pastor deverá mudar sua série expositiva para dirigir-se publicamente à oposição. Ele deve proteger o púlpito de ser um "púlpito tirano". Que ele nunca queira ser acusado de abusar do ofício pastoral para atacar outra pessoa ou a posição de alguém, a fim de se fazer justificado diante da oposição. É incrível a frequência com que as séries de exposições abordam oportunamente um problema que surge. A divulgação da programação das pregações com antecedência elimina possíveis acusações de mudança de sermões para atacar alguém. A mão soberana de Deus atuando na igreja não deve ser esquecida!

Acima de tudo, o ministério habitual da Palavra deve permanecer uma prioridade para o pastor. Ele deve precaver-se da tendência de ser desviado pela oposição e perder de vista a primeira preocupação, que é a de alimentar o rebanho com a Palavra de Deus — essa é uma das estratégias do adversário. Ele também deve saber que o Espírito Santo opera através da pregação da Palavra para realizar muito mais do que ele jamais saberá. Portanto, seja fiel na pregação da Palavra de Deus.

Deixe o assunto nas mãos de Deus

Quando o pastor ora, trata a situação com humildade, prepara seu coração diante de Deus e decide a melhor maneira de agir ou se calar, ele deve confiar a oposição e seus efeitos pendentes às mãos de Deus. O Senhor que criou os céus e a terra tem amplo poder para atuar na situação que lhe tem causado tanta angústia. Às vezes, questões de oposição parecem nunca acabar. Outras vezes, o Senhor age para levá-las a um impasse, de modo que o pastor perceba que elas estavam muito além de sua própria capacidade de mudar. Outros assuntos, porém, devem ser considerados em relação à oposição e à mão suprema de Deus em ação.

O Senhor pode estar podando o pastor e/ou a igreja. O tempo de oposição leva o pastor a lidar mais profundamente com seu pecado e a andar com o Senhor, além de levar a igreja a um arrependimento, oração e obediência mais intensos.

O Senhor pode estar ensinando o pastor a confiar nele. Muitas vezes, em meu próprio ministério, esse tem sido o caso. Aprendi mais lições sobre a fidelidade de Deus ao enfrentar oposição do que quando tudo parecia caminhar bem.

O Senhor pode estar expondo o erro e a impiedade na igreja. Nesses casos, isso pode significar confronto ou mesmo disciplina na igreja. Ou pode ser um chamado ao arrependimento profundo para a congregação. Em outras situações, significa que o Senhor pode fazer a dolorosa obra de purgar a igreja para purificá-la.

O Senhor pode estar preparando o cenário para futuras mudanças na igreja que expandirão seu testemunho e ministério no

Pergunta 18: Como o pastor deve lidar com a oposição?

Evangelho. Passamos por um período de oposição de três anos, com rumores que não podiam ser identificados e tratados. Para mim, foi um dos momentos mais dolorosos no ministério, especialmente porque grande parte dessa oposição se concentrava no Evangelho. No entanto, Deus usou esse tempo para nos humilhar, purificar e mudar. Nossa igreja não é a mesma — e graças a Deus por isso, já que dessa situação surgiram outros níveis de testemunho e ministério no Evangelho, tanto local quanto globalmente.

Resumo

Pastores e igrejas podem considerar desacordos ocasionais, mal-entendidos e conflitos pessoais como aspectos normais do processo de aprender a viver juntos como seguidores de Cristo. A oposição que mina a unidade do Evangelho surge, de tempos em tempos, por meio de conflito espiritual. E, visto ser espiritual, a oposição não deve ser tratada sem que haja dependência consciente do poder e da provisão do Senhor para seu povo. Oração, humildade e devoção a Cristo devem preceder qualquer pensamento de confronto com a oposição. O discernimento do desejo divino de confrontá-la ou não só será conhecido através da Palavra e da oração. Os confrontos, quando necessários, devem ser feitos com gentileza, humildade e amor, com o objetivo de restauração e unidade. Em última análise, os pastores devem aprender a confiar no Senhor por meio da oposição, bem como aprender as lições que ele ensina a seus subpastores e congregações.

Perguntas para reflexão

1. Por que a guerra espiritual é um aspecto crítico no trato com a oposição?
2. Como a humildade se torna uma característica necessária no enfrentamento da oposição?

3. Quando a oposição deve ser confrontada e quando deve ser deixada de lado?
4. Como o pastor deve usar o púlpito em tempos de oposição?
5. O que o Senhor pode estar ensinando ao pastor e à congregação por meio da oposição?

PERGUNTA 19
COMO O PASTOR LIDERA UMA REUNIÃO DE PRESBÍTEROS?

Eu liderei a primeira reunião de presbíteros de que participei.[1] Essa provavelmente não é a melhor maneira para se começar. Entretanto, quando nossa congregação votou para estabelecer a pluralidade de presbíteros como nossa estrutura de governo, poucas igrejas em minha denominação tinham presbíteros. Todas as igrejas que eu conhecia na minha região ou eram lideradas por um pastor junto com os diáconos, ou possuíam um único pastor, ou eram lideradas por comitês. Eu não tinha um modelo no qual basear minhas ações naquela tarde.

Isso foi há mais de 25 anos. Não consigo lembrar-me de tudo o que fizemos naquela primeira reunião, mas me recordo de que, ao longo dos anos, as reuniões de presbíteros transformaram-se em momentos de rica comunhão e oração, sensibilidade espiritual, preocupação com os membros necessitados, risos e lágrimas, declarações e sábios conselhos.

---

1 O pastor principal não é o único líder possível nas reuniões de presbíteros. Potencialmente, qualquer homem entre eles poderia ser um possível líder de forma rotativa. Alguns pastores principais preferem não liderar a reunião de presbíteros, mas se submeter a um homem escolhido entre eles. A menos que a política de uma igreja insista no contrário, é provável que o pastor principal, em algum momento, lidere reuniões de presbíteros. Sem dúvida, mesmo quando permanece em silêncio em uma reunião, sua liderança será sentida e necessária entre os presbíteros. Eu escrevi este capítulo com isso em vista.

A forma como um pastor lidera uma reunião de presbíteros pode variar. Todavia, parece que teremos modelos semelhantes para considerar durante nossas reuniões, mesmo que movamos as peças ou as abordemos com ênfases diferentes. Utilizaremos algumas perguntas para nos ajudar a pensar em como o pastor pode liderar uma reunião de presbíteros.

Por que você está reunido?

Precisamos começar do começo. Pastores concentram-se em quatro áreas: doutrina, disciplina/cuidado dos membros, direção e exemplo prático de vida cristã. O último ponto continua a ser uma parte tangencial da reunião, sem fazer parte da ordem do dia. Atitudes, discussões, decisões e mudanças refletirão quão bem ou não os presbíteros têm dado exemplo de vida cristã tanto dentro de sua reunião quanto na congregação. Itens da agenda devem encaixar-se em outras três categorias: doutrina, disciplina/cuidado dos membros e direção/liderança. Se um item proposto para discussão não se encaixar nessas categorias — isto é, na razão para o chamado e serviço dos presbíteros —, o pastor poderá removê-lo da agenda e delegá-lo a uma pessoa, grupo, equipe ou comitê apropriado.

Quais são os pontos cruciais para presbíteros e suas reuniões?

A natureza de uma reunião de presbíteros é determinada muito antes de a reunião começar, isto é, no processo cuidadoso de escolha de homens qualificados como presbíteros. Paulo ajuda-nos a entender que nem todos se encaixam bem na cultura de igualdade, confidencialidade e humildade necessárias para todas as reuniões de presbíteros: "É necessário, portanto, que o bispo seja irrepreensível [...] temperante, sóbrio, modesto, hospitaleiro, apto para ensinar; não dado ao vinho, não violento, porém cordato, inimigo de contendas, não avarento" (1Tm 3.2-3). Da mesma forma, o apóstolo escreve a Tito:

Pergunta 19: Como o pastor lidera uma reunião de presbíteros?

> Porque é indispensável que o bispo seja irrepreensível como despenseiro de Deus, não arrogante, não irascível, não dado ao vinho, nem violento, nem cobiçoso de torpe ganância; antes, hospitaleiro, amigo do bem, sóbrio, justo, piedoso, que tenha domínio de si, apegado à palavra fiel, que é segundo a doutrina, de modo que tenha poder tanto para exortar pelo reto ensino como para convencer os que o contradizem.. (Tt 1.7-9)

Sem retraçar todos os detalhes, nota-se que o caráter do presbítero é mais importante do que suas habilidades, dons e protagonismo na igreja. Ele precisa de domínio próprio, senão afundará todo o corpo de presbíteros com seu temperamento, falas e ações desenfreadas. Não pode ser um valentão; pelo contrário, deve ser caracterizado pela gentileza e pela paz. Precisa exercitar o bom senso e o pensamento sadio. Não pode ser controlado pela ideia de ganho pessoal. Deve ser eminentemente um homem da Palavra, que sabe aplicar e seguir o ensino da Sagrada Escritura nas áreas em que os presbíteros atuam.

Esses traços de caráter nunca devem ser deixados de fora em uma reunião. Eles devem permear a atmosfera do encontro. Para o melhor proveito das reuniões de presbíteros, prepare-se antecipadamente para elas, selecionando e afirmando homens com o tipo de caráter que Paulo apresenta como essencial a líderes espirituais. Se um presbítero tiver um momento de fraqueza e fracassar em uma área importante, o restante do conselho terá a responsabilidade de corrigi-lo e admoestá-lo.

Como você dá exemplo de liderança pastoral ao conduzir a reunião?

O pastor principal tem mais exposição pública, mais tempo no púlpito e pode ser percebido pelos outros presbíteros como o mais importante entre eles. Mas ele não é. Ele é igual aos outros, embora o primeiro entre eles no que diz respeito às responsabilidades e à prestação de contas perante a congregação.[2] Ele não pode e não precisa mudar os

---

2 Veja Benjamin L. Merkle, *40 Questions About Elders and Deacons* (Grand Rapids:

presbíteros, mas pode trabalhar conscientemente para construir igualdade entre eles. Um modo de expressar igualdade entre os presbíteros será a maneira como conduzirá as reuniões.

O *compromisso* do pastor com os presbíteros copastores do rebanho será evidente no modo como ele aproveita o tempo com eles, intercede diariamente por eles e afirma seus dons e serviço no corpo. Apenas estar com seus companheiros pastores conta como um privilégio e presente do Senhor. O compromisso com eles comunica essa atitude. Ele *conhece* bem as famílias dos outros presbíteros, clamando ação divina poderosa entre suas esposas e filhos.

A *humildade* do pastor na maneira como lida com a atenção da congregação, incluindo elogios e reclamações, serve para deixar os outros homens à vontade como participantes iguais na reunião. "A verdadeira humildade é como um absorvedor de choques — anula tanto a ofensividade potencial de algumas idéias positivas como a potencial atitude defensiva que algumas críticas podem engendrar."[3] O *exercício de autoridade bíblica* do pastor principal, evidente pelo modo como lida com as Escrituras e conduz a discussão ao ensino claro da Palavra de Deus, cria uma atmosfera em que os presbíteros têm prazer em seguir a sã doutrina. A capacidade de *escutar bem*, sendo lento para falar e evitando dominar a reunião, comunica aos outros que os pontos de vista deles têm tanta importância quanto os pensamentos do pastor principal. A *paciência* diante das divergências, recebidas com graça e espírito acolhedor, ajudará muito o conselho a encontrar uma solução para qualquer impasse. O jeito como *valoriza* a opinião e as decisões dos outros, especialmente quando poderia ter desejado seguir uma direção diferente, promove respeito e união entre os presbíteros. A abertura à *correção* e à crítica piedosa como meio de graça para torná-lo mais aguçado em sua espiritualidade e em suas responsabilidades pastorais fará com que os outros presbíteros se abram para receber o mesmo tipo de

---

Kregel Academic, 2008), p. 174-75.
3 Mark Dever & Paul Alexander, *Como Edificar uma Igreja Saudável: Um Guia para Liderança Intencional*, 3ª ed. (São José dos Campos: Editora Fiel, 2024), p. 259.

crítica acolhedora, a fim de melhor servir o corpo de Cristo. O *humor* e a capacidade de rir de si mesmo produzirão camaradagem.[4]

Qual é a preparação necessária para as reuniões de presbíteros?

As reuniões de presbíteros começam muito antes do horário do encontro. Uma semana, duas semanas e até um mês podem ser necessários para a preparação da discussão e ações a serem tomadas. Quando se têm presbíteros que não são contratados, uma parte do desafio dessa preparação será armazenar informações suficientes antes da reunião, a fim de que eles participem da conversa e avancem rumo a uma decisão. É fácil supor que esses homens — sábios e atenciosos como são — se porão a par, durante a reunião, do que os presbíteros contratados discutiram longamente. Contudo, essa suposição provavelmente sufocará a discussão e gerará ressentimento. Portanto, os presbíteros contratados devem ser diligentes e atenciosos, preparando material suficiente ou tendo discussões com os que não são funcionários para ajudá-los a se preparar para a reunião. Isso pode acontecer por meio de uma série de e-mails, mensagens ou documentos contendo informações atualizadas sobre membros, questões orçamentárias, solicitações missionárias, recomendações de ministérios e controvérsias doutrinárias.[5]

Durante um período, nossos presbíteros tiveram de lidar com a aberração doutrinária de um membro. Vários de nós tivemos discussões com ele. Três ou quatro de nós engajamo-nos em longos diálogos por e-mail, na tentativa de mostrar o erro exegético e teológico daquele membro. Passamos as anotações uns para os outros e divulgamos os e-mails para os outros presbíteros se prepararem

---

4 Dever e Alexander observam que humildade, base bíblica, paciência, disposição para ceder, dar e receber encorajamento e críticas piedosas, bem como humor são boas qualidades a serem exibidas pelo pastor. Algumas de suas ideias moldaram meus comentários (ibid., p. 259-60).
5 Ibid., p. 245-46.

para discutir a situação. Sem esse tipo de comunicação, alguns deles teriam ficado paralisados durante o diálogo tedioso que se deu em nossa reunião.

A maioria das discussões que se dão fora das reuniões não terá essa gravidade, mas são importantes para permitir que cada um se sinta parte do debate. Um benefício colateral desse tipo de comunicação será o fortalecimento dos relacionamentos e vínculos entre os presbíteros. Quando a igualdade e a pluralidade são demonstradas em nível básico, como na comunicação pré-reunião, isso reforça a maneira como os presbíteros servirão uns aos outros quando reunidos.

Escolhemos dividir várias responsabilidades ministeriais entre uma equipe de presbíteros (e.g., adoração, missões, escola dominical etc.), permitindo que as equipes se reúnam antes da reunião mensal de presbíteros para discutir detalhes. Quando nos encontramos, eles geralmente já resolveram a maioria dos tópicos e fornecem informações prontamente acessíveis para a discussão e tomada de decisões. Ao liderar as reuniões, chamarei a atenção para assuntos particulares que surgirem e os delegarei às equipes de presbíteros. Eles terão um prazo para relatar ao grupo maior de prebíteros suas conclusões após uma pesquisa.

Muitas vezes, atribuo um item específico da agenda a um presbítero, para que lidere a reunião durante a discussão desse tópico. Faço isso por dois motivos: primeiro, porque ele provavelmente sabe mais do assunto do que eu e pode falar sobre aquilo com mais clareza; segundo, porque isso permite que a igualdade seja expressa mesmo enquanto a agenda da reunião se desenrola.

Como é uma reunião de presbíteros?

A preparação resulta em uma *agenda* que define o ritmo da reunião. Embora eu dê um exemplo de agenda abaixo, é importante pensar em algumas das categorias mais amplas que provavelmente farão parte da maioria das reuniões, ainda que não de todas.

Pergunta 19: Como o pastor lidera uma reunião de presbíteros?

(1) *Devoção, leitura das Escrituras e oração*. As reuniões de presbíteros são encontros espirituais. A tendência é que paulatinamente acabem por cair em temas administrativos, a menos que estejam ancoradas na Palavra de Deus e na oração (At 6.4). A abordagem pode variar. Às vezes, temos um devocional; em outras ocasiões, lemos uma longa porção das Escrituras para ajudar nosso coração a orar. O pastor pode atribuir essa responsabilidade a um dos presbíteros, a fim de que o tom da reunião se baseie na Palavra de Deus.

Se você perguntar aos nossos presbíteros qual é a parte mais importante de nossas reuniões, todos responderão que são nossos momentos de oração. Desnudamos nosso coração diante do Senhor em favor da congregação, dos membros com necessidades espirituais, dos membros com necessidades físicas, de nossa caminhada com Cristo, de nossa esposa e filhos, de parentes e amigos incrédulos, de pessoas que visitam nossa congregação e se consideram membros, de missões globais, de nossa missão local e trabalho ministerial, de nossas reuniões de adoração. A discussão é boa; a oração é melhor.

(2) *Problemas e necessidades dos membros*. Cada presbítero é responsável por um "grupo de pastoreio" que representa todos os nossos membros e participantes regulares. Buscamos oferecer cuidado pastoral por meio do grupo de pastoreio. Dessa forma, cada um de nós tem informações mais atualizadas sobre determinados membros que estão sob nossos cuidados diretos. Enquanto todos servimos a família da igreja mais ampla, os grupos de pastoreio dão-nos uma noção melhor do nosso cuidado pastoral. Com frequência, durante a reunião, atribuímos a certos presbíteros a responsabilidade de fazer um contato adicional, uma exortação, um movimento em direção ao processo de disciplina eclesiástica, uma visita pastoral, uma discussão sobre chamado ou ministério, um convite para participar de um projeto missionário etc. Durante esse tempo, mantemo-nos a par dos membros enfermos e de como podemos cuidar deles.

(3) *Atas e/ou itens inacabados da agenda da última reunião*. Precisamos voltar atrás para ter certeza de que cobrimos os pontos da

reunião anterior, principalmente quaisquer atribuições de tarefas que tenhamos feito. Inevitavelmente, teremos itens inacabados.

(4) *Ministério e missão na igreja.* Essa ampla categoria discute tudo — viagens missionárias, adoção de um grupo de pessoas não alcançadas, trabalho local em uma escola carente, projeto entre refugiados, escola dominical e aulas de estudo bíblico, tempo de estudo no meio da semana, planejamento de pregações e muito mais.

(5) *Administração.* Os detalhes relacionados ao edifício, para os quais os diáconos podem solicitar nossa opinião, necessidades que reconhecemos em nossa estrutura organizacional, finanças, horários, mudanças de pessoal e assim por diante se enquadram nessa categoria. Embora nossos diáconos lidem com a maioria das necessidades físicas de nossas instalações, eles às vezes precisam de orientação dos presbíteros para fazer o trabalho.

(6) *Discussão e/ou treinamento teológico.* Durante os períodos de seleção de novos presbíteros, envolvemo-nos em treinamento teológico com os candidatos. Em outras ocasiões, lemos e discutimos um livro juntos ou elaboramos uma questão teológica que consideramos precisar de maior clareza no corpo.

Essas seis categorias cobrem a razão pela qual fazemos nossas reuniões. Elas se baseiam no foco bíblico que os presbíteros devem ter na doutrina, na disciplina e cuidado com os membros, bem como na direção e liderança. Aqui está uma agenda típica a ser considerada.

- Ler a Escritura e orar
- Revisar os contatos com os membros, identificando necessidades e contatos posteriores
- Estudar e apresentar pesquisas sobre questões doutrinárias atuais
- Discutir um caso potencial de disciplina na igreja
- Trabalhar nas seleções de equipe de ministério
- Falar sobre possíveis novos professores para as próximas aulas bíblicas

Pergunta 19: Como o pastor lidera uma reunião de presbíteros?

- Planejar a escola dominical do próximo ano e os estudos de quarta-feira à noite
- Debater solicitações de apoio à missão
- Analisar uma nova oportunidade de ministério local
- Revisar os estágios pastorais
- Abordar o evangelismo de verão[6]

Resumo

Embora as reuniões de presbíteros representem uma fração do tempo que eles dedicam ao ministério, elas acabam também sendo o tempo em que o pastor define a trajetória do ministério dos presbíteros. Deve-se ter cuidado para assegurar que homens fiéis e humildes sirvam como presbíteros. O pastor dá exemplo aos presbíteros do tipo de humildade, espírito de oração, ouvido atento, espírito cooperativo, cordialidade e paciência necessários a todos os membros desse importante grupo. As categorias indicadas para consideração nas reuniões podem não ser todas utilizadas, mas devem ser consideradas em todas as reuniões. A comunicação de informações apropriadas antes de cada reunião contribuirá para que haja uma boa discussão e decisões sábias. Uma agenda é um roteiro com o objetivo de manter a reunião nos trilhos. Certamente, o Espírito Santo pode atrapalhar a agenda em prol de propósitos maiores, mas, com exceção de sua liderança, seguir uma agenda permitirá que os presbíteros realizem mais do que se pensava ser possível no início.

Perguntas para reflexão

1. Por que os presbíteros fazem reuniões e não apenas pastoreiam?

---

6 Adaptado de Phil A. Newton & Matt Schmucker, *Equipe Pastoral: Fundamento e Implementação* (São José dos Campos: Editora Fiel, 2023), p. 230.

2. Quais os pontos de articulação necessários para que eles se reúnam em unidade e bom propósito?
3. Que qualidades o pastor precisa manifestar para ser modelo de liderança aos presbíteros?
4. Como é a preparação para as reuniões de presbíteros?
5. Que categorias podem fazer parte de qualquer reunião de presbíteros?

PERGUNTA 20
COMO O PASTOR PODE ORIENTAR FUTUROS PASTORES E LÍDERES?

A preparação de futuros pastores e líderes segue o exemplo de Jesus, Pedro e Paulo. Jesus treinou os Doze e os Setenta, os quais, por sua vez, deram continuidade ao ministério de Jesus, na medida em que treinaram outros (Lc 9–10). Pedro levou alguns irmãos de Jope para ajudar no ensinamento de Cornélio (At 10.23). O fato de Cornélio e outros terem sido batizados indica que receberam treinamento e foram indicados para a liderança da igreja de Jope (At 10.48). Paulo regularmente levava aqueles que treinava para fazer o ministério evangélico onde havia plantado igrejas (e.g., At 16.1-3; 17.4; 20.4-5; Gl 2.1). O ministério pastoral fiel segue o mesmo padrão (2Tm 2.2).

É verdade que a ideia de preparar outros para o trabalho do Evangelho parece assustadora. Pode-se pensar que essa tarefa pertença a instituições teológicas, e não à igreja local. Contudo, seminários e faculdades teológicas, embora úteis, nunca substituem as igrejas locais no aprimoramento e na moldagem do tecido espiritual e ministerial de futuros pastores, missionários e líderes cristãos. Uma aula de pregação pode criticar um sermão, uma aula de hermenêutica pode corrigir uma interpretação e uma aula de grego pode aguçar a compreensão do uso de verbos em um texto. Todas essas coisas são necessárias e úteis a futuros ministros (e, em havendo pastores capazes de dar essas orientações, elas também podem ocorrer na igreja local). No entanto, para alguém que prega um sermão na congregação da qual é membro e vive regularmente nesse corpo, qualquer crítica irá além da estrutura homilética. O pastor anda ao lado do estagiário, observando sua caminhada com Cristo, avaliando o estudo do texto bíblico, discernindo a aplicação pastoral no sermão e notando a paixão na proclamação. Ele vive com o estagiário como parte do corpo e tem uma vantagem em relação ao professor, que vê o aluno apenas alguns dias por semana.

Não enxergue a mentoria como um programa complicado; passe a vê-la como o resultado natural dos relacionamentos pastorais com aqueles que Deus talvez esteja levantando para ser presbíteros, pastores, missionários e líderes. Como os pastores podem orientar fielmente outros para o ministério?

O contexto da comunidade

A mentoria ocorre em estreita associação — ou "consociação", como Günter Krallmann expressa de maneira útil. Ele observa que Jesus viu "a associação consigo como o solo mais fértil para o crescimento de seus discípulos no que tange a caráter, compreensão e habilidade. Por isso, ele fez da experiência de estar com ele o pivô de seu treinamento".[1] A ideia de "estar com ele" deve ser central em nossas ações na mentoria. Pela singularidade dos relacionamentos pastorais, o estagiário começa a viver na atmosfera do ministério ao se relacionar com seu mentor pastoral.

Michael Crow concorda, acrescentando que a limitação do tipo de treinamento que se baseia em *conteúdo*, como o que se encontra nas salas de aula de seminários, palestras ou conferências, exige um tipo de treinamento que se baseie na *mentoria* e acrescente a dimensão pessoal para forjar os estagiários. Ele, com razão, exorta os leitores a elaborarem um currículo de treinamento em torno dos relacionamentos de mentoria, assim como Jesus fez:[2] "Jesus mentoreou cada indivíduo

---

1 Günter Krallmann, *Mentoring for Mission: a Handbook on Leadership Principles Exemplified by Jesus Christ* (Waynesboro: Gabriel, 2002), p. 53.
2 D. Michael Crow, "Multiplying Jesus Mentors: Designing a Reproducible Mentoring System — A Case Study". *Missiology: an International Review* 36, n. 1 (janeiro de 2008), p. 93.

com as adaptações necessárias."³ A igreja local fornece a atmosfera mais consistente à abordagem individual da mentoria. Como Jesus com os Doze e com os Setenta, ela inclui *mentoria no contexto da comunidade*. Essa posição não menospreza o treinamento acadêmico intenso, mas o coloca em perspectiva ao insistir na capacidade da igreja local de moldar ministros para as demandas práticas do ministério.⁴ Seminários e faculdades teológicas suprem, *em parceria* com a igreja local, conhecimentos que talvez a igreja local não tenha a capacidade de oferecer de modo criterioso. Idealmente, o treinamento de futuros pastores e missionários incluiria uma educação teológica intensiva assim como uma orientação pastoral intensiva da igreja local.

Em meu contexto pastoral, orientamos alguns homens antes de seu treinamento teológico. Em outros casos, fizemos um acompanhamento durante o seminário, a fim de mantermos afiado o seu compromisso com a igreja local, desenvolvermos seus dons ministeriais e os ajudarmos a lidar com as questões complexas que surgem no ministério pastoral. Ainda orientamos outros após o término do trabalho no seminário. Esse tipo de orientação os impede de simplesmente encarar o treinamento ministerial como um exercício acadêmico. Ele é mais que isso. É o desenvolvimento espiritual que não descuida da formação acadêmica. Ajuda os estagiários a entenderem que um diploma de seminário não necessariamente qualifica alguém para pastorear uma congregação.

Como funciona esse desenvolvimento espiritual? E. F. Harrison explica que, no contato com Jesus, os Doze

> quase inconscientemente, absorveram o seu jeito. Eles devem ter aprendido algo sobre a arte de conhecer pessoas e lidar com situações ao presenciar o Mestre traçando o caminho de sua vida

---

3   Ibid., p. 92.
4   Como exemplo, veja Warren Bird, "Churches Taking Back the Task of Theological Education", *Leadership Network*, disponível em: leadnet.org//resources/advance/churches_taking_back_the_task_of_theological_education, que discute a educação teológica da Sojourn Church (Louisville, no estado norte-americano do Kentucky) em parceria com o Southern Baptist Theological Seminary.

em meio a um labirinto de circunstâncias difíceis, ocasionadas pelo caráter público de sua obra.⁵

A melhor maneira — ainda que, quando praticada por nós, não se mostre totalmente adequada — de manter uma estratégia com futuros obreiros do Evangelho (pastores, plantadores e revitalizadores de igrejas, bem como missionários) semelhante à que Jesus deixou de exemplo a pastores fiéis é trazê-los a um relacionamento de mentoria no contexto da igreja local. Como na mentoria de Jesus, isso custa tempo e envolvimento pessoal. Demanda trabalhar com a natureza às vezes confusa dos relacionamentos, mas produz muitos frutos nos anos seguintes. Por meio dessa proximidade que o relacionamento de mentoria promove, os mentoreados *absorvem* de seus instrutores habilidades relacionais, aplicação da doutrina e percepções para lidar com as dificuldades. Cinco aspectos replicáveis do impacto da mentoria são observados por Jesus e seus discípulos.

Seguindo o modelo de Jesus

Primeiro, Jesus deu exemplo para os mentores seguirem. Em contraste, os rabinos judeus esperavam que seus discípulos lhes dessem atenção. Jesus não apenas declarou estar entre eles como alguém que servia (Lc 22.26-27), como também serviu na prática.⁶ Os discípulos observaram Jesus cuidar dos pobres, mostrar compaixão pelos oprimidos, demonstrar ternura para com as criancinhas, confrontar a arrogância da hipocrisia religiosa e sofrer em nome dos outros. Seu exemplo nunca se apagou da mente dos discípulos quando, após a ressurreição, assumiram a responsabilidade pela obra do Evangelho (e.g., 1Pe 2.21-25; 1Jo 1.1-3). Os mentores contemporâneos nunca devem minimizar o poder do exemplo na formação de seus mentoreados.

---

5   E. F. Harrison, *A Short Life of Christ* (Grand Rapids: Zondervan, 1968), p. 143.
6   Martin Hengel, *The Charismatic Leader and His Followers* (Eugene: Wipf & Stock, 1968), p. 51-52.

Pergunta 20: Como o pastor pode orientar futuros pastores e líderes?

Em segundo lugar, Jesus demonstrou a prioridade dos relacionamentos com seus mentoreados. A estrutura de seu discipulado revelou essa prioridade, uma vez que a intimidade do relacionamento, tanto com Jesus quanto com a pequena comunidade de seguidores, moldou amizades duradouras.[7] Krallmann esclarece de forma pungente: "primeiro, ele se especializou em fazer amigos e, só mais tarde, em enviar apóstolos (cf. Mc 3.14)".[8] Os mentores contemporâneos devem fazer da amizade a prioridade para seus mentoreados. Em vez de enxergar a mentoria como um projeto com uma lista longa de metas e objetivos, pense nela como uma amizade profunda e duradoura.

Ao orar semanalmente por aqueles que treinamos e enviamos para servir em vários lugares ao redor do mundo, sinto quão profundas são essas amizades, mais do que um relacionamento entre mentor e mentoreado. Continuamos a interagir, rir juntos, encorajar uns aos outros, falar sobre ministério e família, aconselhar uns aos outros e a manter os relacionamentos que começaram na mentoria. Adoro visitá-los, quando possível, e ver como a caminhada deles com Cristo, a vida familiar deles e seu ministério continuam na graça de Deus. O relacionamento supera uma abordagem programática de treinamento.

Terceiro, Jesus deu exemplo de amor e serviço na liderança. Ensinou sobre a verdadeira grandeza ao corrigir os filhos de Zebedeu que disputavam posições de destaque no reino futuro, explicando que a grandeza deve ser encontrada no serviço: "tal como o Filho do Homem, que não veio para ser servido, mas para servir e dar a sua vida em resgate por muitos" (Mt 20.28). A vida e os ensinamentos de Jesus foram exemplo de generosidade, perdão, serviço e humildade (Lc 16.1-31; 17.1-10; 18.9-30).[9] Os mentores devem conscientemente dar exemplo de serviço e de amor a seus mentoreados, pois isso os inspira a fazerem

---

7   Michael J. Wilkins, "Disciple, Discipleship", em A. Scott Moreau et. al., orgs., *Evangelical Dictionary of World Missions* (Grand Rapids: Baker, 2000), p. 279.
8   Krallmann, *Mentoring for Mission*, p. 55. Ele escreve ainda: "Um mentoreado não é um projeto, e sim uma pessoa. A mentoria implica em mais do que uma conexão professor/aluno. *Trata-se de amizade*" (grifo adicionado).
9   Darrell Bock, *Luke 1:1–9:50* (Grand Rapids: Baker, 1994), p. 24.

o mesmo.¹⁰ Os mentores que vivem em "torres de marfim" podem fornecer informações aos mentoreados, mas fazem pouco para ajudá-los a se tornar verdadeiros líderes. Certamente isso significa que um pastor-mentor deve ser alguém que ama e serve sua congregação de bom grado.

Quarto, Jesus orientou seus discípulos tendo a cruz em vista. Jesus caminhou com a cruz em direção ao destino, onde garantiu a redenção ao seu povo. Ele regularmente apontava para esse destino enquanto treinava seus discípulos (Lc 9.22, 43-45; 18.31-34). Da mesma forma, ele demonstrou que as condições para segui-lo exigem uma cruz (Lc 9.23). Os mentores fazem bem em manter seus alunos focados na suficiência de Cristo em sua morte e ressurreição, ao mesmo tempo que mostram a necessidade de que morramos para desejos egoístas e abracemos as adversidades, provações e dificuldades como meio de suprimir a tendência natural à vaidade.¹¹

Quinto, a orientação de Jesus incluía correção. Quando João procurou impedir os que tentavam expulsar demônios em nome de Jesus, Jesus o corrigiu (Lc 9.49-50). Quando Tiago e João quiseram convocar fogo do céu por causa de insultos feitos por alguns samaritanos, Jesus disse-lhes: "Vós não sabeis de que espírito sois" (Lc 9.51-56). Ele "expôs, repreendeu e corrigiu" os pecados e fraquezas dos discípulos.¹² Os mentores devem procurar corrigir as tendências pecaminosas de seus aprendizes, a fim de que erradiquem atitudes e comportamentos imprudentes que atrapalhariam a caminhada espiritual, a vida familiar e os ministérios deles, desviando-os do Evangelho (Gl 6.1-5). Esse tipo de correção só poderá ocorrer de forma natural se o mentor primeiramente se concentrar na construção de um relacionamento com o mentoreado.

---

10 Derek Tidball explica que Paulo via o serviço como "o subtexto constante de sua compreensão de liderança cristã" (*Ministry by the Book: New Testament Patterns for Pastoral Leadership* [Downers Grove: IVP Academic, 2008], p. 121). Na teologia de Paulo, o Evangelho requer serviço.
11 J. Schneider identifica seis interpretações possíveis para tomar a própria cruz, mas conclui que ela é "uma metáfora vívida da abnegação" (σταυρος, *TDNT*, 7:578-79).
12 Harrison, *Short Life of Christ*, p. 144-45.

Pergunta 20: Como o pastor pode orientar futuros pastores e líderes?

Resumo

Na intimidade da mentoria individual e em pequenos grupos, os mentores da igreja local estão bem posicionados para impactar seus mentoreados.[13] O exemplo nos relacionamentos, no amor, no serviço e no morrer para si mesmo dá aos futuros obreiros do Evangelho uma melhor visão de como vivermos fielmente como servos de Cristo. Mentores eficazes dão prioridade ao relacionamento com seus mentoreados, em vez de ficar na dependência de um brilhante programa. Os relacionamentos moldam futuros pastores, missionários e líderes para serem agentes pastorais mais eficazes.

Perguntas para reflexão

1. Por meio de quais passagens, Jesus, Pedro e Paulo dão exemplo de treinamento de futuros líderes?
2. Como os seminários e as igrejas locais se tornam parceiros no treinamento para o ministério?
3. Por que a *comunidade* é um componente vital de mentoria pastoral?
4. Por que a *amizade* desempenha um papel importante na mentoria pastoral?
5. Identifique os cinco pontos da vida de Jesus que serviram de exemplo no treinamento para o ministério.

---

13 Para uma visão mais detalhada de mentoreamento na igreja local, veja Phil A. Newton, *The Mentoring Church: How Pastors and Congregations Cultivate Leaders* (Grand Rapids: Kregel Ministry, 2017).

PARTE 4
Pregação pastoral

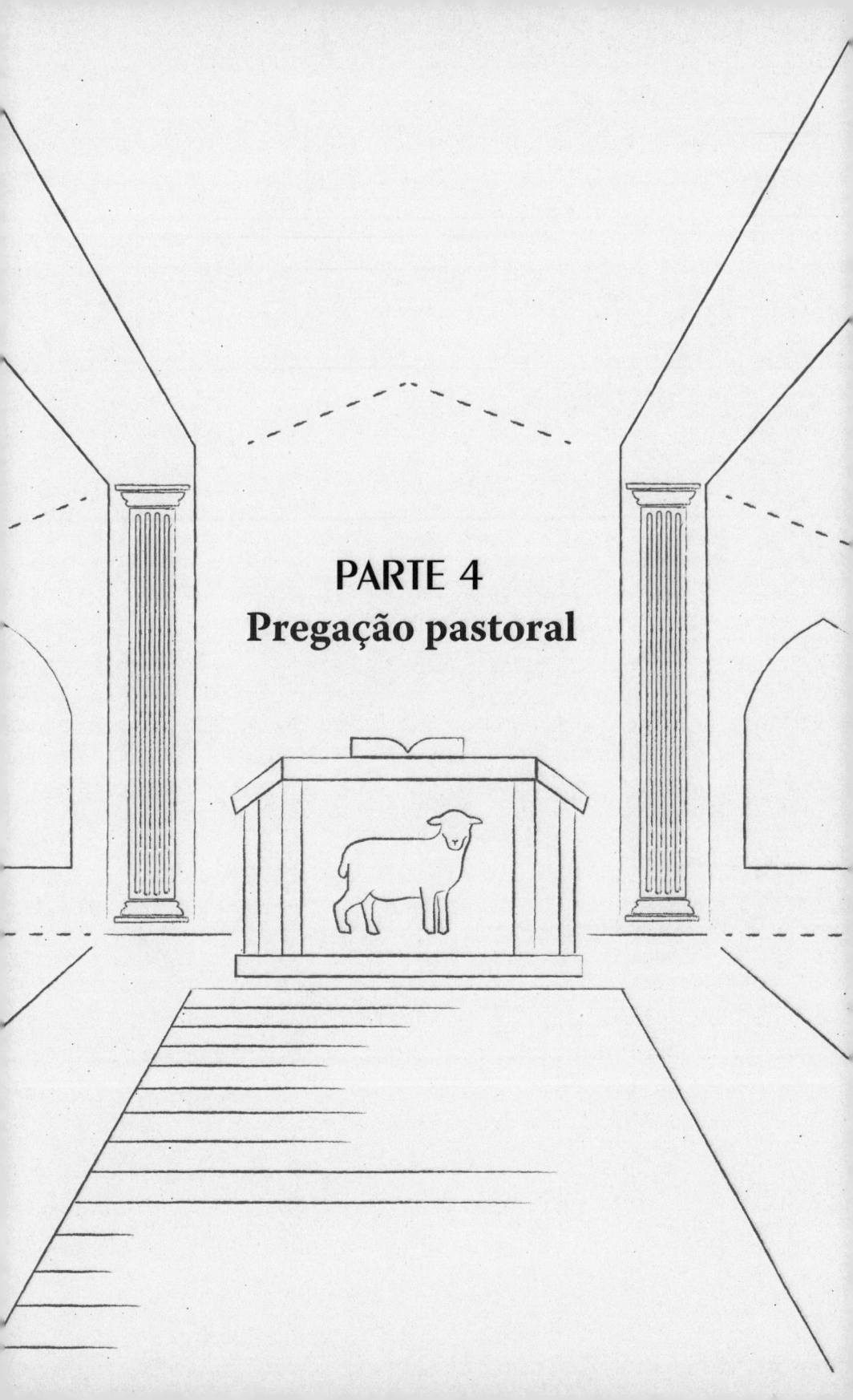

PERGUNTA 21
O QUE DISTINGUE PREGAR PASTORALMENTE DE SIMPLESMENTE PREGAR?

Cinco jovens que pastoreavam fazia apenas entre três e cinco anos recentemente me falaram sobre os desafios que enfrentaram no início de seu trabalho pastoral. Alguns serviram congregações mais antigas, presas em uma distorção temporal dos anos 1950. Outra congregação recusou até mesmo a sugestão de mudança, ao passo que outras mostraram animosidade à exposição das Escrituras. Esses jovens pastores sofreram o impacto das fofocas, das reuniões administrativas desagradáveis, dos movimentos para removê-los e da perda de membros. Também testemunharam pessoas vindo a Cristo, crentes crescendo na vivência do Evangelho, em novos níveis de serviço sacrificial e de doação, em práticas revitalizadas na membresia e na adoração renovada ao Deus vivo. Em muito pouco tempo, descobriram que o trabalho pastoral requer mais do que simplesmente pregar todos os domingos, mesmo quando, por seu próprio testemunho, a pregação permaneça no centro disso tudo. Eles ficam nas trincheiras, enfrentando obstáculos ao longo do caminho, confiantes no poder do Evangelho, que age em suas congregações. Não aceitaram que seus pastorados fossem meros postos de pregação. Trabalham para pregar Cristo e pastorear o rebanho até que ele seja formado na congregação (Gl 4.19).

Nem todos os pregadores entendem o que esses jovens possuem. Alguns homens, mesmo bons homens, parecem estar enamorados da pregação. Isso é compreensível, dada sua singularidade. No entanto, ela é um chamado tão sublime e santo e uma responsabilidade tão grande que ninguém deve abraçá-la sem calcular o custo. Exatamente nesse ponto, repousa uma questão crítica entre os que desejam pregar o Evangelho. Será que um homem apenas deseja um lugar para pregar ou anseia pregar a um povo de seguidores de Cristo que ele pastoreará?

Pregação pastoral

Um pregador pode estudar um texto bíblico, fazer uma grande exegese, apresentar uma exposição homilética fiel ao texto e, ainda assim, não pregar pastoralmente. A pregação pastoral envolve estudo, exegese do texto e luta com o tema e estrutura, mas dá um passo além. Conforme Tony Sargent explicou ao discutir a pregação de Martyn Lloyd-Jones: "Ele não comenta um texto [como se estivesse fazendo um comentário contínuo sobre uma passagem]; ele expõe as Escrituras com vistas às necessidades de seu encargo pastoral."[1] A última frase, "com vistas às necessidades de seu encargo pastoral", distingue a pregação pastoral da simples pregação de um bom sermão textual.

João Calvino descreve a pregação pastoral como a principal maneira pela qual Deus se agradou de fazer crescer e desenvolver sua igreja:

> Vemos como Deus — que poderia, em um momento, aperfeiçoar os seus —, no entanto, deseja que cresçam e amadureçam somente sob a educação da igreja. E enxergamos o caminho estabelecido para isso: a pregação da doutrina celestial foi ordenada aos pastores.[2]

---

1 Tony Sargent, *The Sacred Anointing: the Preaching of Dr. Martyn Lloyd-Jones* (Wheaton: Crossway, 1994), p. 85.
2 *Calvino*, 4.1.5.

Pergunta 21: O que distingue pregar pastoralmente de simplesmente pregar?

Tendo o ensino regular de pastores fiéis, as congregações aprendem a ouvir a exposição da Palavra de Deus e a aplicá-la ao dia a dia, para crescimento e maturidade. Calvino observa que, por meio da pregação pastoral, "Deus aparece em nosso meio e, como Autor dessa ordem [i.e., da exposição pastoral], deseja que os homens o reconheçam como presente em sua instituição."[3] A congregação, reconhecendo esse meio estabelecido por Deus para o crescimento e a maturidade da igreja, submete-se "com espírito manso e dócil, [para que] se deixem governar por mestres nomeados para essa função".[4] A pregação pastoral fiel e consistente a uma congregação que ama e acolhe a Palavra de Deus em sua vida forma uma igreja saudável, vibrante e que honra Cristo.

Em uma época em que as mídias dão acesso a mais sermões, ensinamentos e palestras do que qualquer um poderia ouvir em mil anos, a designação de Deus da pregação pastoral na igreja local permanece como o meio para o crescimento, maturidade e unidade do corpo. Efésios 4.7-16 explica os dons que Jesus, com sua ascensão, deu à igreja, entre os quais estavam os dons de pastores e mestres. "E ele mesmo concedeu uns para [...] pastores e mestres", ou seja, "pastores-mestres". Um artigo controla ambos os substantivos no grego, sugerindo "um ofício com dupla função"[5] ou um único ofício de "pastores que ensinam".[6] E por que razão esses dons foram dados à igreja?

> ... com vistas ao aperfeiçoamento dos santos para o desempenho do seu serviço, para a edificação do corpo de Cristo, até que todos cheguemos à unidade da fé e do pleno conhecimento do Filho de Deus, à perfeita varonilidade, à medida da estatura da plenitude de Cristo... (4.12-13).

---

3 Ibid.
4 Ibid.
5 Curtis Vaughan, *Ephesians* (Cape Coral: Founders, 2002), p. 94 [*Efésios: Comentário Bíblico* (São Paulo: Vida, 1986)].
6 Markus Barth, *Ephesians* (Garden City: Doubleday, 1974), 2.438-39.

Quando a igreja realiza suas atividades debaixo de um ensino pastoral fiel, ela se ancora na sã doutrina, discerne o erro doutrinário, cresce em Cristo, encontra sua área singular de ministério e serviço mútuo no corpo, além de continuar a crescer em amor (4.14-16).

Depois de considerar essas verdades de Efésios 4, Calvino observa:

> Paulo mostra por essas palavras que esse ministério humano que Deus usa para governar a igreja [referindo-se ao ministério pastoral] é o principal tendão pelo qual os crentes ficam unidos no corpo. Ele também mostra que a igreja só pode ser mantida intacta se for sustentada pelas salvaguardas nas quais foi do agrado do Senhor colocar sua salvação.

Ele acrescenta que Deus manifesta seu poder por meio desse ofício pastoral determinado:

> Este é o modo de cumprimento: por meio dos ministros a quem confiou esse ofício e conferiu a graça de realizá-lo, ele distribui seus dons à igreja; além disso, ele se mostra como se estivesse presente ao manifestar o poder de seu Espírito nessa instituição [da pregação pastoral], de forma que ela não seja vã ou ociosa.[7]

Por que a pregação pastoral é tão importante? Os pastores mantêm a sensibilidade às necessidades da congregação ao abrirem a Palavra de Deus na reunião comunitária. Sargent diz mais: "A principal responsabilidade do pregador é determinar o que o Espírito Santo quer dizer à sua congregação a partir dessa passagem [que ele está expondo]."[8] Com o objetivo de equipar e edificar o corpo, o pastor estuda o texto e, então, o expõe com paixão por sua congregação, sabendo que ela precisa desesperadamente da Palavra de Deus para crescer e amadurecer em amor e em santidade.

---

7 *Calvino*, 4.3.2.
8 Sargent, *Sacred Anointing*, p. 85.

Pergunta 21: O que distingue pregar pastoralmente de simplesmente pregar?

Pregue a Palavra!

Considere a instrução de Paulo a Timóteo em 2 Timóteo 4.1-5 como a definição do escopo da pregação pastoral. Com razão, esse texto provavelmente é o mais utilizado em cultos de ordenação. Mas aqui estão as questões que nos confrontam: Paulo estava dando a Timóteo a responsabilidade de pregar genericamente ou de pregar a um povo em particular? Por consequência, abordamos essa passagem como uma instrução geral sobre a pregação, ou há uma ênfase evidente na pregação a um determinado povo?

Depois de destacar a solenidade da responsabilidade de pregar, Paulo cobra: "prega a palavra" (4.2). Certamente, esse deve ser o grito de guerra de qualquer sermão, em qualquer ambiente. Timóteo sabia, como observa John Stott, que a Palavra "era o corpo de doutrina que ele ouviu de Paulo e que este agora lhe confiou para transmitir a outros".[9] William Mounce afirma simplesmente que "se trata do Evangelho".[10] Assim, o conteúdo da pregação pastoral é claro: a Palavra de Deus ou, mais especificamente, o Evangelho de nosso Senhor Jesus Cristo como o foco de toda a Escritura.[11] *Pregar* a Palavra significa que os pregadores "não têm liberdade para inventar sua mensagem, apenas para comunicar 'a Palavra' que Deus falou e agora confiou à igreja como um depósito sagrado".[12] O chamado à fidelidade de abrir e expor o que Deus falou não pode ser mais claro!

No entanto, parece que o que Paulo tinha em mente pendia mais para o lado da pregação pastoral. "[I]nsta, quer seja oportuno, quer não", ou seja, a qualquer hora, em qualquer ocasião. "[C]orrige, repreende, exorta com toda a longanimidade e doutrina" (4.2). *Quem* está sendo corrigido, repreendido e exortado? Isso descreve um compromisso único de pregação? Talvez, mas sem conhecer as pessoas a quem prega, como

---

9   John R. W. Stott, *The Message of 2 Timothy: Guard the Gospel* (Downers Grove: InterVarsity, 1973), p. 106 [*A Mensagem de 2Timóteo* (São Paulo: ABU, 2001)].
10 William D. Mounce, *Pastoral Epistles* (Nashville: Nelson, 2000), p. 573.
11 Veja Edmund Clowney, *Preaching Christ in All of Scripture* (Wheaton: Crossway, 2003), p. 11-44 [*Pregando Cristo em Toda a Escritura* (São Paulo: Vida Nova, 2021)].
12 Stott, *2 Timothy*, p. 106.

ele corrigirá, repreenderá e exortará uma congregação com propriedade e eficácia em um único sermão? Os termos que Paulo usa para descrever a aplicação da pregação prestam-se melhor a exposições consecutivas feitas a uma determinada congregação.

Por que a necessidade de "toda a longanimidade e doutrina" (4.2)? Um ministério expositivo contínuo direcionado a uma comunidade em particular requer que o pregador mostre humildade e paciência para levá-la a compreender e aplicar a Palavra de Deus. Esse é um dos grandes desafios da pregação pastoral — é um trabalho lento, humilde, paciente e cuidadoso junto a uma congregação, semana após semana, ano após ano, até que Cristo seja formado nela. O amor e o serviço do pregador serão testados enquanto ele pastoreia a igreja por meio da Palavra. A "instrução" — isto é, o ensino doutrinário — exige o ministério contínuo de sobrepor uma camada de doutrina bíblica à outra. Isso significa, ao que parece, que, enquanto aceitamos o "prega a palavra" como um grito de guerra para toda pregação, os detalhes particulares que se seguem se ajustam melhor ao ministério expositivo contínuo de um pastor que serve fielmente uma congregação.

Paulo continua e adverte quanto a um tempo futuro "em que *não suportarão* a sã doutrina" (4.3, grifo adicionado). Ele fala genericamente de todas as pessoas ou tinha em mente o povo de Éfeso, onde Timóteo servia? A última ideia encaixa-se melhor no contexto.[13] Assim, Paulo exorta Timóteo, o qual, nesse tempo, pode ter vivido com um nó no estômago por causa dos problemas da igreja (1.6-7): "cumpre cabalmente o teu ministério" (4.5). Não o encerre antes do tempo. Não desista. Não comprometa o que lhe foi confiado. Não pregue simplesmente, mas também "cumpra cabalmente seu ministério".

H. B. Charles Jr. analisou o trabalho de dois pastores bastante conhecidos que o influenciaram — um, em particular, foi um modelo de pregação pastoral. O primeiro pregava sermões hermeneuticamente sólidos e doutrinariamente claros. Alguém poderia ouvir o sermão daqui

---

13 Andreas J. Köstenberger, *Commentary on 1–2 Timothy and Titus* (Nashville: Holman Reference, 2017), p. 273.

Pergunta 21: O que distingue pregar pastoralmente de simplesmente pregar?

a cem anos e ainda chegar às mesmas verdades do dia em que ele foi proferido. Mas, se alguém ouvisse o outro — embora, como o primeiro, fosse teologicamente sadio em todos os sentidos —, poderia não entender algumas partes do sermão cem anos depois. Por que essa diferença?

O último pregou pastoralmente à sua congregação, aplicando a Palavra de Deus de maneiras específicas a seus ouvintes, de modo que apenas a investigação produziria todas as especificidades de seu sermão. Charles ressalta que a verdadeira pregação pastoral tem a congregação em vista. Esse tipo de pregação expõe o texto bíblico e o aplica a um povo em particular com especificidade rigorosa.[14]

Discuti esse assunto com um de nossos estagiários pastorais que havia pregado em uma igreja que o considerava um candidato a pastor. Eu o aconselhei: "Você precisa discernir se está procurando um lugar para pregar ou se está comprometido em pastorear aquela congregação." Há uma diferença. No primeiro caso, o pregador pode refinar seus sermões, acrescentar brilho oratório e esperar elogios por ter proferido um sermão sólido. Na segunda situação, o pastor sente o peso das necessidades da congregação ao se aproximar do púlpito com a Palavra de Deus. Ele está ciente de que de seus lábios trêmulos sai vida para o homem que ele aconselhou repetidamente por causa de um pecado habitual; esperança para a senhora recentemente diagnosticada com câncer terminal; uma visão da suficiência do Evangelho para quem se esforça para dar um passo após o outro; e, para o casal que está com o coração aflito por causa de povos não alcançados, clareza quanto ao chamado para servir Cristo internacionalmente, no poder do Espírito. Esse tipo de pregação ocorre quando um pastor convive com seu rebanho, ora por ele, ama-o, investe nele e o pastoreia fielmente durante todos os altos e baixos. Trata-se apenas de um ponto de pregação? Não, mas de um povo que lhe foi confiado pelo Senhor da igreja, a fim de que o pastoreie e lhe pregue semana após semana, mesmo quando as coisas

---

14 H. B. Charles, "Ten Preachers Who Have Influenced My Preaching", *The On Preaching Podcast*, disponível em: https://hbcharlesjr.com/resource-library/podcast/065-10-preachers-who-have-influenced-my-preaching/.

estiverem difíceis, mesmo quando essas mesmas pessoas se rebelarem e mesmo quando o pregador não for mais popular. Esse é o chamado para a pregação pastoral. E assim ele prega até que Cristo seja formado naquela congregação.

Resumo

Podemos caracterizar a pregação pastoral de cinco maneiras:
1. A pregação pastoral, numa santa tensão, sente tanto o peso do texto bíblico quanto o peso do pastoreio da congregação.
2. A pregação pastoral vive com o encargo de pastorear o rebanho de Deus até que Cristo seja formado em cada ovelha (1Pe 5.2; At 20.28; Gl 4.19).
3. A pregação pastoral pensa no corpo, ora por ele e visualiza as necessidades específicas de membros que podem ser atendidas por meio da Palavra, mesmo durante o trabalho de preparação da pregação.
4. A pregação pastoral desenvolve estruturas homiléticas que refletem claramente o texto, mas visa às pessoas por quem o pastor tem orado e as quais ele tem ensinado, aconselhado e amado ao longo da semana.
5. A pregação pastoral expõe a Palavra com os olhos postos no rebanho, enfatizando-o, encorajando-o e dirigindo-lhe palavras de conforto, exortação, admoestação e consolação.

Então, pregue a Palavra sempre que surgir a oportunidade. Tire vantagem de ocupar um púlpito, mas não aceite o chamado de uma igreja como pastor para simplesmente ter um lugar para pregar. Esse trabalho do qual se prestará contas a Cristo pertence ao homem comprometido com o pastoreio do rebanho de Cristo.

Perguntas para reflexão

1. Como se distingue pregar pastoralmente de simplesmente pregar?
2. Qual era o ponto de vista de João Calvino sobre a pregação pastoral?
3. Como o dom de pastor/mestre ajuda o corpo de Cristo, de acordo com Efésios 4.9-16?

Pergunta 21: O que distingue pregar pastoralmente de simplesmente pregar?

4. Qual é o conteúdo da "palavra" na exortação de Paulo: "prega a palavra"?

5. Como a exortação de Paulo a Timóteo em 2 Timóteo 4.1-5 aponta especificamente para a pregação pastoral?

PERGUNTA 22
O QUE O PASTOR DEVE ENSINAR PARA SUA CONGREGAÇÃO?

"Tenho pertencido à Convenção Batista do Sul dos EUA por toda a minha vida, mas nunca ouvi essas coisas. Por que não me ensinaram isso?"[1]

A pergunta me atingiu em cheio. Eu tinha acabado de terminar uma discussão de uma hora com várias pessoas, incluindo a senhora que fez essa pergunta. Conversamos a respeito do ensino básico sobre o Antigo e o Novo Testamento. Nosso debate concentrou-se no que Jesus declarou à elite piedosa que se escondia atrás de sua fachada religiosa: "Examinais as Escrituras, porque julgais ter nelas a vida eterna, e são elas mesmas que testificam de mim" (Jo 5.39). Jesus também deu o exemplo do que queria dizer quando encontrou os dois discípulos no caminho de Emaús após sua ressurreição: "E, começando por Moisés, discorrendo por todos os Profetas, expunha-lhes o que a seu respeito constava em todas as Escrituras" (Lc 24.27). Toda a Escritura, em última análise, *aponta* para Jesus Cristo, para a obra divina de redenção por meio dele, bem como para a maneira como ele realizou a obra necessária para trazer pecadores para sua família e como tudo culmina na revelação de sua glória.

---

1 A Convenção Batista do Sul é minha denominação, mas o mesmo poderia ser dito de outras denominações.

No entanto, a senhora perplexa nunca tinha ouvido esse ensino bíblico básico. Então, como isso afetaria a maneira como ela lê a Bíblia? Que tipo de aplicações ela faria a partir de textos dispersos reunidos sem nenhuma continuidade cristológica em sua mente? Ela entenderia a relação entre os Testamentos? Ela entenderia a primeira declaração do Evangelho em Gênesis 3.15 e a maneira como a mensagem redentora de Deus continuou através de Malaquias? Como ela lidaria com a promessa seminal feita a Abraão em Gênesis 12.3? Ela entenderia o que redenção, expiação, propiciação e reconciliação significam com base na maneira como ambos os Testamentos desenvolvem essas doutrinas?

Se nossos membros tiverem pouca exposição a "todo o desígnio de Deus", estarão mal preparados para tudo, na vida e na morte (At 20.27). Nossa responsabilidade é garantir que "preguemos a Palavra" de maneira tão abrangente que eles pensem e vivam biblicamente. Para ajudar-nos a fazer isso, temos as disciplinas da teologia bíblica e da teologia sistemática para acompanharem nossa preparação e pregação.

Faça bom uso da teologia bíblica

O pastor deve ensinar a congregação a interpretar as Escrituras à luz de seu cumprimento histórico-salvífico em Cristo. Quando os judeus acusaram Jesus de violar o sábado porque havia curado um coxo nesse dia, ele começou a explicar a relação entre o Pai e o Filho. Mostrou que aquele que honra o Pai honrará o Filho (Jo 5.19-23). E explanou que João Batista (5.31-34), os milagres que ele mesmo realizava (5.36), o Pai (5.37-38) e as Escrituras (5.39-40) davam testemunho em conjunto da autenticidade de Jesus como o Messias. Em seu argumento, ele disse sobre as Escrituras o seguinte: "Examinais as Escrituras, porque julgais ter nelas a vida eterna, e são elas mesmas que testificam de mim" (5.39). As "Escrituras" das quais ele falou se referem a toda a revelação do Antigo Testamento. Jesus declarou que as Escrituras do Antigo Testamento se centravam nele. Se o leitor interpretar e entender adequadamente o Antigo Testamento, deverá enxergar o lugar que ele mesmo desempenha na narrativa bíblica — que está centrada em

Jesus e no Evangelho — e, em especial, o modo como os escritores do NT citam e entendem os textos do AT.[2]

Após a ressurreição, Jesus apareceu a dois discípulos que, andando no caminho de Emaús, não o reconheceram. Eles estavam desanimados com a morte de Jesus, pois esperavam que ele "havia de redimir a Israel"; todavia, ele morreu nas mãos do sumo sacerdote e dos príncipes (Lc 24.21). Eles expressaram ceticismo quanto aos relatos de alguns que haviam testemunhado o túmulo vazio e dito que Jesus ressuscitara. Então, Jesus os censurou pela maneira falha como tinham interpretado as Escrituras. Ele foi direto à boa hermenêutica, que conduz a uma sólida e robusta teologia bíblica: "Ó néscios e tardos de coração para crer tudo o que os profetas disseram!" (24.25). Eles leram os Profetas, mas demoraram a crer na mensagem que eles pretendiam passar, acreditando, em vez disso, nas interpretações populares da época. "Porventura, não convinha que o Cristo padecesse e entrasse na sua glória?" (24.26). Em outras palavras, Jesus chamou a atenção para a maneira como haviam lido a Escritura, sem a interpretar corretamente a partir de uma hermenêutica cristológica.[3] Lucas diz o que aconteceu na sequência: "E, começando por Moisés, discorrendo por todos os Profetas, expunha-lhes o que a seu respeito constava em todas as Escrituras" (24.27). Jesus disse a seus discípulos o mesmo que dissera a seus oponentes religiosos: as Escrituras diziam respeito a ele. E, se quisermos interpretá-las corretamente, devemos ver cada passagem à luz da revelação de Jesus Cristo. A teologia bíblica ajuda-nos nesse objetivo.

Mais tarde, quando reunido com os discípulos, ele lhes deu ordens claras para serem suas testemunhas (24.48), mas somente depois de corrigir a hermenêutica deles e centrar a estrutura de sua teologia bíblica em si mesmo e no Evangelho. Como Jesus declarou, a maneira

---

[2] A ferramenta mais útil para compreender a maneira como os escritores do NT utilizaram o AT é a seguinte obra: G. K. Beale & D. A. Carson, orgs., *Comentário do Uso do Antigo Testamento no Novo Testamento* (São Paulo: Vida Nova, 2014).
[3] Dennis E. Johnson, *Walking with Jesus Through His Word: Discovering Christ in All the Scriptures* (Phillipsburg: P&R, 2015), p. 11.

como interpretamos e aplicamos as Escrituras afeta tudo na vida e no ministério.

> A seguir, Jesus lhes disse: São estas as palavras que eu vos falei, estando ainda convosco: importava se cumprisse tudo o que de mim está escrito na Lei de Moisés, nos Profetas e nos Salmos. Então, lhes abriu o entendimento para compreenderem as Escrituras; e lhes disse: Assim está escrito que o Cristo havia de padecer e ressuscitar dentre os mortos no terceiro dia e que em seu nome se pregasse arrependimento para remissão de pecados a todas as nações, começando de Jerusalém. (Lc 24.44-47)

Ao pregar "todo o desígnio de Deus", Paulo se encaixa perfeitamente no que Jesus fez com os discípulos na estrada de Emaús e com os que estavam reunidos na sala fechada. Uma interpretação correta das Escrituras inevitavelmente aponta para Jesus Cristo direta ou indiretamente, seja como preparação para sua vinda, seja como uma explicação, ilustração, símbolo ou declaração paralela que explique sua obra redentora, seja como uma imagem da culminação da obra redentora de Jesus. É por isso que Dennis Johnson afirma corretamente: "Jesus é a figura central na execução do plano de Deus para a história humana, global e cósmica, a agenda divina que unifica tudo na Bíblia, de Gênesis a Apocalipse."[4] Portanto, se fôssemos ensinar a Bíblia a nossas congregações, deveríamos nos concentrar na revelação de toda a Bíblia a respeito de Jesus Cristo (Ef 1.3-12; 3.8-12).

A exposição bíblica, então, deve ser feita a partir de um objetivo bíblico-teológico. O expositor faz o trabalho exegético olhando para sua passagem de modo gramatical, histórico e contextual, enquanto examina "as partes individuais para entender como se encaixam no quadro geral" da narrativa bíblica, todas as quais apontam para Cristo.[5] Michael Lawrence oferece uma explicação útil sobre por que a teologia bíblica deve guiar nossas interpretações e aplicações do texto que

---

4 Ibid., p. 3.
5 Graeme Goldsworthy, *Gospel-Centered Hermeneutics: Foundations and Principles of Evangelical Biblical Interpretation* (Downers Grove: IVP Academic, 2006), p. 68.

consideramos: "a teologia bíblica trata da leitura da Bíblia, não como se fossem sessenta e seis livros separados, mas um único livro com uma única trama: a glória de Deus exibida por meio de Jesus Cristo."[6] Assim, o pastor procura entender as doutrinas no texto que tem diante de si pelo modo como são trabalhadas na narrativa bíblica e como encontram sua forma na revelação de Jesus Cristo. Ele as interpreta sob essa luz, e não simplesmente como um texto individual que esteja isolado da narrativa bíblica e seu enredo. Ao fazer isso, conforme ele prega, vai mostrando a unidade e a plenitude das Escrituras no foco que elas põem no resumo de todas as coisas na revelação de Jesus Cristo (Ef 1.9-11).

À medida que trabalha com a linguagem, antecedentes, história e contexto de uma passagem, o pastor fica atento às implicações teológicas e bíblicas do texto. Considera como sua passagem se encaixa no contexto teológico imediato do livro e, depois, mais amplamente, na grande narrativa das Escrituras, focada na revelação de Jesus Cristo. Lawrence explica: "A teologia bíblica trata, portanto, de descobrir a unidade da Bíblia em meio à sua diversidade. Trata de entender o que poderíamos chamar de metanarrativa da Bíblia."[7] O pastor não pode ficar satisfeito até que enxergue o lugar do texto nessa metanarrativa bíblica. Ele, então, está pronto para pregar *Cristo* à sua congregação a partir do texto de domingo. Se negligenciar a pregação de Cristo, fracassará em relação ao que deve ser ensinado à sua congregação.

Alguns tentaram colocar pinos quadrados em buracos redondos quando se trata de pregar a partir de uma teologia centrada em Cristo. Nem todo texto oferece ensino implícito sobre Cristo.[8] Aqui o

---

6 Michael Lawrence, *Teologia Bíblica na Prática: um Guia para a Vida da Igreja* (São José dos Campos: Editora Fiel, 2020), p. 17.
7 Ibid.
8 Veja Edmund Clowney, *The Unfolding Mystery: Discovering Christ in the Old Testament* (Phillipsburg: P&R, 2013); Sidney Greidanus, *Pregando Cristo a Partir do Antigo Testamento* (São Paulo: Cultura Cristã, 2023); *Pregando Cristo a Partir de Gênesis* (São Paulo: Cultura Cristã, 2019); Goldsworthy, *Gospel-Centered Hermeneutics*; Johnson, *Walking with Jesus*.

expositor deve entender qual lugar o texto tem no enredo das Escrituras, que culmina na revelação de Jesus Cristo.[9]

A pregação de um livro da Bíblia, seja do AT, seja do NT, se feita corretamente, nunca poderá ocorrer isoladamente do restante das Escrituras. Cada livro bíblico foi escrito em conexão com outras porções das Escrituras. A exposição fiel faz teologia bíblica à medida que o sermão se desenrola. Pregar/ensinar consecutivamente um livro bíblico também ensina a hermenêutica centrada em Cristo, de modo que aqueles que ouvem aprendem, no processo, a como interpretar adequadamente a Palavra de Deus. As exposições devem servir de exemplo de como estudar, interpretar e pensar teologicamente a Palavra de Deus.

Quando pregamos exposições teológicas, damos à nossa congregação "todo o desígnio de Deus". Os nossos membros não precisam de lições morais ou de discurso de encorajamento terapêutico. Eles precisam de Jesus Cristo em toda a Escritura. À medida que os fiéis começam a enxergar Cristo em toda a Escritura, mudam a maneira como aplicam a Palavra à vida diária. As aplicações que fazem começam a ser claramente centradas no Evangelho, de modo que enraízam sua santificação no que Cristo fez por eles, e não no que eles podem fazer por Cristo.

Faça bom uso da teologia sistemática

Um pastor deve ensinar a congregação a interpretar as Escrituras logicamente à luz de outras passagens. O fruto da teologia bíblica durante a preparação do sermão leva às categorias práticas e aplicações da teologia sistemática.[10] Enquanto a teologia bíblica mostra um

---

9 Minhas exposições sobre os livros de Gênesis e Ester podem oferecer alguns exemplos de como pregar Cristo em toda a Escritura. Para Gênesis, veja: http://www.southwoodsbc.org/posts/biblebook/genesis; para Ester, veja: http://www.southwoodsbc.org/posts/biblebook/esther.

10 Veja, e.g., Wayne Grudem, *Teologia Sistemática*, 2ª ed. (São Paulo: Vida Nova, 2022); John M. Frame, *Teologia Sistemática*, 2 vols. (São Paulo: Cultura Cristã, 2019); Robert Letham, *Systematic Theology* (Wheaton: Crossway, 2019); Robert L.

desenvolvimento da doutrina na Escritura, a teologia sistemática resume, "de uma maneira ordenada e abrangente, o que toda a Bíblia tem a dizer sobre" esse tópico.¹¹ Ela mostra o "valor prático da doutrina para a vida cristã", uma vez que, "em lugar algum nas Escrituras, encontramos uma doutrina estudada por si mesma ou isolada da vida".¹²

Paulo disse aos presbíteros de Éfeso durante sua última visita a eles: "... porque jamais deixei de vos anunciar todo o desígnio de Deus." (At 20.27).¹³ A frase "todo o desígnio" é traduzida como "toda a vontade" na NVI e como "todo o conselho" na ARC. Ela expressa "a vontade divina" que o Senhor Deus determinou propositalmente.¹⁴ David Peterson explica: "o conselho de Deus" usado "em paralelo com 'o Reino' (v. 25) sugere que a expressão se refere mais precisamente a todo o plano de Deus para a humanidade e para a ordem criada que as Escrituras revelam e que se cumpre em Jesus Cristo (cf. Lc 24.24-27, 44-49)".¹⁵ Aqui o apóstolo oferece um olhar sobre o conteúdo de seu ensino aos efésios e, podemos supor, a outras igrejas que plantou. Ele não evitou as doutrinas difíceis nem uma contemplação plena da Lei, dos Profetas e dos Escritos com seu cumprimento centrado em Jesus Cristo e em sua obra redentora.¹⁶

Contudo, Paulo era uma aberração na Igreja Primitiva? Peterson explica que ele simplesmente seguiu o mesmo padrão que Jesus estabeleceu com todos os seus discípulos:

Reymond, *A New Systematic Theology of the Christian Faith* (Nashville: Thomas Nelson, 2010); W. G. T. Shedd, *Dogmatic Theology* (Phillipsburg: P&R, 2003).
11 Lawrence, *Teologia Bíblica*, p. 119.
12 Grudem, *Systematic Theology*, p. 23.
13 "Encolher" (υποστελλω) expressa evitar um assunto por medo (*BDAG*, p. 1041).
14 BDAG, βουλη, p. 182. Em dois outros usos da palavra em Atos (2.23; 4.28), βουλη é modificado por οριζω ("fazer uma determinação sobre uma entidade; determinar, nomear, fixar, definir") e προορζω ("decidir de antemão, predeterminar", respectivamente) (BDAG, p. 723, 873). O outro uso em Atos 13.36 expressa os propósitos de Deus traçados em relação a Davi, com seu cumprimento final na ressurreição de Jesus Cristo.
15 David G. Peterson, *The Acts of the Apostles* (Grand Rapids: Eerdmans, 2009), p. 567.
16 Veja Johnson, *Walking with Jesus*, p. 11-13, sobre esses três gêneros do AT.

Tal compreensão do termo ['todo o desígnio de Deus'] é consistente com a estrutura bíblica e com o fundamento da apresentação do Evangelho de Paulo em Atos 13.16-41, que se assemelha, em muitos aspectos, aos contornos da pregação de Pedro. (At 2.15-39; 3.13-26)[17]

Em outras palavras, Paulo não estabeleceu um seminário isolado em Éfeso, onde pudesse lidar com questões polêmicas de doutrina. Ele deu esse tipo de ensino teológico sistemático regularmente em suas igrejas e até mesmo em seu trabalho evangelístico (At 17.22-31).

O que esse ensino inclui? Peterson observa:

> A amplitude e a profundidade do ensino de Paulo sobre toda a vontade de Deus podem ser discernidas a partir de um exame da Epístola aos Romanos, que ele havia acabado de escrever e enviar antes de sua chegada.[18]

Assim, por exemplo, se olharmos para Romanos, que categorias teológicas encontraríamos para nos ajudar a considerar assuntos essenciais a serem ensinados a nossas congregações?

- A conexão do Evangelho com o ensino profético do AT quanto à eficácia trinitária (1.1-17);
- A realidade da depravação humana, que deixa todos sob condenação (1.18–3.20);
- A justiça de Deus aplicada pela fé, e não pelas obras da lei (1.17; 3.24-32);
- As doutrinas da justificação, redenção e propiciação (3.24-26);
- A distinção entre lei e evangelho (3.22-31);
- A visão de justificação do AT demonstrada paralelamente ao ensino do NT (4.1-25);
- Os efeitos da justificação na união com Cristo (5.1-21);
- Santificação e mortificação do pecado (6.1-23);
- União com Cristo em meio ao conflito espiritual (7.1-25);

---

17 Peterson, *Acts*, p. 567-68.
18 Ibid., p. 568 (grifo original).

Pergunta 22: O que o pastor deve ensinar para sua congregação?

- As obras divinas de providência, presciência, predestinação, chamado, justificação e glorificação (8.1-39);
- A soberania de Deus na salvação (9–11);
- Os detalhes da santificação trabalhados na fé obediente do crente (12–15).[19]

Esse resumo sistemático oferece pontos distintos para a avaliação do conteúdo de nosso ensino. Esse é o mais próximo que chegamos da *teologia sistemática* de Paulo. Essa disciplina sintetiza o ensino da Bíblia sobre uma doutrina, de modo que, ao utilizar teologias sistemáticas, os pastores consigam efetivamente explicar e aplicar a doutrina na pregação. Enquanto a teologia bíblica traça uma doutrina em seu desenvolvimento histórico-bíblico, chegando a uma interpretação adequada à luz de seu lugar na história redentora, a teologia sistemática reúne todo o contexto e dá ao pastor clareza na aplicação da doutrina à sua congregação.[20] Enxergar as categorias amplas e restritas na teologia sistemática dá orientação ao pastor no processo de buscar garantir um ensino completo das Escrituras em sua igreja.[21]

Além de fazer bom uso das teologias sistemáticas, pastores podem achar útil considerar como as confissões de fé oferecem um compêndio do que *devemos* ensinar durante anos em nossas igrejas. Os padrões doutrinários de uma comunidade de fé devem ser cobertos por exposições teológicas na programação normal da pregação, como meio de ensinar "todo o desígnio de Deus".

---

19 Sem dúvida, esta lista é apenas uma seleção de algumas das instruções doutrinárias de Paulo aos romanos. Para uma visão mais completa, considere os comentários de Leon Morris, Thomas R. Schreiner, John Murray, John Stott e outros.
20 Lawrence, *Teologia Bíblica*, p. 116-22.
21 Também seriam úteis para um pastor livros sobre *teologia histórica*, para que ele veja como várias doutrinas foram elaboradas historicamente, especialmente à luz das muitas controvérsias teológicas ao longo da história cristã. Veja Gregg Allison, *Teologia Histórica: Uma Introdução ao Desenvolvimento da Doutrina Cristã* (São Paulo: Vida Nova, 2017); Alister E. McGrath, *Teologia Histórica: Uma Introdução à História do Pensamento Cristão* (São Paulo: Cultura Cristã, 2007); Geoffrey W. Bromiley, *Historical Theology: an Introduction* (Grand Rapids: Eerdmans, 1978).

Aplicar a teologia bíblica e a sistemática

Um pastor deve ensinar a congregação a aplicar as Escrituras às realidades da vida, à luz de interpretações enraizadas nas teologias bíblica e sistemática. Vários anos atrás, percebi que uma parte importante de meu papel pastoral é ajudar as pessoas a enfrentarem provações, adversidades e a morte. Raramente temos avisos de que essas realidades da vida, em um mundo caído, estão sempre prestes a atingir nosso povo com força impressionante. Mas, se as pregações estiverem enraizadas na interpretação fiel e na aplicação das teologias bíblica e sistemática, quando precisarmos oferecer consolo e encorajamento, não precisaremos lutar para recuperar os anos perdidos. Nós já teremos preparado as nossas ovelhas para quase tudo que a providência lhes atribua.

Durante um período de dois ou três anos, passamos por grandes provações com três de nossas famílias. Cada uma delas perdeu um filho. Choramos com eles enquanto procurávamos encorajá-los em meio à dor da morte de um filho. No entanto, enquanto lidávamos com a situação, cada família fez um comentário no sentido de que o Senhor os havia preparado, com sua graça, para suportarem aquela perda. As passagens bíblicas que eles haviam "armazenado" vieram à tona durante a necessidade. Ricas discussões teológicas e aplicações feitas anos antes os prepararam para as dificuldades atuais.

O que você está ensinando à sua congregação? Que nunca digam de nós: "Eles não me ensinaram essas coisas." Antes, proclame Jesus Cristo, admoeste e ensine com toda a sabedoria cada pessoa sob sua responsabilidade, para que você as apresente completas em Cristo. Trabalhe para fazer isso no poder de Cristo, o qual atua poderosamente dentro de você (Cl 1.28-29).

Resumo

Os pastores enfrentam a responsabilidade de ensinar todo o desígnio de Deus a suas congregações. Esse desafio exige que façam uma exegese fiel dos textos a cada semana, enquanto enxergam sua conexão com a metanarrativa das Escrituras. A exegese sólida e a teologia bíblica estabelecem as bases para a exposição teológica. A disciplina da teologia sistemática fornece um resumo prático das doutrinas reveladas por meio da exegese e da interpretação teológica da Bíblia. À medida que os pastores pregam os livros da Bíblia, encontram as variadas doutrinas das Escrituras, o que lhes permite realizar a prática contínua de ensinar todo o desígnio de Deus. Sem essa prática, uma congregação não terá o fundamento e o conhecimento bíblicos para lidar com as realidades da vida. A Epístola de Paulo aos Romanos, teologias sistemáticas e declarações doutrinárias fiéis oferecem aos pastores uma boa estrutura para ensinarem todo o desígnio de Deus.

Perguntas para reflexão

1. Como a visão de Jesus sobre as Escrituras afeta a maneira como os pastores abordam o conteúdo de sua pregação?
2. Como você relacionaria a teologia sistemática ao ensino de Paulo sobre "todo o desígnio de Deus"?
3. Como o momento das instruções pós-ressurreição de Jesus sobre a interpretação e teologia bíblicas impactaram sua comissão aos discípulos de serem testemunhas de sua morte e ressurreição?
4. Como a teologia bíblica forma nossa compreensão do que ensinar a nossas congregações?
5. Que papel a teologia bíblica e a sistemática desempenham em nossa preparação de sermão regular?

PERGUNTA 23
COMO O PASTOR PREPARA UMA EXPOSIÇÃO PASTORAL?

Dentre todas as tarefas que pastores executam, há uma constante: a preparação da pregação de domingo. Pastores precisam estudar regularmente obras sobre hermenêutica/exegese, preparação de sermões e o ato de pregar, enquanto enfrentam o desafio da exposição semanal da Palavra de Deus a suas congregações.[1] Progredir como expositor fiel em meio ao atarefado ministério pastoral não é um desafio pequeno. Pastores não devem temer as mudanças que ocorrem à medida que desenvolvem a capacidade de expor a Palavra a seu povo. Assim como "existe um elemento de arte em todo sermão"[2] que toma forma ao longo do tempo com suor e trabalho,[3] a habilidade artística do

---

1 E.g., Sidney Greidanus, *O Pregador Contemporâneo e o Texto Antigo* (São Paulo: Cultura Cristã, 2006)]; Tremper Longman III, *Reading the Bible with Heart and Mind* (Colorado Springs: NavPress, 1997); Andreas Köstenberger & Richard Patterson, *For the Love of God's Word: an Introduction to Biblical Interpretation* (Grand Rapids: Kregel Academic, 2015); Edmund Clowney, *Pregando Cristo em Toda a Escritura* (São Paulo: Vida Nova, 2021); Dennis E. Johnson, *Him, We Proclaim: Preaching Christ from All the Scripture* (Phillipsburg: P&R, 2007); John Piper, *Supremacia de Deus na Pregação* (São Paulo: Shedd, 2003); J. W. Alexander, *Thoughts on Preaching* (edição original: 1864; Edimburgo: Banner of Truth Trust, 1988); John Stott, *Between Two Worlds: the Art of Preaching in the Twentieth Century* (Grand Rapids: Eerdmans, 1982); D. Martyn Lloyd-Jones, *Pregação e Pregadores*, 2ª ed. (São José dos Campos: Editora Fiel, 2008)]
2 Lloyd-Jones, *Pregação e Pregadores*, p. 77.
3 Ibid., p. 78.

pregador ganha forma ao longo de anos de trabalho fiel na exposição da Palavra de Deus, livro por livro. A forma como prega será aprimorada com o passar dos anos pelo poder da Palavra, pela obra do Espírito, pelo cultivo de sua fé em Cristo, pela providência de Deus, pelo crescente amor por seu rebanho, pelas orações e pela receptividade de sua congregação. Ele, como um pastor fiel da igreja de Cristo, deve enxergar a pregação pastoral como um desenvolvimento contínuo de seus dons e habilidades na preparação e exposição semanal da Palavra (At 20.28).

Minha iniciativa de discutir a preparação do sermão não tenta substituir tratamentos mais longos desse trabalho sagrado. Entretanto, como um aprendiz que pregou milhares de sermões (muitos dos quais se qualificam para passar pelo triturador de papel), simplesmente quero guiá-lo, por meio de minha abordagem, do texto ao púlpito. Embora eu tenha ajustado, refinado, retrabalhado e refeito meu processo ao longo dos anos, ainda sigo um padrão geral de preparação de sermão expositivo que me foi ensinado por um professor de seminário e, depois, reforçado por meio de livros, simpósios, discussões e palestras de expositores notáveis. Portanto, não estou reivindicando originalidade ao meu método. Antes, estou falando audivelmente sobre o que funcionou bem para mim nos últimos 40 anos na preparação de sermões, mantendo em mente a sábia palavra de John Stott: "Não há uma maneira de preparar sermões. Cada pregador tem de desenvolver o próprio método, que se adapte a seu temperamento e situação."[4]

Coloque o texto em seu coração

Depois de decidir qual livro é o mais apropriado para o bem-estar espiritual de sua congregação, é hora de colocar o texto dominical em seu coração.[5] Isso acontece por meio de leitura, meditação e memorização de pelo menos partes dele. Embora um longo texto narrativo seja difícil

---

4 Stott, *Between Two Worlds*, p. 213.
5 Conhecendo seus dons, agenda, temperamento e vida familiar, o pastor precisa, do início do trabalho ao manuscrito final, experimentar ritmos semanais até encontrar o mais apropriado.

Pergunta 23: Como o pastor prepara uma exposição pastoral?

de memorizar completamente no curto espaço de uma semana, coloque o máximo possível dele em seu coração e mente.[6] Uma das melhores partes do trabalho de preparar um sermão acontece longe da sala de estudo, à medida que você trabalha mentalmente o texto, considerando suas áreas de ênfase, a beleza da linguagem, o contexto e as implicações históricas e teológicas, seus temas perceptíveis e sua estrutura. Ainda que a maior parte desse trabalho aconteça naqueles momentos de estudo padrão, descobri que refletir sobre o texto enquanto dirijo, caminho ou estou deitado na cama dá luz ao sermão.

Faça um trabalho de tradução

Mesmo com excelentes traduções, verificar você mesmo o texto no idioma original, observando as nuances da gramática, entendendo como o mesmo escritor bíblico usa palavras e frases em pontos diversos das Escrituras e saboreando a beleza da linguagem escrita para o público original, "abre" o texto bíblico de uma nova maneira. Na verdade, descobri que o trabalho lento da tradução ajuda na memorização do texto. Eu digito minha tradução em espaço duplo ou triplo, fazendo notas explicativas entre parênteses com base nos manteriais de auxílio;[7] então, uso de uma a três páginas (geralmente) para fazer anotações sobre cada versículo, a fim de construir minha compreensão do texto (hermenêutica), com o objetivo de estruturá-lo para a pregação (homilética). Quando termino, geralmente escrevo na(s) página(s) da tradução com cores diferentes, testando temas no topo bem como divisões estruturais nas margens. A maioria das explicações, aplicações, citações e ilustrações que farão parte do manuscrito do sermão serão anotadas nessas páginas de tradução.

---

6   Andrew M. Davis, *Um Método para Memorização Extensiva da Bíblia* (Brasília: Éden, 2022).
7   E.g., *BDAG, TDNT, NIDNTTE* e *LEKGNT* para o grego; *NDITEAT, DITAT* e *BDB* para o hebraico.

Entenda o texto

Meu primeiro objetivo é entender o que o texto significava quando originalmente escrito. "A fim de chegarmos a esta essência, temos de aprender a fazer perguntas ao texto", Martyn Lloyd-Jones nos lembra.[8] O pregador fiel, insiste David Helm, "dá ao contexto bíblico (mais que ao seu próprio contexto) controle sobre o significado do texto".[9] Até eu entender a intenção do Espírito Santo por meio do autor humano, não passo para o sermão (2Pe 1.20-21). Caso contrário, em lugar de expor o significado do texto, eu lhe imporia um significado. O objetivo da exposição é sempre o de ser "porta-voz" do texto.[10] Por mais tempo que leve para lidar com o significado dele até que sua luz irrompa no coração, fique nisso! Concordo com Leander Keck: "A pregação é verdadeiramente bíblica quando (a) a Bíblia governa o conteúdo do sermão e quando (b) a função do sermão é análoga à do texto."[11] O trabalho árduo de cavar entre palavras e frases, lutar com o pano de fundo histórico, ver o AT no NT e o NT cumprindo o AT, pensar a partir do ângulo da teologia bíblica, lutar com o lugar do texto no cânon maior e enxergar o significado pretendido do texto deve continuar até que eu saiba o que o texto significa. Muito antes de me preparar para alimentar o rebanho no domingo, alimento minha própria alma com a riqueza da Palavra de Deus enquanto estudo e me preparo.

Depois de traduzir o texto e meditar sobre ele, anotando, ao longo do caminho, algumas ideias que podem lançar luz sobre seu significado e exposição, lerei uma série de comentários e exposições. Faço isso por pelo menos quatro razões: (1) quero verificar e refinar minha

---

8 Lloyd-Jones, *Pregação e Pregadores*, p. 187. Veja a própria p. 187 para sugestões de perguntas. Ele chama isso de aprender a falar com seu texto: "Eles [os textos bíblicos] falam conosco, e devemos conversar com eles. Façamo-lhes perguntas." (p. 187-88).
9 David Helm, *Expositional Preaching: How We Speak God's Word Today* (Wheaton, IL: Crossway, 2014), p. 40 [*Pregação Expositiva: Proclamando a Palavra de Deus Hoje* (São Paulo: Vida Nova, 2016)].
10 J. I. Packer, *God Has Spoken* (Grand Rapids: Baker, 1979), p. 28.
11 Leander Keck, *The Bible in the Pulpit: the Renewal of Biblical Preaching* (Nashville: Abingdon, 1978), p. 106, citado em Greidanus, *Modern Preacher*, p. 10.

interpretação à luz de outros pastores, teólogos e estudiosos que trabalharam nesse mesmo texto; (2) quero reforçar meu sermão com material apropriado ou citações adequadas para explicar ou ilustrar o texto; (3) quero ampliar meu pensamento com boa erudição; e (4) quero expor minha congregação a intérpretes, teólogos e pregadores fiéis.[12]

Identifique o tema

Enquanto trabalho com o significado do texto, procuro o fio que o atravessa, unindo suas palavras, frases, sentenças e teologia para dar-lhes um significado unificado. Esse é o tema do texto, isto é, o "pensamento dominante",[13] a essência ou "a verdade central".[14] Escreva-o em uma frase completa — da forma mais breve, concisa e pungente possível. Eu trabalho nessa frase, tentando usar o máximo de linguagem ativa (não passiva) possível. Quero que a frase salte quando falada, porque, em certo sentido, ela declara todo o sermão em poucas palavras.[15] Pode ser um indicativo ou imperativo, enquanto comunica a implicação presente do sermão.[16] Eu sempre coloco essa declaração de tese na introdução do sermão, sendo enfático ao pronunciá-la, a fim de que a congregação saiba exatamente o que prego. Charles Simeon explicou que essa "proposição categórica" é "o grande segredo de toda composição destinada

---

12 Para identificar bons comentários, consulte Tremper Longman III, *Old Testament Commentary Survey* (Grand Rapids: Baker, 2007); D. A. Carson, *New Testament Commentary Survey* (Grand Rapids: Baker, 2007). Para exposições sobre cada livro da Bíblia, veja https://www.monergism.com/scripture.
13 Stott, *Between Two Worlds*, p. 224-25.
14 Alec Motyer, *Preaching? Simple Teaching on Simply Preaching* (Ross-shire: Christian Focus, 2013), p. 33-35.
15 Alguns recomendam declarar em uma frase o tema do texto e, em uma segunda frase, identificar o tema do sermão. Opto por um único tema, visto que meu sermão deve refletir claramente o significado do texto.
16 O tema não é uma reflexão histórica (pode haver exceções em algumas ocasiões), mas uma declaração da ação divina que tem relação com o passado, com o presente e, dado o contexto, com o futuro. Como exemplo, meu tema de 1 Coríntios 2.1-5 — "O ministério evangélico fiel centrado no Cristo crucificado vai contra toda vanglória de sabedoria, habilidade e realização" — captura o contexto histórico, mas também vai ao ponto do sermão e à sua aplicação atual.

ao púlpito".[17] Ele ainda a descreveu como uma maneira de "parafusar a Palavra na mente de seus ouvintes", de modo que, "quando girada algumas vezes, dificilmente poderá ser retirada".[18]

Desenvolva a estrutura

A estrutura do sermão *deve* estar ancorada no texto, conforme expresso pelo tema do sermão. Ao referir-me à estrutura, aludo à forma, às divisões ou ao esqueleto sobre o qual você constrói o sermão. Essencialmente, fazemos isso por meio de algum tipo de esboço. Lloyd-Jones escreve de maneira útil: "Nunca force uma divisão". Não tente criar um esboço que não seja bem representado pelo seu texto, conforme declarado em seu tema. Ele acrescenta: "As divisões devem ser naturais, e aparentemente inevitáveis"[19] — portanto, nada inventado por astúcia. Ao dizer que os títulos devem ser "naturais", Lloyd-Jones quis dizer que devemos usar uma linguagem que seja comunicativa e que se encaixe no restante do sermão. Evite frases desajeitadas, palavras obtusas, expressões arcaicas, coloquialismos e sentenças excessivamente longas. Seja nítido e claro; use palavras vívidas e ativas.

Em um sermão recente sobre Lucas 15.11-24, que trata do filho pródigo, minha exposição concentrou-se na ideia central de que essa parábola nos ensina mais sobre o pai gracioso do que sobre os dois filhos. No entanto, para chegar ao ponto focal, tive de descompactar o caminho de volta ao pai (esse sermão focou apenas a primeira parte da parábola). Meu tema — "O Pai mostra uma alegria extravagante ao celebrar os pecadores arrependidos" — tinha dois títulos voltados para o clímax da conclusão. A fim de mostrar a alegria do Pai, expus a prodigalidade

---

17 Charles Simeon, *Horae Homileticae* (11 vols.), XXI, s.p. (grifo original), citado em Stott, *Between Two Worlds*, p. 226.
18 Charles Simeon, *Christian Observer* (dezembro de 1821), em Hugh Evan Hopkins, *Charles Simeon de Cambridge* (Londres: Hodder & Stoughton, 1977), p. 59, citado em Stott, *Between Two Worlds*, p. 226.
19 Lloyd-Jones, *Pregação e Pregadores*, p. 193.

do filho mais jovem e o arrependimento final que o trouxe à alegre celebração de seu pai. O esquema desenrolou-se da seguinte forma:

I. A inclinação do coração para longe de Deus decorrente
   1. De uma atitude de coração autocentrada e egocêntrica
   2. Do distanciamento intencional de influências espirituais
   3. Da indulgência descuidada no pecado
   4. Da cegueira em relação às consequências do pecado
II. O caminho do arrependimento para com Deus
   2. Como uma mudança de opinião
   3. Como uma nova atitude ou nova maneira de pensar
   4. Como um desvio decisivo de uma vida para outra
   5. Como um claro domínio sobre o pecado e reconhecimento dele
   6. Como uma admissão da necessidade de misericórdia
   7. Como uma humilde confiança na misericórdia e graça de Deus

A conclusão concentrou-se em como o pai respondeu com misericórdia, graça, reconciliação e celebração — da mesma forma que o Pai celestial faz conosco, que foi o ponto que Jesus destacou nas três facetas daquilo que, na verdade, é uma única parábola (ovelha perdida, moeda perdida, filhos perdidos). O esboço seguia a história que Jesus contou sobre o filho rebelde que, por fim, caiu em si, retornando humildemente à vida com o pai. O contexto moldou meu tema (Lc 15.1-2). Nele, Jesus contou a parábola para explicar aos fariseus e escribas que a visão deles a respeito de Deus não oportunizava uma compreensão de sua maneira graciosa de lidar com os pecadores. Em vez de deixar de lado os corruptos e não religiosos coletores de impostos assim como os pecadores em geral, o Senhor os persegue até que os leve à sua jubilosa celebração de que aquele que "estava morto [...] reviveu", aquele que "estava perdido [...] foi achado" (Lc 15.24). O que os fariseus e escribas consideravam digno de murmuração foi declarado por Jesus o caminho de Deus ao lidar com pecadores.

Teologicamente, a parábola ensina a depravação total do homem, a misericórdia e a graça de Deus, arrependimento e fé, o fracasso da justiça pelas obras (visto no irmão mais velho) e a natureza amorosa, misericordiosa, graciosa, perdoadora, generosa e alegre de Deus. No entanto, o tema abrangente, enquanto nos ajuda a lidar com conceitos soteriológicos, leva-nos a entender, por meio da celebração do Pai, a maneira como Deus lida com os pecadores.

Componha o manuscrito

A exposição provavelmente conterá uma introdução, um corpo e uma conclusão. Estamos acostumados a essa forma de dissertação. Um sermão, contudo, está acima de um ensaio, pois não é simplesmente uma ideia bem pesquisada, mas um porta-voz de um texto específico da Palavra de Deus. Dado o gênero do texto, a estrutura trifásica pode variar. Por exemplo, um sermão narrativo deve refletir a *história*, de modo que uma introdução e conclusão típicas encontradas em uma passagem mais didática podem estar envoltas no estilo narrativo da pregação. Na maioria dos casos, a aplicação deve ser feita ao longo do sermão. Porém, em um sermão narrativo, pode-se deixar a aplicação para a conclusão.

A *introdução*, como sustenta Stott, (1) "desperta o interesse, estimula a curiosidade e aguça o apetite por mais", bem como (2) "introduz genuinamente o tema, levando os ouvintes a ele".[20] Muitos recomendam escrever a introdução depois de terminar o corpo do sermão. Considero que a introdução, com o objetivo de lançar o tema, deve ajudar a moldar o fluxo do sermão. Com isso em mente, quase sempre escrevo minha introdução primeiro, depois de estabelecer uma estrutura homilética claramente elaborada. A introdução prepara o palco para o sermão. Ela fornece uma razão para a congregação ouvi-lo. Levanta questões críticas a serem respondidas pelo texto exposto.

---

20 Stott, *Between Two Worlds*, p. 244.

Pergunta 23: Como o pastor prepara uma exposição pastoral?

As introduções podem variar na abordagem. Com frequência, gosto que a primeira linha da introdução seja tão concisa e cativante quanto possível. Deixe-me oferecer alguns exemplos. "O inesperado acontece" (Sl 42–43, "Esperança em Deus"). "Um Deus distante não é uma grande preocupação ou ameaça" (Sl 139, "Deus está presente"). "Detalhes importam" (Lc 1.57-80, "Seu nome é João"). "Jesus salva aqueles que julgamos insalváveis" (Lc 8.26-39, "Ele faz grandes coisas"). Ou, quando não escrevo essa primeira linha concisa, conto uma história com a qual os ouvintes possam se identificar, estabelecendo as bases para anunciar o tema do sermão. Ou, quando útil, uso uma citação de um sermão ou artigo; também posso aludir a um evento atual ou a uma figura histórica que chamará a atenção do ouvinte. Se a introdução não despertar o interesse da congregação, o corpo do sermão provavelmente também não o fará.

Normalmente, coloco o tema da exposição no fim da introdução, seguido de uma ou duas perguntas que desafiarão a mente do ouvinte a se engajar no trabalho de pensar sobre o texto. As exposições pastorais devem sempre fazer com que a congregação pense no texto — o que significa, por que foi escrito, como se relaciona com minha vida, por que importa, como devo responder a ele e assim por diante.

O *corpo do sermão* segue o progresso lógico do esboço que foi elaborado durante a preparação. Deve refletir a compreensão do expositor sobre o significado do texto, seu contexto histórico e teológico, seu lugar na teologia bíblica, suas implicações teológico-sistemáticas e sua aplicação. Porém, não deve ser lido como um comentário ou palestra. Antes, é preciso que seja, como Lloyd-Jones tão habilmente declarou, "lógica pegando fogo! É raciocínio eloquente! [...] É teologia em chamas."[21] A forma como cada um realiza essa tarefa de compor o corpo do sermão varia de um pregador para outro. Contudo, colocá-lo no papel (seja à mão ou impresso) nos permite examiná-lo para conferir cada palavra e cada detalhe. Isso nos dá a chance de testar a teologia e a aplicação do sermão que surgem a partir do texto bíblico, além de fornecer tempo

---

21 Lloyd-Jones, *Pregação e Pregadores*, p. 95.

não apenas para limpar palavras ruins, irregularidades gramaticais e excesso de palavras, como também para purgar as tendências da carne de chamar a atenção para si em um ambiente público.

A *conclusão* deve ser apenas uma conclusão. Conclua o sermão, não o repregue. A conclusão deve ir "além da recapitulação; deve passar para a aplicação pessoal",[22] reiterando aplicações anteriores feitas durante o sermão e/ou trazendo à tona a principal aplicação quando o sermão termina. Ele pode terminar com uma consciência muito forte produzida pelo texto ou, como é o caso do sermão de Lucas 15 mencionado anteriormente, com uma alegre antecipação do céu eclodindo em celebração pelo arrependimento de um pecador. Deixe sua conclusão estimular o pensamento e a ação da congregação.

Resumo

Terminar o manuscrito do sermão significa que o pastor entende o contexto histórico do texto e suas implicações teológicas e que identificou o tema e a estrutura de apoio que o reflete. Sua introdução, o corpo do sermão e a conclusão explicam e aplicam o texto. Todavia, a preparação não acabou. O objetivo nunca deve ser ler o manuscrito para a congregação. Pregue o texto, não o manuscrito. Com isso, quero dizer: viva no texto para que ele se torne parte de seu pensamento e de sua vida. O manuscrito é uma ferramenta para guiá-lo ao longo do caminho, mas não deve impedi-lo de sentir o peso, a alegria, a seriedade, o prazer, o poder e a autoridade do texto bíblico. Embora o manuscrito do sermão seja ainda importante, o texto deve ser muito mais. Implore ao Espírito Santo que opere através de sua fraqueza para falar com autoridade e poder. Ore a Deus que a Palavra tenha impacto no pensamento e na ação da congregação.

Trabalhe em espírito de oração no manuscrito de seu sermão a ponto de pregá-lo de forma eficaz, com bom contato visual o tempo todo. Todo pastor precisará encontrar um ritmo que o ajude a pregar

---

22 Stott, *Between Two Worlds*, p. 246.

sem confiar demais em seu manuscrito. Se for necessário repassar o seu sermão três, quatro ou dez vezes, faça-o, orando por aqueles que o ouvirão no domingo e sentindo o fardo de servir de "porta-voz" para o texto.

Perguntas para reflexão

1. Quais são as recomendações iniciais presentes neste capítulo sobre como chegar ao texto bíblico?
2. O que deve ser entendido sobre o texto antes de se desenvolver o sermão?
3. Por que o tema do sermão é de importância vital?
4. Que recomendações sobre o desenvolvimento da estrutura ou da forma do sermão se mostraram úteis para você?
5. Qual é o papel da introdução no sermão?

PERGUNTA 24
POR QUE O PASTOR DEVE PREGAR TODOS OS LIVROS DA BÍBLIA?

Expressando sua convicção de que o pastor é responsável pelas ovelhas do rebanho de Deus, John Stott observa: "Pois a principal responsabilidade do pastor que 'cuida' de suas ovelhas é 'alimentá-las'."[1] Ele usa a alimentação como uma metáfora "para ensinar a igreja. O pastor, então, é essencialmente o professor".[2] Se Stott estiver certo — e eu certamente acho que está —, o pastor precisará decidir o que dar de alimento à sua congregação. Como em um ambiente doméstico, as refeições não são iguais. Algumas têm um bom valor nutricional e auxiliam no desenvolvimento e no crescimento das células, enquanto outras (*junk food*, por exemplo) simplesmente preenchem um espaço vazio. Os pastores, ao alimentarem seus rebanhos, nunca devem cair na armadilha de preencher um lugar vazio. Devem alimentar o rebanho de Deus com a Palavra (Sl 19.7-14), para que ele cresça "em tudo naquele que é a cabeça, Cristo" (Ef 4.15).

Porém, como fornecer esse alimento para o rebanho? Eu e um colega pastor discutimos com um grupo de pastores sobre o que pregavam em suas igrejas. Embora a maioria pareça concordar que a exposição bíblica deva ter prioridade na igreja, poucos acharam sábio pregar

---

1   John R. W. Stott, *Between Two Worlds: the Art of Preaching in the Twentieth Century* (Grand Rapids: Eerdmans, 1982), p. 118.
2   Ibid., p. 118.

consecutivamente os livros da Bíblia — em particular, por intermédio de séries que se estendessem para além de 12 semanas. J. W. Alexander, pastor e professor presbiteriano do século XIX, discordou: "O método expositivo de pregação é a maneira mais óbvia e natural de transmitir aos ouvintes a importância do texto sagrado."[3] Ao definir esse método como *expositivo*, ele focalizou diretamente a necessidade de se conduzir a congregação consecutivamente ao longo de um livro da Bíblia, lidando com a totalidade dele, considerando seu contexto e teologia, permitindo que o texto escolhido da semana sirva de foco total do sermão. O texto de cada semana conecta-se com o que veio antes e com o que virá depois. O pastor galês Martyn Lloyd-Jones, que seguiu esse plano em seu pastorado em Londres, mostra como o contexto do livro afeta cada exposição consecutiva. Ele escreve: "Em um sermão [expositivo], o tema ou a doutrina é algo que surge do texto e de seu contexto e que é ilustrado por esse texto e contexto."[4] Alexander destaca que os dois maiores pregadores das igrejas grega e latina, Crisóstomo e Agostinho, seguiram esse padrão expositivo. Assim também fizeram Lutero e Calvino, reformadores do século XVI, bem como os não conformistas do século XVII. Ele acrescenta que "a exposição, em curso regular, era considerada uma parte necessária do trabalho ministerial" para os não conformistas.[5]

Pode-se entender o desafio de pregar séries mais longas de livros da Bíblia. Porém, o valor de treinar uma congregação na exposição regular das Escrituras supera em muito a preocupação com a duração das séries. Alexander mencionou camponeses escoceses que superaram congregações mais sofisticadas em sua compreensão e aplicação da Palavra de Deus por acompanharem consistentemente, "em suas pequenas Bíblias", a exposição semanal dos livros da Bíblia feita pelo seu pastor.

---

3 J. W. Alexander, *Thoughts on Preaching* (edição original: 1864; Edimburgo: Banner of Truth Trust, 1988), p. 229.
4 D. Martyn Lloyd-Jones, *Pregação e Pregadores*, 2ª ed. (São José dos Campos: Fiel, 2008)].
5 Alexander, *Thoughts on Preaching*, p. 231-33.

Ele ponderou: "Há algo de belo na ideia em si de treinar uma congregação inteira no estudo regular das Sagradas Escrituras."[6]

Minha própria experiência provou isso repetidamente. Os 44 sermões que preguei com base na Epístola aos Efésios, em 1990–1991, transformaram muito minha vida, minha teologia e minha congregação. Oito ou dez sermões não seriam suficientes para erradicar a teologia defeituosa e nos colocar no caminho certo. Os 52 sermões baseados em Hebreus, em 2000–2001, aguçaram nossa compreensão do Evangelho e sua aplicação a toda a vida. Os 42 sermões de Apocalipse, em 2006–2007, levaram-nos às profundezas da adoração e da compreensão dos propósitos redentores de Cristo para a igreja que ainda tínhamos de entender. Parece-me que devemos decidir nosso objetivo: meramente expor uma congregação a um livro ou expô-lo meticulosamente, para que sua importância, doutrinas e aplicações sejam comprrendidas.

Por que pregar consecutivamente os livros da Bíblia? Aqui estão sete razões importantes.

1. Os pastores têm a responsabilidade de pregar toda a gama de ensinamentos da revelação bíblica.

Paulo disse aos anciãos de Éfeso: "... porque jamais deixei de vos anunciar todo o desígnio de Deus." (At 20.27). Ele não poderia abordar apenas suas questões favoritas; em vez disso, intencionalmente procurou proclamar de forma abrangente a vontade de Deus aos pecadores e aos redimidos. Estar diante do Senhor para prestar contas foi provavelmente o que levou Paulo a ser tão meticuloso. "Consequentemente, ele não pode ser responsabilizado se algum deles perecer."[7] Os pastores australianos Phillip Jensen e Paul Grimmond explicam que a pregação expositiva genuína não apenas respeita toda a Bíblia como a Palavra de Deus, como também afirma que pregar expositivamente "significa planejar pregar toda a Bíblia, em lugar de apenas as partes que achamos

---

6 Ibid., p. 236-37
7 John Stott, *The Spirit, the Church, and the World: the Message of Acts* (Downers Grove: InterVarsity, 1990), p. 326

agradáveis ou confortáveis".[8] Escolher textos mais fáceis ou "da moda" pode simplificar a tarefa de pregação do pastor, mas simultaneamente fará com que a congregação fique faminta e anêmica espiritualmente.

"Todo o desígnio de Deus" refere-se "a todo o plano de Deus para a humanidade e para a ordem criada, revelado nas Escrituras e cumprido em Jesus Cristo".[9] Alexander faz uma advertência aos pastores: "textos aleatórios e isolados" negligenciarão "doutrinas ou deveres muito importantes". Como evitar essa negligência? "A exposição regular de alguns livros inteiros, bem selecionados, seria bem-sucedida em suprir todos os defeitos desse tipo."[10] Apenas fazer pregações doutrinárias tópicas sobre doutrinas difíceis não será suficiente. Como Alexander explicou, somente quando o pastor expõe essas doutrinas "em sua conexão bíblica" por meio da exposição dos livros é que elas ficam mais claras, e a congregação compreende melhor todo o desígnio de Deus.[11]

2. Pregar consecutivamente um livro permite ao pastor e à congregação a oportunidade de absorver melhor o propósito de Deus e o impacto do texto sobre o público original.

Não muito tempo atrás, completei a pregação de 50 sermões sobre Gênesis. O que me surpreendeu durante esse período de estudos e pregações era como a narrativa bíblica apresentava vários pontos de crescimento que teríamos perdido se eu tivesse pregado sobre apenas alguns textos selecionados. Por exemplo, Abraão oferecendo Isaque por ordem de Deus é certamente uma das cenas mais magníficas do Antigo Testamento a dar testemunho do propósito de Deus para seu povo, ao mesmo tempo que aponta para Cristo como nosso substituto. Contudo, se pregarmos Gênesis 22 sem termos percorrido a longa jornada desde Gênesis 12, em que Deus chamou Abraão para fora do paganismo e

---

8 Phillip Jensen & Paul Grimmond, *The Archer and the Arrow: Preaching the Very Words of Deus* (Kingsford: Matthias Media, 2010), p. 40.
9 David G. Peterson, *The Acts of the Apostles* (Grand Rapids: Eerdmans, 2009), p. 567
10 Alexander, *Thoughts on Preaching*, p. 240-41
11 Ibid., p. 240.

Pergunta 24: Por que o pastor deve pregar todos os livros da Bíblia?

o preservou fielmente em meio a muitos altos e baixos, enquanto ele esperava o desdobramento da promessa divina de que teria um filho, perderemos algo do *pathos* destinado ao público original. Você pode imaginar a primeira plateia de Gênesis, enquanto ouvia o desenrolar da história — as promessas de Deus que dependiam do herdeiro solitário do patriarca —, ofegante diante da ordem, aparentemente sem sentido, que Deus deu ao patriarca, mandando-lhe sacrificar seu "único filho"? O cutelo ergueu-se acima daquele que segurava a chave de tudo o que Deus havia prometido nos dez capítulos anteriores. E Deus providenciou um substituto — e, ao fazê-lo, preservou a linhagem de Abraão, que, por fim, abençoou as nações por meio da pessoa de Jesus Cristo. A ênfase no substituto assume um significado mais importante com esse pano de fundo. Sim, podemos simplesmente pregar Gênesis 22 — e essa pregação seria poderosa —, mas suponho que perdemos um pouco de seu efeito quando deixamos de acompanhar essa saga juntos, a cada semana, nos dez capítulos anteriores.

3. Pregar consecutivamente os livros da Bíblia dá ao pastor e à congregação uma melhor compreensão de um livro — e, se ele for devidamente exposto, uma compreensão mais completa da teologia bíblica.

Posso pregar Efésios 2.8-10 exortando meus ouvintes a dependerem somente da graça de Deus em Cristo. Todavia, se eu levei minha congregação ao topo da montanha teológica no capítulo 1, desci às profundezas mais escuras da pecaminosidade humana na abertura do capítulo 2 e ouvi a declaração de Paulo sobre a graça, "Mas Deus", em Efésios 2.4, descubrirei que Efésios 2.8-10 terá um poder maior para os meus ouvintes. O contexto teológico dá peso à passagem exposta. Como insiste Lloyd-Jones, "a pregação sempre deve ser teológica", o que apresenta um desafio à pregação de textos isolados.[12] Séries curtas que ignoram o contexto doutrinário

---

12 Lloyd-Jones, *Pregação e Pregadores*, p. 65.

mais abrangente podem encurtar a pregação e tornar as coisas mais palatáveis às congregações biblicamente iletradas, mas também enfraquecem o impacto doutrinário que edificaria e amadureceria a igreja. Não tenha medo de que a exposição doutrinária pareça árida. Tim Keller escreve: "O objetivo da pregação é não apenas expor a doutrina, mas também torná-la real para o coração e, portanto, permanentemente transformadora para a vida."[13] A teologia corretamente compreendida produz a mudança do coração.

4. Pregar consecutivamente os livros da Bíblia desafia o estudo, a disciplina, a hermenêutica, as forças homiléticas, a visão e a vida de oração do pastor.

A pregação expositiva é um trabalho árduo. "É muito comum observar", escreveu Alexander, "que a pregação expositiva é extremamente difícil".[14] Um pastor precisará "amar seu trabalho" e "estar possuído de um entusiasmo que nunca o fará perder de vista a tarefa iminente".[15] Ele deve trabalhar diligentemente no texto para entender seu significado em seu contexto original (2Tm 2.15). Ele interpreta o texto, medita nele, compara traduções, percorre o significado contextual das palavras e frases particulares, pensa sobre as implicações teológicas de uma preposição, lê comentários, pondera posições e luta com a interpretação correta antes de chegar perto de compor um sermão. Levando em conta seu estudo diligente, ele agora luta para fazer do tema do texto o ponto focal de sua exposição. Ele estuda para entender como as várias vertentes do sermão emergem do tema do texto. Considera como o contexto mais amplo afeta a interpretação e a aplicação da passagem, bem como remonta ao contexto mais amplo, mas sem copiar e colar de um sermão anterior. Ao mesmo tempo, ora por seu rebanho e procura saber como aplicar o significado da passagem às

---

13 Timothy Keller, "A 'Tract for the times'", em D. Martyn Lloyd-Jones, *Preaching and Preachers: 40th anniversary edition* (Grand Rapids: Zondervan, 2011), p. 94.
14 Alexander, *Thoughts on Preaching*, p. 242.
15 Ibid., p. 235.

necessidades prementes de suas ovelhas. Sente o peso do texto e da congregação pressionando-o para a exposição de domingo. O relógio passa, outros deveres chamam, mas ele deve permanecer firme para expor a Palavra de Deus àqueles de quem prestará contas (Hb 13.17). Ele também aprende a confiar na graça de Deus e no poder do Espírito Santo durante a preparação e a pregação. O tempo de estudo afeta profundamente o expositor antes mesmo de afetar a congregação.

5. Pregar consecutivamente os livros da Bíblia mantém o pastor no enredo bíblico, para que não evite aqueles textos desconfortáveis que, de outra forma, nunca pregaria.

Tim Keller explica:

> A chave para sempre pregar o Evangelho é sempre pregar Cristo, e a chave para isso é descobrir como seu texto em particular se encaixa no contexto canônico completo e participa como um capítulo da grande narrativa bíblica, que mostra como Deus nos salva e renova o mundo por meio da salvação pela livre graça em seu Filho, Jesus Cristo.[16]

Em minhas exposições de Gênesis, lutei com a embriaguez de Noé, com os atos incestuosos de Ló e com o adultério de Judá com sua nora. Eu não escolheria voluntariamente esses textos para exposições tópicas! No entanto, eles fazem parte do enredo das Escrituras que nos ajuda a entender a condição decaída, a promessa do Rei messiânico e a necessidade da graça de Deus para redimir os pecadores. Esses textos ajudaram minha congregação a entender a mensagem de Gênesis, enfatizando que o Deus vivo preserva seu povo apesar de suas vidas confusas. Também demonstrou, através da linhagem de Judá, a verdadeira humanidade de nosso Senhor Jesus, para que ele pudesse se tornar o Redentor perfeito (Hb 7.14; 2.14-18).

---

16 Timothy Keller, *Preaching: Communicating Faith in an Age of Skepticism* (Nova York: Viking, 2015), p. 70 [*Pregação: Comunicando a Fé na Era do Ceticismo* (São Paulo: Vida Nova, 2017)].

6. Pregar consecutivamente os livros da Bíblia dá às congregações a chance de meditar mais profundamente sobre determinado livro, explorando suas riquezas, absorvendo suas doutrinas e fazendo aplicações pontuais na vida diária.

Por exemplo, se você trabalha com um livro, considera regularmente seu contexto até que ele comece a ficar na mente da congregação (para não mencionar sua própria mente). A lógica de um texto em particular encaixa-se na grande lógica do contexto maior que você entreteceu na exposição, e isso dentro da estrutura das Sagradas Escrituras. Com o passar dos anos, por meio de pregações expositivas constantes, a congregação começa a pensar biblicamente. À medida que o cristão lê a Bíblia e pensa nas passagens desse livro ou de outros em seus momentos devocionais e de estudo, passa a compreender o contexto, e essa compreensão forma sua interpretação, assim como sua capacidade de reconhecer as doutrinas encontradas no texto. Essa leitura da Palavra resulta em uma aplicação mais fiel ao cotidiano. Alexander observa: "Os hábitos mentais de qualquer comunidade cristã derivam principalmente da pregação que ouve."[17] A exposição regular ensina uma hermenêutica sadia à igreja enquanto ela escuta com suas Bíblias abertas. A meditação dos crentes, consequentemente, será feita de modo contextual, pelo que se desenvolverá uma compreensão mais rica da doutrina e da aplicação. Pode-se fazer uma carne no microondas e servi-la aos convidados (séries curtas com base em livros bíblicos), mas o assar lentamente do forno (exposição completa do livro) fará a carne absorver melhor os sabores e ficar macia, além de tornar a refeição mais satisfatória. A exposição bíblica regular, livro por livro, proporciona às congregações locais a possibilidade de participar de um banquete privilegiado.

A exposição consistente dos livros combate o analfabetismo bíblico nos bancos. Em vez de ter medo de fazer exposições mais longas devido à má compreensão das Escrituras por parte da congregação, exatamente o oposto deveria ser verdade. Como disse meu amigo pastor

---

17 Alexander, *Thoughts on Preaching*, p. 240.

Pergunta 24: Por que o pastor deve pregar todos os livros da Bíblia?

Chris Spano: "Deveria ser óbvio que a melhor maneira de combater o analfabetismo bíblico não é ensinar às pessoas menos da Bíblia, e sim muito mais da Bíblia."[18] Portanto, comece com livros e/ou séries menores (Fp, 1Ts, Ml etc.); depois, vá em direção a mensagens mais substanciais, de pequenos ou grandes livros da Bíblia. Em lugar de dez sermões sobre Filipenses, pregue 20. Em vez de se ater a livros com menos de cinco capítulos, passe a pregar um Evangelho, Romanos, Hebreus ou uma narrativa do Antigo Testamento. Sua congregação será muito beneficiada em decorrência de uma exposição fiel e paciente.

7. Pregar consecutivamente os livros da Bíblia, uma vez que a congregação é treinada para ouvir, será muito mais interessante do que o método de pular trechos da Bíblia ou pregar séries tópicas.

Sem dúvida, muitas pessoas mal podem esperar para ouvir o que o pastor dirá — ou fará — no púlpito no domingo. Isso, porém, não é comum em igrejas onde a exposição consecutiva será ouvida semana a semana. Em vez disso, a congregação vem porque mal pode esperar para ouvir o que a Palavra de Deus declara. O pastor percebe que é apenas "um porta-voz de seu texto".[19] Em lugar de artimanhas de púlpito para fazer com que as pessoas retornem, os expositores fiéis dependem da suficiência da Sagrada Escritura para fazer seu trabalho, à medida que o Espírito Santo se move entre eles. Esses "ensinamentos puros do Espírito, acompanhados de explicações adequadas, ocupam a mente do pregador", enquanto ele expõe os livros da Bíblia semana a semana.[20]

Resumo

Estou sugerindo que todos nós preguemos por 13 anos sobre o livro de Romanos, como fez Martyn Lloyd-Jones (sem terminar)?

---

18 Correspondência pessoal, 22 de março de 2019.
19 J. I. Packer, *God Has Spoken* (Grand Rapids: Baker, 1979), p. 28.
20 Alexander, *Thoughts on Preaching*, p. 236.

Ou que preguemos por mais de 40 anos sobre o livro de Jó, como fez o puritano Joseph Caryl? Ou até mesmo que preguemos 180 sermões sobre Gênesis, como James Montgomery Boice? De jeito nenhum! Em vez disso, pensemos em uma maneira mensurável de trabalhar adequadamente um livro da Bíblia, dando-nos tempo como pregadores para absorvê-lo e concedendo a nossas congregações a chance de lidar com sua mensagem.[21]

O pastor deve decidir o que pode fazer e o que a congregação pode absorver — isso varia de uma igreja para outra e de um líder para outro. É certo que muitas congregações não estão prontas para passar um ano ou dois debruçadas sobre Gênesis, Romanos ou João. O pastor também pode não estar pronto para isso. É necessário treinamento para pastores e congregações, começando com livros menores e trabalhando até chegarem a livros mais longos, enquanto se ensina a congregação a ler, ouvir, meditar e interpretar a Palavra. Contudo, no fim, à medida que o pastor e a congregação crescem juntos na exposição e na escuta da Palavra de Deus, certamente haverá profundidade e satisfação com a suficiência da Sagrada Escritura. Não consigo imaginar nenhum pastor pregando os livros da Bíblia, olhando para trás e dizendo: "Gostaria de não ter passado tanto tempo pregando os livros da Bíblia para as pessoas das quais prestarei contas a Deus."

Perguntas para reflexão

1. Como você reagiu à citação de J. W. Alexander: "Há algo de belo na ideia em si de treinar uma congregação inteira no estudo regular das Sagradas Escrituras"? Você concorda com ele?
2. O que significa para a pregação contemporânea pregar "todo o desígnio de Deus", como Paulo disse aos presbíteros de Éfeso?

---

21 Como sugestão, achei útil verificar sites de expositores para ver como eles dividiram vários livros em segmentos de pregação. Pode-se também encontrar ajuda na série *Preach the Word*, de Kent Hughes (Crossway), bem como em *Reformed Expository Commentary Series* (P&R).

3. Como a pregação consecutiva dos livros da Bíblia afeta a compreensão da teologia bíblica da congregação?

4. O que é preciso para o pastor manter o ritmo da pregação de livros da Bíblia ano após ano?

5. J. I. Packer afirma que o pastor é "um porta-voz do texto". Como essa declaração reflete a maneira como você tem pregado a Palavra de Deus para a sua congregação?

PERGUNTA 25
COMO O PASTOR DEVE DECIDIR QUAL LIVRO PREGAR PARA SUA CONGREGAÇÃO?

Comer na cafeteria de uma escola por 12 anos fez com que eu me acostumasse a refeições repetitivas. Com pouca variedade, esses alimentos preparados em grande quantidade fizeram pouco por minhas papilas gustativas e provavelmente menos ainda por minhas necessidades alimentares. Eu desejava algo diferente, algo que fosse além de carne, feijão e batatas, mas a equipe se concentrava na conveniência, e não em uma ampla variedade culinária.

Da mesma forma, pastores podem tornar-se complacentes em relação ao que servem do púlpito, concentrando-se na conveniência da preparação, e não em uma dieta saudável para a congregação. Com demandas administrativas, pastorais e de aconselhamento crescentes, a tarefa do púlpito pode ficar limitada a alguns poucos temas ou gêneros bíblicos, em vez de trazer "todo o desígnio de Deus" (At 20.27).

Pregar toda a Escritura desafia pastores e congregações no que tange à preparação e à escuta. No entanto, uma vez que toda a Bíblia é a Palavra infalível de Deus, pela qual ele pretende que seu povo seja treinado e equipado, dar importância ao alcance das Escrituras deve ser uma prioridade na pregação e no ministério de ensino da igreja (2Tm 3.16-17). Treinar uma congregação para ouvir atentamente a Palavra de Deus pode exigir tempo, discussão e exposição a vários gêneros bíblicos.

Fazer isso se mostra necessário para a saúde e para a vitalidade da igreja local.

Como um pastor deve, então, decidir quais livros da Bíblia pregar em sua congregação? Abordaremos essa questão considerando algumas avaliações críticas que determinarão a decisão, tanto no planejamento do início do ministério do pastor quanto no planejamento a longo prazo da pregação pastoral.

Avaliações críticas

Os pastores não devem abusar de suas congregações ou de si mesmos ao planejar a pregação. Pelo menos quatro áreas precisam ser consideradas para estabelecer as bases do planejamento de quais livros pregar.

1. Esteja comprometido com a exposição bíblica em sua pregação semanal

O compromisso com a exposição contínua vincula o pastor à Bíblia como base de sua pregação. Informar a congregação desde o início de que as exposições semanais serão dos livros da Bíblia evitará a tentação de seguir um caminho mais fácil. Ao trabalhar livro a livro, o pastor despertará o interesse da congregação, que descobrirá que a riqueza da Palavra de Deus é aplicável a toda a vida. À medida que a congregação desenvolve a capacidade de ouvir fielmente, aumenta sua fome por todo o desígnio de Deus.[1] Quando a congregação passa a ouvir e a aplicar a Palavra de Deus, o pastor sente uma demanda crescente por se preparar diligentemente para a exposição da Palavra. Pastor e congregação crescem juntos nesse compromisso de exposição bíblica semanal.

---

1 Ken Ramey, *Expository Listening: a Handbook for Hearing and Doing God's Word* (Woodlands: Kress Biblical Resources, 2010). No prefácio, Lance Quinn escreve: "Ouvir ativamente a pregação da Palavra de Deus requer disposição mental, atenção, concentração e um coração espiritualmente receptivo" (xi).

2. Avalie o entendimento doutrinário da congregação

Às vezes, pastores bem-intencionados começam o ministério em uma igreja expondo imediatamente um livro longo e doutrinariamente pesado como Efésios ou Romanos. Ele precisa pregar esses livros, mas talvez não no início de seu ministério. Deve-se primeiro discernir o quanto a congregação conhece do Evangelho. Ela consegue explicá-lo claramente? Entende quem é Jesus, por que ele encarnou, o que realizou por meio de sua morte e ressurreição e o que prometeu aos que creem nele?

Além do básico do Evangelho, o que eles sabem sobre a doutrina cristã essencial? Podem discutir o propósito de Deus na Criação, a Queda da humanidade, a obra redentora de Jesus e a reconciliação de todas as coisas em Cristo? Entendem o significado de predestinação, justificação, redenção, adoção, santificação e glorificação? Compreendem a pessoa e a obra do Espírito Santo? O que eles sabem sobre a natureza e missão da igreja?

Uma série de um livro não mudará a compreensão dessas verdades, mas poderá aumentar o entendimento na direção certa. A coisa mais importante na agenda da pregação deve ser o discernimento de quais livros podem ajudar (a) a levar a igreja à maturidade na compreensão e na aplicação do Evangelho e, assim, (b) desenvolver maior unidade no corpo de Cristo.

3. Avalie em que área você precisa ser desafiado, refinado e fortalecido teologicamente para pregar para seu povo

H. B. Charles exorta: "Amplie seus horizontes. Escolha textos que o obriguem a trabalhar, pensar e crescer."[2] Pastores devem sempre esforçar-se para crescer exegética e teologicamente. Eles podem achar útil o esforço para pregar um livro que os prepare para pregar outro ainda mais desafiador. Por exemplo, pregar Zacarias abriu minha mente, mas

---

2 H. B. Charles, *On Preaching: Personal and Pastoral Insights for the Preparation and Practice of Preaching* (Chicago: Moody, 2014), p. 56.

também me preparou para enfrentar o desafio maior de pregar Apocalipse. A pregação de várias epístolas paulinas mais curtas lançou o trabalho de base para a pregação de Romanos. Eu inicialmente preguei Efésios no início dos anos 1990, porque precisava trabalhar em suas muitas fases doutrinárias. Foi um desafio para mim e para muitos de nossa congregação, o que, por consequência, nos fortaleceu. Tenha em mente que, se crescer pessoalmente na doutrina e na prática enquanto se prepara para pregar, sua congregação também crescerá. Ao crescer pessoalmente, você ajudará o corpo a fazer o mesmo.

4. Avalie o quanto sua congregação ouve as exposições

Se você é novo em uma igreja ou na exposição bíblica, comece a pregar semanalmente com séries mais curtas. Com essa abordagem, você ensina à congregação a importância da pregação expositiva, ao mesmo tempo que constrói sua compreensão bíblica e aplicação contextual. Preste atenção a como reagem, às perguntas após o sermão ou durante a semana, às reações às explicações doutrinárias e às evidências de crescimento na fé. Se o progresso parecer lento, continue com séries expositivas mais curtas para dar-lhes tempo para aprenderem a ouvir melhor. Em congregações que tiveram pouco contato com a exposição fiel, o desafio será maior. Mas a diligência, gentileza e paciência de um pastor para pregar os livros semana a semana ajudam o corpo a crescer em seu hábito de ouvir.

Às vezes é útil fornecer os esboços do sermão para quem deseja fazer anotações ou apenas seguir o raciocínio. Forneço cópias do manuscrito do meu sermão antes do culto como ajuda a quem quer acompanhá-lo e para estudo adicional durante a semana. Ocasionalmente, abra espaço para um breve testemunho ou entreviste alguém na igreja que tenha sido beneficiado por ouvir a Palavra. Ao ler livros mais difíceis ou desafiadores, às vezes faço um culto de domingo à noite ou no meio de semana para responder a perguntas e expandir a explicação. Faça dessas iniciativas oportunidades de ensino, em vez de um momento

Pergunta 25: Como o pastor deve decidir qual livro pregar para sua congregação?

de defesa do púlpito. O planejamento inicial da série de pregações terá como objetivo ensinar o corpo a ouvir fielmente.

Planejamento inicial

Ao seguir um pastor que tenha exposto a Palavra de Deus livro a livro por muitos anos, o pastor novo provavelmente terá muita liberdade para iniciar seu ministério com séries expositivas mais longas. No entanto, ele ainda precisa discernir em que pé está a saúde espiritual e o entendimento doutrinário da igreja. Isso provavelmente definirá por qual livro ele deve começar sua série expositiva mais longa. Porém, onde a exposição consecutiva não tem sido uma prática, começar lentamente a acostumar a congregação a uma dieta farta de exposição doutrinária pode levar de um a dois anos. O pastor precisa pensar no que a igreja precisa para crescer na doutrina, na saúde espiritual e no conhecimento bíblico. Ele será sábio se trabalhar com vários gêneros do Texto Sagrado, a fim de demonstrar o foco cristológico de toda a Escritura.[3] Em última análise, a fidelidade do pastor na pregação do texto bíblico, seja qual for o livro que escolher, será usada por Deus para impactar a igreja.

Para ajudar com algumas ideias para o desenvolvimento de séries bíblicas mais curtas, oferecerei um título geral para cada série e sugestões de unidades textuais para exposição. O pastor pode optar por retrabalhar essas séries e unidades textuais conforme seu contexto pastoral. A série de sermões é constituída de cinco gêneros bíblicos e alterna os Testamentos. As unidades textuais do Antigo Testamento precisam ser pregadas cristologicamente.

(a) Tito (sete sermões) — *Sejam pessoas centradas no evangelho*: 1.1-4; 1.5-9; 1.10-16; 2.1-10; 2.11-15; 3.1-7; 3.8-15

(b) Rute (quatro sermões) — *O Parente-Redentor*: caps. 1; 2; 3; 4

(c) Judas (cinco sermões) — *Lutando pela fé*: versículos 1-2; 3-4; 5-16; 17-23; 24-25

---

3 Veja Edmund P. Clowney, *Pregando Cristo em Toda a Escritura* (São Paulo: Vida Nova, 2021); e Dennis E. Johnson, *Him We Proclaim: Preaching Christ from All the Scriptures* (Phillipsburg: P&R, 2007).

(d) Ageu (dois sermões) — *Um chamado* à *perseverança*: caps. 1; 2

(e) 2 Timóteo (dez sermões) — *A perseverança do cristão*: 1.1-7; 1.8-18; 2.1-7; 2.8-13; 2.14-19; 2.20-26; 3.1-9; 3.10-17; 4.1-8; 4.9-22

(f) Malaquias (seis sermões) — *Um chamado* à *fidelidade*: 1.1-4; 1.6–2.9; 2.10-16; 2.17–3.7; 3.8-15; 3.16–4.6

(g) Filipenses (12, 13 sermões) — *Unidos na alegria*: 1.1-11; 1.12-26; 1.27-30; 2.1-11 (ou 2.1-4 e 2.5-11); 2.12-18; 2.19-30; 3.1-7; 3.8-11; 3.12-16; 3.17–4.1; 4.2-9; 4.10-23

(h) Juízes (dez sermões) — *Misericórdia e libertação*: caps. 1–3; 4–5; 6; 7–8; 9–10; 11–12; 13–14; 15–16; 17–18; 19–21

(i) Marcos (16 sermões com títulos recomendados e com textos-chave de cada capítulo, em vez de versículo por versículo) — *O Reino chegou*: 1.1-15 (O caminho para o Reino); 2.13-28 (O Reino esclarecido); 3.13-35 (O Reino distinguido); 4.1-34 (O Reino explicado); 4.35–5.43 (O Reino em poder); 6.1-6 (O Reino rejeitado); 7.1-23 (O Reino do coração); 8.27-38 (O Rei do Reino); 9.30-40 (O caminho estreito do Reino); 10.13-31 (A obstinação do Reino); 11.1-10 (O Rei humilde do Reino); 12.28-37 (Não longe do Reino); 13.1-37 (O Reino que dura); 14.12-26 (A refeição do Reino); 15.1-47 (O Rei do Reino na cruz); 16.1-8 (O Rei do Reino triunfa)

(j) Salmos (15 sermões) — *Os Salmos de ascensão: confiando ao longo do jornada*: 120–134

Planejamento a longo prazo

O planejamento das unidades textuais para a exposição semanal precisa ser feito com pelo menos três meses de antecedência (de seis a nove meses é melhor). O pastor também precisa de uma ideia de qual livro trabalhará quando concluir a série atual. Enquanto faz o planejamento, deve ter em mente o desenvolvimento espiritual de sua congregação, em vez de apenas pregar o que lhe interessa. Nessa fase, a opinião de seus companheiros presbíteros o ajudará a enxergar a amplitude das necessidades da igreja. Embora seja assustador para mim, lembro-me, juntamente com o conselho de meus colegas presbíteros, de decidir

Pergunta 25: Como o pastor deve decidir qual livro pregar para sua congregação?

pregar Gênesis. Hesitei devido à sua extensão, a alguns textos difíceis e a longas narrativas. Essa série, porém, se mostrou fundamental para nossa congregação e uma enorme alegria para mim.

Planeje sua pregação para ajudar a igreja a entender o Evangelho, amadurecer na fé, crescer em sua missão, cultivar o serviço mútuo e experimentar uma adoração mais profunda. Isso significa que, quando você vir uma área que precisa ser aprimorada, ensinada, treinada ou corrigida, deve procurar um livro que o ajude nesse objetivo. Aqui estão algumas ideias relacionadas a várias necessidades de uma congregação.

(a) *Intensificação da adoração*: Jó, Salmos selecionados, Isaías 40–66, Lamentações, Ezequiel, Evangelhos, Romanos, Efésios, Hebreus, Apocalipse

(b) *Maturidade espiritual*: Gênesis, Deuteronômio, Josué, 1–2 Samuel, Jó, Salmos selecionados, Isaías, Jeremias, Daniel, Evangelhos, Atos, Romanos, 1–2 Coríntios, Gálatas, Efésios, Filipenses, Colossenses, Hebreus, 1–2 Pedro, 1 João

(c) *Cultivo do serviço e de relacionamentos*: Rute, 1–2 Samuel, Neemias, Provérbios selecionados, Miqueias, Evangelhos, Atos, Romanos, Efésios, Filipenses, 1 Timóteo, Filemom, Tiago, 1 Pedro, 2–3 João

(d) *Desenvolvimento em missões*: Jonas, Evangelhos, Atos, Romanos, Efésios, Filipenses, 1 Pedro, 3 João, Apocalipse

(e) *Santidade e santificação*: Pentateuco, Josué, Juízes, 1–2 Reis, 1–2 Crônicas, Salmos e Provérbios selecionados, Oseias, Joel, Amós, Miqueias, Ageu, Malaquias, Evangelhos, Romanos, 1 Coríntios, Gálatas, 1 Tessalonicenses, Hebreus, Tiago, 1–2 Pedro, 1 João

(f) *Construção de raízes doutrinárias mais profundas*: Gênesis, Levítico, Salmos selecionados, Isaías, Jeremias, Ezequiel, Daniel, Miqueias, Ageu, Zacarias, Malaquias, Evangelhos, Romanos, Gálatas, Efésios, Colossenses, Hebreus, 1 Pedro, 1 João, Judas, Apocalipse

(g) *Perseverança em meio ao sofrimento*: Rute, 1–2 Samuel, Jó, Salmos selecionados, Provérbios selecionados, Eclesiastes, Lamentações, Daniel, Habacuque, Evangelhos, Atos, Romanos, 2 Coríntios, Efésios, 2 Timóteo, Hebreus, Tiago, 1–2 Pedro, Apocalipse

(h) *Estabelecimento de uma eclesiologia saudável*: Mateus, João, Atos, Romanos, 1–2 Coríntios, Efésios, Filipenses, Colossenses, 1 Tessalonicenses, 1–2 Timóteo, Tito, Hebreus, 1 Pedro, Judas, Apocalipse

(i) *A soberania e providência de Deus*: Gênesis, Êxodo, Números, Josué, Juízes, 1–2 Samuel; 1–2 Reis, 1–2 Crônicas, Esdras, Neemias, Ester, Jó, Salmos, Profetas Maiores, Profetas Menores, Evangelhos, Atos, Romanos, Efésios, Hebreus, 1–2 Pedro, Apocalipse

(j) *Perseverança e construção de resistência*: Gênesis, Êxodo, Josué, 1–2 Samuel, 1–2 Reis, 1–2 Crônicas, Esdras, Neemias, Ester, Jó, Salmos selecionados, Provérbios selecionados, Daniel, Habacuque, Evangelhos, Atos, Romanos, Efésios, Filipenses, 2 Tessalonicenses, Hebreus, Tiago, 1–2 Pedro, 1 João, Judas, Apocalipse

(k) *Proclamação do Evangelho*: toda a Bíblia, especialmente os Evangelhos, Atos, Romanos, Efésios, Colossenses, Hebreus, 1 Pedro

(l) *A natureza e os atributos de Deus*: Pentateuco, Ester, Jó, Salmos, Provérbios, Profetas Maiores, Profetas Menores, Evangelhos, Atos, Romanos, Epístolas da Prisão, Hebreus, Apocalipse

Tenho observado que, em geral, alternar séries mais longas com séries mais curtas faz com que recuperemos o fôlego — tanto eu na pregação quanto a congregação na escuta. Ocasionalmente, em uma série mais longa, posso interrompê-la para uma breve digressão sobre um tema relacionado. Por exemplo, ao pregar sobre a primeira menção à igreja (Mt 16), levei cinco semanas adicionais para expor outros textos eclesiológicos.

Mais importante ainda, ore pela direção de Deus sobre qual livro pregar em determinado tempo. As necessidades podem ser muitas. Portanto, não se preocupe se selecionou o livro certo, pois muitos, como ilustrado acima, podem atender à necessidade. Sua fidelidade ao texto bíblico dará frutos. À medida que o Senhor dá discernimento sobre a situação da igreja e suas necessidades prementes, avalie os livros em potencial. Leia-os. Qual livro você sente dificuldade para estudar e expor? Com a dependência, ajuda e poder do Espírito Santo, comece o processo de compreensão desse livro,

Pergunta 25: Como o pastor deve decidir qual livro pregar para sua congregação?

estabelecendo as unidades textuais para a pregação e, depois, expondo-o semanalmente à congregação.

Resumo

Decidir qual livro pregar em determinado momento sempre será um processo espiritual e prático. A caminhada do pastor com Cristo, sua crescente vida devocional e o tempo em oração nos prepararão para sermos sensíveis ao Senhor, que nos dirige em seus planos de pregação. Na prática, ler as Escrituras anualmente para se familiarizar com cada livro, discutir planos de pregação com outros presbíteros e se envolver com outros pastores em sua pregação dará a você ideias de qual obra escolher para a pregação. Começar com séries mais curtas permite que a congregação tenha tempo para aprender a ouvir bem. Séries mais longas podem ocasionalmente ter breves interrupções para que temas semelhantes em outro gênero sejam explorados. O trabalho de exploração do amplo alcance da Palavra de Deus fortalecerá a saúde espiritual da congregação e a aplicação fiel da Palavra.

Perguntas para reflexão

1. Que verdades específicas você procura ao avaliar o entendimento doutrinário de uma igreja?
2. Por que um pastor deve se esforçar na pregação de livros da Bíblia?
3. O que um pastor deve procurar para discernir o quanto a congregação está prestando atenção à pregação da Palavra?
4. Que tipo de série expositiva mais curta é recomendada a um pastor que está iniciando um ministério pastoral?
5. Por que uma mistura de gêneros bíblicos é importante para um plano de pregação a longo prazo?

PERGUNTA 26
COMO O PASTOR DEVE LIDERAR A CONGREGAÇÃO NO CULTO?

No início da Reforma, o imperador Carlos V promulgou "leis iguais" para protestantes e católicos acerca da prática religiosa. Sabendo de suas diferenças, o imperador procurou diminuir parte do conflito tratando-os com deferência. O pontífice romano, contudo, se opôs, expressando com veemência que o imperador "colocou os hereges em pé de igualdade com os católicos". Para esclarecer por que a Reforma surgiu e quais diferenças existiam entre essas práticas religiosas, João Calvino escreveu um pequeno tratado ao imperador, *A Necessidade de Reformar a Igreja*. Teodoro de Beza, sucessor de Calvino em Genebra, fez um comentário sobre esse trabalho: "Não sei se algum escrito mais ousado ou sólido sobre o assunto foi publicado em nossa época."[1]

Calvino resumiu a Reforma a duas questões na igreja. Primeiro, "*um conhecimento* [...] do modo como Deus é devidamente adorado". Embora geralmente pensemos na justificação pela fé como o *primeiro* assunto da Reforma, aqui Calvino escolheu identificar a adoração como primordial. Segundo, "a fonte da qual a salvação deve ser obtida". Ele explicou que, quando o modo de adorar a Deus e a fonte da salvação são deixados de lado, "nossa profissão é vazia e vã".[2] E acrescentou: "Todas as nossas controvérsias acerca de doutrina se relacionam ou

---

1 João Calvino, *The Necessity of Reforming the Church* (Dallas: Protestant Heritage Press, 1995), p. 5, seguindo a introdução do editor, que citou Beza.
2 Ibid., p. 15.

à adoração legítima a Deus ou à base da salvação."³ Jonathan Gibson e Mark Earngey observam:

> Para os reformadores, a Reforma não foi simplesmente a recuperação da verdadeira doutrina; em última análise, tratava-se de recuperar a adoração pura. [...] A recuperação do Evangelho na Reforma foi, em última análise, uma guerra de adoração — uma guerra contra os ídolos, uma luta pela adoração pura a Deus.⁴

Uma vez que a adoração pura e a compreensão correta do Evangelho andam juntas, o pastor não deve deixar de conduzir a primeira enquanto fala da segunda. A teologia sólida alimenta a doxologia saudável e alegre. Ao pregarem a suas congregações e as orientarem a que sejam um povo *do Livro*, pastores jamais devem ver isso como um mero aumento do conhecimento bíblico. O objetivo deve ser a adoração "que mostra conscientemente quão magnífico Deus é".⁵ Ao considerarmos a liderança pastoral na adoração, voltaremo-nos à lógica da liderança pastoral na adoração comunitária, à Palavra de Deus como reguladora da adoração e ao modelo de um culto de adoração.

Os pastores devem liderar a adoração comunitária

Com a ênfase no individualismo ainda florescendo desde o Iluminismo, construir uma vida congregacional saudável exige retorno à ênfase bíblica na comunidade (At 2.42-47; 4.23-35; Ef 2.11–5.21). A adoração permanece no centro da vida comunitária, assim como aconteceu

---

3 Ibid., p. 41.
4 Jonathan Gibson & Mark Earngey, orgs., *Reformation Worship: Liturgies from the Past for the Present* (Greensboro: New Growth Press, 2018), p. 49
5 John Piper, *Exultação Expositiva: a Pregação Cristã como Adoração* (São José dos Campos: Editora Fiel, 2019), p. 34. A definição de adoração de Calvino amplia a breve explicação de Piper sobre o tema: "Seu principal fundamento é reconhecer que ele é como é, a única fonte de toda virtude, justiça, santidade, sabedoria, verdade, poder, bondade, misericórdia, vida e salvação; de acordo com isso, atribuir-lhe e dar-lhe a glória de tudo o que é bom, buscar todas as coisas somente nele e, em toda necessidade, recorrer somente a ele" (Calvino, *Reforming the Church*, p. 16). Assim, nas palavras de Piper, a adoração "mostra conscientemente como Deus é magnificente".

com Israel na Antiguidade.⁶ Escrevendo sobre adoração congregacional, James Bannerman, teólogo escocês do século XIX, explicou a bênção comunitária de Deus, que ultrapassa a bênção individual:

> a provisão exterior que Cristo deu ao cristianismo social, conforme incorporada e realizada na comunhão da igreja, é mais rica em graça e muito mais abundante em bênçãos que a provisão feita pelo cristianismo individual, segundo incorporado e realizado nos crentes em separado.⁷

E quem lidera essas reuniões comunitárias da igreja? Os pastores que Deus nomeou para equipar, treinar, instruir e pastorear o rebanho de Deus lideram as reuniões comunitárias, particularmente quando o corpo se reúne para adorar (At 20.28; Ef 4.11-12, 16; 1Tm 3.2; 4.11-16; Tt 1.9; 1Pe 5.1-4). Nas reuniões comunitárias, os pastores encontram alguns de seus momentos mais eficazes de instrução, pastoreio e modelagem da vida cristã. Ensinar a doutrina por meio de uma exposição fiel exalta o caráter, os atributos, as obras e os caminhos de Deus — e leva à adoração.

O exame da Palavra de Deus e a meditação em seus livros levam à adoração (Sl 19; 104.31-35). Quando o pastor vive no texto que expõe pode naturalmente ser arrebatado em espírito de adoração enquanto prega. Ele pondera sobre a magnificência de Deus revelada na Palavra. Vibra com a pessoa e obra de Jesus Cristo. Gloria-se na obra soberana do Espírito Santo. Enquanto adora proclamando a Palavra de Deus, leva seu povo a adorar. Não há demarcação do suposto "tempo de adoração" e do "tempo de pregação". A pregação bíblica é um ato de adoração. Piper concorda: "Visto que Paulo nos ordena pregar a Escritura, a natureza e o

---

6 Veja J. Ligon Duncan III, "Does God Care How We Worship?", em Philip G. Ryken et al., orgs., *Give Praise to God: a Vision for Reforming Worship — Celebrating the Legacy of James Montgomery Boice* (Phillipsburg: P&R, 2003), p. 17-50.
7 James Bannerman, *The Church of Christ: a Treatise on the Nature, Powers, Ordinances, Discipline, and Government of the Christian Church* (edição original: 1869; Edimburgo: Banner of Truth Trust, 2015), p. 347 [*A Igreja de Cristo* (Recife: Os Puritanos, 2014)].

alvo da Escritura ditam, portanto, a natureza e o alvo da pregação. Tanto a Escritura quanto a pregação almejam a adoração e são adoração."[8]

Dessa maneira, o pastor não deve ser indiferente a outras partes do culto de adoração. Ele será negligente se permitir hinos, música e elementos da adoração sem clareza doutrinária como parte do culto. Mark Dever e Paul Alexander comentam:

> Parte da liderança pastoral consiste em facilitar esse tipo de adoração edificante. [...] isto significa que você, como pastor, tem de manifestar discernimento teológico naquilo que você recomenda e sugere que sua igreja cante.[9]

Consequentemente, pastores podem ser os que selecionam a música congregacional. No mínimo, devem trabalhar em conjunto com os que lideram o grupo de louvor, para assegurar que a doutrina ensinada através da música ou de outros componentes da adoração preserve a clareza bíblica.

A Palavra de Deus deve regular a adoração

Jesus não deu espaço à intromissão criativa na adoração quando falou à mulher samaritana o seguinte: "Deus é espírito; e importa que os seus adoradores o adorem em espírito e em verdade" (Jo 4.24).[10] *Se*

---

8 Piper, *Exultação Expositiva*, p. 103 (grifo adicionado). Piper argumenta que "o objetivo final da Escritura para o leitor e o pregador é que o valor e a beleza infinitos de Deus sejam exaltados na adoração eterna e incandescente da noiva de Cristo que foi comprada pelo sangue e provém de todos os povos, línguas, tribos e nações" (p. 77).
9 Mark Dever & Paul Alexander, *Como Edificar uma Igreja Saudável: Um Guia para Liderança Intencional*, 3ª ed. (São José dos Campos: Editora Fiel, 2024), p. 113-14.
10 D. A. Carson afirma: "Não há duas características separáveis do culto que deve ser prestado. Ele deve ser 'em espírito e verdade' [uma preposição governando ambos], ou seja, essencialmente centrado em Deus, tornado possível pelo dom do Espírito Santo, realizado em conhecimento pessoal da e em conformidade com a Palavra de Deus encarnada, aquela que é a 'verdade' de Deus, a exposição fiel e o cumprimento [...] de Deus e de seus propósitos salvíficos" (D. A. Carson, *The Gospel According to John* [Grand Rapids: Eerdmans, 1991], p. 225 [*O Comentário de João* (São Paulo: Shedd, 2007)]).

a adoração visa à glória em Deus, o planejamento do culto não deve desviar-se para as tendências da carne de promover nossa adoração. Calvino adverte:

> Pois os homens não prestam atenção ao que Deus ordenou ou ao que ele aprova para que o sirvam de maneira adequada; antes, assumem para si mesmos uma licença para inventar modos de adoração e, depois, para a impor a ele como um substituto da obediência.[11]

As Escrituras ensinam claramente os detalhes de como Deus deve ser adorado e também de como *não* deve.[12] Ele aceitou a adoração de Abel, mas não a de Caim (Gn 4.3-5). Contrariando as abordagens predominantes de adoração, Yahweh restringiu o modo como se deve pensar nele (verdade) e adorá-lo (espírito) nos dois primeiros mandamentos (Êx 20.1-6). O Senhor rejeitou totalmente as tentativas de adoração imaginativa quando Aarão e Israel fizeram o bezerro de ouro (Êx 32–34). Ele imediatamente julgou Nadabe e Abiú quando ousaram adorar por conta própria (Lv 10). Os profetas reprovaram Israel pela adoração que desagradava a Deus, culminando com o profeta pós-exílico Malaquias declarando: "Tomara houvesse entre vós quem feche as portas, para que não acendêsseis, debalde, o fogo do meu altar. Eu não tenho prazer em vós, diz o Senhor dos Exércitos, nem aceitarei da vossa mão a oferta" (Ml 1.10). Calvino observa: "Pois, ao lado da idolatria, não há nada pelo qual eles [os profetas] repreendem o povo com mais rigor que por imaginarem falsamente que a adoração a Deus consistia em exibição, em uma ação externa."[13]

Jesus corrigiu a adoração dos fariseus e escribas, chamando-a de "vã" (Mt 15.1-9). Em seu encontro com a mulher samaritana (Jo 4), ele reiterou como Deus pode ser adorado. Aqui ele ensinou, como explica Ligon Duncan, que houve uma

---

11 Calvino, *Necessity of Reforming*, p. 23.
12 Os próximos dois parágrafos seguem Duncan, "*Does God Care How We Worship?*", p. 28-50.
13 Calvino, *Necessity of Reforming*, p. 46-47.

> *mudança histórica e redentora em relação ao local de culto. [...] Que adoração é uma resposta à revelação e, portanto, deve estar de acordo com ela. [...]* [E que] *Jesus reenfatiza a importância da adoração na era da Nova Aliança.*[14]

Paulo corrigiu a adoração defeituosa influenciada pela heresia dos colossenses (Cl 2.16-19) e deu parâmetros específicos para a adoração comunitária em Corinto (1Co 14). Duncan resume:

> A própria Palavra de Deus deve fornecer os princípios, padrões e conteúdo da adoração cristã. É por meio do Livro que se dá a verdadeira adoração cristã. [...] No fim das contas, é somente a Bíblia que dirige a forma e o conteúdo do culto cristão.[15]

Desde a Reforma, essa visão tem sido chamada de *princípio regulador do culto*, o que significa que somente a Escritura estabelece quem é Deus, como ele deve ser adorado e o que é e o que não é culto. Alguns praticam o *princípio normativo* da adoração, aceitando a legitimidade de qualquer forma ou tipo de culto, desde que as Escrituras não o proíbam expressamente. No entanto, Bannerman adverte, essa teologia da adoração supõe que "era razoável ou correto adorar a Deus aleatoriamente e por meios definidos pelos homens em sua ignorância". Contudo, se seguirmos a suficiência das Escrituras, isso "não pode ser reconhecido como aceitável para Deus".[16]

O pastor deve liderar a congregação rumo à compreensão da natureza de Deus, suas obras, caminhos e como ele prescreveu a adoração a seu povo. Com a proeminência dos cultos centrados no ser humano, não se deve considerar que uma congregação tenha uma teologia clara de adoração. A visão elevada do pastor sobre Deus e sobre a reverência na adoração — incluindo o canto congregacional teologicamente forte, as orações pastorais repletas de Bíblia, a atenção à leitura pública das Escrituras (1Tm 4.13) e a exposição doutrinariamente fiel — construirá uma teologia de adoração saudável em sua igreja. Afastar-se

---

14 Duncan, *"Does God Care How We Worship?"*, p. 42-44 (grifo original).
15 Ibid., p. 20.
16 Bannerman, *Church of Christ*, p. 397-98.

dos elementos da moda que exaltam as pessoas pode tomar tempo do pastor, mas, com oração, sabedoria e diligência, ele poderá moldar o culto congregacional de acordo com as Escrituras.

Moldando um culto de adoração

A adoração bíblica deve visar "à glorificação e ao desfrute de Deus".[17] Temos, porém, a tendência de perder o foco. James Montgomery Boice apontou a "trivialidade generalizada", a autoabsorção centrada no ser humano e o estar "alheio a Deus" como características que afetam os cultos modernos. Para remediar essa deficiência, ele convocou um retorno aos "elementos do culto que sempre estiveram associados à adoração a Deus": oração (1Tm 2.1-4), leitura da Palavra (1Tm 4.13), exposição das Escrituras (1Tm 4.13; 2Tm 4.1-4), confissão de pecados (Pv 28.13; 1Jo 1.9), hinos (Ef 5.18-21; Cl 3-16).[18] A esses elementos acrescentaríamos as ordenanças e doações (1Co 11.17-34; 16.1-2). O planejamento do culto de adoração, então, considera os elementos que a Palavra de Deus identifica como os que contribuem para a adoração que glorifica a Deus.

Como, quando e de que maneira o pastor inclui esses elementos de adoração na reunião dominical pode variar. É aí que a criatividade e as afinidades culturais são consideradas no planejamento.

1. A leitura das Escrituras

Estranhamente, muitos cultos protestantes e católicos liberais apresentam mais leitura pública da Palavra de Deus do que igrejas que professam acreditar na inerrância e suficiência das Escrituras. A Palavra de Deus deve ter destaque em nossas reuniões de adoração. Utilizamos um chamado bíblico à adoração para iniciar nosso culto. Posteriormente, fazemos uma leitura bíblica responsiva para que o corpo se

---

17 Duncan, "*Does God Care How We Worship?*", p. 25.
18 James Montgomery Boice, *Whatever Happened to the Gospel of Grace? Rediscovering the Doctrines That Shook the World* (Wheaton: Crossway, 2001), p. 176-80.

engaje na leitura da Palavra, seguida da leitura do texto a ser exposto pelo pastor. Queremos que nossa adoração esteja repleta de Bíblia. Normalmente, os cultos da Reforma "incluíam várias leituras do Antigo e do Novo Testamentos, dos Evangelhos e dos Salmos".[19]

2. Orações

Orações — no plural — devem ser entrelaçadas no culto de adoração. Não apenas preces superficiais simplesmente porque somos um ajuntamento cristão, mas orações sérias de confissão, de ações de graças, de intercessão e de petição. Prosseguimos nosso chamado bíblico para adorar com uma *oração comunitária de confissão*. Imprimimos essas orações em nosso boletim de adoração dominical para uso adicional durante a semana por parte de nossos membros. A oração pastoral deve incluir louvor e ações de graças pelas misericórdias de Deus. Como é muito evidente nos Salmos e nos livros proféticos, a oração pastoral geralmente inclui lamento.[20] Essa oração precisa ser moldada pela meditação na Palavra de Deus. Ela deve incluir orações de intercessão pelas necessidades dos membros e de outras pessoas da comunidade, pela igreja cristã mais abrangente, por grupos não alcançadas pelo Evangelho, pela divulgação do Evangelho na comunidade e além dela, pelos líderes da igreja e do governo, pelas missões internacionais, incluindo missionários e pastores enviados pela congregação. Identificamos um ou dois grupos não envolvidos nem alcançados em nosso boletim dominical de adoração pelos quais nossa congregação deve orar, assim como o pastor faz na oração pastoral. O pastoreio do rebanho também inclui atender às necessidades dos membros, que podem ser mencionadas publicamente na oração pastoral. O pastor ou outros podem orar pela bênção de Deus sobre o ministério da Palavra, pelas

---

19 Gibson & Earngey, orgs., "Worshiping in the Tradition", em *Reformation Worship*, p. 55.
20 Mark Vroegrop serviu a igreja com esse trabalho penetrante sobre o lugar do lamento no culto cristão (*Dark Clouds, Deep Mercy: Discovering the Grace of Lament* [Wheaton: Crossway, 2019]).

contribuições e pela dedicação dos membros enviados para servir. Na conclusão do culto, pode ser oferecida uma bênção que venha diretamente das Escrituras ou resuma o conteúdo bíblico da exposição (e.g., Nm 6.23-26; Rm 15.13; 1Co 13.14; Gl 6.18; Ef 3.20-21).

3. Canto congregacional de salmos, hinos e cânticos espirituais

Uma igreja aprende e reforça muito de sua teologia por meio de sua música. Ela serve como meio de louvor, ações de graças e confissão positiva *do que cremos* a respeito de Deus, da Trindade, da salvação, da eternidade e da igreja. Bannerman chamou o louvor de "elocução natural e necessária que se dirige a Deus em decorrência da gratidão ou adoração de uma criatura por conta das bênçãos recebidas ou da glória divina exibida e vista".[21] Ducan corretamente declara:

> O que queremos dizer com "cantar a Bíblia" é que nosso canto deve ser bíblico e deve estar permeado pela linguagem, categorias e teologia da Bíblia. Ele deve refletir os temas e a proporção da Bíblia, bem como sua substância e peso.[22]

Deve incluir uma variedade de hinos mais antigos e mais recentes, os quais expõem a congregação à maneira como muitas gerações confessaram e confessam a fé cristã de maneira sólida, memorável e teológica.

4. Exposição bíblica

A pregação deve servir não apenas de instrução e exortação, como também de demonstração de uma estrutura bíblica e de seus meios de adoração. Quando o pastor expõe o texto bíblico, ele chama a atenção da congregação para as verdades sobre o Senhor Deus e seus caminhos, as quais dão vazão ao louvor, às ações de graças, à confissão, à reverência, ao temor e à alegria. Piper chama isso de "exultação expositiva". Ele explica: "A pregação mostra a suprema dignidade de Deus ao tornar o

---

21 Bannerman, *Church of Christ*, p. 345.
22 Duncan, "Foundations for Biblically Directed Worship", p. 67.

significado da Escritura conhecido e, ao mesmo tempo, por magnificar e expressar as glórias de Deus reveladas nesse significado bíblico."[23]

5. As ordenanças do Batismo e da Ceia do Senhor

Embora o Batismo seja uma celebração ocasional na igreja, o reconhecimento de um novo crente deve ser visto como um ato de adoração, em gratidão a Jesus Cristo por sua obra salvadora. É como a igreja reconhece um novo irmão ou irmã em Cristo — e isso convida ao louvor ao Senhor.

Paulo disse à igreja: "Porque, todas as vezes que comerdes este pão e beberdes o cálice, anunciais a morte do Senhor, até que ele venha" (1Co 11.26). A Ceia do Senhor pode ser ministrada quantas vezes a igreja escolher. Muitos celembram a ceia semanalmente; outros, mensalmente; outros ainda, trimestralmente. Optamos por uma celebração mensal da mesa do Senhor, dando atenção ao seu significado pacutal para o corpo. Lemos um trecho de nosso pacto eclesiástico, recebemos novos membros para assiná-lo e iniciamos a disciplina formal nessas ocasiões.

6. Ofertas

As igrejas têm várias posições sobre como abordar as ofertas em prol do ministério local e do trabalho missionário. Paulo destacou que ofertar é uma parte significativa da obediência e do envolvimento da igreja na obra do Evangelho de forma mais ampla (1Co 16.1-4; 2Co 8–9). Já que os crentes fazem as ofertas em gratidão ao Senhor, isso faz parte do culto de adoração (fazemos isso na conclusão do culto, seguida da bênção).

7. Confissões doutrinárias

Há fortes evidências de que as confissões doutrinárias faziam parte da liturgia das igrejas locais no primeiro século (e.g., Fp 2.5-11;

---

23 Piper, *Exultação Expositiva*, p. 68.

Pergunta 26: Como o pastor deve liderar a congregação no culto?

1Tm 3.16; observe especialmente a referência de Paulo à confissão neste último texto como "confissão comum" [NASB; tradução livre]). O ato de confessar a fé juntos pode ser feito por meio de um texto bíblico (e.g., Ef 1.3-14; 1.15-20; Ap 1.4-8) ou por intermédio das confissões reconhecidas pela igreja ao longo dos séculos como representações fiéis do ensino bíblico (e.g., Credo Apostólico, Credo Niceno, Credo Atanasiano). Essas confissões declaram aquilo em que a igreja, em conjunto, acredita e o que ela afirma.

Resumo

O planejamento da adoração deve concentrar-se no *culto*, sem jamais forçar os membros a uma forma ou liturgia específica, como se as Escrituras necessitassem apenas de uma.[24] Os vários *elementos* da adoração são encontrados em toda a Bíblia, e não em uma única passagem. Gibson e Earngey observam:

> Apesar da inevitável diversidade, os reformadores magisteriais — seguindo a liderança de Martinho Lutero — almejavam vigorosamente a unidade no Evangelho na liturgia da igreja, mas também a liberdade e a caridade. Os grandes reformadores Thomas Cranmer e João Calvino compreenderam a natureza contextual da diversidade litúrgica na Reforma e, sabiamente, encorajaram a liberdade e a caridade quando necessário.[25]

Embora "guerras de adoração" possam surgir nas igrejas, elas, com frequência, acontecem por motivos errados — preferência ou estilo musical, por exemplo —, em vez de se darem por razões claramente teológicas. Essas situações necessitam da *liderança* do pastor ensinando a igreja a adorar. O processo talvez seja lento até que mudanças significativas ocorram, mas, ao iniciá-lo, a vida da congregação muda, passando

---

24 Gibson encontra um padrão litúrgico de chamado para adoração, resposta e refeição de comunhão nas narrativas bíblicas. Esse chamado pode ser desenvolvido de várias maneiras (Gibson & Earngey, orgs., *Reformation Worship*, p. 2-22). Ele elabora uma liturgia mais completa em Apocalipse (p. 18).
25 Gibson & Earngey, orgs., *Reformation Worship*, p. 45.

de uma superficialidade a uma profundidade espiritual que só pode ocorrer pelo encontro do corpo de Cristo com o Senhor Deus.

Aqui está um exemplo de ordem de culto:

1. Chamado bíblico à adoração
2. Confissão comunitária de pecados
3. Chamado do coral à adoração
4. Hino congregacional
5. Confissão doutrinária
6. Oração pastoral
7. Leitura bíblica responsiva
8. Hino congregacional
9. Mensagem do coral em formato de música
10. Sermão
11. Oração final de bênção
12. Hino congregacional
13. Adoração por meio de ofertas
14. Bênção

Perguntas para reflexão

1. Por que João Calvino colocou o foco principal da Reforma na adoração?
2. Por que os pastores devem liderar a congregação no culto?
3. O que é o princípio regulador do culto?
4. Por que praticar o princípio regulador é fundamental para o culto em uma igreja?
5. Você consegue identificar os elementos do culto expressos na Bíblia?

PERGUNTA 27
COMO O PASTOR DEVE CONDUZIR FUNERAIS?

Funerais talvez sejam as oportunidades mais difíceis — e, no entanto, as mais recompensadoras — para o ministério pastoral. Deparamo-nos com a dificuldade ao lidarmos com as profundezas da dor, com os questionamentos sobre a causa, com a consciência da perda e morte repentina. Porém, em meio à dor e à perda, temos o privilégio de ministrar as Boas Novas de Jesus Cristo a familiares e amigos enlutados. Possuímos a única mensagem que pode dar conforto àqueles que enfrentam a angústia da morte de um ente querido ou de um amigo (2Co 1.3-7; 1Ts 4.13-18). Em sua sabedoria, Deus o colocou na vida dos aflitos para que você os pastoreie no Evangelho de Cristo.

Como devemos pastorear a família e os amigos durante o período de perda que culmina em um funeral? Pensemos sobre essa questão usando as categorias das responsabilidade e da prática do cuidado pastoral.[1]

---

[1] Eu e Brian Croft escrevemos *Conduct Gospel-Centered Funerals: Applying the Gospel at the Unique Challenges of Death* (Grand Rapids: Zondervan, 2014). Seguirei partes dele ao responder à pergunta sobre a realização de funerais. No entanto, o espaço não permitirá exporemos os exemplos de sermões fúnebres, tributos, ordens de culto e músicas que sugerimos em funerais.

Responsabilidades do cuidado pastoral

Quer o falecido seja um membro fiel da igreja, quer seja parente de um membro, um incrédulo conhecido ou alguém que você não conheça, o pastor tem a responsabilidade de pastorear famílias e amigos que se defrontam com a morte. O agente funerário e seus associados cuidarão dos detalhes relacionados ao velório e ao enterro, mas o pastor será o único a acompanhar o luto oferecendo o conforto e a esperança das Escrituras. Seis áreas de responsabilidade precisam ser consideradas.

1. Ofereça orientação e cuidado[2]

O pastor não precisa ser um especialista em funerais para fornecer o tipo de cuidado necessário a uma família enlutada. Sua presença, mais do que qualquer outra coisa, oferecendo orações e textos bíblicos apropriados, juntamente com comentários ocasionais, será muito bem-vinda durante esse período. De certa forma, o pastor estará orientando as famílias em luto enquanto sofre junto com elas pela perda. Ele demonstra, por meio da confiança em Cristo e no Evangelho, que a dor deles tem como objetivo encontrar conforto em Cristo. Ele percebe que o imediatismo da morte, da visita e do funeral apenas estabelecem as bases para que sirva aquela família enlutada nas próximas semanas e meses. Considere o período em que a família toma conhecimento da morte de um ente querido como o início dos cuidados, e não o fim.

2. Ofereça conforto por meio da Palavra de Deus e da presença pastoral

Quando uma senhora que era um de nossos membros mais antigos enfrentou a morte de um ente querido, aproximei-me dela e li a Palavra, oferecendo apenas simples comentários. Anos depois, ela me lembrou da passagem que li e os comentários que fiz naquele tempo. Eu não conseguia lembrar-me de nenhum detalhe, mas ela se lembrava. Reservar um tempo para selecionar passagens que tragam paz e conforto a quem

---

2 Esta seção segue o esquema de Croft & Newton, *Funerals*, p. 18-23.

sofre dará frutos nos anos seguintes. Como pastor daqueles que tiveram perdas, considere a caminhada com Cristo de cada um, as experiências de vida deles (talvez tenham enfrentado muitas perdas) e o que enfrentarão nos próximos dias. Tanto quanto possível, escolha textos bíblicos que atendam às necessidades atuais dos enlutados. Eu estava com uma família que tinha acabado de perder um ente querido bastante jovem de forma inesperada. O mundo deles havia desmoronado. Então, escolhi ler o Salmo 46, uma passagem apropriada para o colapso de tudo ao redor, mas que coloca nossa mente na imutabilidade e na presença do Senhor. A leitura serviu-os naquele momento de crise.

3. Represente Cristo, a igreja e o Evangelho

Embora nunca possamos substituir o Cristo que nos ama e se entregou por nós (Ef 5.2), somos seus servos (1Co 3.9). Levamos Cristo ao luto por intermédio da Palavra e da oração. Nós nos encontramos com eles com a consciência *de que Cristo está com eles* para servi-los. Ao lado vem a igreja, que representamos como pastor, pronta para amar os enlutados e cuidar deles. Devemos estar atentos às maneiras como o corpo maior pode servir a família nesse momento de necessidade, talvez dando a ela garantia das maneiras como a igreja a ajudará (e.g., refeições, visitas, cuidados com crianças, limpeza da casa etc.) e reportando tudo à igreja, com vistas a uma ação organizada. Queremos que a família saiba que nosso único consolo e esperança está no Evangelho do Senhor Jesus Cristo, que foi crucificado e ressussitou. Nossas orações, leitura da Bíblia e comentários precisam manifestar o Evangelho de Cristo.

4. Declare a suficiência do Evangelho

Seja nas visitas à família ou no serviço fúnebre, queremos declarar a suficiência das Boas Novas. Uma família perdida pode não sentir essa suficiência no momento, ainda que, teologicamente, ela tenha um bom entendimento. Portanto, nossa comunicação do Evangelho será essencial. Com isso não quero dizer que encaramos o funeral e os eventos ao redor dele apenas como evangelismo. Já me deparei com essa abordagem algumas vezes, e, infelizmente, ela parece banal e ofensiva, como se o ministro jogasse com as emoções do luto a fim de obter uma decisão evangelística. Longe de nós negligenciarmos o Evangelho em tais momentos! O Evangelho é nosso conforto e paz. Ele dá direção quando a vida lança obstáculos. O Evangelho coloca esperanças e afeições naquilo que é eterno, não temporal. Já que o Evangelho é suficiente, podemos ter oportunidades maravilhosas de conversar com familiares e amigos sobre o Evangelho de Cristo — encontros que precisarão acontecer além do funeral.

E se o falecido não deu nenhuma evidência de ter crido no Evangelho de Cristo? Continue a concentrar-se no Evangelho e em sua aplicação à família e aos amigos. Nossa responsabilidade no funeral não é fazer um juízo eterno sobre o falecido. Não estamos pregando o céu ou o inferno. Nossa responsabilidade é apresentar Cristo, que venceu o pecado e a morte, bem como triunfou sobre eles em sua morte e ressurreição (1Co 15.1-28; Cl 2.13-15). Devemos ajudá-los a enxergar Jesus Cristo como sendo suficiente em sua perda e em seu futuro.

5. *Construa relacionamentos mais profundos*

Há algo inexplicável sobre o vínculo que muitas vezes ocorre quando um pastor se coloca ao lado de uma família logo após a morte de um ente querido e continua a ministrar-lhes durante toda a sua dor. Eles compartilharam a vida e a tristeza no momento mais vulnerável. Ouviram as palavras uns aos outros, choraram juntos, repartiram histórias e sentiram a Palavra de Deus consolá-los na necessidade. Escutaram as orações pastorais que mantiveram a família enlutada diante do trono da graça. Relacionamentos forjados em tempos de luto propiciam muitas oportunidades de pastoreio desses membros nas verdades da Palavra. Por exemplo, talvez você queira tratar sobre a santificação de um membro da família. O aprofundamento do relacionamento ensejado pela perda gera, *mais tarde*, um nível maior de confiança para o pastoreio nas áreas que necessitam de crescimento e maturidade cristã. Na providência divina, a dificuldade de um funeral oferece uma plataforma maior de serviço à família em nome de Cristo.

6. *Esteja pronto para servir e aconselhar a longo prazo*

Suas responsabilidades no funeral podem ser apenas o começo de uma chance de servir a família enlutada de muitas maneiras nos próximos meses. Com a morte e o funeral subsequente, o luto só está começando. Embora o enterro signifique certo nível de encerramento, ele não acaba com a dor. A família pode senti-la pelos próximos anos. Visitas pastorais, telefonemas, e-mails, textos e notas nos próximos dias serão úteis para servi-los. Construa sobre o alicerce que tem lhes ensinado na exposição das Escrituras, ajudando-os a fazer a aplicação do Evangelho à perda que tiveram. Você pode fazer isso pessoalmente e por meio de notas.

Práticas do culto fúnebre

Os próximos temas oferecerão algumas orientações sobre as questões logísticas dos funerais e do próprio culto.

1. *Fale com o agente funerário para obter detalhes do culto*

Como profissional, o agente funerário sabe tudo o que precisa ser feito para o culto e enterro, com exceção de uma coisa: a maneira como você o conduzirá. O agente deverá liderar todo o resto, mas o culto, enquanto momento de adoração, precisará de sua liderança decisiva. Planeje dar ao agente um esboço de como você conduzirá a cerimônia — por exemplo, leitura das Escrituras, oração, hino, eulogia, hino, mensagem, oração de encerramento. O diretor saberá que a deixa final dele será sua oração de encerramento.

2. Dê permissão aos participantes para sofrerem

O luto faz parte da humanidade. Deus deu-nos a capacidade de sofrer quando enfrentamos a perda. Não há nada antiespiritual nisso, a menos que nossa dor exceda os limites daqueles que vivem na esperança de Cristo (1Ts 4.13). Até Jesus chorou ao lado do túmulo de Lázaro (Jo 11.35). Às vezes é útil para os familiares que o pastor os ajude a entender o luto como um presente do Senhor para dar vazão às emoções que sentem pela perda.[3] Contudo, use isso como um tempo para ajudá-los a transformar a dor na esperança que está em Cristo, a fim de que, embora tristes, saibam que o futuro permanece muito mais brilhante do que possam imaginar.

3. Concentre-se na esperança em Cristo através do Evangelho

O Evangelho está cheio de esperança (Tt 2.11-14). "Cristo em vós" é "a esperança da glória" (Cl 1.27). Até mesmo nosso Deus é chamado "o Deus da esperança", que nos enche de alegria e paz ao crermos no Evangelho de Cristo, "para que sejais ricos de esperança no poder do Espírito Santo" (Rm 15.13). A esperança tira nossos pensamentos deste mundo e os coloca em um que nunca termina, sem morte, tristeza ou dor (Ap 21.1-4). A esperança produz a expectativa confiante de que o que Jesus garantiu a nós em sua morte e ressurreição será consumado um dia em seu retorno (1Co 15.1-58). A pregação do Evangelho em um funeral ajuda o crente a sentir o pulso da "esperança do seu chamamento", "a riqueza da glória da sua herança nos santos" e "a suprema grandeza do seu poder para com os que cremos" (Ef 1.18-19). Esse tipo de Evangelho cheio de esperança precisa ser o pilar de nossos cultos fúnebres. Ele

---

[3] James W. Bruce III, *From Grief to Glory: a Book of Comfort for Grieving Parents* (Edimburgo: Banner of Truth Trust, 2008). Discutir o lamento também pode ser útil durante esse período. Veja Mark Vroegop, *Dark Clouds—Deep Mercy: Discovering the Grace of Lament* (Wheaton: Crossway, 2019), para uma discussão útil sobre o lamento. Para uma perspectiva sobre a morte que ajudará no cuidado pastoral, veja também Matthew McCullough, *Remember Death: the Surprising Path to Living Hope* (Wheaton: Crossway, 2018).

deve estar evidente na leitura das Escrituras, nas canções, na oração e na pregação.

4. Instrução no Evangelho e suas múltiplas aplicações

Ensine o Evangelho nos funerais.[4] Não use apenas a palavra "Evangelho", mas explique o Evangelho de Jesus Cristo, o Filho de Deus que encarnou, viveu sem pecar, morreu uma morte substitutiva, suportou a ira e o juízo de Deus, destruiu o poder do pecado e da morte na cruz, ressuscitou como o vencedor do pecado e da morte, subiu para reinar como Senhor e, um dia, voltará em glória. Se prego sobre o Salmo 23, explicarei como Jesus nos conduz pelo vale da sombra da morte por meio da explicação do Evangelho. Se prego acerca de João 14, que fala sobre as moradas que Jesus preparou para seus seguidores, explicarei o que ele fez para prepará-las, conforme o Evangelho. Se prego a respeito de 1 Tessalonicenses 4, que trata da volta de Cristo e da ressurreição dos mortos, explanarei o que antecede seu retorno e por que isso importa na discussão do Evangelho. A partir desse tipo de explicação das Boas Novas, posso fazer aplicações — por exemplo, Jesus venceu a morte, nosso crente amado ressuscitará fisicamente dentre os mortos, o aguilhão da morte não durará para sempre e a esperança garantida por Cristo confortará os enlutados. Ao pregar o Evangelho, você está indicando para a família e os amigos a única esperança dos pecadores; está explicando como o Evangelho se torna pessoal por meio do arrependimento e da fé em Cristo; está assegurando aos que creem que o poder do Evangelho os fará superar dores e perdas.

---

4 Sugiro que as mensagens fúnebres não ultrapassem 20 minutos. Muitos participantes deixaram o trabalho ou outras responsabilidades para participar. Os membros da família geralmente estão cansados dos dias que antecedem o funeral, de modo que sua atenção pode ser limitada. Eu tento expor um texto por 15 ou 20 minutos, tempo suficiente para enfatizar o Evangelho de Cristo. O culto inteiro normalmente não deve durar mais do que 45 a 60 minutos, tempo suficiente para que haja canto, oração, leitura das Escrituras, tributo e mensagem. Há exceções, mas devem ser raras.

5. Mostrar honra e respeito ao falecido

Acho apropriado, especialmente se você estiver fazendo uma breve eulogia, que fale sobre o falecido. Não acho, porém, que o culto fúnebre deva ser apenas sobre o falecido. O funeral diz respeito a Cristo, ao Evangelho e à esperança que pertence aos crentes. No entanto, fazendo comentários apropriados, queremos dar honra a quem a honra é devida.[5] Tendo ouvido a família e os amigos durante a visita e em outras ocasiões, o pastor provavelmente terá alguns comentários, uma história ou um testemunho a compartilhar sobre o falecido. Se for adequado à pessoa e ao momento, até mesmo uma piada poderá servir à ocasião, embora o pastor não deva permitir que nada desvie a atenção do Evangelho.

6. Continue pastoreando

O pastor pastoreia durante o funeral enquanto aponta para a suficiência de Cristo. Porém, ele continua a pastorear a família enlutada ao ajudá-la a viver na esperança que nos pertence por meio do Evangelho de Cristo. Um telefonema, um cartão ou uma visita nos dias seguintes ao funeral ajudarão muito a família a superar a dolorosa perda. A conscienciosidade do pastor e de outros membros pode ajudar a família a tornar-se um consolo a outros que passam por uma perda.

Resumo

Os funerais e os momentos de luto que os cercam proporcionam ao pastor muitas oportunidades para pastorear os membros de sua congregação, bem como para estender o alcance da igreja a amigos e familiares de membros. O tempo investido em servir as famílias necessitadas será um bálsamo para elas e um encorajamento à comunidade, que olha a situação e percebe o cuidado demonstrado pelo pastor

---

5 Veja as observações úteis de Brian Croft sobre tributo em *Conduct Gospel-Centered Funerals*, p. 44-48, 107-17.

e pela congregação. O tempo de serviço à família precisa concentrar-se na suficiência de Cristo no Evangelho para confortar e curar os quebrantados de coração. O pastoreio das famílias durante os dias e meses subsequentes à perda lhes proporcionará o conforto muito necessário para lidarem com a dor.

Perguntas para reflexão

1. Quais são os desafios que mais o preocupam na realização de funerais?
2. Do ponto de vista de uma família enlutada, o que parece mais importante em relação ao cuidado do pastor durante a perda?
3. O que é preciso ter em mente quando se selecionam passagens bíblicas para serem lidas com a família antes e durante o funeral?
4. Como a mensagem de esperança do Evangelho deve permear o cuidado do pastor durante o enterro?
5. Como o pastor pode continuar a pastorear a família enlutada?

PERGUNTA 28
COMO O PASTOR DEVE CONDUZIR CERIMÔNIAS DE CASAMENTO?

Quando eu tinha 22 anos, tendo sido separado como ministro do Evangelho em minha denominação, um amigo de faculdade me pediu que fizesse seu casamento. Dizer que suei seria subestimar meu nervosismo. Mas tudo se encaixou. Nós adoramos ao Senhor enquanto testemunhamos meus amigos unidos em casamento. Utilizando uma cerimônia de casamento tradicional, passamos pelo casamento sem problemas.

Desde aquela época, tenho visto várias mudanças nas cerimônias de matrimônio. Um ou dois casais escreveram seus próprios votos. Outros acrescentaram elementos simbólicos à cerimônia. Alguns incluíram uma música que parecia fora de lugar. Alguns pediram homilias de casamento que claramente proclamassem o Evangelho a seus convidados. O quadro geral permaneceu o mesmo, mas cada casamento tinha sua singularidade, que o tornava especial para os noivos.

O que um pastor precisa ter em mente quando abordado para realizar um casamento? Investigaremos essa questão examinando considerações gerais, políticas de casamento, pensamentos sobre aconselhamento pré-nupcial e os elementos de uma cerimônia de matrimônio.

Considerações gerais

As autoridades civis não iniciaram o casamento; foi Deus que o criou. Antes de qualquer outra instituição humana, o Senhor Deus formou a mulher da costela de Adão "e a trouxe ao homem" (Gn 2.22). Esse ato de Deus mostra a primazia do matrimônio na sociedade humana, na medida em que preencheu o que ele viu como sendo "não bom" na criação. Depois de nomear os animais, nenhuma criatura correspondia a Adão (2.20). O homem precisava de um ser como ele — outro humano, mas *diferente* dele — que o complementasse e completasse, que o preenchesse e deleitasse. O primeiro poema das Escrituras surgiu da exclamação de Adão quando viu sua esposa pela primeira vez.

> Esta, afinal, é osso dos meus ossos
> e carne da minha carne;
> chamar-se-á varoa,
> porquanto do varão foi tomada. (2.23)

Ray Ortlund captura esse momento poético.

> O homem não se sente ameaçado pela óbvia igualdade da mulher. Essa realidade reconfortante é exatamente o que lhe agrada. Com alívio ("afinal"), ele a cumprimenta como sua contraparte única em toda a criação. Ele intuitivamente se identifica com ela. Seu coração é atraído por ela. Ele a premia. Ele se alegra com ela. Ele louva a Deus por ela. E, ao agradecer a Deus por ela, ele a percebe como íntima de si mesmo. [...]
>
> Com seu último ato enquanto nomeador devidamente autorizado no jardim, Adão enxerga homem e mulher como iguais, ou seja, da mesma espécie, mas com suas distinções. A relação humana suprema é apresentada como uma complementaridade de diferenças, e não como uma duplicação de igualdade.[1]

---

[1] Ray Ortlund, *Marriage and the Mystery of the Gospel* (Wheaton, IL: Crossway, 2016), p. 27 [*O Casamento e o Mistério do Evangelho* (São Paulo: Shedd, 2021)].

Pergunta 28: Como o pastor deve conduzir cerimônias de casamento?

Tendo essa bela imagem do primeiro casamento como base, um pastor enfrenta o desafio de incorporar a admiracão, a beleza, a alegria e o propósito ordenado por Deus presentes no casamento ao se encontrar com um casal e se tornar parte do planejamento da cerimônia. Ele deve ter em mente o plano divino para o casamento ao aconselhar e se preparar para servir na união entre um homem e uma mulher. O casal faz o pacto matrimonial, que exige permanência, sacralidade, intimidade, mutualidade e exclusividade.[2] Para adicionar responsabilidade ao casal que inicia sua jornada, a cerimônia pública confirma o pacto matrimonial.[3]

No entanto, um pastor começa a *conversa sobre casamento* com o casal sem saber o quanto eles entendem do que estão assumindo. Eles conhecem Jesus Cristo como Senhor e Salvador? Estão crescendo na graça e no conhecimento de Cristo? São membros fiéis de uma igreja local? Procuram proteger-se do mundo? Enxergam o casamento como uma imagem da união entre Cristo e a igreja? Estão comprometidos em seguir o ensino bíblico sobre casamento e família? Entendem o casamento como uma aliança inviolável? Esses tipos de perguntas precisam fazer parte da conversa inicial antes que o pastor concorde em realizar a cerimônia. Paulo adverte contra o "jugo desigual com os incrédulos" (2Co 6.14). Assim, o pastor precisa determinar antes da reunião inicial se só realizará o casamento entre dois crentes. E se noiva e noivo não seguem Cristo? Ele precisa, então, decidir se sua consciência lhe permitirá oficiar a cerimônia.[4]

---

2 Andreas Köstenberger & David W. Jones, *God, Marriage, and Family* (Wheaton: Crossway, 2010), p. 77-78 [*Deus, Casamento e Família* (São Paulo: Vida Nova, 2014)].
3 Köstenberger e Jones definem o modelo pactual de casamento, em contraste com os modelos sacramentais e contratuais, "como um vínculo sagrado entre um homem e uma mulher, instituído e celebrado publicamente diante de Deus (quer isso seja reconhecido pelos casados, quer seja rejeitado por eles), normalmente consumado pela relação sexual" (*God, Marriage*, p. 73, grifo original).
4 Paulo, em 2 Coríntios 6.14-18, deixa claro que crentes e incrédulos não devem ser unidos em casamento. Essa passagem apresenta um grande desafio para o pastor — que deve manter o ensino bíblico — quando filhos incrédulos de membros solicitam um casamento na igreja. Entretanto, a questão de realizar uma cerimônia de dois incrédulos não é abordada e deve ser uma questão de convicção pessoal do pastor. Obviamente, ele

Políticas de casamento

Cada igreja precisa de políticas de casamento oficialmente documentadas. "Oficialmente documentadas" significa que serão adotadas pelo corpo diretivo da igreja e identificarão o uso específico das instalações do templo e parâmetros para seus pastores na realização de casamentos. A esse respeito, o pastor segue os ditames do corpo governante da igreja. Isso protege a igreja e o pastor quando decisões difíceis que afetam os planos de um casal para a cerimônia devem ser tomadas.

As políticas de casamento precisam abordar a posição da igreja sobre matrimônio (e.g., uma aliança entre um homem e uma mulher diante de Deus, os quais se comprometem com a fidelidade aos votos matrimoniais, como uma imagem de Cristo e da igreja; Ef 5.22-33) e o desejo de glorificar a Deus no ensaio, na cerimônia e na recepção. Se o casal não concordar com as políticas de casamento, o pastor e a igreja podem recusar a participação e o uso das instalações.

A política deve determinar os direitos de membros e não membros com relação ao uso das instalações da igreja e os procedimentos a serem adotados, bem como os direitos do pastor (e/ou funcionários da igreja). A identificação de parâmetros para o agendamento de casamentos nas instalações da igreja assegurará a preparação da igreja para os cultos do dia do Senhor. A exigência da igreja de que um de seus pastores faça o aconselhamento pré-matrimonial do casal, mesmo que o pastor em questão não conduza a cerimônia, ajuda a resguardar a posição bíblica da igreja sobre o casamento.[5]

---

se perguntará por que eles gostariam que ele oficiasse o casamento, já que ele o abordará de uma perspectiva decisivamente cristã.

5 A igreja não deve concordar com o uso das instalações por membros ou não membros até o aconselhamento inicial pré-nupcial. Essa reunião talvez exponha uma razão pela qual o processo seria imprudente. A declaração de que, segundo a política de casamento da igreja, o grupo de presbíteros será responsável por avaliar e decidir a permissão ou não do uso das instalações da igreja e/ou a participação ou não do pastor na celebração deve ser dada após a reunião inicial de aconselhamento pré-nupcial. Por essa razão, seria sensato exigir uma notificação de interesse no uso das instalações da igreja e/ou no serviço do pastor oficiante pelo menos de três a seis meses antes do

Pergunta 28: Como o pastor deve conduzir cerimônias de casamento?

Devem-se explicitar detalhes acerca da natureza do **casamento** — incluindo a cerimônia, o tipo de música permitido,[6] o uso de enfeites, o uso de instrumentos musicais e do sistema de som da igreja, além da participação de fotógrafo e cinegrafista —, para que a igreja e os pastores não fiquem em posições comprometedoras ou constrangedoras. Qualquer cobrança pelo uso das instalações por membros e não membros precisarão ser declaradas. Também deverá haver uma declaração especificando que a organização da festa de casamento será responsável por quaisquer danos à propriedade da igreja, assim como pelos custos dos serviços de custódia. A política de casamento, assinada e datada, deverá ser arquivada no escritório da igreja, com uma cópia entregue aos noivos.

Aconselhamento pré-matrimonial

Nada será mais importante para o casamento do que o tempo de aconselhamento pré-matrimonial com um dos pastores da igreja. Isso não apenas dará tempo ao pastor para conhecer melhor o casal, a fim de que molde suas observações de forma que elas se adequem a esse relacionamento único, como também — e principalmente — lhe dará oportunidade para que discuta como é um casamento que reflete a beleza de Cristo e da igreja (Ef 5.22-33). Cada casal traz para o casamento os aspectos positivos e negativos de sua formação, suas personalidades, tendências e compreensão dos papéis conjugais. Portanto, o pastor não deve supor nada, mesmo que o casal tenha crescido sob sua liderança pastoral.[7]

---

casamento proposto.
6 Solicitamos que as seleções musicais sejam aprovadas pelo nosso pastor de louvor. Embora a seleção possa não ser de música cristã, dependendo da posição da igreja, ela deve ser de bom gosto e apropriada.
7 Eu uso um questionário que ajuda a considerar as origens, personalidades e temperamentos do casal, a forma como se dá o relacionamento, a fé cristã deles e seus planos em relação a finanças e filhos, além de pontos de vista sobre fidelidade no casamento. Isso molda a discussão no aconselhamento pré-matrimonial. Também pode revelar razões para o adiamento do casamento, para a exigência de aconselhamento adicional

O que o pastor tenta alcançar no aconselhamento pré-matrimonial? Ele não pode ensinar-lhes tudo o que precisam saber sobre o casamento em poucas sessões. Eles aprenderão muito nos próximos anos por meio da mutualidade do trabalho relacional, o qual promove a santificação ao longo do casamento. Levo em consideração dez categorias para discussão, recomendando recursos em algumas delas e estendendo algumas sessões quando parecer mais pertinente ao casal.

1. Testemunho cristão
2. O envolvimento do casal na igreja local
3. O entrelaçamento de personalidades e distinções de gênero
4. O significado e o propósito do casamento
5. Desenvolvendo maturidade espiritual juntos e de forma individual
6. Aprendendo a comunicar-se
7. Dinheiro e trabalho
8. Crianças
9. Sogros
10. Intimidade

Dependendo das áreas que precisam de atenção adicional, recomendarei ou darei a eles um livro. O casal deve lê-lo, discutir seu conteúdo e, então, me relatar um pouco do aprendizado.[8] Geralmente, tenho em mente quantas sessões de aconselhamento pré-matrimonial pretendo fazer — duas ou três. Mas, à medida que as sessões vão

---

ou para o pastor não concordar em realizar a cerimônia.

8   Aqui estão algumas possibilidades: R. C. Sproul, *The Intimate Marriage: a Practical Guide to Building a Great Marriage* (Phillipsburg: P&R, 2003); Ray Ortlund, *Marriage and the Mystery of the Gospel*; Paul David Tripp, *O que Você Esperava? Expectativas Fictícias e a Realidade do Casamento* (São Paulo: Cultura Cristã, 2011); Timothy & Kathy Keller, *O Significado do Casamento* (São Paulo: Vida Nova, 2012); Dave Harvey, *Quando Pecadores Dizem "Sim"*, 2ª ed. (São José dos Campos: Fiel, 2022); Bryan Chapell, *Each for the Other: Marriage as It's Meant to Be* (Grand Rapids: Baker, 2006); Larry Burkett, *Financial Guide for Young Couples* (Nashville: David C. Cook, 2002); Daniel Akin, *God on Sex: the Creator's Ideas about Love, Intimity, and Marriage* (Nashville: B&H, 2003); Clifford & Joyce Penner, *O Sexo é um Presente de Deus* (São Paulo: Atos, 1999)]; Gary Thomas, *Casamento Sagrado* (Curitiba: Esperança, 2022)].

ocorrendo, posso sentir a necessidade de estendê-las, a fim de tratar certas áreas com mais profundidade. Comece o aconselhamento pré-nupcial com alguns objetivos, mas perceba que o casal pode ter necessidades que vão além de seu modelo de aconselhamento. Você também pode achar útil trazer outro presbítero ou pastor para ajudar em áreas pontuais que eles sejam capazes de explorar com mais clareza.

Tenho, de tempos em tempos, marcado sessões de acompanhamento *após* o casamento. Reconhecendo que apenas a experiência da vida juntos trará à tona algumas coisas que podem estar latentes, pedirei que me encontrem para ajustarmos o que for preciso em seu casamento.

Geralmente, no início do aconselhamento pré-nupcial, pergunto os detalhes do casamento: hora, local, nome do coordenador, músicas, planos para a certidão de casamento, detalhes da cerimônia, tamanho da festa e qualquer outra circunstância incomum sobre a qual devo estar ciente.[9] Faço muitas anotações, que posso revisar mais perto do ensaio e da cerimônia.[10]

Elementos da cerimônia de casamento

As práticas das cerimônias de casamento tradicionais podem variar de uma denominação para outra.[11] Basicamente, elas contêm elementos semelhantes, que podem ser observados em várias ordens e em diferentes tradições.

---

9 O último item pode incluir detalhes sobre a dinâmica familiar, pais divorciados desconfortáveis em estar um com o outro, alguém que não seja o pai da noiva a acompanhando, familiares distantes, um casal cristão desejando que o Evangelho seja proclamado na cerimônia para parentes não cristãos etc.
10 Alguns pastores têm substitutos para os ensaios (e.g., um assistente). Embora isso seja compreensível em uma grande congregação com casamentos quase todos os fins de semana, parece preferível fazer parte do ensaio para garantir que o coordenador do evento e o pastor estejam em sincronia, bem como para utilizar o tempo para pastorear o casal.
11 Neste esboço, peguei emprestadas partes da cerimônia de casamento tradicional da Igreja Metodista Unida, partes da Igreja Presbiteriana Unida e liturgias de casamento do Saltério Anglo-Genebrino.

1. *O anúncio do casamento*. "Amados, estamos reunidos diante de Deus e na presença dessas testemunhas, para unir este homem e esta mulher no santo matrimônio." O pastor pode escolher ler Gênesis 2.18-25, Salmo 127.1-2, Efésios 5.22-23, Colossenses 3.12-19, Hebreus 13.4, 1 Pedro 3.1-7 ou João 2.1-11 como parte de seu anúncio e breve explicação sobre o que é o casamento.

2. *O encargo do casal*. "Visto que vocês estão na presença de Deus, diante de quem os segredos de todos os corações são revelados, tendo já considerado devidamente a santa aliança que estão prestes a fazer, eu os conclamo e exorto agora a declararem um ao outro, perante esta assembleia, sua promessa de fé."

3. *A homilia nupcial*. O pastor dará um fundamento bíblico para o casamento. Aqui ele tem a oportunidade de proclamar o Evangelho por meio da imagem do casamento em Efésios 5; de porções dos testemunhos do casal de noivos; da realização do primeiro milagre de Jesus, no casamento em Caná da Galileia, que atestou sua obra redentora (Jo 2); da intenção divina, no primeiro casamento, de prefigurar o casamento de Cristo com sua noiva (Gn 2; Ap 19; 21–22); ou de outras passagens apropriadas. Na homilia, ele precisa ser breve e ir direto ao ponto. O tempo apropriado para essa parte é de cinco a sete minutos.

4. *A intenção do casamento*. "Você aceita essa/esse mulher/homem como sua/seu esposa/marido para viverem juntos no santo estado do matrimônio?"

5. *A entrega da noiva*. "Quem dá essa mulher para se casar com esse homem?" O pai (geralmente) responde: "Eu e a mãe dela." Quando alguém que não seja o pai entrega a noiva, a resposta pode ser: "Eu".

6. *Os votos conjugais*. "Eu, _____, te recebo, _____, como minha/meu esposa/marido; e prometo e assumo, diante de Deus e dessas testemunhas, ser seu/sua marido/esposa amoroso/amorosa e fiel, de hoje em diante, na alegria e na tristeza, na riqueza e na pobreza, na saúde e na doença, para amar-te e cuidar de ti,

Pergunta 28: Como o pastor deve conduzir cerimônias de casamento?

até que a morte nos separe, de acordo com a santa ordenança de Deus. Disso dou fé."

7. *Oração de consagração.* "Pai, nós encomendamos este homem e esta mulher aos laços invioláveis do casamento, para que tu os separes para te servirem, mostrando a beleza de Cristo e da igreja em seu relacionamento."

8. *A troca de alianças e os votos.* "Em sinal e símbolo de nossa fé constante e amor permanente, com esta aliança eu me caso contigo, em nome do Pai, do Filho e do Espírito Santo. Amém."

9. *Pronunciamento como marido e mulher.* "Eu vos declaro marido e mulher. O Pai de todas as misericórdias, que, por sua graça, vos chamou a este santo estado de matrimônio, vos una em verdadeiro amor e fidelidade e vos conceda sua bênção. Amém."

10. *O marido e a esposa se beijam.*

11. *Oração e bênção, seguidas de apresentação e saída do oficiante.*

Com essa estrutura geral, o pastor pode trabalhar com os noivos para adicionar ou remover elementos que melhor lhes sirvam. Desde que a cerimônia mantenha a reverência, uma visão bíblica do casamento, a centralidade do Evangelho em toda a vida, as responsabilidades mútuas do casal e o casamento como uma aliança, a mudança de linguagem, a remoção de algumas das frases tradicionais, o acréscimo de música apropriada e o fornecimento de outras variações serão certamente permissíveis.[12]

---

[12] Não aquiescemos a pedidos de celebração da Ceia do Senhor na cerimônia por se tratar de uma ordenança eclesiástica que deve praticada presencialmente pelo corpo. Testemunhei pais dando testemunhos ou expressando bênçãos a seus filhos durante a cerimônia. O pastor precisa avaliar pedidos de inserção de elementos na cerimônia, para que se mantenha a dignidade e a honra que devem estar presentes. Contribuições musicais geralmente acompanham várias partes da cerimônia. Aqui, o pastor precisa dar liberdade, a menos que a considere intrusiva e fora de lugar. Discutir esses assuntos no início das reuniões pré-nupciais evitará que haja surpresas na noite do ensaio.

Como um ato legal final, o pastor precisa assinar, datar e enviar a licença de casamento ao órgão apropriado que lida com isso em seu estado. Eu costumo entregar a licença completa em uma agência postal após a cerimônia.[13]

Resumo

A preparação continua a ser a chave de uma cerimônia de casamento repleta de adoração. A igreja e o pastor preparam-se para um matrimônio com uma política de casamento bem pensada e aprovada pelo corpo governante da igreja. O aconselhamento atencioso antes do casamento prepara o casal para a vida matrimonial. Na conversa inicial com o casal, o pastor deve fazer perguntas, tomar notas e entender seu papel. A festa nupcial e os convidados preparam-se para adorar e se alegrar com uma cerimônia reverente e biblicamente pensada, que enxerga o Evangelho como fundamental para a vida e para o casamento.

Perguntas para reflexão

1. Como Gênesis 2.17-25 estabelece uma base para o casamento?
2. De quais áreas as políticas de casamento de uma igreja devem tratar?
3. O que um pastor deve discutir no aconselhamento pré-matrimonial?
4. Como o pastor mantém o Evangelho como o centro da cerimônia de casamento?
5. Quais são os elementos tradicionais de uma cerimônia de casamento?

---

13 Essa prática começou quando descobri, três dias depois de uma cerimônia, que a licença ainda estava no bolso de meu casaco. Eu fiz a entrega dentro do prazo permitido!

PARTE 5
A igreja e o ministério pastoral

PERGUNTA 29
O QUE É A IGREJA?

O *que é uma igreja?* Talvez possamos presumir que já sabemos a resposta; afinal, este livro trata do ministério pastoral. Todavia, é importante observar que o modo como enxergamos a igreja moldará e aprimorará a compreensão e a prática do ministério pastoral. Sem clareza no conceito de igreja, deixamos de ter clareza no ministério pastoral.

• Se o pastor considera a igreja uma *organização meramente religiosa*, tratará o ministério pastoral apenas como um trabalho com benefícios e salário.

• Se o pastor considera a igreja um *fenômeno cultural*, tratará o ministério pastoral como um experimento cultural, cuja característica mais significativa será o modo como a igreja influencia seu entorno. O ministério pastoral, então, terá como foco o ato de moldar a comunidade, sem a necessidade de se fazerem e pastorearem discípulos.[1]

• Se o pastor considera a igreja seu *reino pessoal*, tratará o ministério pastoral de forma egoísta, concentrando-se no que promove sua carreira, objetivos, metas e imagem.

• Se o pastor considera a igreja uma *entidade denominacional*, tratará o ministério pastoral como um meio de promover

---

1 Isso não quer dizer que uma igreja saudável não afete a comunidade. Ela afeta, mas isso não é uma questão primordial.

os programas e objetivos da denominação e de aumentar suas chances de melhorar de posição.

Porém, se a igreja é o que Jesus retrata em Mateus 16.13-20 e 18.15-20, sua razão de ser difere profundamente dos equívocos anteriores. Observe como Jesus descreve a igreja nesses versículos:

- A igreja é edificada sobre uma clara confissão doutrinária de Jesus Cristo como Filho de Deus, Messias prometido e Rei de um reino eterno.
- A igreja *pertence* a Jesus; ele promete edificá-la, cuidando de seu bem-estar, existência e futuro.
- A igreja não pode ser dominada pela morte, o que nenhuma outra instituição pode reivindicar.
- A igreja está ancorada na autoridade apostólica e na proclamação do Evangelho (após a ascensão).
- A igreja é corporativa, e não individualista.
- A igreja vive preocupada com o caráter, fidelidade, obediência e santidade de seus membros.
- A igreja mantém-se atenta a seus membros, especialmente com relação à forma como refletem a obediência aos mandamentos de Cristo.
- A igreja exerce autoridade sobre aqueles que admite e exclui.
- A igreja reunida tem a certeza da presença de Cristo ao exercer suas prerrogativas disciplinares.

E isso em apenas duas passagens! E as outras 106 referências à igreja no Novo Testamento? E as quase cem expressões usadas para descrevê-la?[2] Tão grande é o propósito divino que ele enviou seu

---

2 O NT usa εκκλησια 114 vezes, sendo que 109 dessas ocrrências se referem à igreja. Dessas 109, pelo menos 96 referem-se a assembleias locais de crentes, enquanto as outras, principalmente em Efésios, apontam para a igreja universal. A palavra normalmente significa "uma assembleia", o que destaca a compreensão *local* da igreja reunida para adorar, orar, ter comunhão, receber a Palavra, cumprir as ordenanças (sacramentos), servir e ministrar. Veja Mark Dever, "The Church", em Daniel Akin, org., *A Theology for the Church* (Nashville: B&H Academic, 2007), p. 770-73, e John S. Hammett, *Biblical Foundations for Baptist Churches: a*

Filho para morrer por ela, protegê-la e acolher seus membros como seu povo (Jo 17.6-26; At 20.28; 1Pe 2.9-10). Para refletirmos sobre a igreja, consideraremos algumas definições, marcas definidoras e expressões marcantes.

Definições de igreja

Quando perguntado sobre o significado da igreja, Martinho Lutero respondeu: "Ora, uma criança de sete anos sabe o que é a igreja, ou seja, crentes santos e ovelhas que ouvem a voz de seu Pastor."[3] Ele enfatiza um povo regenerado e santo com fé em Cristo. Na obra *As institutas*, João Calvino afirma: "A igreja inclui não apenas os santos que atualmente vivem na terra, mas também todos os eleitos desde o princípio do mundo." Ele, então, olha para a igreja atual como aqueles que estão "espalhados sobre a terra [e] que professam adorar um só Deus e Cristo".[4] Calvino identifica a igreja como eterna e ativamente presente.

O teólogo batista do século XIX J. L. Dagg explica: "Uma igreja cristã é uma assembleia de crentes em Cristo, organizada em um corpo de acordo com as Sagradas Escrituras, para o louvor e serviço de Deus."[5] Dagg destaca a ideia de assembleia local que é inerente ao termo *ekklesia*, a qual foi formada, segundo as Escrituras, para adorar e servir. Charles Octavius Boothe, líder da igreja do fim do século XIX, descreve a identidade da igreja como dupla. Ela inclui "toda a família dos remidos de todas as eras" e "um corpo de crentes, reunidos em um só lugar de acordo com os ensinamentos do Novo Testamento".[6] Boothe reflete a avaliação de Calvino sobre a igreja, enquanto enfatiza sua reunião local.

Contemporary Ecclesiology (Grand Rapids: Eerdmans, 2019), p. 29-34. Para metáforas sobre a igreja, veja Paul Minear, *Images of the Church in the New Testament* (Filadélfia: Westminster, 1975).
3 Timothy George, *Theology of the Reformers* (Nashville: B&H Academic, 2013), p. 88 [*Teologia dos Reformadores* (São Paulo: Vida Nova, 2017)].
4 *Calvino*, 4.1.7
5 J. L. Dagg, *Manual de Eclesiologia* (Rio de Janeiro: Pro Nobis, 2022), p. 109.
6 Charles Octavius Boothe, *Plain Theology for Plain People* (edição original: 1890; Bellingham: Lexham, 2017), p. 113-14.

O teólogo Gregg Allison afirma que "a igreja é o povo de Deus que foi salvo pelo arrependimento e fé em Jesus Cristo, integrado ao seu corpo por meio do batismo com o Espírito Santo."[7] Da mesma forma, mas com ênfase na união e no serviço da igreja no mundo, Mark Dever observa: "A igreja é o grupo de pessoas chamadas pela graça de Deus, por meio da fé em Cristo, para glorificá-lo conjuntamente, servindo-o neste mundo."[8] Wayne Grudem traz o conceito de forma simples: "A igreja é a comunidade de todos os verdadeiros crentes de todos os tempos."[9]

Eu a definiria assim: a igreja é o povo de Deus redimido por Jesus Cristo e batizado em seu corpo pelo Espírito Santo, para glorificar Deus por meio da adoração, serviço e testemunho centrados em Cristo. Essa definição e as outras nos falam sobre as pessoas chamadas de igreja. Mas o que marca cada congregação?

Definindo as marcas da igreja

As primeiras marcas não bíblicas e abrangentes da igreja, conhecidas como *notae ecclesiae*, adviram do Credo Niceno, de 325 d.C.: igreja una, santa, católica (universal) e apostólica. "Una" refere-se à unidade da igreja na unidade de Deus, contrariando a afirmação do arianismo, que negava a divindade de Cristo. "Santa" era uma reação aos novacianos do século III e aos donatistas do século IV, afirmando a santidade da igreja em seu cabeça, Jesus Cristo. Em última análise, como notaram os reformadores, essa designação aponta para o status sagrado da igreja a partir da justificação. "Católica" — isto é, "universal" — indica uma fé e uma missão compartilhadas em uma ortodoxia definitiva entre todos os grupos. "Apostólica" refere-se à doutrina da igreja governada pela revelação da Sagrada Escritura,

---

[7] Gregg R. Allison, *Sojourners and Strangers: the Doctrine of the Church* (Wheaton: Crossway, 2012), p. 29 [*Eclesiologia: uma Teologia para Peregrinos e Estrangeiros* (São Paulo: Vida Nova, 2021)].
[8] Dever, "Church", p. 768.
[9] Wayne Grudem, *Systematic Theology: an Introduction to Biblical Doctrine* (Grand Rapids: Zondervan, 1994), p. 853 [*Teologia Sistemática*, 2ª ed. (São Paulo: Vida Nova, 2022)].

em que os apóstolos foram fundamentais (Ef 2.20; 2Pe 1.16-21). Em outras palavras, ser apostólico significa que mantemos o ensino proclamado pelos apóstolos e revelado nas Escrituras.[10]

Os reformadores fizeram alguns de seus melhores trabalhos na identificação do que constitui uma verdadeira igreja. Calvino, embora desejasse mostrar graça e gentileza em relação às igrejas que enfrentavam dificuldades, viu as marcas da igreja de maneira minimalista. Ele escreve: "Onde quer que vejamos a Palavra de Deus puramente pregada e ouvida, bem como os sacramentos administrados de acordo com a instituição de Cristo, ali, não há dúvida, existe uma igreja de Deus."[11] O Evangelho proclamado e os sacramentos observados marcaram igrejas verdadeiras mesmo quando elas lutaram em outras áreas. Mais tarde, Calvino explicou que Satanás ataca essas duas marcas mais do que qualquer coisa, pois sabe que a destruição delas removerá a distinção da igreja como uma verdadeira congregação de Deus. O reformador esclareceu que simplesmente usar o nome de "igreja" não a torna efetivamente uma igreja. Antes,

> Toda congregação que reivindica o nome 'igreja' deve ser provada por esse padrão como que por uma pedra de toque. Se, na Palavra e nos sacramentos, ela tiver a ordem aprovada pelo Senhor, não será enganosa... Contudo, novamente, se desprovida da Palavra e dos sacramentos, ostenta o nome "igreja", devemos tomar muito cuidado com esses enganos, assim como, por outro lado, devemos evitar a temeridade e o orgulho.[12]

---

10 Esta seção segue de perto Hammett, *Biblical Foundations*, p. 57-69, e Dever, "Church", p. 775-78. Embora o espaço não permita aprofundar as várias interpretações das notas, os reformadores corrigiram algumas interpretações pós-nicenas, reagindo até mesmo contra a explicação do "corpo misto" da igreja que Agostinho deu. Eles reforçaram a santidade dela pelo status forjado na justificação. Alguns viam a apostolicidade como sucessão apostólica, uma ideia não encontrada nas Escrituras e fortemente contestada pelos reformadores.
11 *Calvino*, 4.1.9.
12 *Calvino*, 4.1.11.

Martin Bucer, mentor de Calvino em Estrasburgo, concordou com essas duas marcas, mas acrescentou: "Não pode haver uma igreja sem *ein Bann* (excomunhão)."[13] Como explica Paul Avis a respeito de Bucer, "a qualidade do discipulado cristão torna-se uma marca da igreja. Amor e disciplina devem ser adicionados à Palavra e ao sacramento para formar a verdadeira igreja".[14] Bucer encontrou o cerne do que envolve uma igreja exercer sua responsabilidade de disciplinar (formativa e corretivamente) ao acrescentar "a posse de ministros adequados" como outra marca da igreja. Ele acreditava que pregar o Evangelho e administrar os sacramentos exigia ministros adequados, que também estariam engajados em pastorear a igreja em "justiça e santidade de vida".[15]

Os puritanos ingleses William Perkins e Thomas Cartwright chegaram perto de concordar com Bucer, mas divergiram em um ponto: para eles, a disciplina era necessária para o bem-estar (*bene esse*) da igreja, mas não para sua existência (*esse*).[16] John Knox, o vigoroso reformador escocês, concordou com a ideia de Bucer de que a disciplina eclesiástica corretamente administrada deveria ser incorporada às duas marcas principais.[17]

O resumo de John Hammett dos pontos de vista dos reformadores sobre as marcas da igreja esclarece: "Se [a igreja] perde a mensagem do Evangelho, um agrupamento deixa de ser uma igreja verdadeira."[18] Isso deve ser o mais importante na identificação de uma verdadeira igreja e na avaliação da pregação pastoral.

---

13 Paul D. L. Avis, *The Church in the Theology of the Reformers* (Eugene: Wipf & Stock, 2002), p. 45.
14 Avis, *Church in the Theology of the Reformers*, p. 48.
15 Ibid., p. 48-49. Embora ele tenha acrescentado "a posse de ministros adequados" como mais um marco explicativo, Bucer ainda é conhecido por concordar com Calvino, embora acrescente a disciplina eclesiástica como essencial para identificar uma igreja verdadeira. Sem o exercício da disciplina, a igreja deixa de ser o corpo de Cristo "congregado pelo Espírito de Cristo" (p. 49).
16 Avis, *Church in the Theology of the Reformers*, p. 46.
17 Ibid., p. 50-51.
18 Hammett, *Biblical Foundations*, p. 70.

Mark Dever observa de maneira ampla as marcas da igreja. Embora concorde com essas duas marcas essenciais, ele também identifica nove marcas "que distinguem as igrejas saudáveis de igrejas verdadeiras, porém enfermas".[19] Dever busca identificar nove marcas que, quando praticadas, tendem a melhorar e fortalecer a saúde da igreja. Ele não sustenta que as igrejas negligentes nessas nove marcas não sejam igrejas verdadeiras — contanto que o Evangelho seja proclamado fielmente e as ordenanças sejam observadas.[20] Dever as identifica da seguinte forma: pregação expositiva, teologia bíblica, Evangelho, compreensão bíblica da conversão, compreensão bíblica do evangelismo, compreensão bíblica da membresia da igreja, disciplina bíblica da igreja, preocupação com discipulado e crescimento, liderança bíblica da igreja. Seu trabalho continua a ajudar pastores a edificar sobre o fundamento da proclamação do Evangelho, enquanto melhoram a saúde da igreja e, consequentemente, o testemunho dela no mundo.

Metáforas distintivas para a igreja

Grudem aponta que a variedade de metáforas que descrevem o que é a igreja no NT indica que precisamos tomar cuidado para não nos concentrarmos "exclusivamente em uma".[21] Com tantas expressões — 96, de acordo com Paul Minear —, a pregação pastoral deve ampliar a compreensão e a alegria de uma congregação ao pensar na igreja que Jesus redimiu e protegeu.[22] Deve também ajudar os pastores a concentrar seus ministérios no pastoreio da igreja. Aqui veremos quatro metáfora usadas em referência à igreja.[23]

---

19 Mark E. Dever, *Nove Marcas de uma Igreja Saudável*, 2ª ed. (São José dos Campos: Editora Fiel, 2024).
20 Dever, "Church", p. 778-91.
21 Grudem, *Systematic Theology*, p. 859.
22 Embora algumas das escolhas de Minear em *Images of the Church* sejam desagradáveis para outros intérpretes, a maioria fornece elementos visuais para que a igreja entenda melhor quem é aos olhos e na missão de Deus.
23 Outras metáforas a serem consideradas: servos, noiva de Cristo, concidadãos, rebanho de Deus, assembleia geral, edifício de Deus, Israel de Deus, nova criação. Além

1. O povo de Deus

Ambos os Testamentos usam as expressões "minha propriedade" e "meu povo" para se referir ao povo que Deus elegeu e redimiu para si (Êx 19.5-6; Os 1.10; 2.23; Tt 2.14; 1Pe 2.9-10).[24] Esses termos não dizem respeito a dois povos, mas a um povo de Deus que se tornou sua possessão pela obra redentora de Jesus Cristo (Tt 2.14). Pedro explicitamente aplica à igreja frases que descrevem Israel: "raça eleita, sacerdócio real, nação santa, povo de propriedade exclusiva de Deus" (1Pe 2.9). Paulo une isso à sua explicação sobre a eleição divina de um povo tirado dentre Israel — corrigindo o orgulho dos gentios (Rm 11.1-2) —, o qual, então, se une aos eleitos dentre os gentios (Rm 15.7-12). O apóstolo não hesitou em fazer uma aplicação de Levítico 26.12 e Jeremias 32.38 à igreja de Corinto como povo de Deus (2Co 6.16). Assim, ele se refere ao povo de Deus em ambos os Testamentos como um só.[25]

Como povo de Deus, a igreja tem sua identidade no ato gracioso de Deus de redimir um povo em particular, dentre todos os que há no mundo, para ser sua propriedade (Tt 2.14). Pertencer ao Senhor, então, afeta a maneira como a igreja vive o Evangelho, em contraste com o resto da comunidade humana. Isso assegura à igreja o cuidado de Deus, ao mesmo tempo que a exorta a perseverar como seu povo. Pastores devem pensar em como seus sermões, exemplo e liderança oferecem certeza e distinção à igreja como povo de Deus.

---

disso, considere que termos como "santos", "irmãos", "amigos", "escolhidos de Deus" e "discípulos do Senhor" são usados como sinônimos de igreja, expressando algumas verdades distintivas sobre o corpo de Cristo.
24 Hammett explica a continuidade entre o povo de Deus do AT e do NT, enquanto mantém também uma descontinuidade, devido à habitação do Espírito fazer "da igreja a nova criação de Deus" (*Baptist Foundations*, p. 39-42).
25 Paulo também conclui nessa passagem que a habitação de Deus em meio a seu povo por meio do tabernáculo (templo) agora faz referência à igreja como o novo templo (veja também Ef 2.21-22).

2. O corpo de Cristo

A expressão "corpo de Cristo" considera a *natureza* dos que se relacionam com Cristo e a *função* dos que estão unidos em Cristo.[26] Natureza e função diferem em ênfase e abordagem, mas têm a ver um com o outro. Quanto à *natureza* do corpo, Paulo chama a igreja de "corpo" de Cristo, no qual Deus reconcilia judeus e gentios, por meio da morte de seu Filho (Ef 1.23; 2.16). Jesus é "o cabeça da igreja, sendo este mesmo o salvador do corpo" (Ef 5.23). O corpo relaciona-se tão intimamente com Cristo que Paulo compara esse relacionamento ao de um marido com sua esposa, na medida em que o fato de um casal se tornar uma só carne reflete "a igreja" enquanto membro do corpo de Cristo (Ef 5.28-30). Jesus "é a cabeça do corpo, da igreja" (Cl 1.18, 23).

Consequentemente, por *função*, entende-se que a igreja deve ver cada membro como soberanamente estabelecido para o bem de todo o corpo (1Co 12.18). Isso exige que os membros exerçam seus dons espirituais para o bem dos outros (Rms 12.4-8; 1Co 12.7-11), de modo que um sustente o outro em amor e consideração (1Co 12.14-27).

Pastores, assim, aprenderão a priorizar a construção de relacionamentos saudáveis no corpo. A unidade deverá ser nutrida pela maneira como os membros tratam e servem uns aos outros por meio de seus dons e ministérios. Equipar a igreja para o ministério edificará o corpo de Cristo para que seja uma igreja saudável (Ef 4.12-16; Cl 2.19).

3. A casa de Deus

A expressão "casa de Deus" abrange uma série de frases que expressam direta ou metaforicamente a ideia de que a igreja é a família de Deus. O autor de Hebreus chama a igreja de casa de Cristo (Hb 3.4-6). Muitos termos bíblicos expressam um conceito de família: "filhos de Deus" (Jo 1.12; Rm 8.14, 16; 9.8, 23-26; 1Jo 3.1-2); "filhos" (Hb 2.13-14);

---

26 Grudem observa: "Não devemos confundir as expressões de 1 Coríntios 12 e Efésios 4, mas mantê-las distintas" (*Systematic Theology*, p. 858-59), ou seja, a primeira aborda o corpo de maneira funcional, como no uso de dons espirituais; a segunda considera a natureza orgânica da igreja.

"filhos e filhas" (2Co 6.18); "herdeiros de Deus" (Rm 8.17; Gl 4.7; Ef 1.18); "amados de Deus" (Rm 1.7; Cl 3.12). Embora os escritores não façam nenhuma inferência biológica, as ideias de família oferecem algumas das mais ricas certezas de relacionamento com Deus que podem ser entendidas em conceitos familiares normais.

A linguagem familiar exorta pastores a ajudar a congregação a entender a igreja como família.[27] Isso muda a dinâmica dos relacionamentos: de pessoas que se reúnem semanalmente para irmãos e irmãs aprendendo a viver e servir Cristo juntos. Isso demanda aconselhamento e exortação nos momentos de desgaste. Para caracterizar-se como igreja, faz-se necessário o ensino sobre o amor altruísta e a prática do perdão (Ef 4.29–5.2).

4. O templo de Deus

Uma vez que o templo tinha um significado vital na estrutura do AT como o lugar onde Deus habitava no meio de seu povo (Êx 40.34-35; 2Cr 5.14–6.2),[28] ele expressa apropriadamente o Espírito Santo habitando na igreja (Ef 2.21-22).[29] Assim como a habitação do Espírito Santo caracteriza os crentes verdadeiros (Rm 8.9-11), também caracteriza a verdadeira igreja comunitariamente (2Co 6.16). A descrição de Pedro — "casa espiritual para serdes sacerdócio santo, a fim de oferecerdes sacrifícios espirituais agradáveis a Deus por intermédio de Jesus Cristo" — alude a um *novo* templo, a igreja, sendo Jesus Cristo "a pedra angular", sobre a qual toda a igreja existe (Sl 118.22-24; Is 28.16; 1Pe 2.4-8). A expressão "templo de Deus" deixa a igreja com uma consciência mais profunda de seu papel sacerdotal

---

27 Para um tratamento ótimo desse assunto, veja Joseph Hellerman, *When the Church Was a Family: Recapturing Jesus' Vision for Authentic Christian Community* (Nashville: B&H Books, 2009).
28 Veja Ezequiel 37.24-28 para saber como isso funciona através de Jesus como Herdeiro Davídico.
29 A raiz -τηριον em κατοικητηριον, traduzido por "habitar", indica um "lugar onde algo acontece" (BDAG, p. 534-35). Isso indica que a habitação do Espírito na igreja nunca é passiva.

diante de Deus — não para oferecer sacrifícios de animais, pois isso se encerrou em Cristo (Hb 10.1-18), mas para louvá-lo e proclamar seu Evangelho (Hb 13.15; 1Pe 2.9; Ap 1.6; 5.10).

A igreja como templo do Senhor ajuda o pastor a entender o significado de cada reunião de adoração. O Senhor aproximou-se de seu povo, que se reúne para oferecer sacrifícios de louvor e proclamar sua excelência, bem como para fazer a obra sacerdotal de intercessão uns pelos outros. O pastor, portanto, trabalha para que nenhum membro da igreja se veja como espectador, e sim como sacerdote em serviço no templo do Senhor.

Resumo

Ver a igreja como o povo de Deus redimido por Cristo e habitado pelo Espírito Santo muda a dinâmica das reuniões. Em vez de ter uma atitude complacente em relação à igreja, o pastor fiel precisa sentir-se maravilhado com o fato de o Senhor deixá-lo servir as pessoas que o Espírito habita. Nem toda igreja que anuncia o nome de Cristo, como Calvino observou, é uma igreja verdadeira. Antes, igrejas genuínas devem ser marcadas pela proclamação regular do Evangelho e pela administração adequada das ordenanças. O apreço de Deus pela igreja redimida por Cristo é tão grande que nenhum termo consegue explicá-la adequadamente. São necessárias expressões e imagens para nos ajudar a compreender a maravilha que é a família de Deus — a igreja.

Perguntas para reflexão

1. Depois de ler as várias definições de igreja, como você a define?
2. Por que uma breve definição de igreja é inadequada?
3. Quais são as *notae ecclesia* e seus significados?
4. Quais as duas marcas que devem estar presentes em uma igreja para que ela seja considerada verdadeira?

5. Das expressões utilizadas para descrever a igreja, qual você achou mais útil para entender melhor como exercer o ministério pastoral?

PERGUNTA 30
QUE TIPO DE AUTORIDADE AS ESCRITURAS DÃO AO PASTOR DE UMA IGREJA LOCAL?

Autoridade carrega um sentido amplo, evocando várias respostas e reações. Para os que vivem sob uma ditadura, a autoridade expressa poder absoluto de vida e morte. De maneira bem diferente, para aqueles que elegem os governantes regularmente, a autoridade tem limites controlados por uma constituição e pelas eleições. Podemos reclamar do abuso de autoridade, por exemplo, o que não é permitido em uma ditadura. Ditadores abusam da autoridade em uma escala totalmente diferente.

O abuso de autoridade recebe atenção suficiente para estimular reclamações sobre toda autoridade. No entanto, isso não leva em conta que todos os aspectos da vida comunitária, pública e privada, devem ter alguma medida de autoridade para continuar a existir. Níveis de autoridade permanecem necessários à paz, à produtividade, à disciplina e à ordem na sociedade. A administração da empresa exerce autoridade para manter seus objetivos e a produtividade dos funcionários. Os administradores da escola têm autoridade sobre os alunos e funcionários, de forma a manter um ambiente de aprendizagem seguro. Mesmo um jogo de basquete na quadra do bairro deve ter alguém no comando — e, portanto, exercendo autoridade —, para manter a rotatividade das equipes de maneira justa.

Não é surpresa que uma igreja precise de um nível de autoridade para manter sua membresia e o foco em sua missão, para administrar seus ministérios e atividades e para assegurar sua contínua maturidade espiritual e unidade. No entanto, como essa autoridade funciona na vida da igreja? Como os que são nomeados como pastores e presbíteros exercem autoridade? Investigaremos esse assunto examinando as implicações textuais da autoridade pastoral, o significado da autoridade delegada e o uso da autoridade.

Implicações textuais da autoridade pastoral/presbiterial

Onde encontramos garantia bíblica para a autoridade pastoral? Um rei israelita e o pastor da igreja local têm pouco em comum, exceto a fidelidade a Deus na esfera de seu chamado. Mesmo a autoridade que Jesus deu aos Doze e aos Setenta não constitui a base para entendermos a amplitude e os limites da autoridade pastoral (Lc 9.1-11; 10.1-20). Jesus edificou a igreja sobre os apóstolos e profetas, que exerciam a autoridade que lhes fora outorgada para anunciar as verdades fundamentais da fé cristã (Mt 16.17-19; 1Co 3.5-11; Ef 2.19-22; 3.1-13). Aprendemos com eles sobre confiar em Cristo durante nossa missão, mas nos privamos de reivindicar a autoridade singular que receberam por um tempo. Benjamin Merkle corretamente aponta: "O Novo Testamento não explicita quanta autoridade os presbíteros [pastores] de uma igreja local devem ter."[1] Isso nos leva a considerar a extensão e os limites da autoridade pastoral sugeridos por alguns textos bíblicos.

---

1 Benjamin L. Merkle, "The Biblical Role of Elders", em Mark Dever & Jonathan Leeman, orgs., *Baptist Foundations: Church Government for an Anti-Institutional Age* (Nashville: B&H Academic, 2015), p. 276. Veja também Benjamin L. Merkle, *40 Questions About Elders and Deacons* (Grand Rapids: Kregel Academic, 2008), p. 95-100.

Pergunta 30: Que tipo de autoridade as Escrituras dão ao pastor de uma igreja local?

1. Cuidar, gerenciar, governar (1Ts 5.12-13; 1Tm 3.4-5; 5.17)

Paulo escreve em 1 Tessalonicenses: "Agora, vos rogamos, irmãos, que acateis com apreço os que trabalham entre vós e os que *vos presidem no Senhor* [*prohistēmi*] e vos admoestam; e que os tenhais com amor em máxima consideração..." (5.12-13). A NVI assim traduz a frase-chave: "que os lideram no Senhor". O título de presbítero, supervisor ou pastor não é usado nessa primeira epístola paulina,[2] pois os títulos de líderes da igreja ainda não haviam sido elaborados.[3] Anos depois, em 1Timóteo 3.4-5, Paulo compara o ato de um presbítero liderar (*prohistēmi*) sua casa com o de ele cuidar da (*epimeleomai*)[4] casa de Deus. Assim como um pai administra sua casa liderando a família e cuidando dela, os presbíteros/pastores farão o mesmo com a família de Deus. Dada a ampla gama de *prohistēmi* na língua grega, Paulo usa os termos como sinônimos, a fim de enfatizar que a liderança e a gestão pastorais se concentram em cuidar daqueles sob sua responsabilidade.

Em 1 Tessalonicenses 5.12, Paulo identifica os pastores como aqueles que trabalham diligentemente em meio aos crentes, exercendo liderança e os instruindo. A palavra *prohistēmi*, traduzida por "presidir", transmite a ideia de "pôr, colocar ou ficar diante de",[5] indicando um nível de autoridade que serve a um determinado propósito dentro de um grupo. Embora, metaforicamente, o termo implique liderança, certamente indica alguém que está diante da igreja para instruí-la na Palavra de Deus. Muito do cuidado demonstrado pelos pastores se dará pelo exercício da autoridade de proclamar a Palavra de Deus. Essa autoridade não reside no pastor em si, mas na verdade que ele proclama. J. L. Dagg deixa claro: "A única regra que eles [pastores] têm o direito de aplicar

---

2 Charles A. Wannamaker, *Commentary on 1 and 2 Thessalonians* (Grand Rapids: Eerdmans, 1990), p. 38.
3 Lucas identifica "presbíteros" em Atos 11.30 e 14.23, mas isso teria sido escrito após a primeira prisão de Paulo, pelo menos dez ou 11 anos depois que o apóstolo escreveu 1 Tessalonicenses em Corinto.
4 Jesus usou o mesmo termo para descrever o cuidado do samaritano com o homem ferido (Lc 10.34-35); επιμελεομαι (BDAG, p. 375).
5 O prefixo προ, que significa "antes", junta-se ao verbo ιστημι, "colocar, pôr, ficar".

é a da Palavra de Deus, e a única obediência que eles têm o direito de demandar é voluntária."[6]

A tradução da NVI, que traz o verbo "liderar", também caracteriza essa autoridade que serve uma congregação por meio de seu pastoreio. Silva escreve: "Mas 'estar diante de' também pode implicar em proteção e ajuda, de sorte que o verbo assume significados como 'ajudar, apoiar, guardar, cuidar'."[7] Sem contradição nos sentidos — já que esse antigo verbo grego era usado nos campos militares e políticos em referência a alguém que chefiava, liderava ou dirigia outros —, Silva conclui sobre 1 Tessalonicenses 5.12: "O apóstolo claramente faz referência a um grupo que exerce liderança na igreja."[8]

A mesma ideia relevante aparece no uso de *prohistēmi* em 1 Timóteo 5.17: "Devem ser considerados merecedores de dobrados honorários os presbíteros que *presidem* bem, com especialidade os que se afadigam na palavra e na doutrina."[9] Alguns presbíteros lideravam com mais eficiência, particularmente por meio do ministério de pregação e ensino. A autoridade indicada por "presidem" não significa que os presbíteros tivessem poderes ditatoriais sobre a congregação. Antes, como explica John Hammett,

> A maneira como os líderes exercem sua autoridade no Novo Testamento nunca é ditatorial, e sim humilde, aberta a contribuições, buscando 'conduzir a igreja a um consenso espiritualmente consciente.'[10]

Prohistēmi expressa a autoridade exercida para o cuidado, proteção e nutrição da igreja.

---

6 J. L. Dagg, *Manual de Eclesiologia* (Rio de Janeiro: Pro Nobis, 2022), p. 357.
7 *NIDNTTE*, προιστημι, 4:140.
8 *NIDNTTE*, προιστημι, 4:140-41. Por "grupo" ele se refere à liderança plural.
9 A TB expressa o significado ao oferecer a seguinte tradução: "Os presbíteros que cumprem bem com os seus deveres sejam tidos por dignos de dobrada honra". A suavização ocasionada pela substituição de "presidir" por "cumprir bem seus deveres" não muda o significado em nada.
10 D. A. Carson, "Church, Authority in the", em *EDT*, p. 72; citado em John S. Hammett, *Biblical Foundations for Baptist Churches: a Contemporary Ecclesiology* (Grand Rapids: Kregel Academic, 2019), p. 193-94.

Pergunta 30: Que tipo de autoridade as Escrituras dão ao pastor de uma igreja local?

2. Liderança, liderar (Hb 13.7,17,24)

Os escritores do Novo Testamento frequentemente usam *hēgeomai* com dois significados. Primeiro, o termo pode expressar "respeitar", "considerar" e "contar",[11] indicando *uma forma de pensar*. Segundo, reforçar esse contexto determina o significado das palavras; a palavra pode identificar alguém "que lidera" ou "governa", indicando *autoridade*. Em Mateus 2.6, o uso tanto plural quanto singular de *hēgeomai* indica os "*líderes* de Judá" (NASB) e "o Guia que há de apascentar [*poimēn*, pastorear] a meu povo, Israel". Quando Jesus resolveu uma disputa com os discípulos sobre quem devia ser considerado o maior entre eles, declarou: "o maior entre vós seja como o menor; e aquele que dirige seja como o que serve" (Lc 22.26). A combinação de líder com servo mantém a ênfase encontrada em *prohistēmi* — um líder atento ao cuidado com os outros.[12]

Com implicação pastoral, o escritor de Hebreus usa o termo três vezes — traduzido como "guias" (Hb 13.7, 17, 24). Emprestada do mundo civil e militar, a palavra significa "ter autoridade de supervisão; liderar, guiar".[13] O escritor repete a mesma estrutura verbal, traduzida mais ou menos como "aqueles que continuam a liderar".[14] Cada ocorrência identifica uma pluralidade de líderes espirituais que trabalhavam entre eles. O que esse trabalho envolveu? Eles se engajaram na liderança, ensinaram a Palavra de Deus, deram exemplo de fidelidade a Cristo e zelaram pela vida espiritual da congregação (13.7, 17). Por seu encargo diante de Deus, prestariam contas ao "grande Pastor das ovelhas" (13.17, 20). Ao responder à liderança deles, a congregação tinha de se lembrar de seu ensino, imitar-lhes o exemplo de fé, obedecer a eles e submeter-se

---

11 At 26.2; 2Co 9.5; Fp 2.3, 6, 25; 3.7, 8; 1Ts 3.15; 1Tm 6.1; Hb 10.29; 11.11, 26; Tg 1.2; 2Pe 1.13; 2.13; 3.9, 15.
12 *Hēgeomai* (ηγεομαι) é traduzido como "rei do Egito" em Atos 7.10 e "principal portador da palavra" em Atos 14.12. Judas e Silas foram chamados de "homens notáveis entre os irmãos" (At 15.22).
13 BDAG, ηγεομαι, p. 434.
14 Presente do particípio médio, terceira pessoa do plural; a voz média enfatiza a ação do sujeito. Assim, ele enfatiza o ato de continuar liderando o rebanho.

ao cuidado que tinham de sua alma, além de fazer tudo sem queixa ou rebelião (13.7, 17).

O chamado a "obedecer" (*peithō*) e a "submeter-se" (*hupeikō*) a esses líderes espirituais tem a ver com o campo do cuidado e da vigilância espiritual, e não com controle ou domínio sobre o rebanho.[15] Dagg observa: "... os governantes espirituais sob Cristo não têm poder coercitivo sobre as pessoas, nem propriedade dos que estão sob sua autoridade."[16] A autoridade deles existe por meio da proclamação da Palavra de Deus. Eles validam essa autoridade por meio de caráter e conduta exemplares, demonstrados enquanto cuidam da saúde espiritual da igreja.

3. Presbítero, bispo e pastor (Tt 1.5-9; 1Tm 3.1-7; Ef 4.11)

Os títulos "presbítero", "bispo" e "pastor" identificam o mesmo ofício da igreja local, ao mesmo tempo que enfatizam aspectos particulares de seu papel e autoridade na igreja.[17] Um ancião (*presbuteros*) na antiga sociedade judaica tinha autoridade sobre uma família ou clã. Ele os representava nas reuniões mais importantes da tribo. A sabedoria que vinha com a idade e com a experiência lhe outorgava o respeito daqueles que liderava. A ênfase na liderança, respeito, maturidade e sabedoria é estendida ao termo em si quando utilizado pela igreja do NT, reconhecido especialmente pelas qualidades de caráter necessárias para o ofício, junto aos dons de ensino (1Tm 3.1-7; Tt 1.5-9).

---

15 Merkle ressalta: "A palavra esperada para 'obedecer' ou 'sujeitar-se' é *hupotassō*, que é uma palavra mais forte. Embora o verbo *peithō* exija obediência, ela é 'a obediência que se conquista por meio de uma conversa persuasiva'. O segundo comando, 'submeter' (*hupeikō*), é encontrado apenas aqui no Novo Testamento e significa 'submeter-se a autoridade'" ("Biblical Role of the Elders", p. 276). Ele cita William L. Lane, *Hebreus 9–13* (Dallas: Word, 1991), p. 554.
16 Dagg, *Manual de Eclesiologia*, p. 356.
17 Para a consideração de presbítero e bispo como um ofício, veja Benjamin L. Merkle, *The Elder and Overseer: One Office in the Early Church* (Nova York: Peter Lang, 2003). Ele explica que o termo "presbítero" descreve o caráter do ofício e "bispo", a função (p. 156).

Pergunta 30: Que tipo de autoridade as Escrituras dão ao pastor de uma igreja local?

Caráter e sabedoria, e não idade, parecem mais importantes no uso do termo no NT.[18]

Os bispos (*episkopos*) surgiram da vida grega. O conceito de seus deveres foi construído sobre uma palavra que significa "aquele que vigia". O termo foi desenvolvido para identificar os que vigiam ou lideram grupos civis, militares e religiosos.[19] Lucas, Paulo e Pedro, escritores do NT, usam os termos "bispo" e "presbítero" de forma intercambiável, indicando que se referem ao mesmo ofício da igreja (At 20.17-31; Lucas também usa a forma verbal de *pastor* em 20.28; cf. Tt 1.5-9; 1Pe 5.1-4 — Pedro usa formas verbais de *bispo* e *pastor*). Jesus é chamado de "Bispo da vossa alma" (1Pe 2.25), o que indica vigilância no ofício.[20]

Pastor (*poimēn*), o termo mais familiar para o ofício de liderança na igreja local, pode ser encontrado em forma nominal (Ef 4.11) e verbal (At 20.28; 1Pe 5.2) como referência ao ofício neotestamentário. Em outros lugares, o NT traduz o termo como "pastor de ovelhas", indicando que, assim como o Senhor, sendo nosso Pastor, cuida de nós espiritualmente, aqueles que ele nomeia para esse ofício fazem o mesmo em seu nome (Jo 10). O pastor alimenta, nutre e protege o rebanho.[21]

Cada termo — presbítero, bispo e pastor — carrega a ideia de autoridade; porém, liderar, nutrir e proteger a igreja, bem como zelar por ela, só pode ocorrer quando a congregação reconhece a autoridade pastoral estabelecida pelo Senhor da igreja.

Os três grupos de termos transmitem um nível de autoridade pastoral focado no ministério da Palavra e no cuidado espiritual da igreja. A reivindicação de uma autoridade mais ampla não pode ser validada pelas Escrituras e, portanto, não deve ser praticada na igreja.

---

18 Veja *NIDNTTE*, πρεσβυτερος, 4:127-35; Phil A. Newton & Matt Schmucker, *Equipe Pastoral: Fundamento e Implementação* (São José dos Campos: Editora Fiel, 2023), p. 47-48.
19 *NIDNTTE*, επισκοπος, 2:248-52.
20 Newton & Schmucker, *Equipe Pastoral*, p. 51.
21 Ibid., p. 52.

Autoridade delegada

Pedro lembra seus companheiros presbíteros de que eles servem ao "Sumo Pastor" em seu ofício pastoral, e não a si mesmos (1Pe 5.1-4). Paulo orientou os presbíteros efésios para que cumprissem os deveres pastorais com a consciência de que a igreja não pertencia a eles, e sim a Cristo, que a comprou com seu próprio sangue (At 20.28). Mesmo a obediência e a submissão devidas a esses líderes espirituais vem com o entendimento de que eles prestarão contas do modo como pastoreiam o rebanho de Deus e cuidam dele (Hb 13.17). Esses *limites inerentes à autoridade pastoral* devem humilhar os que servem no cargo, ao mesmo tempo que geram confiança na igreja para considerar a autoridade deles. "A autoridade deles deriva da Palavra de Deus", observa Merkle, "e, quando eles se desviam da Palavra, abandonam a autoridade que lhes foi dada por Deus".[22] Como líderes-servos, exercem tarefas com vistas a reportar-se ao Supremo Pastor. Jesus, portanto, deu-lhes autoridade, *sob sua responsabilidade vigilante*, para pastorearem seu povo. A Palavra de Deus, então, limita a obediência e a submissão da igreja aos seus pastores/presbíteros. Pastores não têm espaço, sob o disfarce da autoridade pastoral, para manipular, coagir ou usar táticas de culpa para levar a igreja a agir ou segui-los. Isso não é autoridade; é abuso. "Toda coerção é inconsistente com a natureza da autoridade que lhes foi confiada", como Dagg explica.[23] Em última análise, a igreja obedece a Cristo, e não a meros homens.[24]

Mas as igrejas devem reconhecer esse ofício dado por Deus de cuidado de suas almas. Enquanto aguardam o aparecimento do Pastor (Tt 2.13-14; 1Pe 5.4), seus subpastores dão atenção ao treinamento, aprimoramento, ensino, guarda e cuidado do rebanho. Desprezá-los em seu ministério da Palavra equivale a desprezar o Bom Pastor, que os nomeou

---

22 Merkle, *40 Questions About Elders and Deacons*, p. 97.
23 Dagg, *Manual de Eclesiologia*, p. 357.
24 Martin Bucer, *Concerning the True Care of Souls* (edição original: 1538; Edimburgo: Banner of Truth Trust, 2009), p. 209 [*Remédios Preciosos contra as Artimanhas do Diabo: a Verdadeira Batalha Espiritual* (São Paulo: Dordt, 2020)].

Pergunta 30: Que tipo de autoridade as Escrituras dão ao pastor de uma igreja local?

para servirem a igreja até que volte.[25] Em lugar de temer a autoridade pastoral, a igreja deve regozijar-se nela como um dom de Deus.

Uso de autoridade

Algumas orientações sobre o exercício da autoridade pastoral podem ajudar os pastores a fazer uso sábio da autoridade e a aliviar o medo da autoridade na congregação.

1. Autoridade sob a autoridade da congregação

Pastores/presbíteros não devem se ver como detentores de autoridade máxima na igreja. Até mesmo a nomeação ao cargo dá-se por recomendação e aprovação da igreja (At 14.23).[26] Em caso de negligência no cargo, a congregação pode removê-los. Paulo lembra as congregações de que não devem aceitar acusações injustificadas contra os presbíteros, ao passo que também adverte os presbíteros que "continuam no pecado" de que são passíveis de disciplina pública diante da autoridade humana suprema — a igreja (1Tm 5.19-20; Mt 18.15-20).

2. Autoridade exercida na pregação e no ensino

As principais passagens que indicam a autoridade pastoral *também* enfatizam que ela acontece principalmente por meio do ministério da Palavra (1Ts 5.12-13; 1Tm 5.17; Hb 13.7). Merkle escreve: "A autoridade que os presbíteros possuem não é tanto derivada de seu ofício, mas dos deveres que desempenham"[27] (e.g., pregar, ensinar e pastorear).

---

25 Bucer, *True Care of Souls*, p. 202.
26 Simon Kistemaker escreve: "O termo traduzido por 'nomear' significa, na verdade, 'aprovar mostrando as mãos em uma reunião congregacional'" (*Acts*, NTC [Grand Rapids: Baker, 1990], p. 525).
27 Merkle, "Biblical Role of Elders", p. 279.

3. Autoridade demonstrada na liderança espiritual

Aqueles que são chamados a cuidar do rebanho, vigiá-lo, exortá-lo, repreendê-lo, corrigi-lo e orientá-lo fazem-no como líderes espirituais (Hb 13.7, 17). O Senhor da igreja confia o cuidado de seu povo aos que são nomeados como presbíteros/pastores. Esse tipo de autoridade — no campo delimitado da liderança espiritual, e nunca no controle da vida — vem de Cristo.

4. Autoridade demonstrada no serviço humilde

Assim como Jesus veio para servir humildemente seus discípulos e as massas, os pastores devem fazer o mesmo (Mt 20.28; Lc 22.26; Jo 13; Fp 2.5-8). A autoridade pastoral encontra aceitação por intermédio de seu serviço humilde.

5. Autoridade humildemente aceita, não exigida

Os pastores não têm motivos para exigir que uma igreja se submeta a eles. Se eles se enquadrarem nesse padrão, o serviço humilde não será encontrado em lugar algum de seu ministério. Pastoreando o rebanho de boa vontade e com afinco, "demonstrando que são exemplos para o rebanho", gradualmente os pastores receberão autoridade das pessoas a quem servem (1Pe 5.2-3).

6. Autoridade focada na saúde, maturidade e missão da igreja

A autoridade pastoral não é um beco sem saída; ela deve ser canalizada. Ela se concentra em levar a igreja a ter uma maturidade saudável como povo engajado no serviço mútuo e na missão de espalhar o Evangelho pelo mundo (Mt 20.19-20; Ef 4.11-16).

7. Autoridade sempre operando em pluralidade

O orgulho e a falsidade podem levar um pastor ao abuso de autoridade. Mas, quando o pastor serve em meio a uma pluralidade de

Pergunta 30: Que tipo de autoridade as Escrituras dão ao pastor de uma igreja local?

pastores/presbíteros, como fica evidente na prática do NT, o mau uso potencial da autoridade é superado pela prestação de contas aos irmãos, os quais, unidos, servem humildemente o rebanho de Cristo (At 14.23; Tt 1.5).[28]

8. Autoridade antecipa o dia da prestação de contas

A autoridade delegada, não derivada do próprio indivíduo, significa que aquele que a delegou exigirá prestação de contas. Jesus Cristo delega autoridade pastoral e também responsabiliza os pastores pelo modo como a usam para servir o rebanho (Hb 13.17; 1Pe 5.4).

Resumo

Visto que "autoridade" é uma palavra delicada em nossa cultura, os pastores devem encarar seu uso com humildade e coração servil, como aqueles que pregam e ensinam fielmente a Palavra de Deus. Reconhecendo a igreja como autoridade suprema humanamente falando,[29] pastores pregam para ela, lideram-na e cuidam dela com uma autoridade entregue pelo Senhor. As passagens bíblicas sobre líderes espirituais da igreja estabelecem os limites e a extensão da autoridade oriunda do ofício pastoral.

A autoridade deve sempre ser medida pela consciência de que haverá prestação de contas ao Senhor por seu uso.

Perguntas para reflexão

1. O que está implícito na frase "os que vos presidem no Senhor" (1Ts 5.12)?
2. Que práticas pastorais acompanham aqueles que lideram a igreja (Hb 13.7, 17)?
3. De que forma os títulos "presbítero", "bispo" e "pastor" transmitem autoridade?

---

28 Newton & Schmucker, *Equipe Pastoral*, p. 55.
29 Hammett, *Biblical Foundations*, p. 157.

4. Por que a pluralidade de pastores/presbíteros é vital para o bom uso da autoridade na igreja?
5. Que papel a igreja desempenha em resposta à autoridade pastoral?

PERGUNTA 31
COMO O BOM MINISTÉRIO PASTORAL ESTÁ DIRETAMENTE LIGADO A UMA ECLESIOLOGIA SAUDÁVEL?

Toda igreja tem uma eclesiologia, isto é, cada igreja tem visões e entendimentos particulares de igreja que funcionam no dia a dia da congregação. Essas ideias podem surgir da Bíblia, da tradição, de conceitos culturais, de grupos de liderança, do governo ou, mais especificamente, de governantes autoritários (religiosos ou políticos).

Toda igreja tem uma eclesiologia, mas nem toda igreja mantém ou pratica uma eclesiologia saudável. Para praticar uma eclesiologia *saudável*, o adjetivo deve ser especificado. A eclesiologia saudável não pode ser mensurada por um calendário completo de atividades religiosas ou pelo sucesso em atrair grandes cifras ou recursos financeiros crescentes. Uma igreja pode possuir todas essas coisas e sequer ser uma igreja verdadeira. Uma congregação verdadeira deve pregar o Evangelho e observar corretamente as ordenanças da igreja.[1] No entanto, mesmo essas igrejas podem não ser saudáveis.

---

[1] Para um breve esboço histórico das marcas que diferenciam uma igreja verdadeira de uma falsa, mesmo que as igrejas verdadeiras não sejam saudáveis, veja Mark Dever, *Nove Marcas de uma Igreja Saudável*, 2ª ed. (São José dos Campos: Editora Fiel, 2024), p. 21-33. Embora reconhecendo mais, ele identifica nove marcas "que separam igrejas saudáveis daquelas que são verdadeiras, mas estão enfermas" (p. 24). Para um tratamento estendido da visão eclesiológica dos reformadores, veja Paul D. L. Avis, *The Church in the Theology of the Reformers* (Eugene: Wipf & Stock, 2002).

Uma igreja saudável evidencia as qualidades e práticas que observamos nas igrejas fiéis do NT. Agora, como no passado, apesar de perseguição, lutas, membros errantes, questões doutrinárias e erros nos relacionamentos, essas igrejas, porque entendem quem são como corpo de Cristo e povo de Deus, são capazes de resolver os problemas em prol de uma boa saúde. Cada igreja tem pastores e presbíteros que ajudam a liderar o grupo no caminho de uma vida eclesiológica saudável por meio da pregação da Palavra de Deus, do pastoreio do rebanho e do exemplo de vida cristã. Um bom ministério pastoral leva a uma eclesiologia saudável. Examinaremos essa proposição considerando a natureza da eclesiologia saudável e sua interseção com o ministério pastoral.

A natureza da eclesiologia saudável

O Credo de Niceia, do século IV, usou quatro adjetivos para descrever a natureza da igreja: una, santa, católica e apostólica.[2] Sem dúvida, no correr dos séculos, várias tradições têm qualificado as implicações das quatro *notae ecclesiae*, especialmente evidentes no modo como a Reforma Protestante discordou das visões tradicionais católico-romanas sobre a igreja.[3] Mark Dever aponta que, desde o fim da década de 1980, vários escritores identificam pelo menos 40 "prescrições [...] para os problemas da igreja local" e oferecem seu ponto de vista a respeito de uma igreja saudável.[4] Alguns têm amarras bíblicas; outros não.

O que Jesus tinha em mente quando chamou o corpo de pessoas redimidas que ele edificaria de "a igreja"? O termo *igreja* (*ekklēsia*) veio do mundo secular e significa "assembleia". Ele é usado para descrever uma multidão reunida em confusão (At 19.32) e cidadãos reunidos para

---

[2] John S. Hammett, *Biblical Foundations for Baptist Churches* (Grand Rapids: Kregel Academic, 2019), p. 57-69. Veja também o subtítulo "Definindo as marcas da igreja" na Pergunta 29, "O que é a igreja?"

[3] Para esclarecimento de um reformador sobre a natureza e prática da igreja, veja João Calvino, *The Necessity of Reforming the Church* (Dallas: Protestant Heritage, 1995).

[4] Dever, na verdade, chama essas 40 de "uma pequena dose das prescrições de vários autores recentes" (*Nove Marcas de uma Igreja Saudável*, 1ª ed. [São José dos Campos: Editora Fiel, 2018], p. 273).

Pergunta 31: Como o bom ministério pastoral está diretamente ligado a uma eclesiologia saudável?

resolver questões legais (19.39). Como observa Hammett, deve-se considerar que "assembleia", em alguns dos usos da palavra no NT, expressa "o corpo reunido" (14.23; 15.3-4, 22). Os escritores do NT também bebem da palavra hebraica *qahal* — "aqueles que ouviram o chamado e o estão seguindo" — ao usarem o termo grego *ekklēsia*. Cada contexto determina a ênfase. Esse pano de fundo se encaixa bem com a etimologia de *ekklēsia* (o prefixo *ek*, "fora", e a raiz, *klētos*, "chamar"), "os chamados".[5]

Para entender a natureza de uma igreja saudável, as descrições de "chamados" ou "assembleia" dos santos no NT ajudarão os pastores a manter as características bíblicas da eclesiologia saudável em perspectiva enquanto pastoreiam as igrejas para torná-las saudáveis. Como é uma igreja saudável segundo o Novo Testamento?

- Uma comunidade autodisciplinada (Mt 16.18-19; 18.15-20; 1Co 5.1-13; Gl 6.1);
- Uma comunidade capacitada pelo Espírito e que dá testemunho (At 1.8; 4.23-31; Ef 6.18-20);
- Uma comunidade cheia do Espírito (At 2.1-4; Ef 5.15-21);[6]
- Uma comunidade de adoração, comunhão, oração e altruísmo (At 2.41-47; 4.32-35; 1Tm 2.1-8; 1Pe 2.4-10);
- Uma comunidade que envia (At 13.1-3; 15.36-41; 20.4; Fp 2.25-30; 3Jo 5-8);
- Uma comunidade teológica (At 15.6-35; Ef 2.19-20; 1Tm 3.14-16; 2Jo 4, 9-11; 3Jo 3; Jd 3);
- Uma comunidade hospitaleira (At 28.14; Rm 12.13; Tt 3.13-14; Fm 22; 3Jo 5-8);
- Uma comunidade que serve (Mc 10.41-45; Jo 13.12-17; At 4.32-35; 6.1-6; Rm 12.10-13);
- Uma comunidade santa (Rm 1.7; 1Co 1.2; Ef 1.1; Fp 1.1; Cl 1.2; 1Pe 2.4-5, 9-10; 3Jo 11);

---

5 Hammett, *Biblical Foundations*, p. 29-30, citando L. Coenen, "Church", em Colin Brown, org. *New International Dictionary of New Testament Theology* (Grand Rapids: Zondervan, 1975), 1:292-96.
6 Derek Tidball, *Ministry by the Book: New Testament Patterns for Pastoral Leadership* (Downs Grove: IVP Academic, 2008), p. 87-88.

- Uma comunidade dotada do Espírito (Rm 12.3-8; 1Co 1.7; 12.7);
- Uma comunidade familiar (Rm 12.10; 16.1-16; 1Co 16.20; Gl 4.5; 6.10; Fm 7);[7]
- Uma comunidade generosa (At 2.44-45; 4.32-37; 1Co 16.1-2; 2Co 8–9; Fp 1.5; 4.15-18; Hb 13.16);
- Uma comunidade que carrega cargas (Gl 6.2-5);
- Uma comunidade habitada pelo Espírito Santo (1Co 3.16-17; Ef 2.21-22);
- Uma comunidade que busca unidade, maturidade e amor (Ef 4.13-16);
- Uma comunidade bondosa, compassiva e perdoadora (Rm 15.7; Ef 4.31-32; Fp 4.2-3);
- Uma comunidade que luta contra o pecado (Rm 6.12-19; Ef 4.17–5.14; 6.10-20; 1Pe 5.6-9);
- Uma comunidade pastoreada fielmente (At 14.23; 1Tm 3.1-13; Tt 1.5-9; Hb 13.7, 17, 24; 1Pe 5.1-4);
- Uma comunidade alegre (Jo 15.11; 17.13; Fp 4.4);
- Uma comunidade cheia de esperança (Tt 2.11-14; 1Pe 1.3-5);
- Uma comunidade amorosa (Jo 13.34-35; 1Jo 2.10; 3.16; 4.7-12; 2Jo 5-6).

Sem dúvida, podemos aumentar essa lista. Mas não queremos simplesmente pensar na igreja como um grupo que valoriza desempenho. Antes, pense nela como um corpo vivo em Cristo, unido em comunidade na obra redentora de Jesus e na habitação do Espírito Santo; uma comunidade que Cristo colocou em relacionamento consigo, a fim de aprendermos a viver juntos, como uma demonstração de sua glória.[8] Uma igreja saudável reflete os efeitos

---

7 Para uma visão detalhada da igreja como família, veja Joseph H. Hellerman, *When the Church Was a Family: Recapturing Jesus' Vision for Authentic Christian Community* (Nashville: B&H Academic, 2009). Observe também de que forma os membros da família cristã devem trabalhar para ter uma boa relação e amar uns aos outros (e.g., 1Co 1.10-13; 3.1-9), o que também vale no caso de irmãos biológicos.

8 Mark E. Dever, *Refletindo a Glória de Deus: Elementos Básicos da Estrutura da Igreja* (São José dos Campos: Editora Fiel, 2008).

Pergunta 31: Como o bom ministério pastoral está diretamente ligado a uma eclesiologia saudável?

do Evangelho, que está em ação em seu meio. Como nova criação em Cristo (2Co 5.17), um corpo comunitário saudável tem as atitudes, conversas, administração do tempo, disciplina, relacionamentos e ações afetadas por aquilo que Cristo realizou nele. Paulo usa pronomes *plurais* quando escreve sobre a igreja, deixando de lado o "velho homem", corrupto e enganoso, que se renova no espírito e na mente e se reveste "do novo homem, criado segundo Deus, em justiça e retidão procedentes da verdade" (Ef 4.22-24). Essa é a vida comunitária em união com Cristo das igrejas locais fiéis e saudáveis.

O *individualismo radical* nas igrejas ocidentais milita contra a vida e prática saudáveis da igreja. Isso parece evidente, pois os membros da igreja normalmente saem das congregações quando enfrentam relacionamentos tensos, pessoas difíceis, uma afronta irresponsável ou um simples mal-entendido, em vez de abraçarem o processo santificador do aprendizado para viverem juntos em amor, perdão e serviço mútuos. O bom ministério pastoral orienta a igreja a enxergar as falhas inerentes à tentativa de se ter uma vida cristã sem referência à comunidade cristã.[9] O testemunho do Evangelho em nossos bairros e cidades será mais notado quando a congregação viver como uma comunidade que ama e serve. Uma congregação saudável leva a sério as 45 exortações que contêm a expressão "uns aos outros" e são dadas à igreja no Novo Testamento.[10] Quando a igreja *caminha* e *amadurece* nessa direção, torna-se uma igreja saudável. Embora possa haver contratempos e solavancos ao longo do caminho, o movimento fiel, sob influência da operação do Evangelho nos relacionamentos, resulta em uma eclesiologia saudável, tanto no entendimento quanto na prática.

---

9 Hellerman, *Church Was a Family*, p. 2-4.
10 Jo 13.34-35; 15.5, 12, 17; Rm 12.10; 13.8; 14.13, 19; 15.5, 7, 14; 16.16; 1Co 12.25; 16.20; Gl 5.13, 26; Ef 4.2, 25, 32; 5.19, 21; Fp 2.3; Cl 3.9, 13; 1Ts 3.12; 4.9; 5.11; Hb 3.13; 10.24, 25; Tg 5.9, 16; 1Pe 1.22; 4.8, 9, 10; 5.5, 14; 1Jo 1.7; 3.11, 23; 4.11; 2Jo 15.

A interseção entre ministério pastoral e eclesiologia saudável

Qual é o papel do pastor no direcionamento de sua congregação em direção a uma eclesiologia saudável?

1. Seja um líder-servo que faz discípulos

Cristo concebeu o ministério pastoral como um meio para conduzir uma igreja à saúde, a qual transborda para afetar os relacionamentos interpessoais, a vida doméstica, o serviço e a missão. Pastores concentram-se no discipulado, que Derek Tidball descreve (citando R. T. France) como "'essencialmente uma questão de relacionamento com Jesus' e, através dele, com o Deus trino".[11] Esses discípulos (*mathetēs*), ou aprendizes, continuam a crescer sob a influência de um ensino bíblico fiel, da prestação de contas, do exemplo piedoso e da correção ocasional. Tidball examina a visão de Mateus sobre fazer discípulos e destaca:

> esse aprendizado ocorreu dentro de uma comunidade, e não na experiência de aprendizado individual que tanto tem caracterizado a educação ocidental. [...] O retrato que Mateus faz da igreja é aquele em que irmãos e irmãs trabalham e aprendem juntos.

Nesse cenário, os pastores não assumem uma posição hierárquica, mas sim, por intermédio da liderança servil (Mt 23.8-12), ensinam e dão exemplo de vida cristã em comunidade.[12]

2. Vá fundo nos relacionamentos

Um pastor não pode tornar sua igreja saudável dando palestras sobre a vida cristã enquanto se mantém distante dos relacionamentos no corpo. Ele deve estar envolvido com ele, construindo relacionamentos, trabalhando em meio às questões confusas da vida. Hellerman explica

---

11 Tidball, *Ministry by the Book*, p. 22, citado em R. T. France, *Matthew, Evangelist and Teacher* (Exeter: Paternoster, 1989), p. 262.
12 Tidball, *Ministry by the Book*, p. 22-23.

Pergunta 31: Como o bom ministério pastoral está diretamente ligado a uma eclesiologia saudável?

corretamente: "Quem não tem irmãos verdadeiros na congregação será incapaz de, com autenticidade e credibilidade, desafiar outros a viver juntos como irmãos."[13] Plantar sua vida na igreja, permanecer na congregação quando surgirem dificuldades, aprofundar-se nos relacionamentos, perdoar e amar os membros mais fracos e viver as verdades que ensina *tornará* a igreja saudável. O pastor não estará atrás, empurrando os membros, mas na frente, liderando-os e lhes dando exemplo dos efeitos poderosos do Evangelho na maneira saudável como ele vive em comunidade.

3. *Concentre-se nos "meios de graça"*

Os pastores devem concentrar-se nos meios de graça, ou seja, no que Cristo deu a seu povo para que aprendam, cresçam e amadureçam na fé: a Bíblia, a proclamação da Palavra (primordial), a adoração comunitária, a oração, as ordenanças, o companheirismo e o serviço cristão. Cada um tem sua parte para fortalecer a comunidade em seu crescimento na graça. Os pastores devem abster-se de usar práticas que não são identificadas de maneira clara na Palavra de Deus. Devem concentrar energia nas coisas que desenvolverão a saúde espiritual de sua congregação. Embora possam ser tentados a *pensar* que outros meios melhorarão a saúde dela, eles *sabem* que Deus usa os meios de graça para fazer a igreja amadurecer. Assim, eles manterão o foco na pregação e no ensino da Palavra de Deus, liderando a adoração centrada em Cristo, observando fielmente as ordenanças (especialmente a Ceia do Senhor como meio contínuo de encorajamento da igreja) e levando o corpo a orar, comungar e servir.

Alguns anos atrás, eu participava do louvor de uma congregação clandestina em uma grande cidade asiática. Os participantes reuniam-se em apartamentos, sob o olhar atento das câmeras de segurança do governo. Eles tinham os *meios de graça* e nada mais para seu crescimento e maturidade. Embora eu não pudesse entender a língua

---

13 Hellerman, *Church Was a Family*, p. 181.

deles, senti que estávamos unidos na adoração ao Cristo crucificado e ressurreto. Senti gratidão e alegria por causa do perdão dos pecados. Observei-os servindo irmãos e irmãs confinados a cadeiras de rodas. A hospitalidade deles humilhou-me. Eles conversavam, riam e se encorajavam, sabendo que, quando saíssem, seriam marcados pelas câmeras como pertencentes àquela reunião. Mas o governo não precisava das câmeras. Bastava ver a alegria e a saúde espiritual estampados na igreja para saber que aquelas pessoas pertenciam a Jesus e uns aos outros.

Resumo

Toda igreja tem uma eclesiologia, mas somente se procurarem viver as práticas eclesiológicas exigidas no NT é que essas igrejas serão saudáveis. Pastores fiéis têm um papel fundamental na liderança de uma congregação que vive uma eclesiologia saudável. Eles fazem isso não apenas ensinando boa eclesiologia, como também dando exemplo do tipo de relacionamento que somos chamados a viver em comunidade. O individualismo radical do Ocidente muitas vezes desafia o intento pastoral de levar a igreja a ter boa saúde. É aí que o papel do pastor assume a responsabilidade da liderança servil, aprofundando os relacionamentos e focando os meios de graça.

Perguntas para reflexão

1. O que se entende por "eclesiologia saudável"?
2. Como o termo grego *ekklēsia*, "igreja", ajuda-nos a entender a eclesiologia saudável?
3. Quais são os cinco aspectos da eclesiologia saudável identificados neste capítulo?
4. Qual é o papel do pastor na liderança das congregações em prol de uma boa saúde?
5. Por que o pastor deve concentrar-se nos "meios de graça" para tornar a igreja saudável, e não em práticas mais pragmáticas?

PERGUNTA 32
QUANTO TEMPO O PASTOR DEVE ESPERAR PARA FAZER MUDANÇAS NO MINISTÉRIO DA IGREJA?

Com a morte repentina de seu pai, H. B. Charles Jr. teve o desafio incomum de dar continuidade ao mandato de 40 anos de seu pai como pastor sênior. Despreparados para uma sucessão após um longo ministério, os líderes da igreja atualizaram a constituição da igreja, em um esforço de restringir a autoridade pastoral. Quando Charles aceitou o chamado da igreja um ano e meio depois, ele disse que "um cabo de guerra pelo poder" eclodiu. A igreja debateu se o pastor, diáconos ou curadores tinham autoridade para dirigi-la e liderá-la. Charles decidiu ir à Palavra de Deus para encontrar as respostas sobre quem lidera a igreja. Ele viu muito claramente que "presbíteros e diáconos são os únicos ofícios bíblicos de liderança da igreja. Os presbíteros servem liderando. Os diáconos lideram servindo". Mas enxergar isso nas Escrituras e transferir essas palavras para a realidade em sua congregação eram coisas bem diferentes, particularmente em sua denominação, que normalmente não era dada à liderança de presbíteros.[1]

Percebendo que precisava de conselhos divinos, Charles fez a coisa certa. Procurou um pastor mais velho e fiel para obter conselhos sobre como proceder no padrão bíblico de liderança da igreja. O sábio

---

1 H. B. Charles Jr., *On Pastoring: a Short Guide to Living, Leading, and Ministriing as a Pastor* (Chicago: Moody, 2016), p. 87-88.

pastor compartilhou suas constatações bíblicas e explicou como sua igreja praticava a mesma política. Emocionado, Charles viu-se pronto a retornar imediatamente e iniciar o processo de mudança da política de longa data de sua igreja. Contudo, o pastor o aconselhou a não fazer nenhuma alteração repentina. Refletindo a partir de 2Timóteo 4.2, ele disse ao jovem que pregasse a Palavra, mas que fizesse isso "com toda paciência e doutrina" (NVI). Charles chamou isso de "soco nocauteador". Entendeu que, quando fosse pregar e ensinar a Palavra de Deus fielmente, deveria fazer isso com "toda paciência" — "paciência com pessoas difíceis, não apenas em circunstâncias difíceis".[2]

O trabalho pastoral saudável e fiel segue os passos da paciência e do ensino. Porém, o desejo de ver as mudanças acontecerem rapidamente muitas vezes atrapalha o caminho bíblico da liderança de uma igreja. Os pastores pensam em sua posição denominacional, objetivos pessoais, visão para a igreja e até, talvez, para onde gostariam de ir em seu próximo pastorado. Muito cedo em seus ministérios, eles se movimentam para fazer as coisas acontecerem com rapidez. O desastre normalmente é questão de tempo, visto que as personalidades entram em conflito, os grupos de poder sentem-se ameaçados e os congregados incultos ficam confusos enquanto o pastor luta para fazer as coisas acontecerem. Mesmo que as modificações possam eventualmente ser boas para a igreja, esta permanece insalubre e cáustica, de maneira que pode resolver o problema demitindo o pastor.

Um pouco de prudência nos primeiros anos o ajudará a tomar decisões sensatas e oportunas para fazer alterações na política, nas estruturas, no ministério e nas práticas da igreja. Isso não significa jamais que os desentendimentos acabarão, mas eles serão menores do que seriam com uma liderança pastoral impaciente. Para resolver essa questão, consideraremos, com base nos critérios de avaliação da igreja, *quando* fazer mudanças é uma questão subjetiva. Em seguida, examinaremos um padrão para a criação de uma mudança saudável.

---

2 Charles, *On Pastoring*, p. 88-89.

Pergunta 32: Quanto tempo o pastor deve esperar para fazer mudanças no ministério da igreja?

Uma questão subjetiva

Embora seja verdade que ninguém pode dizer exatamente quando fazer alterações significativas em sua igreja, a experiência pastoral aconselha uma abordagem mais lenta e deliberada. No meu caso, por exemplo, tenho visto minha impaciência e as consequentes modificações apressadas saírem pela culatra e criarem problemas que, de outra forma, eu não precisaria enfrentar. Então, escrevo este capítulo com dor por agir rápido demais e com um sorriso diante da maneira incrível como a paciência pastoral traz mudanças para a igreja. Um pastor terá de fazer alterações se quiser que a igreja se torne saudável, mas o que deve considerar ao fazê-lo?

1. Considere a história de mudança e conflito da igreja

Reserve um tempo para investigar os documentos históricos da igreja, as atas e os boletins antigos. Tenha conversas francas com os membros mais velhos da congregação e com os líderes atuais. Trabalhe para entender como a igreja lidou com mudanças e conflitos ao longo dos anos. Isso deverá chamar sua atenção para alguns padrões a serem evitados, grupos de poder a serem considerados e situações a serem tratadas em oração e no ministério da Palavra.

Em um pastorado, agi rapidamente para fazer modificações no culto e no ministério evangelístico. Ambos precisavam de uma nova vida. Entretanto, ao fazê-lo, não tive tempo para perceber que a igreja tinha uma brecha enorme, que expôs 40 anos de lutas, divisões, brigas, demissões pastorais e caos. Se eu tivesse gastado um pouco mais de tempo conhecendo minhas circunstâncias, teria navegado com mais sabedoria.

2. Considere o mandato pastoral de ex-pastores

Se a igreja está acostumada a pastorados curtos, espere que resistam à sugestão de qualquer mudança. Isso se justifica parcialmente, pois, sem longevidade pastoral, eles não aprenderam a confiar no amor e no julgamento de seus pastores. Ou talvez um pastor tenha tido um longo mandato, porém sem muito ministério bíblico. Esse fato dá um recado para o novo pastor: ensine pacientemente a Palavra de Deus antes de fazer modificações.

3. Considere a saúde da igreja

Onde está a igreja em sua compreensão e articulação do Evangelho de Jesus Cristo? Quando João Calvino escreveu que "o puro ministério da Palavra e o puro modo de celebrar os sacramentos" são suficientes para mostrar que uma igreja verdadeira existe, seguiu com um importante princípio a ser considerado: "Não devemos rejeitá-la [a igreja] se ela os conservar [Palavra e sacramentos], *mesmo que esteja repleta de muitas falhas.*"[3] A igreja proclama o Evangelho com fidelidade, mesmo que com fraqueza? Entende as ordenanças (sacramentos) como *ordenanças do Evangelho*?[4] Pode ser que um pastor sirva em uma igreja que tenha abandonado o Evangelho e que, portanto, precisa reestabelecer seu fundamento, para que as pessoas o ouçam e acreditem nele.

Uma igreja preocupada com o Evangelho também deve demonstrá-lo em suas prioridades, serviço, trabalho missionário e ministério. Se isso não estiver acontecendo, perceba que fazer mudanças na política e no ministério é um ponto discutível. Trabalhe para ensinar a eles o Evangelho.

4. Considere o compromisso de um longo mandato pastoral

É verdade que algumas congregações podem não ser o lugar onde o pastor fincará suas raízes. Nesses casos, ele não deve fazer alterações significativas na congregação, pois correria o risco de deixar um ambiente conturbado para seu sucessor. Pregue e ensine a Palavra de Deus, deixe as mudanças para alguém que se comprometa com a longevidade daquele

---

3 *Calvino*, 4.1.11 (grifo adicionado).
4 John S. Hammett observa, a respeito das ordenanças, que "(1) elas devem ter sido instituídas diretamente por Cristo e (2) devem estar diretamente relacionadas ao Evangelho" (*Biblical Foundations for Baptist Churches: a Contemporary Ecclesiology* [Grand Rapids: Kregel Academic, 2019], p. 297).

Pergunta 32: Quanto tempo o pastor deve esperar para fazer mudanças no ministério da igreja?

pastorado. No entanto, se o pastor deseja ficar muito tempo em uma igreja, deve considerar sua disposição para suportar a dificuldade e a dor que muitas vezes acompanham modificações significativas.

5. Considere que tipo de apoio à liderança você tem

Depois de alguns meses na igreja, um pastor deve ter uma ideia daqueles que parecem inclinados a seguir sua liderança. Essa suposição, é claro, não deve ser tomada como absoluta. Alguns apenas fingem apoio. Aqueles, contudo, que amam a Palavra, o ministério pastoral, a congregação, a manifestação de Cristo no corpo e o ato de servir humildemente devem estar ao lado do pastor quando ele fizer mudanças. Mesmo com esse apoio, o pastor precisa ainda manter uma postura paciente em relação a alterações. Ele pode precisar impedir que os que estão com ele se movam rápido demais antes que um bom fundamento bíblico seja estabelecido no ministério de ensino da igreja.

6. Considere quais grandes mudanças foram feitas antes de você chegar

Talvez nenhuma alteração tenha ocorrido. Então, o pastor saberá que, com suas mudanças, pisará em solo desconhecido, de maneira que deverá usar seu manto de liderança com paciência e sabedoria. Ou talvez tenham acontecido algumas grandes modificações que interromperam a comunhão. Portanto, desacelere. Aguarde uma boa oportunidade que o conduza a um solo mais firme em se tratando de modificações.

7. Considere quais mudanças o pastor e o comitê de busca pastoral discutiram antes do chamado para o ministério

Recebi um telefonema de um pastor novo pedindo-me para falar com sua igreja sobre a mudança para uma estrutura plural de liderança de presbíteros. Eu recuei por temer que meu ensino resultasse em sua demissão, mas ele me assegurou de que o comitê de busca pastoral lhe havia apresentado a ideia de alterar a política da igreja para uma liderança plural de presbíteros. Depois de uma experiência horrível com um pastor ditador imoral, eles perceberam que a Palavra de Deus falava claramente sobre como atender às necessidades deles e, então, pediram a esse novo pastor que liderasse a iniciativa. Ele o fez de maneira muito paciente e deliberada, razão pela qual obteve muito sucesso.

Depois de pensar nas questões subjetivas que qualquer igreja enfrenta, o pastor precisa encarar a realidade. Dependendo da saúde da igreja, de sua história e de sua liderança, as mudanças podem acontecer mais rápido do que se pensa. As mudanças podem ocorrer em ritmo mais lento do que o previsto devido a conflitos antigos, mandatos pastorais curtos e falta de apoio. Ao fazer essas avaliações, o pastor precisará ser paciente consigo mesmo. Talvez precise de alguns pastores mais velhos que ouçam suas impressões e o ajudem a elaborar um plano de mudança. Por toda a parte, ele precisa prestar atenção ao conselho divino.

Tendo recebido conselhos, o pastor precisa avançar em direção a um plano de longo prazo, a fim de instituir alterações saudáveis na igreja.

Um plano de mudança

O ministério pastoral deve ser *maior* no pastoreio do rebanho e *menor* na criação de mudanças. No entanto, estamos sempre mudando (*semper reformanda*, sempre reformando), até estarmos completos diante do trono de Deus. Queremos, porém, que as alterações sigam um padrão bíblico para a saúde da igreja. Como fazemos isso?

Pergunta 32: Quanto tempo o pastor deve esperar para fazer mudanças no ministério da igreja?

1. Desenvolva bons ouvintes e intérpretes das Escrituras através da pregação e do ensino bíblico fiéis

A boa exposição não apenas abre o texto das Escrituras, como também demonstra como interpretar corretamente a Palavra de Deus (2Tm 2.15). O pastor está mais interessado em Cristo sendo formado (Gl 4.19) em sua congregação ou em mudar sua estrutura ou ministério? A prioridade na Palavra demonstrará onde está o foco. Concentre-se em pregar e ensinar com clareza. Esteja disponível e aberto a perguntas e discussões para aumentar a compreensão da Palavra. Interaja com o corpo sobre os sermões e as sessões de ensino. Mudanças saudáveis acompanham a pregação fiel.

2. Desenvolva a leitura como uma prioridade para a congregação

Uma congregação que lê se adapta a mudanças muito mais rapidamente do que aquela que simplesmente espera que alguém "mastigue" tudo para ela. Os que começam a ler sermões, estudos bíblicos, teologia, eclesiologia, obras missionárias, biografias cristãs e história terão apetite para ouvir mais atentamente o ensino e mais facilidade para se adaptar a modificações, de sorte que o farão sem reclamar. Eles foram expostos a um mundo muito maior do que o perímetro de sua igreja. Eles perceberão que a liderança do pastor segue os padrões bíblicos e precisa ser fielmente atendida.

3. Discipule e treine os homens da igreja

Treine homens para serem líderes em seu lar e na igreja (2Tm 2.2). Ao investir energia em ensinar os homens a pensar e a viver biblicamente, a servir humildemente e a andar com Cristo de modo fiel, o pastor gastará menos tempo pensando em como fazer a mudança acontecer. Ela ocorrerá em meio a homens que andam com Cristo, sob a liderança de seu pastor, os quais muitas vezes serão os responsáveis pelo início dela. Ofereça oportunidades de discipulado também às mulheres (Tt 2.3-5), que consolidarão a direção biblicamente renovada da igreja.

4. Permita que as mudanças surjam naturalmente de seu ministério no púlpito

O que quero dizer é: não manipule mudanças sob o pretexto de pregação. Antes, por meio do processo natural da pregação expositiva, a Palavra *exporá* mudanças na liderança, política, estrutura, missão, ministério e serviço da congregação.

Um pastor consegue pregar 1 Pedro 5.1-5 sem abordar o padrão do Novo Testamento de liderança da igreja? Um pastor consegue pregar Mateus 28.18-20, Atos 1.8, Atos 13.1-3 e assim por diante sem estabelecer uma nova trajetória para a missão? H. B. Charles Jr. está certo:

> A verdadeira mudança espiritual não acontece quando se força uma ideia, mas quando há ensino fiel da verdade doutrinária. Essa é a chave — muitas vezes negligenciada — de um ministério pastoral fiel e eficaz.[5]

Um pastor pode ensinar um texto com todas as suas implicações visando a uma mudança, sem imediatamente pedi-la. Deixe a igreja enxergar no texto bíblico o que é preciso alterar e, então, trabalhe gradualmente para recomendar essas modificações.

5. Mova-se lentamente no primeiro e no segundo ano

Antes de um pastor fazer boas mudanças, ele precisa conhecer a congregação. Precisa provar que é um pastor para ela, cuidando de suas necessidades espirituais. Quando a igreja começa a enxergar o pastor como pastor do rebanho, ela segue de imediato as alterações. Os primeiros dois anos, porém, devem ser gastos apenas na pregação, ensino, visitação, aconselhamento, pastoreio e conhecimento da congregação.[6]

---

5 Charles, *On Preaching*, p. 90.
6 Faça apenas mudanças mínimas nesse período (e.g., um novo formato de boletim

Pergunta 32: Quanto tempo o pastor deve esperar para fazer mudanças no ministério da igreja?

6. Faça mudanças graduais no terceiro ano

A mudança pode acontecer mais cedo ou mais tarde, porém esse número serve de referência para algumas das modificações menos drásticas. Se a alteração desejada for de uma política eclesiástica liderada por diáconos para uma liderança plural de presbíteros, sugiro esperar mais tempo — de cinco a sete anos ou, talvez, até mais em alguns ambientes —, até que a congregação esteja pronta para esse tipo de transformação duradoura e necessária.

O pastor pode desenvolver uma *triagem instintiva* ao iniciar seu ministério: (1) Que sinais vitais estão presentes na igreja? Dê atenção para fortalecê-los, descartando, por exemplo, hinos/músicas com conteúdo antibíblico e adicionando músicas do mesmo gênero com bom conteúdo, removendo a manipulação dos cultos, que joga com as emoções sem fazer discípulos, fortalecendo a pregação bíblica e reforçando as qualificações bíblicas para seus oficiais. (2) Que práticas antibíblicas devem mudar imediatamente para que a igreja permaneça viva e fundamentada no Novo Testamento? Avalie conteúdos *básicos* no culto e na prática das ordenanças, e restaure professores e obreiros. Isso leva às prioridades do primeiro e do segundo ano e começa a definir uma trajetória em direção a mudanças mais significativas. (3) O que precisa acontecer para ajudar a igreja a ser saudável de maneira consistente? Identifique práticas-chave (e.g., disciplina na igreja, visão adequada do Batismo e da Ceia do Senhor, pluralidade de presbíteros, diáconos focados no papel de servir etc.). Isso estabelece uma meta para os próximos anos. (4) Que práticas bíblicas ausentes precisam de um fundamento para avançar rumo a uma saúde consistente? Considere a disciplina da igreja, líderes espirituais qualificados, a pluralidade de presbíteros e diáconos, e assim por diante. Tendo em vista a construção do alicerce, isso ajuda a estabelecer a pregação, ensino e liderança do pastor, bem como os pequenos grupos e os planos de discipulado.

---

de culto, um novo horário para perguntas e respostas pastorais, um novo ministério para reclusos, uma nova oferta missionária etc.).

7. Inicie as grandes mudanças em vista das quais o alicerce foi lançado no terceiro e no quarto ano do pastorado

Pense nos primeiros anos como camadas das principais mudanças. Pregação intencional, discussão em pequenos grupos, ensino em grupo, conferências, seminários, leitura de livros em grupo, discipulado de homens e mulheres, discipulado de estudantes e reuniões de adoração, tudo isso fornece o conteúdo bíblico que permitirá a uma congregação que tenha vivido com práticas insalubres que anseie por conformidade com o ensino da Palavra de Deus e a busque. Fazer essas mudanças leva tempo, mas produz bons frutos. À medida que a base se fortalecer, comece a implementar mudanças.

Resumo

A paciência em trabalhar por intermédio da Palavra, oração, treinamento de homens, desenvolvimento de liderança e ensino da igreja, fazendo-a pensar biblicamente, alcançará muito mais a longo prazo do que a instituição de mudanças rápidas. A saúde da igreja nos próximos anos, como um povo que cresce junto em graça, verdade, serviço e missão, deve dar firmeza ao pastor, mesmo ao fazer alterações repentinas. Seu compromisso a longo prazo assegura à igreja que as modificações serão para o bem dela e não para inflar o ego do pastor. Mais uma vez, Charles oferece uma exortação apropriada para pastores que almejam mudanças: "nutrir uma igreja saudável que faz discípulos de Cristo requer um compromisso a longo prazo de pregar a Palavra a tempo e fora de tempo, com paciência e ensino exaustivos."[7] A paciência e o ensino fornecem o caminho para a mudança.

Perguntas para reflexão

1. O que significa dizer que o trabalho pastoral saudável e fiel corre na esteira da paciência e do ensino?

---

7 Charles, *On Preaching*, p. 91.

Pergunta 32: Quanto tempo o pastor deve esperar para fazer mudanças no ministério da igreja?

2. Qual a relação entre o mandato do pastor e a realização de mudanças significativas?
3. Como um pastor discerne a saúde da igreja onde serve?
4. Como o desenvolvimento de bons ouvintes e intérpretes das Escrituras ajuda na mudança?
5. Como o pastor deve abordar textos bíblicos que pareçam focalizar diretamente questões de mudanças necessárias na igreja?

PERGUNTA 33
COMO O PASTOR DEVE LIDERAR A CONGREGAÇÃO NA PRÁTICA DA DISCIPLINA NA IGREJA?

Nos primeiros anos de nossa igreja, descobri que um de nossos membros estava tendo um comportamento contrário ao de um seguidor de Cristo. Eu imediatamente o confrontei, chamei-o ao arrependimento e assumi a responsabilidade de iniciar a disciplina na igreja. Essa foi a primeira vez que nossa liderança praticou a disciplina bíblica. Apenas eu e os presbíteros estávamos a par do que havia acontecido. Estabelecemos limites para esse membro, implementamos um plano para atacar e erradicar o pecado e relacionamos pontos a cumprir, a título de prestação de contas. Ele reagiu bem, de modo que o assunto não precisou ser relatado à congregação. No entanto, um ano depois, ele voltou a ter o mesmo comportamento pecaminoso. Depois de não responder a nossas exortações, relatamos seu fracasso à igreja. A congregação votou pela remoção dele da membresia. Nossa igreja rompeu a barreira invisível para praticar a disciplina eclesiástica.

É certo que não tínhamos padrões a seguir além do esboço dado por Cristo em Mateus 18.15-20. A disciplina da igreja parecia ter saído de cena entre as igrejas da região. No entanto, percebemos a natureza do pecado daquele membro, e sua recusa em responder com arrependimento não nos deixou escolha. Tivemos de exercitar a disciplina corretiva.

Desde então, abordamos outros com respeito à disciplina. Alguns responderam aos apelos iniciais de arrependimento e se mantiveram fiéis, de maneira que a congregação nunca soube de nenhum problema. Com outros, infelizmente, trilhamos o caminho solene de remover alguém do quadro de membros. Também tivemos a alegria de ver restaurados à comunhão alguns que haviam sido removidos. "O motivo da disciplina", como Tom Schreiner observa com razão, "é invariavelmente o amor, e o objetivo é a restauração daquele que caiu".[1] Visto que a igreja, como corpo de Cristo, deve refletir seu cabeça na pureza e na santidade (Ef 5.25-27), quando isso não acontece, a prática da disciplina deve ser exercida.

O que é disciplina na igreja?

A palavra *disciplina* tem diferentes conotações. Disciplinamo-nos com o propósito de piedade (1Tm 4.7).[2] Devemos levar uma vida disciplinada de acordo com o Evangelho e com a prática apostólica (2Ts 3.6-13).[3] A disciplina física, por outro lado, "é de pouco proveito" quando comparada à nossa disciplina para a piedade (1Tm 4.8). Cada uso da palavra comunica uma ideia de *treinamento* para um propósito. Quando ela é usada para correção, o conceito de treinamento permanece. Alguém disciplinado por um pai terreno é treinado para uma vida de ordem e respeito, mesmo que isso envolva uma medida

---

[1] Thomas Schreiner, "The Biblical Basis for Church Discipline", em John S. Hammett & Benjamin L. Merkle, orgs., *Those Who Must Give an Account: a Study of Church Membership and Church Discipline* (Nashville: B&H Academic, 2012), p. 105.
[2] O termo "disciplina" (NASB) é traduzido do grego γυμνάζω e é retirado da antiga literatura atlética, em que significa "treinar, submeter-se à disciplina" (BDAG, p. 208). A ideia de *treinar* para um propósito específico — nesse caso, a piedade — expressa melhor a disciplina. Em Hebreus 5.14 e 12.11 (NASB), a tradução é "treinar".
[3] O antônimo de "disciplina" — traduzido como "desordenadamente" em 2 Tessalonicenses 3.7, 11 — é ἀτάκτως, que significa "em desafio à boa ordem, *desordenadamente* [...] sem respeito pelo costume estabelecido ou instrução recebida" (BDAG, p. 148). A disciplina, por outro lado, segue a boa ordem, respeita a instrução e a vida de maneira ordenada.

Pergunta 33: Como o pastor deve liderar a congregação na prática da disciplina na igreja?

de ação corretiva (Hb 12.7-9).[4] A disciplina, então, transmite a ideia de treinamento por meio da instrução, exemplo ou correção.

Nas várias passagens que abordam a *disciplina na igreja*, essa expressão não é usada para introduzir ou discutir o assunto. O termo, contudo, expressa corretamente que a igreja, com relugaridade, se engaja na disciplina de seus membros. Ou seja, ela treina, ensina, instrui e dá exemplo (*disciplina formativa*), como também, ocasionalmente, corrige quem continua no mesmo erro ou se envolve em heresia doutrinária (*disciplina corretiva/formal*). A igreja tem responsabilidade por ambas. "A disciplina formativa ocorre no ministério contínuo da igreja, no discipulado regular e no cuidado de cada membro", escreve Schreiner. "Todos os membros são disciplinados ou discipulados mediante ensino, encorajamento, correção, exortações e reprovações, que são feitos por meio do cuidado amoroso de outros crentes."[5] A disciplina corretiva ocorre "quando uma cirurgia radical ou um arrependimento radical são necessários".[6]

Disciplina na igreja, então, é a ação amorosa e fiel do corpo de Cristo que visa discipular seus membros. Como parte do discipulado, quando um membro persiste no pecado impenitente ou na heresia doutrinária, a igreja procura corrigi-lo para que se arrependa. Ela almeja o arrependimento imediato nos estágios iniciais da disciplina. Se um membro recusar as exortações de um único membro, seguido de dois ou mais, o desfecho da situação cabe à congregação, reunida em nome de Jesus (1Co 5.4). Deve-se primeiramente procurá-lo para depois removê-lo da membresia (Mt 18.15-20).

---

4 Aqui a palavra "disciplina" (παιδεία) expressa "o ato de fornecer orientação para uma vida responsável, educação, treinamento, instrução", enquanto, na literatura bíblica, indica "principalmente a maneira como é alcançada pela disciplina, correção" (BDAG, p. 748-49).
5 Schreiner, "Church Discipline", p. 105-06.
6 Ibid., p. 106.

Quando a disciplina na igreja é necessária?

Talvez o maior medo de uma igreja que começa a praticar a disciplina se concentre em saber quando ela será necessária. Já me falaram de igrejas — geralmente lideradas por um pastor autocrático, sem uma pluralidade de presbíteros — que usam a disciplina para remover pessoas contra as quais alguém guardava rancor ou que não seguiam a linha teológica em algumas questões não disciplinares. Embora queira mostrar graça e humildade em questões de disciplina, uma igreja deve preocupar-se com seu testemunho público do Evangelho, em vez de hesitar devido a alguns abusos disciplinares. Quais situações devem preocupar a igreja com relação à prática da disciplina?

• Quando um membro persiste no pecado — público ou privado — a ponto de afetar seu testemunho cristão, ameaçar a pureza da igreja e manchar o testemunho da comunidade (1Co 6.9-11; Ef 5.3-5; 2Tm 3.1-9; 1Pe 1.13-16; 2.11-12).[7]

• Quando um membro está envolvido em comportamento público escandaloso, considerado ofensivo até mesmo pela comunidade incrédula (1Co 5.1-13).

• Quando um membro persiste em um comportamento destrutivo para a unidade e para a comunhão da igreja (1Co 3.16-17; Ef 4.1-3; 2Ts 3.11-15; Tt 1.9-11; 3.10-11).

• Quando um membro persiste em desvios doutrinários ou heresias, recusando a correção dos presbíteros (1Tm 1.18-20; 2Tm 2.16-18; Tt 1.9; 2Pe 2.1-3; 2.17-22; 2Jo 9-11).[8]

---

7 "O maior perigo moral para a igreja é a tolerância ao pecado, público ou privado", declara R. Albert Mohler, "Church Discipline: the Missing Mark", em Mark E. Dever, org., *Polity: Biblical Arguments on How to Conduct Church Life* (Washington: Center for Church Reform, 2001), p. 55.

8 "Não se pode explicar a dinamite explosiva, o *dunamis*, da igreja primitiva sem a percepção de que ela praticava duas coisas simultaneamente: ortodoxia doutrinária e ortodoxia comunitária no meio da igreja visível, uma comunidade que o mundo pode enxergar. Pela graça de Deus, portanto, a igreja deve ser conhecida, ao mesmo tempo, por sua pureza de doutrina e pela realidade de sua comunidade", escreveu Francis Schaeffer, "The Church Before the Watching World", em *The Church at the End of*

Pergunta 33: Como o pastor deve liderar a congregação na prática da disciplina na igreja?

Como a disciplina deve ser exercida na igreja?

Jesus introduziu a instrução fundamental sobre a disciplina na igreja. Após a primeira menção à igreja no NT — com a promessa de que Jesus edificará sua igreja, de forma que "as portas do inferno não prevaleçam contra ela" (Mt 16.18) —, ele anuncia "as chaves do reino" (16.19), dadas a seus discípulos para poderem ligar e desligar — esses dois verbos são apresentados no contexto da atuação da igreja na disciplina de seus membros (18.18). "O poder das chaves (de ligar e desligar) diz respeito tanto à entrada na nova comunidade quanto à manutenção da vida dessa comunidade", escreve Jonathan Leeman.[9] Tanto o poder da igreja de declarar perdoado um membro arrependido depois de ele se arrepender verdadeiramente quanto o poder de excluir da comunhão da igreja quem se recusa a arrepender-se — o qual, então, continua sem perdão — pertencem ao corpo comunitário, e não a membros. A palavra *chaves* "enfatiza que a igreja pode ter a certeza de que sua ação na terra representa a vontade de Deus", explica Tom Schreiner.[10]

Jesus deu um exemplo claro a ser seguido pelas igrejas em casos que possam envolver disciplina. Primeiro, "se teu irmão pecar [contra ti], vai argui-lo entre ti e ele só. Se ele te ouvir, ganhaste a teu irmão" (Mt 18.15).[11] Não há intenção de divulgar detalhes sobre a ação pecaminosa do irmão. Com o máximo cuidado, o irmão preocupado, no espírito de Gálatas 6.1-2, com calma, humildade e amor, aproxima-se do irmão que pecou. O pecado pode ter sido contra esse irmão preocupado ou pode

---

the Twentieth Century (Wheaton: Crossway, 1970), p. 144, citado em Mohler, "Church Discipline", p. 54.
9 Jonathan Leeman, *A Igreja e a Surpreendente Ofensa do Amor de Deus: Reintroduzindo as Doutrinas sobre a Membresia e a Disciplina na Igreja* (São José dos Campos: Fiel, 2013), p. 233; veja p. 207-78 para a cuidadosa explicação de Leeman sobre a autoridade da igreja, dada por Cristo.
10 Schreiner, "Church Discipline", p. 110; meus comentários seguem a cuidadosa explicação de Schreiner. Há a possibilidade de haver uma igreja ou um líder eclesiástico mal-orientado quanto à disciplina (e.g., Diótrefes em 3Jo 10-11). Schreiner acrescenta: "No entanto, Mateus 18 não se concentra em tais abusos, e sim promete à igreja orientação divina".
11 O versículo traz "irmão", mas a pessoa pecadora pode ser homem ou mulher.

apenas ter sido testemunhado por ele. Ele lhe mostra o pecado, pede arrependimento e, quando isso acontece, alegra-se, mantendo a confidencialidade do assunto.

Em segundo lugar, Jesus diz: "Se, porém, não te ouvir, toma ainda contigo uma ou duas pessoas, para que, pelo depoimento de duas ou três testemunhas, toda palavra se estabeleça." Seguindo o padrão de Deuteronômio 19.15, ele toma mais um ou dois para fortalecer o chamado ao arrependimento e à santidade. Os outros podem ou não ter observado o pecado do irmão, mas estão convencidos de que ele aconteceu. Com humildade, amor e benevolência semelhantes, os dois ou três aproximam-se do irmão para aumentar o peso da necessidade de arrependimento. Pode ser que os outros dois ouçam o irmão que errou e decidam que ele não tem culpa. Nesse caso, o primeiro irmão que se aproximou deve submeter-se humildemente ao julgamento deles, a menos que haja justa causa para rejeitá-lo. Ou a gravidade de dois ou três pedindo arrependimento amolecerá o coração do irmão que errou e o conduzirá ao arrependimento humilde.

Em terceiro lugar: "E, se ele não os atender, dize-o à igreja." No terceiro estágio da disciplina, apresenta-se à congregação a acusação e a evidência contra o irmão que pecou. Em oração, a congregação o convoca a agir, abordando-o com exortações e usando o testemunho comunitário como um chamado ao arrependimento. A pressão pode fazer essa pessoa despertar, enxergar seu pecado e se arrepender. Contudo, em caso negativo, a igreja continuará com sua responsabilidade suprema.

Em quarto lugar: "e, se também não escutar a igreja, considera-o como um gentio e publicano". Em outras palavras, remova-o da comunhão dos santos e o trate como um incrédulo. Essa ação comunitária, por intermédio do voto da igreja, exerce a autoridade suprema da igreja — ligar ou desligar. Um membro em pecado recusar os apelos e exortações da igreja é a gota d'água para a excomunhão

Pergunta 33: Como o pastor deve liderar a congregação na prática da disciplina na igreja?

da membresia, que impede o membro removido de ter privilégios na Mesa do Senhor ou responsabilidades eclesiais.[12]

Embora esse procedimento quádruplo deva ser a maneira normal de se praticar a disciplina na igreja, Paulo adotou uma abordagem diferente em 1 Coríntios 5.1-13. O pecado de um membro era tão flagrante e tão escandaloso que ele convocou a igreja a se reunir em nome de Jesus Cristo e removê-lo imediatamente. Schreiner observa: "O caráter público e grosseiro do pecado exigia uma resposta pública e imediata por parte da igreja."[13] Porém, em conformidade com o que Jesus ensinou em Mateus 18, a autoridade final para remover alguém da membresia não está com os presbíteros, mas com a igreja que se reúne para agir.[14]

Que passos o pastor deve tomar na preparação para levar sua igreja a praticar a disciplina?

Primeiro, estabeleça bases bíblicas para a disciplina na igreja. Isso não começa com um mergulho imediato em Mateus 18 ou 1 Coríntios 5. Antes, estabeleça na igreja um alicerce a partir do ensino do Evangelho. Como uma questão concernente ao Evangelho, a disciplina eclesiástica tem a ver com a pureza do corpo reunido, daqueles que foram redimidos por Cristo por meio do Evangelho. Se a maneira como a congregação compreende o Evangelho for fraca, não espere que ela entenda a necessidade da disciplina. Semeie a semente do Evangelho para que os membros comecem a entender a natureza dele, seu efeito sobre nós na conversão genuína e como os testemunhos deficientes põem em perigo o testemunho das Boas Novas na igreja.

---

12 Outras passagens alusivas a questões de disciplina incluem Gl 6.1-2; 2Ts 3.6-15; 1Tm 1.19-20; 1Tm 5.17-21; Tt 3.9-11; Tg 5.19-20.
13 Schreiner, "Church Discipline", p. 114. Ele acrescenta: "Aparentemente, o homem estava determinado e resoluto a continuar o relacionamento [imoral] com sua madrasta."
14 Veja Schreiner, "Church Discipline", p. 113-27, para uma visão mais detalhada de 1 Coríntios 5.

Segundo, busque o Senhor no que diz respeito à compreensão que a igreja tem do Evangelho. Somente o Senhor pode realizar conversões verdadeiras (At 11.18). Somente o Senhor pode abrandar os corações endurecidos pela falta de aplicação bíblica. Pregue e ore (At 6.4).

Terceiro, estabeleça um fundamento bíblico para a natureza da igreja. Isso incluirá o ensino da membresia regenerada e das responsabilidades de cuidado mútuo dos membros. A menos que enxerguem a importância da membresia, eles preferirão demitir o pastor a disciplinar um membro.

Quarto, trabalhe no apoio à mobilização em prol de práticas bíblicas. Aqui está o trabalho do discipulado contínuo. Invista em alguns homens, ensine-lhes o Evangelho e a natureza da igreja, incluindo assuntos como política eclesiástica, membresia, disciplina e assim por diante.

Quinto, procure construir uma relação de discipulado com o membro pego em pecado que suscitou essa preocupação com a disciplina. Talvez, em um relacionamento de discipulado, você seja capaz de insistir sobre a natureza do Evangelho e seus efeitos sobre esse membro. Em suma, você está engajado em uma versão estendida do primeiro passo que Jesus estabeleceu na prática da disciplina (Mt 18.15). Suponhamos que o pecado seja a imoralidade. O que está por trás disso senão orgulho, incredulidade, arrogância para com a lei de Deus, ignorância da Palavra e outros pecados? Tenha esses pecados como alvo no processo paciente de tentar disciplinar o irmão em pecado, a fim de lançar as bases para chamá-lo ao arrependimento. Se ele estiver se arrependendo de outros pecados, provavelmente fique preocupado com a própria imoralidade.

Sexto, continue firme no ensino de sua igreja. Você saberá estar mais perto de implementar a disciplina na igreja, seguindo o padrão de Jesus, quando a congregação der sinais de que acredita na Palavra de Deus e a recebe. Os dois ou mais irmãos parceiros no segundo passo da disciplina estarão ao seu lado para ajudar a reforçar a necessidade da disciplina na igreja. Como eu disse a um jovem pastor: "Você pode ter que tapar o nariz para algumas coisas até que a saúde da igreja melhore o suficiente para receber disciplina." Tenha em mente, entretanto, que

Pergunta 33: Como o pastor deve liderar a congregação na prática da disciplina na igreja?

a disciplina é uma prática semanal que se dá por meio do ministério da Palavra, exortação, encorajamento, prestação de contas e chamado constante para se ter uma vida arrependida e fiel, como cabe a seguidores de Cristo. A disciplina corretiva flui naturalmente de uma prática saudável de disciplina formativa. Dessa forma, crie um clima de disciplina formativa para que, quando chegar a hora de praticar a disciplina corretiva, isso seja natural para o corpo.

Resumo

"Tem sido observado", escreveu J. L. Dagg, "que, quando a disciplina deixa uma igreja, Cristo vai embora com ela".[15] Construir um *ethos* dentro da congregação para que as reuniões regulares da igreja demonstrem um povo disciplinado (formativamente) criará um caminho para que o corpo mantenha pureza de vida e de doutrina. Quando um membro se desviar, os outros, de forma mais natural, buscarão chamá-lo ao arrependimento. Se isso falhar, o alicerce da disciplina foi estabelecido pela pregação e pelo ensino fiel, por intermédio da Palavra de Deus, sobre a natureza do Evangelho e da igreja. Humildade, graça e paciência devem marcar o processo deliberado, ainda que lento, da disciplina eclesiástica.

Perguntas para reflexão

1. O que é a disciplina eclesiástica?
2. Que situações de pecado contínuo exigem disciplina na igreja?
3. Qual é o padrão de disciplina na igreja estabelecido por Jesus Cristo em Mateus 18?
4. Como a prática de Paulo da disciplina em 1 Coríntio 5 difere daquela que vemos em Mateus 18?
5. Ao estabelecer as bases de uma igreja que pratica a disciplina, quais são as principais preocupações?

---

15   J. L. Dagg, *Manual de Eclesiologia* (Rio de Janeiro: Pro Nobis, 2022), p. 370.

PERGUNTA 34
COMO O PASTOR DEVE LIDERAR A MUDANÇA DE REGIME E DE ESTRUTURA DA LIDERANÇA?

Qualquer transição em uma igreja local poderá perturbar seu equilíbrio. Práticas familiares aparentam ser uma calça jeans bem gasta: está confortável demais para ser trocada por algo novo. Então, por que se incomodar? Uma razão é suficiente: queremos seguir o ensino da Palavra inerrante de Deus. Se ele nos deu a Palavra autorizada que confessamos ser suficiente para a vida e para a prática, logo devemos levar isso a sério. Tudo o que somos e fazemos como igreja deve ser avaliado regularmente à luz das Sagradas Escrituras.

No entanto, avaliar a estrutura de regime e de liderança de uma igreja à luz da Palavra e, em seguida, avançar em direção à mudança provavelmente gerará resistência. Muitas igrejas se revoltam com a ideia de modificações. A mudança combate nosso orgulho, porque devemos reconhecer nossa crença e prática deficientes. Isso nos tira da zona de conforto, pois enfrentamos uma nova estrutura, a qual redefine quem somos e no que nos concentramos. Desafia nossa complacência, na medida em que expõe nossa negligência quanto ao exame regular à luz das Escrituras. Contudo, se quisermos ser fiéis como igreja do Senhor Jesus Cristo, devemos procurar seguir o ensino das Sagradas Escrituras.

A maioria das pessoas não presta atenção ao regime da igreja. Talvez nem saibam que ele existe. No entanto, o regime de uma igreja

— sua estrutura de governo — afeta a membresia, o discipulado, o evangelismo, o cuidado dos membros, a doutrina, a liderança, as ordenanças e a adoração. Jonathan Leeman explica que a igreja sem "uma presença palpável e pública" que seja baseada e determinada por seu regime "continua sendo uma ideia abstrata".[1] Assim, o regime não pode ser deixado de lado, como se a igreja visível existisse sem ele. Como Leeman também coloca, "A igreja universal está unida na fé. A igreja local está unida na fé e ordem."[2] Essa "ordem" constitui o regime da igreja. É isso que distingue a igreja local de um conglomerado de cristãos que, por acaso, estão juntos, mas não têm nada específico que os una. O regime moldado pelo Evangelho identifica as crenças centrais do grupo de cristãos com relação ao Evangelho: do que a membresia é constituída, quem é admitido ao Batismo e à Mesa do Senhor, como um membro pode ser removido, quem exerce autoridade espiritual sobre a igreja e do que são constituídos os ministérios e a missão da igreja.

Se isso parece um exagero, considere o que Leeman afirma:

> O regime é importante porque guarda o *o quê* e o *quem* do Evangelho — o que é a mensagem do Evangelho e quem são os crentes no Evangelho. [...] Ele separa, distingue e identifica a igreja diante das nações, protegendo e preservando o *o quê* e o *quem* do Evangelho de geração em geração.[3]

O regime de uma igreja dá clareza a suas crenças e práticas para que, a cada geração, a centralidade do Evangelho continue a moldar os membros, a liderança e a missão da congregação.

O regime de uma igreja (constituição e estatutos, livro de ordem, manual, regime eclesiástico — como quer que a igreja decida chamá-lo) deverá ser (1) escrito de forma clara, (2) fundamentado no

---

1 Jonathan Leeman, "Introduction", em Mark Dever & Jonathan Leeman, orgs. *Baptist Foundations: Church Government for an Anti Institutional Age* (Nashville: B&H Academic, 2015), p. 4-5.
2 Ibid., p. 5.
3 Ibid., p. 6-7.

Pergunta 34: Como o pastor deve liderar a mudança de regime e de estrutura da liderança?

Evangelho, (3) baseado em uma confissão doutrinária ortodoxa, (4) simples e direto, (5) aprovado pela igreja e (5) completamente útil. Deverá ser detalhado o suficiente para ajudar a igreja a entender sua doutrina, ordenanças e admissão à membresia, bem como a disciplina, a estrutura de liderança e dos oficiais, a missão e as práticas e restrições dos membros. Ele não pode e não precisa tentar abranger todas as contingências possíveis de uma igreja — e é por isso que temos presbíteros para liderar e congregações para serem o árbitro final em questões e disputas. Em outras palavras, estou defendendo um documento regimental que seja compreensível e legível, a fim de que, em vez de atrapalhar a igreja, ajude-a; em lugar de deixar o leitor entendiado, encoraje-a e a instrua.[4]

Tendo observado a importância do regime em geral, quero dar atenção especial à mudança da estrutura pastoral de uma igreja local.[5] Como defendido anteriormente, a menos que uma igreja mude para uma estrutura pastoral plural (pastores/presbíteros), isso prejudicará sua saúde e maturidade, bem como a longevidade dos pastores que a lideram.[6] Talvez você esteja convencido de que a liderança plural de presbíteros/pastores tenha suas raízes firmemente plantadas na prática do Novo Testamento. Mas isso não significa que todos em sua congregação tenham a mesma visão. Logo, uma igreja pode fazer a transição da estrutura mais típica, liderada por diáconos ou por comitês, para uma

---

4 O propósito deste capítulo não é dar detalhes sobre o que uma igreja deve incluir em seus documentos regimentais. Em vez disso, consideramos como liderar uma igreja na mudança de sua política quanto às estruturas de liderança. Para detalhes sobre tópicos necessários na documentação, veja Dever & Leeman, *Baptist Foundations*; John S. Hammett, *Biblical Foundations for Baptist Churches* (Grand Rapids: Kregel Academic, 2019); Bobby Jamieson, *Going Public: Why Baptism Is Required for Church Membership* (Nashville: B&H Academic, 2015); Jonathan Leeman, *A Igreja e a Surpreendente Ofensa do Amor de Deus: Reintroduzindo as Doutrinas sobre a Membria e a Disciplina da Igreja* (São José dos Campos: Fiel, 2013); J. L. Dagg, *Manual de Eclesiologia* (Rio de Janeiro: Pro Nobis, 2022); Phil A. Newton & Matt Schmucker, *Equipe Pastoral: Fundamento e Implementação* (São José dos Campos: Editora Fiel, 2023).
5 Examinaremos a reforma das práticas de membresia de uma igreja na Pergunta 35.
6 Veja a Pergunta 5.

liderança plural de presbíteros/pastores?[7] Consideremos cinco observações a serem lembradas no que se refere a essa transição.

Nunca menospreze as transições

Odres velhos, para usar a analogia de Jesus sobre as transições do tradicionalismo judaico para as práticas de seu Reino, não são deixados de lado facilmente (Mc 2.21-22). Padrões são firmemente estabelecidos no pensamento de uma congregação. As pessoas acomodam-se em uma zona de conforto que as tem habituado a fazer o mínimo esforço de exercitar o pensamento e considerar modificações. A essa altura, repentinamente, um pastor propõe um regime completamente diferente. Eles não apenas desconsideram tal alteração, como também o fato de o pastor sugerir isso põe em questão decisões anteriores e antigas. O orgulho mostra a face. Os ânimos inflamam-se. Padrões e ideias que se imaginavam sólidos são ameaçados pela substituição. Pessoas que ocupam cargos e funções clamam por seus títulos.

Então, não menospreze isso. Tenha em mente três coisas:

1. Esteja convencido de que as Escrituras ensinam o que você propõe

Em outras palavras, para entrar em ação, não basta ler um livro sobre regime ou pluralidade de presbíteros nem somente observar uma igreja em transição. É necessário entender o que as Escrituras ensinam antes de agir. Isso estabelece o fundamento bíblico para suas ações. Uma igreja que realmente se importa com a autoridade das Escrituras terá uma probabilidade muito maior de seguir a mudança proposta por seus líderes se souber que você foi completamente convencido pela Palavra de Deus acerca da direção que está tomando.

---

7 Para uma visão mais detalhada do processo de transição, veja Newton & Schmucker, *Equipe Pastoral*, p. 181-94.

Pergunta 34: Como o pastor deve liderar a mudança de regime e de estrutura da liderança?

2. Seja sensível ao momento e à liderança do Espírito

Nem toda ideia de transição está imediatamente pronta para vir à luz. Estabeleça um fundamento bíblico sólido antes de começar a estruturar a mudança. Discutir sobre a questão do regime sem primeiramente se assegurar de que a congregação enxerga como tudo na igreja é fundamentado no Evangelho será contraproducente. Por exemplo, se a igreja tem uma visão inferior da membresia regenerada, é preciso realizar o trabalho do Evangelho antes de se propor uma transição para uma pluralidade de presbíteros/pastores. Caso contrário, sem uma compreensão da membresia regenerada, os membros não verão a necessidade de uma liderança de presbíteros/pastores no pastoreio, no discipulado e na correção. Se muitos dos líderes atuais não derem qualquer evidência de fidelidade genuína a Cristo, o ensino com base nos Evangelhos deverá preceder o ensino baseado nas Epístolas Pastorais. Um pastor deverá servir sua igreja por vários anos antes de tentar mudar sua estrutura de liderança. Há exceções, como quando uma igreja percebe, antes que um novo pastor chegue, que tem vivido uma política não bíblica de liderança. Já que a igreja precisa confiar no pastor que lidera essa transição, ele precisa cativá-la por meio de um pastoreio fiel ao longo de vários anos. Além disso, ele precisará estar comprometido com a transição, em vez de simplesmente mudar para outra igreja.[8]

3. Seja firme na oração

Você não apenas enfrenta um desafio educacional, como também uma batalha espiritual ao fazer a transição para a pluralidade de presbíteros. O inimigo ama dividir uma igreja por causa do ensino bíblico. Ore constantemente pelo processo. Dependa do Espírito Santo para abrir a mente dos que receberão o ensino que leva a uma transição saudável.

---

8 Veja a Pergunta 12.

Mostre amor e respeito pelos que estão na estrutura da liderança atual

Se você está liderando a igreja e a liderança atual na transição, dê honra a quem a honra é devida (Rm 12.10; 13.7). Outros vieram antes de você no estabelecimento das estruturas de liderança da igreja. Embora discorde deles no modo como interpretam as Escrituras, você não pode questionar o compromisso deles com Cristo. Você não quer parecer alguém envolvido em uma guerrilha para conseguir o que quer. Honre o ofício diaconal enquanto estabelece as bases bíblicas para a transição dos papéis dos diáconos e para o estabelecimento da liderança de presbíteros.

Essa certamente não é uma tarefa pequena. Recomendo que comece a transição gentilmente, mas com firmeza, treinando os diáconos para que enxerguem seus papéis bíblicos como servos elevados da igreja. Muitos se veem como presbíteros de fato, sem o título, e frequentemente carecem das qualificações bíblicas (1Tm 3.1-7; Tt 1.5-9). Outros se veem como participantes de um *conselho* que detém o poder da igreja. No entanto, a razão pela qual chegaram a uma posição que não é bíblica se deve a um regime de longa data que não foi criado por eles.

Enquanto todos os cristãos são chamados para servir, os diáconos estabelecem o padrão — ou deveriam fazê-lo. *Ajude-os a enxergar essa prática bíblica para que aproveitem a oportunidade de servir a congregação.*[9] Com isso, você evitará uma mentalidade de "nós contra eles". Eles são irmãos em Cristo que talvez não tenham sido expostos ao ensino sobre liderança eclesiástica bíblica. Eles precisam de sua orientação paciente, não de críticas, ultimatos e exigências.

---

9 Veja Benjamin L. Merkle, *40 Questions About Elders and Deacons* (Grand Rapids: Kregel Academic, 2008), p. 227-62; Thabiti M. Anyabwile, *Encontrando Presbíteros e Diáconos Fiéis* (São José dos Campos: Editora Fiel, 2015), p. 19-55; Hammett, *Biblical Foundations*, p. 22-247; Dever & Leeman, *Baptist Foundations*, p. 311-29.

Pergunta 34: Como o pastor deve liderar a mudança de regime e de estrutura da liderança?

Comece pequeno; depois, espalhe a mudança em círculos mais amplos

Quando nossa igreja fez a transição para a pluralidade de presbíteros, começamos com um longo processo de selecionar líderes-chaves e trabalhar com as Escrituras. Por cerca de 15 meses (não todas as semanas), percorremos lentamente todas as passagens da Bíblia que tratavam de tomada de decisões, liderança, regime de igreja e cargos bíblicos. Recomendo esse tipo de pesquisa bíblica para estabelecer uma base junto de seus principais líderes. Somente depois desse processo incluiremos a congregação.

Da mesma forma, Mark Dever, como líder da Capitol Hill Baptist Church em Washington, visando estabelecer a pluralidade de presbíteros, começou o processo com um pequeno grupo e, depois, trabalhou gradualmente com círculos concêntricos de liderança, antes de apresentá-la à congregação.[10]

O que você está estabelecendo como padrão nesse processo de trabalho lento através da Palavra de Deus é a confiança na suficiência das Escrituras. Você está discipulando o pequeno círculo para que entenda como interpretar fielmente as Escrituras. Está mostrando, através da caminhada constante pela Palavra, quão coerente é o funcionamento do regime bíblico e a liderança plural de presbíteros. Sugiro que sequer comece a introduzir a história da igreja na equação até que tenha trabalhado com a Palavra.[11] Lembro-me de um homem do grupo dos sete envolvidos em nossa discussão dizendo, quando concluímos: "Bem, eu não gosto, mas é bíblico." Isso é o bastante para mim.

---

10 Veja os capítulos úteis de Matt Schmucker que descrevem esse processo em Newton & Schmucker, *Equipe Pastoral*, caps. 2, 4, 6, 8.
11 Veja ibid., cap. 1, para uma visão histórica dos presbíteros na vida batista.

Atue pacientemente durante a transição, em vez de agir como um rolo compressor

Às vezes, estamos tão entusiasmados com novos conhecimentos que pensamos bastar alguns sermões ou algumas lições sobre o assunto para convencer todos à volta daquela verdade. Já vi vários pastores tentarem adotar a pluralidade de presbíteros sem esse ensino paciente em etapas, gerando somente divisão e conflito. O resultado dessa pressa talvez seja a porta da rua. Talvez tenha sido por isso que Paulo aconselhou Timóteo a pregar a Palavra "com toda a longanimidade e doutrina" (2Tm 4.2). Sim, você quer ver a transição acontecer. Isso melhorará seu pastoreio. Intensificará o ministério da igreja. Decisões mais sábias serão tomadas. No entanto, isso ainda não é desculpa para agir com impaciência. Dê tempo à congregação para confiar em você e em sua liderança, antes da mudança de regime.

Você provavelmente terá alguns contratempos — um discorda, outro reclama, alguns até deixam a igreja. Isso faz parte de qualquer transição em uma igreja típica, especialmente nas que não são saudáveis. É melhor investir na saúde da igreja do que mudar seu regime na esperança de que isso melhore sua saúde. Estabeleça um bom fundamento bíblico antes de enfatizar o ensino bíblico sobre o regime eclesiástico. Priorize o Evangelho, não o regime.

Você não está abrindo o Mar Vermelho na transição para a pluralidade de presbíteros, mas está viajando por um território bíblico que talvez não seja conhecido pela igreja. Pode haver associações negativas com presbíteros (e.g., o governo presbiteral de outra denominação, sem uma estrutura congregacional). Você deve lidar com essas questões com paciência.

Pergunta 34: Como o pastor deve liderar a mudança de regime e de estrutura da liderança?

Dê atenção ao ministério orientado ao serviço que os diáconos realizam enquanto adota a liderança de uma pluralidade de presbíteros

Em outras palavras, reforce que não está se livrando dos diáconos enquanto a igreja muda de regime, mas que eles são vitais para o ministério total da igreja. Alguns provavelmente pensarão que, com os presbíteros, os diáconos passarão a não existir mais. Em vez disso, explique e exemplifique tanto a voz que a congregação terá sob a pluralidade de presbíteros quanto o papel dos diáconos como servos. Mostre como essa alteração incrementará o ministério, produzindo um melhor pastoreio, um cuidado mais atento às viúvas, mais eficiência nas responsabilidades da igreja, melhor prestação de contas da equipe pastoral e assim por diante. Não tenha medo de admitir que não tem respostas para todos os problemas que surjam durante a transição. Você também não tem todas as respostas no regime atual. Mostre que está comprometido em servi-los e pastoreá-los enquanto os leva a fundamentar a vida e a liderança da igreja na Palavra de Deus.

A liderança plural de presbíteros fortalece as igrejas, mas certifique-se tanto quanto possível de que seu processo de implementação não causará divisões, e sim a união da congregação na afirmação do ensino da Palavra de Deus.

Resumo

A estrutura de liderança no regime de uma igreja pode ser apenas uma área que precisa de transição. Decidir o momento de mudar o regime exige sabedoria e sensibilidade à liderança do Espírito. Estabeleça o regime bíblico para que o crescimento saudável da igreja seja continuado, enquanto os membros levam a sério seu compromisso uns com os outros no corpo de Cristo. A transição para a liderança plural de presbíteros/pastores prepara o terreno para uma fidelidade consistente no pastoreio de uma congregação, e a pluralidade de diáconos auxilia os presbíteros na medida em que serve a congregação em áreas materiais.

É preciso que a transição ocorra com amor e respeito por aqueles que lideram; é necessário que o treinamento da igreja para se adequar ao regime bíblico seja paciente.

Perguntas para reflexão

1. O que é o regime eclesiástico?
2. Por que precisamos ter certeza de que temos um regime eclesiástico saudável e bíblico?
3. Quais são as três considerações que garantem ao processo de transição do regime eclesiástico não ser tratado com leviandade?
4. Que recomendações são dadas para treinar a igreja na compreensão do regime bíblico?
5. Como a tensão entre a forma como presbíteros e diáconos são vistos no regime eclesiástico pode ser evitada?

PERGUNTA 35
POR QUE O PASTOR DEVE LIDERAR A REFORMA DAS PRÁTICAS DE MEMBRESIA DE UMA IGREJA?

Um estranho fenômeno ocorreu na igreja primitiva. Um grupo de 120 homens e mulheres reuniu-se para oração, discussão bíblica e intensa comunhão por pouco mais de uma semana após a ascensão de Jesus Cristo. Eles estavam atordoados com o que tinham visto, experimentado e aprendido (At 1.12-26). Sua última ordem, para ficarem em Jerusalém até que fossem revestidos do poder do Espírito para testemunhar, deixou-os na expectativa daquela missão (Lc 24.48-49). Eles fariam discípulos, batizariam-nos e continuariam ensinando-lhes os mandamentos de Cristo (Mt 28.19-20). Por meio desses testemunhos, as pessoas seriam reunidas como *aprendizes* de Cristo e de seu Evangelho, teriam uma vida conjunta e se tornariam um povo maduro, que exibiria com clareza o poder do Evangelho.[1] O termo *discípulos* não apenas caracterizava o relacionamento de ensino/aprendizagem, como também se tornou sinônimo de *igreja*.[2] Responsáveis uns pelos outros

---

1 A palavra da qual vem "discípulo", *mathētēs* (μαθητής), significa "aprendiz", indicando "apego a alguém no discipulado" (*NIDNTTE*, 3:224). Isso implica em relacionamentos de aprendizado contínuo centrados na vida conjunta em Cristo.
2 Veja Atos 6.2, "a comunidade dos discípulos"; Atos 9.19 (A21), "os discípulos que estavam em Damasco"; Atos 9.38, "discípulos" em Lida; Atos 11.26, "E, por todo um ano, se reuniram naquela igreja e ensinaram numerosa multidão. Em Antioquia, foram os discípulos, pela primeira vez, chamados cristãos"; e Atos 14.28, "E permaneceram

em um relacionamento de ensino, aprendizado, amadurecimento, serviço e missão, esses discípulos reunidos eram as igrejas nas várias cidades, vilas e aldeias onde o Evangelho se enraizou.

Qual era o nível de compromisso da igreja primitiva com a responsabilidade da vida conjunta como discípulos de Jesus? Alguns venderam propriedades para ajudar os necessitados (At 4.32-37). Quando a falsidade de um casal ameaçou a pureza e a unidade desse grupo, eles caíram mortos com a palavra de Pedro (5.1-11). Numa época em que as viúvas helenistas recebiam pouca atenção e apoio do grupo, "toda a comunidade" reiterou a proposta dos apóstolos de estabelecer sete diáconos para atender a suas necessidades (6.1-6). Quando a notícia sobre os novos crentes em Antioquia "chegou aos ouvidos da igreja que estava em Jerusalém", ela enviou Barnabé para ajudar a nova congregação a continuar o discipulado (11.21-22). As epístolas do Novo Testamento abordavam igrejas locais específicas, corrigiam práticas, reprovavam membros que erravam, reforçavam a doutrina apostólica e pediam unidade e pureza entre eles.

Se pertencer a um grupo específico de crentes locais tinha tanta importância na igreja primitiva, esse mesmo *senso de pertencimento* — a membresia, como normalmente a chamamos — deveria ter prioridade no ministério pastoral. No entanto, *pertencer* significava muito mais do que um nome em uma lista. Significava uma *vida conjunta* em Cristo.[3] Práticas saudáveis de membresia reforçam a vida comunitária

---

não pouco tempo com os discípulos", referindo-se à igreja em Antioquia que enviou Paulo e Barnabé.

3 Dietrich Bonhoeffer usou a frase "vida juntos" para descrever a igreja (*Dietrich Bonhoeffer Works*, vol. 5, ed. Geffrey B. Kelly [Mineápolis: Fortress, 2005]). Desde que se engajou no treinamento de seminaristas, ele queria que eles entendessem a igreja como um corpo, em vez de uma instituição fria e estéril. O editor explica: "Os seminaristas deveriam viver uns com os outros, mas apenas no espírito de ser um *pelo* outro. Sua comunidade era uma reunião de estudantes de teologia cuja união deveria ser caracterizada por um amor altruísta uns pelos outros, expresso na disposição de servir uns aos outros, até mesmo sendo incomodados uns pelos outros para interceder uns pelos outros em oração, para estender perdão em nome do Senhor e para partilhar o pão da Ceia do Senhor" (p. 8, grifo original). Isso descreve a prática da igreja registrada no livro de Atos.

Pergunta 35: Por que o pastor deve liderar a reforma das práticas de membresia de uma igreja?

em Cristo. Quando as práticas de membresia precisam de reforma, os pastores devem liderar a mudança. Como isso pode ser feito?

Responsabilidade bíblica

Não se encontra a figura do "membro" no Novo Testamento. No entanto, quando consideramos a palavra que expressa *pertencimento, ou o fazer parte de um grupo ou povo, ou um compromisso com outros centrado em uma causa comum*, enxergamos "membresia" em todo o NT. A igreja emergente no Pentecostes reforça essa ideia de pertencimento. Eles foram batizados juntos, "perseveravam na doutrina dos apóstolos e na comunhão, no partir do pão e nas orações". Eles "estavam juntos e tinham tudo em comum; até venderam bens para dar aos necessitados. Eles continuaram: "Diariamente perseveraram unânimes no templo, partiam pão de casa em casa e tomavam as suas refeições com alegria e singeleza de coração, louvando a Deus e contando com a simpatia de todo o povo" (At 2.41-47). Esse senso de pertencimento pode não ter incluído um rol de membros, mas demonstrou um sentido claro de associação.[4]

Paulo encorajou a igreja de Éfeso a viver de tal maneira — com humildade, mansidão, paciência e longanimidade, "suportando-vos uns aos outros em amor, esforçando-vos diligentemente por preservar a unidade do Espírito no vínculo da paz" (Ef 4.2-3). Como um corpo comunitário, habitado pelo Espírito, eles preservavam a unidade do Espírito *entre si como membros uns dos outros* (4.21-22). Quando Paulo elogiou a igreja de Filipos por sua generosidade para com ele, ele dirigiu os agradecimentos especialmente aos membros

---

[4] Benjamin L. Merkle observa: "Embora não haja prova no Novo Testamento de que os nomes dos novos convertidos foram escritos em uma lista, ela seria consistente com a grande quantidade de listas registradas no Antigo Testamento" ("The Biblical Basis for Church Membership", em John S. Hammett & Benjamin L. Merkle, orgs., *Those Who Must Give an Account: a Study of Church Membership and Church Discipline* [Nashville: B&H Academic, 2012], p. 32.)

daquela comunidade que estavam unidos na preocupação com ele e proporcionavam o suprimento de suas necessidades (Fp 4.10-20).

Pedro mostrou a conexão ou o senso de pertencimento que as igrejas às quais se dirigiu experimentavam, chamando-as de "pedras que vivem", "edificados casa espiritual para serdes sacerdócio santo" (1Pe 2.5). João escreveu para congregações particulares — uma chamada enigmaticamente de "a senhora eleita e seus filhos", enquanto se diz da outra que estava sob a liderança do "amado Gaio" (2Jo 1; 3Jo 1). Ele considerou questões que demonstram um conhecimento pessoal de um grupo unido em Cristo. A identidade das sete igrejas da Ásia Menor (Ap 1–3) mostra que os membros claramente definidos das congregações eram mutuamente responsáveis pelo testemunho da igreja na comunidade e pela prestação de contas ao Senhor.

A membresia da igreja, seja qual for o nome pelo qual seja chamada, tem um forte precedente bíblico que dá aos membros responsabilidade uns pelos outros. Como Jonathan Leeman observa: "Uma igreja é sua membresia."[5]

Preocupação pastoral

As várias exortações para que os pastores façam seu trabalho indicam que havia presbíteros/pastores em particular de congregações locais em particular. Eles atendiam a suas necessidades pastorais particulares (Ef 4.11-16; 1Ts 5.12-13; 1Tm 5.17; Tt 1.9; Hb 13.17; 1Pe 5.1-4). Com a membresia da igreja, os presbíteros reconhecem limites dentro dos quais podem exercer seus ministérios estabelecidos por Deus. Eles viveriam frustrados se fossem responsabilizados por *todos* os que vivem em sua cidade, e não por aquelas pessoas que, em razão de serem membros de uma igreja específica, Deus chama para obedecer e se submeter à liderança deles (Hb 13.17).

---

5 Jonathan Leeman, *Church Membership: How the World Knows Who Represents Jesus* (Wheaton: Crossway, 2012), p. 46 [*Membresia na Igreja: Como o Mundo Sabe Quem Representa Jesus* (São Paulo: Vida Nova, 2016)].

Pergunta 35: Por que o pastor deve liderar a reforma das práticas de membresia de uma igreja?

A membresia é uma identificação *local*.[6] A reforma da membresia da igreja muitas vezes envolve o processo enfadonho de localizar os membros que se mudaram ou não frequentam mais a comunidade, a fim de removê-los da membresia e, assim, reduzir a responsabilidade do ministério pastoral.

Leeman oferece o que chama de "definição desengonçada" de membresia, mas que se mostra útil na compreensão da preocupação pastoral com ela:

> Membresia é um relacionamento formal entre uma igreja e um cristão, caracterizado pelo discipulado que se dá sob a supervisão da igreja e pela submissão à vida de discipulado sob os cuidados da igreja.[7]

Enquanto os membros trabalham em conjunto para ajudar uns aos outros a viver como discípulos de Jesus, pastores/presbíteros servem de modelo para a igreja (1Tm 3.2; 5.17; Tt 1.9; Hb 13.7). Como pastores, eles guardam o rebanho dos ensinos falsos e da heresia destrutiva. Como presbíteros, eles são modelo de vida cristã e orientam sabiamente a observância fiel do ensino da Palavra de Deus. Como bispos, eles assumem a liderança para ajudar a igreja a cumprir as responsabilidades dadas por Deus. Isso não pode ser feito de forma eficaz por aqueles que não frequentam a igreja regularmente (a não ser por razões físicas). Os pastores precisam saber por quem são responsáveis. Uma membresia rigorosa dos que seguem os requisitos para serem membros torna isso possível. Caso contrário, a igreja precisa engajar-se em um processo de refinamento dos requisitos de membresia e tomar medidas para remover os que não desejam continuar em aliança uns com os outros.

---

6 Exceções são os membros de uma igreja que estejam em serviço militar, no campo missionário, na universidade ou em circunstâncias semelhantes que os afastem temporariamente da participação local. A igreja deve continuar a servi-los, pois eles têm um justificativa.

7 Leeman, *Church Membership*, p. 64 (grifo original).

Os pastores que têm esse tipo de responsabilidade e prestam contas a Cristo pela forma como têm pastoreado seu povo não podem brincar com a membresia da igreja (At 20.25-31; Hb 13.17). Como líderes, eles devem cultivar uma atmosfera de cuidado e encorajamento mútuo (Hb 10.24-25). Isso acontece melhor quando as práticas de membresia já refletem os precedentes da igreja primitiva.

Vida conjunta

A membresia deve estar limitada a pessoas regeneradas[8] e comprometidas em ajudar umas às outras a ter uma vida cristã conjunta.[9] As mais de 40 vezes em que se vê a expressão "uns aos outros" no Novo Testamento só podem ser praticadas quando as pessoas se reúnem regularmente e participam da vida umas das outras. Como podemos amar uns aos outros (Jo 13.34), estar sujeitos uns aos outros (Ef 5.21), encorajar e edificar uns aos outros (1Ts 5.11), ser dedicados uns aos outros em amor fraterno (Rm 12.10), ser hospitaleiros uns para com os outros (1Pe 4.11), dar preferência uns aos outros em honra (Rm 12.10), admoestar uns aos outros (Rm 15.14) e ser compassivos uns para com os outros (Ef 4.32) se estamos sempre ausentes? Isso não pode acontecer. É necessário que a membresia reflita os que se *identificam* com Cristo e com seu corpo, os que se unem na *prática comunitária* no corpo local de Cristo.[10] Fora dessa identidade e dessa comunidade, a membresia eclesiástica do Novo Testamento não existe. Portanto, se o dia a dia mostrar o contrário, o pastor deve liderar a reforma dessas práticas de membresia. Como essa reforma deve ocorrer?

---

8 Os membros que fracassam em demonstrar vida regenerada podem estar sujeitos à disciplina da igreja (Mt 18.15-20).

9 Compreende-se a não convivência somente no caso de membros reclusos ou com doenças que impeçam a participação. Mesmo em isolamento, alguns continuam o ministério no corpo enviando mensagens, fazendo ligações e até mesmo convites para comunhão em sua casa.

10 James G. Samra, *Being Conformed to Christ in Community: a Study of Maturity, Maturation and the Local Church in the Undisputed Pauline Epistles* (Londres: T&T Clark, 2006), p. 134.

Pergunta 35: Por que o pastor deve liderar a reforma das práticas de membresia de uma igreja?

Revendo a membresia

A maioria das igrejas tem algum tipo de exigência de membresia e uma expectativa declarada em uma constituição ou documento regimental. Considere o seguinte:

1. Se esses documentos aprovados derem uma boa base para a associação, a implementação deles pode ser tudo que é necessário para começar a rever a membresia.

2. Mas o regime precisa ser alterado se os requisitos para fazer parte da membresia não incluírem (a) a necessidade de evidência clara de regeneração, (b) aulas para discutir a declaração doutrinária da igreja e sua aliança, (c) uma entrevista com alguns dos pastores/presbíteros para discernir a compreensão do Evangelho e do testemunho cristão, (d) participação regular na vida da igreja e (e) responsabilidade de viver fielmente como cristão.

3. Se a prática bíblica da disciplina para membros em pecado não for inclusa (e praticada quando necessário), também deverá ser alterada a documentação (Mt 18.15-20; 1Co 5).

4. Se esses documentos precisarem ser alterados, um pastor deverá conduzir o processo, estabelecendo bases bíblicas da natureza da igreja, de seus membros, da vida em comunidade e do que a igreja primitiva valorizava em seus participantes. Esse processo pode levar vários anos para se concretizar, mas deverá ser feito com cuidado e o mais rapidamente possível.[11] Até que o processo de membresia siga os padrões bíblicos, será difícil melhorar a saúde da igreja.

Mark Dever descreve 12 passos práticos para desenvolver membros de igreja sérios.[12]

1. Proclame regularmente o Evangelho em sua pregação.

---

11 Veja Hammett & Merkle, *Those Who Must Give an Account*, para um estudo proveitoso sobre membresia e disciplina na igreja. Veja também, no presente livro, as Perguntas 32, 33, 34 e 36.
12 Mark E. Dever, "The Practical Issues of Church Membership", em Hammett & Merkle, *Those Who Must Give an Account*, p. 96-101.

2. Tenha e use uma declaração de fé e uma aliança aprovadas pela congregação.

3. Exija participação nas aulas de membresia antes de admitir membros na congregação.[13]

4. Exija uma entrevista com quem passou pela classe de membros, antes de a pessoa ser recomendada à congregação para membresia.

5. Não batize bebês e tenha cuidado ao batizar crianças pequenas para se tornarem membros formais da igreja local.

6. Entenda que a admissão do membro é um ato da congregação.

7. Publique uma lista de membros contendo nome, foto, endereço, e-mail e telefones.

8. Supervisione ativamente os membros.

9. Trabalhe para criar uma cultura de discipulado na igreja.

10. Limite algumas atividades, eventos e áreas de serviço aos membros.

11. Depois que a membresia for reinstituída na igreja, retome a prática da disciplina corretiva (incluindo a excomunhão ou exclusão).

12. Finalmente, recupere algo da grandeza do plano divino. Lembre a congregação de que a história da qual estamos participando é maior do que nossa congregação.

Resumo

As igrejas devem estar convencidas do fundamento bíblico e da prática da membresia. Seus pastores saberão a quem servem no pastoreio e no ensino ao entenderem a estrutura e os limites da membresia. As igrejas que promovem alianças entre os membros encorajarão e estimularão umas às outras, promovendo o crescimento na saúde e no testemunho. Refinar as práticas de membresia pode levar tempo, mas deve ser uma prioridade para pastores e líderes.

---

13 Mark Dever & Paul Alexander, *Como Edificar uma Igreja Saudável: Um Guia para Liderança Intencional*, 3ª ed. (São José dos Campos: Editora Fiel, 2024), p. 77-85.

Pergunta 35: Por que o pastor deve liderar a reforma das práticas de membresia de uma igreja?

Perguntas para reflexão

1. Que evidências de membresia se vê na igreja primitiva?
2. O que significa a expressão de Bonhoeffer "vida conjunta"?
3. Como as epístolas do NT dão evidência marcante de membresia?
4. Como uma igreja pode começar a refinar as práticas de membresia?
5. Por que as classes de membresia são necessárias para o processo de filiação à comunidade?

PERGUNTA 36
COMO O PASTOR PODE IDENTIFICAR O RITMO CERTO DA REVITALIZAÇÃO DA IGREJA?

Você alguma vez já teve de revitalizar a igreja que plantou? Eu já. Cinco anos depois do plantio, ficou dolorosamente óbvio que precisávamos de revitalização. Durante esse período, minha compreensão teológica limitada começou a mudar. Ao expor as Escrituras, fiquei cara a cara com verdades teológicas com as quais nunca havia lidado. Meu coração foi inundado de alegria e prazer por conta do que Deus vinha me ensinando. Ensinei com fervor para a minha congregação o que eu aprendera. Alguns responderam com o mesmo tipo de alegria que experimentei; outros, com ceticismo. Continuei pregando, ensinando e dialogando enquanto pastoreava a congregação, a fim de levá-la a abraçar o ensino da Palavra de Deus.

Essa mudança teológica naturalmente afetou nossa metodologia e nosso culto. A essa altura, a necessidade de revitalização começou a surgir. Apesar do crescimento numérico (e, infelizmente, não saudável), a congregação tinha sérias falhas no entendimento da autoridade das Escrituras, do Evangelho e suas implicações, da eclesiologia e da missão da igreja. Quando rejeitei meu pragmatismo anterior, alguns dos principais líderes da igreja discordaram de mim. Não queriam uma igreja guiada pelo ensino das Escrituras e centrada no Evangelho. Eu ingenuamente não pensei que esses "amigos" iriam tão longe a ponto de fazer oposição à nova direção; antes, imaginei que ouviriam o ensino da Palavra e o seguiriam.

No início, eles discordaram silenciosamente; depois, resmungaram entre si, e suas queixas finalmente se espalharam por toda a igreja. Ao mesmo tempo, as pessoas que me ajudaram a fundar a congregação começaram a arquitetar um plano para me demitir. Isso veio à tona quando os professores das duas maiores classes da escola dominical pediram um encontro com um homem que era um líder em ascensão na igreja. Queriam que se aliasse a eles em prol de minha expulsão. Durante o café da manhã, ele os enfrentou e os confrontou biblicamente. Naquele momento, porque ele se posicionou, o plano deles começou a se desfazer. Mas, antes de sair, eles envenenaram tanto a igreja que, durante um período de três anos, cerca de 65% da congregação foi embora.

Estávamos com oito anos de igreja. A maioria dos que se comprometeram a pagar pelo novo prédio em que estávamos havia ido embora. Nossas finanças minguaram junto com a congregação. O Senhor, contudo, pegou nossa igreja pela mão, sustentou-nos em dias difíceis e começou a transformá-la semana a semana. O senso de unidade na igreja foi uma suspresa. Nós o tratamos como um presente divino. Percebemos essa unidade centrada em Jesus Cristo e em seu Evangelho. Todas as áreas da igreja — pregação, ensino, treinamento, crianças, alunos, pré-escola, música e oficiais da igreja — estavam indo na mesma direção, amando o mesmo Evangelho, adorando o mesmo Senhor Jesus, dependendo do mesmo Espírito Santo e tendo prazer em estudar a mesma Bíblia. A revitalização aconteceu nas asas da Palavra de Deus, da oração e do amor mútuo no corpo.

Todas as igrejas que servi precisaram de revitalização. Pela minha observação, a maioria das congregações onde meus amigos serviram tiveram a mesma necessidade. No entanto, a revitalização não acontece rapidamente ou em pastorados curtos. Exige a disposição de um pastor para enfrentar dificuldades, suportar oposição, exercer paciência no ensino e na pregação, continuar pastoreando mesmo aquelas pessoas difíceis de pastorear e esperar que o Senhor faça a obra

Pergunta 36: Como o pastor pode identificar o ritmo certo da revitalização da igreja?

transformadora e revitalizadora na igreja que somente ele pode fazer. Qual é o ritmo apropriado da revitalização? Vamos refletir sobre isso a partir de duas categorias.

Avalie os problemas que causam a necessidade de revitalização

Alguns assumem um novo pastorado com planos e programas em abundância. As igrejas geralmente não se importam com novos planos e programas, desde que eles não perturbem o *status quo* ou exijam obediência radical a Jesus Cristo. Eles associam novos pastores a novos programas e a alguns pormenores aos quais a igreja se ajustará. Todavia, planos e programas não fazem discípulos. Somente a Palavra de Deus proclamada fielmente no poder do Espírito Santo pode transformar uma congregação em seguidores fiéis de Jesus Cristo (1Co 2.1-5).

Então, espere que a maioria das igrejas reaja a um pastor que expõe fielmente as Escrituras. Chamar ao arrependimento e à fé em Cristo, fazer valer o Evangelho e suas implicações para toda a vida e organizar a vida da igreja em torno dele expõe a incredulidade. A menos que uma igreja tenha sido reordenada pelo Evangelho, as reações eventualmente ocorrerão — às vezes, imediatamente ou, pelo menos, em um espaço de seis meses a um ano. Portanto, pastores precisam avaliar cuidadosamente as questões que geram a necessidade de revitalização em sua congregação, para que consigam tratá-las regularmente por meio da pregação, ensino e discipulado.

1. Visão das Escrituras

Minha denominação (Convenção Batista do Sul dos EUA) travou uma batalha histórica sobre a autoridade das Escrituras por muitos anos, finalmente declarando vitória — que somos um povo do Livro. No entanto, o maior problema ainda está sendo enfrentado: o que essa Bíblia inerrante em que você diz que acredita *ensina*? Uma congregação *dizer* que acredita na Bíblia significa muito pouco, até que ela funcione no dia a dia de seus membros. A Bíblia tem autoridade no que tange à salvação, à vida, à doutrina, à política e ao ministério? Alguns pensam que ser membro da igreja ou batizado seja suficiente para a salvação, e não a obra regeneradora do Espírito (Jo 3.1-8; At 11.18; 1Co 1.26-31; Tt 3.5-7; 1Pe 1.17-25). Quando aqueles que sustentam tais pontos de vista assumem a liderança na congregação, essa igreja enfrenta tempos perigosos. Eles ignoram a instrução doutrinária da Escritura e seu propósito para o ministério e para a missão. Em vez de a Bíblia regular o culto por meio da leitura pública das Escrituras, da oração baseada nas Escrituras, da música a partir das Escrituras, da confissão comunitária por intermédio das Escrituras e da pregação das Escrituras, eles querem cultos de adoração que os façam se sentir melhores com seus estilos de vida, crenças e escolhas.[1] Quando você vir isso, é sinal de que a igreja precisa de revitalização.

2. Visão do Evangelho

Aquilo em que uma igreja acredita sobre o Evangelho de Jesus Cristo revelará um povo redimido e apaixonado por servir a Cristo ou um povo disfarçado de cristão. Perguntas devem ser feitas. A igreja é clara sobre o Evangelho? O Evangelho é central para a vida e para o culto da igreja? Há uma conversa contínua, alegre e grata sobre a obra do Evangelho entre os membros? A igreja acredita tanto no Evangelho que insiste em regenerar seus membros? Há o reconhecimento e a profunda convicção de que, somente pela fé em Jesus Cristo revelada no Evangelho, um pecador será perdoado e transformado em uma nova criatura? A igreja quer que o pastor continue a pregar e a praticar o Evangelho ao expor as Escrituras?

---

[1] Brian Croft, *Biblical Church Revitalization: Solutions for Dying and Divided Churches* (Fearn: Christian Focus, 2016), p. 91-97.

Pergunta 36: Como o pastor pode identificar o ritmo certo da revitalização da igreja?

3. Visão de uma igreja do Novo Testamento

Parte da manutenção da autoridade das Escrituras e da crença no Evangelho bíblico deve-se à visão que a congregação tem daquilo que o Novo Testamento chama de igreja. Quem diz o que é a igreja e como ela deve ser conduzida: as Escrituras ou a cultura? Existe o reconhecimento de que Jesus morreu pela igreja (At 20.28) para que ela fosse seu corpo e sua noiva (Ef 1.22-23; 5.23-32)? Quem é visto como o foco de Jesus e de sua obra redentora, a igreja ou o indivíduo (Ef 1.3-14)? Compreende-se a necessidade de regeneração para que verdadeiramente se faça parte do corpo de Cristo (Ef 2.4-10)? Existe o desejo de que a igreja seja pura e santa (Ef 5.27)? Há o reconhecimento de que a forma como a igreja é organizada e governada não deve ser atribuida à cultura ou à tradição, mas à revelação da Sagrada Escritura (1Tm 3.1-13; Tt 1.5-9)? Há o desejo de unidade no Espírito no vínculo da paz (Ef 4.3)? Existe o entendimento de que a sã doutrina é fundamental para uma igreja saudável (Ef 4.11-16; Tt 2.1)? A congregação pode não entender completamente tudo o que a Bíblia ensina sobre a igreja, mas ela está caminhando em uma direção bíblica? A congregação e seus líderes desejam seguir o que as Escrituras abordam sobre a igreja?

4. Visão da missão da igreja

Os membros entendem que a igreja é o corpo de Cristo e que, portanto, ela está engajada na missão de Cristo no mundo (1Co 12; Ef 3.4-13)? Eles acreditam que somente a igreja constitui o povo de Deus e sua família redimida (Jo 1.12-13; Ef 2.19-22; 5.1-2; 1Pe 2.9-10; Ap 1.5-6; 21.9-11)? Eles acreditam que a igreja deve viver em contraste com o mundo, como testemunho do poder do Evangelho (1Pe 1.13-16; 2.11-12)? Eles acreditam que a igreja deve ser uma embaixada do céu, e seus membros, embaixadores de Cristo (2Co 5.16-21; Fp 3.20-21)?[2] Eles acreditam que à igreja foi confiado o testemunho do Evangelho e sua

---

[2] Jonathan Leeman, *Political Church: the Local Assembly as Embassy of Christ's Rule* (Downers Grove: IVP Academic, 2016), p. 22.

proclamação, local e internacionalmente, com o objetivo de fazer discípulos (Mt 28.18-20; Rm 1.16-17; 1Pe 2.11-12)? Eles acreditam que os membros da igreja devem amar e servir uns aos outros como evidência de que Cristo habita neles e como testemunho para o mundo que os observa (Rm 12.3-13; 15.1-7; Ef 4.1-3; 4.14–5.2)?

Por que todas essas perguntas? Elas servem para ajudar o pastor a refletir enquanto estuda seus textos dominicais e se prepara para pregar a Palavra. Quase todos os domingos, surgem oportunidades de aplicar a Palavra a uma — senão a todas — área crítica, que revela o verdadeiro coração da igreja. Andy Davis sabiamente coloca: "Se você quer ver uma igreja reformada, coloque todos os seus ovos nesta cesta: o ensino fiel e a pregação da Palavra de Deus."[3] Ao ter uma visão clara das questões que causam a necessidade de revitalização, a pregação do pastor ajudará a congregação a entender o que Deus falou a respeito de sua igreja.

Estabeleça um ritmo para a revitalização

Considere cinco aspectos importantes a respeito do ritmo da revitalização.

1. Pastoreie a igreja

Um pastor pode ficar tão obcecado pelos problemas que causam a necessidade de revitalização a ponto de esquecer a necessidade mais básica do rebanho: pastoreio. A igreja pode precisar de revitalização devido a uma "progressão de pastores negligentes e infiéis".[4] O pastor que anseia ver Cristo formado na igreja (Gl 4.19) não deve negligenciar o pastoreio das ovelhas magoadas e feridas. Reserve um tempo para visitar os membros, comer com eles, ouvir suas preocupações (sem reagir),

---

3 Andy Davis, "The Reform of First Baptist Church of Durham", 9Marks, 27 de outubro de 2011, disponível em: https://www.9marks.org/article/journalreform-first-baptist-church-durham.

4 Croft, *Revitalization*, p. 57

Pergunta 36: Como o pastor pode identificar o ritmo certo da revitalização da igreja?

discutir sermões, observar como respondem ao seu cuidado gentil, avaliar como estão escutando a Palavra exposta. Comece um estudo bíblico simples ou um grupo de discipulado. Concentre-se em discipular a igreja em vez de tentar fazer mudanças durante esse primeiro ano (ou talvez durante mais tempo ainda).

2. *Pregue os livros da Bíblia*

Deixe a Palavra de Deus fazer o trabalho de revitalização. Martinho Lutero disse sobre a Reforma na Alemanha:

> Eu simplesmente ensinei, preguei, escrevi a Palavra de Deus; além disso, não fiz nada. E, então, enquanto eu dormia ou bebia a cerveja de Wittenberg com meu Philip e meu Amsdorf, a Palavra enfraqueceu tanto o papado que nunca príncipe ou imperador algum fez tanto dano a ele. Eu não fiz nada. A Palavra fez tudo.[5]

Concentre-se no Evangelho, na conversão genuína, na evidência de regeneração e nas aplicações do Evangelho em sua pregação.[6] Destaque as aplicações nos sermões. O pastor não precisa introduzir mudanças que espera fazer. Apenas aplique a Palavra. Deixe a Palavra fazer o trabalho nos corações. Aproveite o tempo para discutir com os membros o que eles estão aprendendo com a Palavra. Talvez agende discussões domingo à noite ou no meio da semana sobre o sermão — em que o pastor explica doutrinas ainda difíceis. Não se deixe intimidar por vozes ásperas ou ameaças; visto que, como pastor, você prestará contas a Deus da maneira como pastoreia o rebanho (Hb 13.17). Demonstre amor e cuidado com o corpo, bem como o compromisso de permanecer nesse pastorado por muito tempo — um mínimo de dez anos —, a fim de guiar a igreja nas mudanças.[7]

---

5 Martinho Lutero, citado em Davis, "Reform", p. 10.
6 Veja a Pergunta 25 para recomendações sobre um plano de pregação.
7 Croft, *Revitalization*, p. 103. Concordo com o mínimo de dez anos, mas mais tempo é melhor.

3. Não se surpreenda com a reação contrária

Alguém provavelmente fará oposição à pregação bíblica e à ênfase no Evangelho de Jesus Cristo. Eles certamente serão contrários ao modelo de igreja do NT. Quando isso acontecer, mantenha-se firme. A menos que um pastor esteja disposto a permanecer firme e continuar o trabalho de revitalização bíblica, essa igreja provavelmente permanecerá presa à apatia espiritual, à frieza e à falta de vida. A revitalização exige pastores corajosos, dependentes de Cristo, para o bem de sua igreja. Estar na presença de valentões nunca é fácil, mas Cristo não nos chamou para uma vida de facilidades. Como Paulo disse a Timóteo: "participa comigo dos sofrimentos, a favor do evangelho, segundo o poder de Deus [...] Participa dos meus sofrimentos como bom soldado de Cristo Jesus" (2Tm 1.8; 2.3).

4. Seja sensível ao Espírito Santo

Seja um homem de oração. Jesus Cristo prometeu que as portas do inferno não prevaleceriam contra sua igreja (Mt 16.18). Então, busque a face dele. Confie em suas promessas. Invoque seu nome para trabalhar entre seu povo, mesmo que isso signifique remover alguns que não o seguem genuinamente. Viva e ande no Espírito, para que você permaneça sensível aos estímulos sobre quando falar e quando ficar em silêncio, sobre quem desafiar e treinar, sobre quem confrontar e chamar ao arrependimento. Por toda a parte, ande humildemente com Cristo e com ousadia na verdade.

5. Seja decisivo na hora de agir

Esteja disposto a enfrentar a perda.[8] Prepare-se para sofrer intensa oposição. Disponha-se, se necessário, a aceitar até mesmo um

---

8 O testemunho de Andy Davis sobre a reforma bíblica na Primeira Igreja Batista de Durham mostrou sua disposição de perder algumas batalhas para vencer a guerra (*Reform*, p. 1-8). Veja a revista 9Marks de novembro a dezembro de 2011 para mais artigos sobre revitalização, disponível em: https://www.9marks.org/journal/

Pergunta 36: Como o pastor pode identificar o ritmo certo da revitalização da igreja?

corte salarial para que o trabalho de revitalização termine.[9] Se for uma questão de mudança de regime para a pluralidade de presbíteros, ou o estabelecimento de classes de novos membros como pré-requisito para a membresia, ou a exigência da assinatura de uma aliança que expresse o compromisso de um membro com o corpo, ou a alteração de documentos governamentais da igreja, ou a mudança do culto para que ele reflita a centralidade do Evangelho, faça isso de forma decisiva, corajosa e humilde, na dependência do Senhor. A primeira tentativa pode não passar. Portanto, continue pastoreando o rebanho, expondo a Palavra, estudando o Evangelho, rogando ao Senhor que opere e sendo sensível ao Espírito. Na segunda ou terceira tentativa de realizar grandes mudanças, pode ser que aqueles que se opõem ao ministério bíblico desistam. Quando isso acontecer, a igreja começará a mudar de maneira significativa, para a glória de Deus.

Resumo

A maioria das igrejas que chama um homem para servir como pastor precisará de revitalização. Antes de procurar fazer as mudanças apropriadas, o pastor precisa determinar que permanecerá tempo suficiente para implementá-las. É necessário enfrentar de bom grado as dificuldades inerentes a esse trabalho fiel de pastorear uma congregação até que, por meio do poder do Espírito Santo, a Palavra faça seu trabalho. Então, a dificuldade e o esforço para ver uma igreja crescendo em saúde, unidade e fidelidade ao Evangelho valerão a pena.

---

revitalize-why-we-must-reclaim-dying-churches-and-how. Para uma calorosa discussão sobre revitalização, veja Mike McKinley, *Plantar Igrejas É para os Fracos: Como Deus Usa Pessoas Fracas para Plantar Igrejas Comuns que Fazem Coisas Extraordinárias* (São José dos Campos: Editora Fiel, 2013).

9   Não estou aconselhando você a negligenciar as necessidades de sua família. Faça todo o possível para cuidar dela, principalmente nutrindo sua esposa durante o difícil momento da revitalização. Eu aceitei um corte salarial e trabalhei fora da igreja para complementar a renda por um tempo. A perda foi logo recuperada quando a igreja deu a volta por cima.

Perguntas para reflexão

1. Que questões revelam a necessidade de revitalização de uma igreja?
2. Como o Evangelho é central para a compreensão da vitalidade espiritual de uma igreja?
3. Qual é o foco mais importante que um pastor pode ter ao liderar uma igreja rumo a uma reforma bíblica?
4. Como o pastor deve lidar com objeções à revitalização?
5. Quando o pastor sabe que é hora de tomar medidas decisivas para a revitalização?

PERGUNTA 37
COMO O PASTOR DEVE AJUDAR A CONGREGAÇÃO A ENFRENTAR O SOFRIMENTO?

Todo livro da Bíblia, explícita ou implicitamente, considera o sofrimento. Gênesis mostra o início do sofrimento na Queda (Gn 3). Juízes revela o sofrimento nacional com a desobediência, que levou à opressão. Ester narra a ameaça de aniquilação dos judeus. Malaquias desafia a comunidade pós-exílica, que estava enfrentando perdas devido à negligência espiritual. O Antigo Testamento examina todos os ângulos do sofrimento em um mundo caído.

O Novo Testamento faz o mesmo. João adverte a tribulação no mundo (16.33). Atos mostra a igreja enfrentando perseguição (caps. 3–28). Romanos liga a glória ao sofrimento (cap. 8). Paulo, em 1 Timóteo, identifica o sofrimento por meio de falsos ensinamentos (1.3-7; 4.1-5; 6.3-5). João, em sua terceira carta, expõe o sofrimento por meio de um líder autoritário (9-10). Apocalipse retrata o sofrimento como prelúdio do retorno de Cristo.

Em toda a Escritura, a esperança em Cristo brilha intensamente contra o pano de fundo do sofrimento.

O sofrimento acompanha a humanidade. As gerações anteriores, que eram confrontadas diariamente com a expectativa de vida sombria e com a mortalidade infantil, compreendiam a normalidade do sofrimento.[1] Nossa geração — pelo menos, no Ocidente, com tantos direitos notórios — frequentemente parece surpresa com o sofrimento. No entanto, a maioria do mundo vive em meio a pobreza, opressão, enfermidades desenfreadas, conflito civil, inflação em espiral, assistência médica limitada, desastres naturais, ditaduras, leis injustas, perseguição contra cristãos e uma série de outras formas de sofrimento.

O sofrimento não conhece limites. Pode assumir formas diferentes no Ocidente, mas seus efeitos se mostram tão severos e devastadores quanto os que outros enfrentam. Doença debilitante, morte de um jovem cônjuge, incapacidade de conceber, desigualdades no local de trabalho, suicídio, racismo, abuso sexual, pobreza, desemprego, rejeição, filhos rebeldes, vícios, doenças terminais, desunião da igreja, falsos ensinos, hábitos pecaminosos, doenças mentais, opressão social e muito mais acontecem na vida desses que Deus nos chama a pastorear. O Evangelho, porém, muda a maneira como enfrentamos o sofrimento. Os pastores vivem o desafio de caminhar ao lado de seus membros quando sofrem. Porém, antes que o sofrimento aconteça em suas muitas facetas, o pastor deve ajudar sua congregação a enfrentá-lo com confiança na fidelidade de Deus a seus filhos. Como o pastor pode, por meio de seus ministérios contínuos, preparar seu povo para enfrentar o sofrimento? Consideremos cinco maneiras de preparar as congregações para o sofrimento.

1. Viva a vida com seu rebanho

Pastorear requer contato próximo com as ovelhas. Da mesma forma, um ministério pastoral eficaz significa envolvimento com nosso povo. Pregamos e ensinamos a Palavra de Deus, enquanto aplicamos a verdade em nossas interações contínuas. Vivemos em comunidade, compartilhamos refeições, oramos uns pelos outros, rimos e choramos juntos. A partir desses relacionamentos, aprendemos a amar uns aos

---

[1] Matthew McCullough, *Remember Death: the Surprising Path to Living Hope* (Wheaton: Crossway, 2018), p. 31-56.

Pergunta 37: Como o pastor deve ajudar a congregação a enfrentar o sofrimento?

outros com cuidado profundo, compaixão, interesse e serviço que transbordam do relacionamento com Cristo. Amando uns aos outros, damos as mãos e os corações quando chega o sofrimento (1Co 12.26). Nesse ponto, a forma como amamos, servimos e ouvimos por um período de anos se concretiza quando caminhamos ao lado de irmãos e irmãs em sofrimento. Procuramos carregar o fardo com eles em nossas orações, lágrimas e atos de apoio e cuidado.

Se os pastores negligenciarem essa vida conjunta e a construção de relacionamentos com o corpo, sua voz pastoral estará enfraquecida quando o sofrimento atingir seus membros. O ministério pastoral no cotidiano da congregação prepara o terreno para servirmos em tempos difíceis.

2. Reflita sobre o ensino bíblico acerca do sofrimento

Surpreendeu-me ver que cada livro da Bíblia apresenta alguma noção de sofrimento. Mesmo no romântico Cântico dos Cânticos, a noiva indica que sofreu um tratamento severo nas mãos de seus irmãos (Ct 1.6). Muitas vezes, as realidades do pecado trazem sofrimento por meio da culpa, do desânimo, quebrantamento, destruição da família e calamidades nacionais (e.g., 2Sm 11–20; Jz 6). Muitos dos profetas revelam o sofrimento do juízo divino devido ao pecado (e.g., Amós, Naum). A Bíblia mostra pessoas sofrendo por motivos diversos: desespero (Sl 42), morte de um filho (Lc 8.40-42, 49-56), morte de um cônjuge (Rt 1.1-21), perseguição por proclamar a verdade (Jr 32), doença debilitante (Lc 8.43-48), calamidade nacional (Lm), enfermidade (2Co 12.7). Os Salmos, Lamentações, Jó e Apocalipse, em particular, ensinam como lamentar quando nos deparamos com o sofrimento.[2]

---

2 Veja Mark Vroegop, *Dark Clouds, Deep Mercy: Discovering the Grace of Lament* (Wheaton: Crossway, 2019), que demonstra claramente o lugar do lamento na vida e adoração cristãs.

Expomos nossas congregações às realidades do sofrimento quando pregamos regularmente a Palavra de Deus. Mostramos que ele se apresenta em todas as formas e dimensões, sem que ninguém esteja isento dele. Os membros precisam ver e ouvir a descrição bíblica da força bruta do sofrimento para que se preparem para enfrentá-lo. Entretanto, acima de tudo, mostramos a eles como viver o sofrimento quando essas mesmas exposições deixam claro o poder e o efeito do Evangelho de Cristo. Nós os ensinamos a viver com esperança radiante no Evangelho. A morte, a ressurreição e o Evangelho de Cristo prometem apoio a seu povo nos tempos mais difíceis. Expomos como o sofrimento nos separa do apego supremo ao mundo, a fim de que descansemos nas mãos daquele que é o Supremo.

3. Construa uma estrutura teológica para abordar o sofrimento

A boa teologia açoita-nos com a verdade, que funciona no crisol da vida. A exposição doutrinariamente rica exprime a teologia a partir de suas raízes no texto bíblico, para que os membros aprendam a aplicar a Palavra que leem e ouvem. Com exceção da salvação, talvez não haja nenhum domínio da vida que precise mais desesperadamente de uma estrutura teológica do que a jornada ao longo do sofrimento. Os crentes sobrecarregados com a força amarga do sofrimento precisam enxergar o propósito divino para que continuem perseverando.

Durante dois períodos sabáticos, passei algum tempo estudando o ensino bíblico a respeito da esperança. E, então, em julho de 2018, recebi o diagnóstico de um raro linfoma não Hodgkin, fato que me fez recorrer ao que havia estudado. A estrutura teológica que abarcava a natureza de Deus, a soteriologia, a antropologia, a providência, a escatologia e a cristologia me sustentou nesse período pesado que enfrentei. Ter ensinado essas verdades teológicas em meu ministério expositivo regular não apenas me preparou para passar por esse sofrimento físico e mental contínuo, como também serviu minha esposa, meus filhos e minha congregação. Eu experimentei em primeira mão que uma estrutura teológica sólida funciona para os membros que sofrem como um forte bunker cheio de fidelidade da parte do Senhor para com seu povo.[3]

4. Caminhe com seus membros pelo sofrimento

Não muito tempo depois que completei um ano de tratamento contra o linfoma de células do manto (LCM), eu e minha esposa refletimos uma noite sobre como os últimos meses haviam sido difíceis, especialmente quando o tratamento se intensificou e exigiu internações hospitalares. Senti uma fraqueza como nunca imaginei que sentiria. Na escuridão da noite, amarrado a um suporte intravenoso com produtos químicos venenosos pingando em minhas veias, senti como se a morte tivesse me envolvido. No entanto, o corpo de Cristo orou. Família e amigos visitaram-me, enviaram mensagens, mandaram e-mails e me ligaram. No momento certo, alguém ofereceu uma palavra de encorajamento, um cartão que levantou meu ânimo, a determinação de carregar meu fardo. Naquela noite, comecei a chorar sem controle algum. Minha esposa ficou perguntando o que estava errado, mas eu não conseguia parar de chorar por tempo suficiente para lhe contar. Finalmente, quando me recompus, disse a ela que, de repente, percebi o que vinha fazendo centenas de vezes ao longo de mais de 40 anos de ministério pastoral. Eu estava acompanhando os membros da igreja em sofrimento, procurando carregar seus fardos, lendo a Palavra de Deus, explicando a verdade sobre sua fidelidade e orando por eles em suas necessidades. Agora, do outro lado da cena, com outros ministrando a mim, percebi o quanto o ministério pastoral é importante para os que sofrem.[4]

---

3 Para um exemplo de como isso funciona de uma maneira muito pessoal, considere a seguinte palestra, que dei à minha congregação em 2019, apenas dois meses após minha última sessão de quimioterapia: http://www.southwoodsbc.org/sermons/reflexões-em-romanos-8-e-r-hiper-cvad.
4 Para um exemplo de como servir os doentes terminais, veja meu artigo "7 Ways to Shepherd the Terminally Ill", *Gospel Coalition*, 11 de junho de 2019, disponível em: https://www.thegospelcoalition.org/article/7-ways-shepherd-terminally-ill/.

Certa vez visitei um homem que, havia pouco, tinha passado por uma cirurgia e estava enfrentando uma recuperação difícil. Li o Salmo 121 e continuei mostrando como o salmista enfatizou o poder sustentador do Senhor. Essa é sua fidelidade! Então, citei 1 Pedro 1.5: "sois guardados pelo poder de Deus, mediante a fé, para a salvação preparada para revelar-se no último tempo". Orei por ele e apliquei o texto em oração. Quando terminamos, ergui minha cabeça para ver as lágrimas dos olhos dele. Eu sabia que, embora ele estivesse sofrendo, enquanto eu compartilhava a Palavra de Deus com ele, o Senhor deixou que eu carregasse um pouco de seu fardo.

Por meio de visitas, orações pastorais, bilhetes, mensagens e telefonemas, junte-se aos que carregam o fardo daqueles que sofrem. Mostre-lhes a suficiência de Cristo em todas as coisas e em todos os tempos.

5. Ajude seus membros a enxergar o propósito de Deus no sofrimento

A luta visceral com o sofrimento não desaparece nas páginas das Escrituras. Davi orou: "Até quando, Senhor? Esquecer-te-ás de mim para sempre? Até quando ocultarás de mim o rosto?" (Sl 13.1). "Ó Deus, tu nos rejeitaste e nos dispersaste; tens estado indignado; oh! Restabelece-nos! Abalaste a terra, fendeste-a; repara-lhe as brechas, pois ela ameaça ruir" (Sl 60.1-2). Davi orou com a consciência de que a providência de Deus trouxera o sofrimento para derrubá-lo, para que ele encontrasse descanso na presença de Deus, nas suas promessas e no seu poder que agia em sua necessidade. Ele entendia, como escreveu Elisabeth Elliot, que "o sofrimento nunca é em vão."[5]

Algumas reflexões sobre o propósito de Deus no sofrimento ajudarão os pastores a falar de modo gentil e fiel a suas ovelhas, conforme as ensinam a viver como cristãos em meio ao sofrimento.

• O sofrimento é normal em um mundo caído (2Tm 2.3).

---

5 Elisabeth Elliot, *O Sofrimento Nunca É em V*ão (São José dos Campos: Editora Fiel, 2020).

Pergunta 37: Como o pastor deve ajudar a congregação a enfrentar o sofrimento?

- O sofrimento é certo devido à oposição a Cristo e ao Evangelho (2Tm 3.12).
- O sofrimento constrói no crente esperança de ver Cristo (2Co 4.16–5.5).
- O sofrimento é um instrumento para maturidade, pureza e glória (1Pe 1.6-9).
- O sofrimento afasta o que é irrelevante e sem importância (2Co 12.7-10).
- O sofrimento aguça nossos sentidos e intensifica nosso foco nas coisas eternas (Sl 42).
- O sofrimento torna-nos conscientes de nossa pecaminosidade e fraqueza (Sl 38).
- O sofrimento ensina a importância do lamento (Sl 13).
- O sofrimento intensifica nossa vida de oração (Sl 55).
- O sofrimento abre novas percepções sobre a Palavra de Deus (Sl 119.71).
- O sofrimento separa-nos do mundo (Fp 1.12-26).
- O sofrimento une a igreja na dependência de Cristo (At 4.1-32).
- O sofrimento lembra-nos da brevidade da vida e da glória futura (Rm 8.18-39).
- O sofrimento leva-nos para as aflições de Cristo (Cl 1.24).

Um bom fundamento teológico estabelecido no ministério regular coloca essas verdades em foco durante o sofrimento dos membros. Elas servem a igreja para fazê-la perseverar na confiança de que "o sofrimento nunca é em vão".

Resumo

Os relacionamentos entre pastores e congregações construídos em torno do Evangelho são a base para servir uns aos outros em tempos de sofrimento. Imersos na riqueza bíblica de como Deus trabalha no sofrimento, os pastores podem aproximar-se de seu povo para ajudá-lo a caminhar com esperança e alegria. Os pastores servem o rebanho enquanto ministram a Palavra, fazem contato pessoal e dão apoio contínuo em tempos difíceis. À medida que refletem sobre o sofrimento, os pastores podem servir melhor suas congregações em dias sombrios.[6]

Perguntas para reflexão

1. Quão difundido nas Escrituras é o assunto do sofrimento?
2. Que tipo de temas teológicos ajudam a construir uma estrutura para enfrentarmos o sofrimento?
3. Quais são alguns exemplos bíblicos de sofrimento que revelam a fidelidade de Deus?
4. De que maneiras tangíveis os pastores podem servir seus membros em tempos de sofrimento?
5. Como a compreensão dos vários propósitos de Deus no sofrimento ajuda os pastores a servir os membros da igreja em dias difíceis?

---

6 Considere os seguintes recursos: Sinclair B. Ferguson, *Abandonado por Deus? Entendendo os Caminhos de Deus por meio da Experiência dos Salmistas* (Brasília: Monergismo, 2022); John Flavel, *Providência: um Mistério* (Campinas: PES, 2018); David Powlison, *A Graça de Deus no Seu Sofrimento* (São José dos Campos: Fiel, 2019).

PERGUNTA 38
COMO O PASTOR DEVE LIDERAR A IGREJA A FIM DE ELA SE ENGAJAR EM MISSÕES INTERNACIONAIS?

Há alguns anos, com o apoio de minha congregação, viajei para um país que não recebe obreiros cristãos com um tapete vermelho. Minha missão era servir pastores e presbíteros nacionais, ensinando, respondendo perguntas sobre o ministério, engajando-me no diálogo e vendo, em primeira mão, o ministério da igreja local em um cenário de perseguição. Saber que o governo do lugar espionava as reuniões da igreja me fez pensar na segurança desses crentes. Eles, no entanto, pareciam alheios a qualquer ameaça, concentrando-se em aprender a liderar suas congregações com maior fidelidade. Eles me ensinaram a confiar no Senhor e seguir em frente. Minha alegria aumentou ao longo da semana ao testemunhar a graça de Deus operando entre eles por meio do poder do Evangelho.

Em seus mais de 33 anos de existência, a igreja que sirvo enviou dezenas de equipes missionárias para fazer evangelismo, treinamento pastoral, trabalho infantil, para dar apoio a trabalhadores de campo, para fazer construções, retiros, ensino e pregação. Um *éthos* de missões desenvolveu-se ao longo dos anos, de modo que estar comprometido em orar, dar, ir e enviar se tornou algo normal para nossa igreja. Isso, porém, não aconteceu imediatamente. Nossos pastores desenvolveram práticas que nos ajudaram a promover o engajamento missionário internacional. A seguir, trago alguns conhecimentos sobre como liderar uma igreja para que ela se comprometa com missões internacionais.

Nutrir o pensamento sobre missões

A igreja de Antioquia, sob a liderança de Paulo e Barnabé, começou a pensar sobre a necessidade do trabalho do Evangelho também fora da congregação. Quando o Espírito Santo instruiu seus líderes a separar esses dois homens para um chamado missionário, a igreja respondeu sem hesitação e continuou o envolvimento com eles ao longo de suas jornadas missionárias (At 13.1-3; 14.26-28; 15.36-41; 18.22-23). Eles deram o exemplo do que toda igreja pode fazer pelas missões ao orar, doar, ir e enviar. Dois mil anos depois, como nutrimos esse tipo de espírito missionário na igreja local?

1. Inclua grupos de povos não alcançados na vida da igreja

Um grupo de povos não alcançados (GPN) é um povo etnolinguístico que reside em um ou mais países com menos de 0,1% de sua população seguindo Jesus Cristo. Dos 17.070 grupos de pessoas no mundo, de acordo com o Joshua Project, 7.098 (3,15 bilhões de pessoas) permanecem não alcançados pelo Evangelho.[1] Os GPNs têm pouco ou nenhum testemunho do Evangelho entre eles. Alguns vivem entre outros grupos de pessoas — por exemplo, os afegãos que vivem em Memphis, Estados Unidos. Outros vivem em lugares de difícil acesso ou inacessíveis — por exemplo, o povo do Daguestão, na região do Cáucaso, no norte da Rússia, ou os Sivandi, no Irã. A atenção aos GPNs por meio de oração, doação, apoio a obreiros e envio de equipes temporárias reorienta os objetivos da missão da igreja.

---

1 Veja a página inicial do Projeto Joshua: https://joshuaproject.net. Esse site fornece as pesquisas mais atualizadas sobre GPNs; além disso, traz alertas diários de oração por diferentes GPNs. É possível inscrever-se para receber esses alertas.

Pergunta 38: Como o pastor deve liderar a igreja a fim de ela se engajar em missões internacionais?

2. Ore semanalmente por GPNs e trabalhadores internacionais

Para alertar nossa congregação sobre a existência dos milhares de GPNs, destacamos um ou dois por semana em nosso folheto de culto dominical e os incluímos na oração pastoral. O objetivo é chamar a atenção da congregação para as pessoas que só podem ser alcançadas quando intencionalmente cruzamos as barreiras étnicas e linguísticas que as impedem de ouvir o Evangelho. Semanalmente, oramos pelos missionários ou obreiros nacionais com os quais estamos envolvidos. Isso mantém tanto os GPNs quanto os obreiros cristãos internacionais diante de nossa congregação. Buscamos estar atentos às questões de segurança em quaisquer orações ou discussões públicas sobre aqueles que servem em áreas de perseguição.

3. Construa relacionamentos com missionários e obreiros nacionais

Há alguns anos, coloquei um amigo pastor em contato com um missionário que trabalha em um GPN. Eles continuaram conversando. Essa relação se desenvolveu, e o pastor levou sua congregação a enviar equipes para esse GPN. Os relacionamentos podem começar com uma visita, correspondência, participação em uma conferência de missões, contato com obreiros nacionais visitantes, ou pedido ao grupo de missões para colocá-lo em contato com outros missionários ou obreiros nacionais. Esses relacionamentos evoluem e se tornam uma forte rede de apoio para o envolvimento em missões.

4. Testemunhos de boas-vindas de missões

Acolha em sua igreja pessoas que deem testemunho, quer sejam membros de sua congregação que servem internacionalmente, quer sejam outros obreiros. Com frequência, entrevisto esses missionários visitantes, com a intenção de adaptar suas experiências e, como resultado, ajudar nossa congregação a saber como servi-los.

5. Prepare e lidere viagens missionárias de curto prazo

As missões de curta duração não substituem o trabalho dos obreiros nacionais ou missionários, mas ajudam a igreja local a saber como servi-los melhor. Além disso, elas ajudam a esclarecer o chamado missionário entre seus membros. Nossos membros que servem internacionalmente participaram de uma viagem missionária de curta duração antes de expressar publicamente seu chamado para servir em missões de longa duração.

6. Promova a doação para missões

Apoiamos o fundo de missões internacionais de nossa denominação, mas também identificamos um missionário ou organização missionária diferente para destacar e dar presentes especiais a cada mês, a fim de ajudar em seu trabalho. Isso aumentou nossa doação missionária e a exposição da congregação a diferentes trabalhos missionários.

Comprometa-se com missões internacionais locais

Durante uma visita a um "país fechado",[2] jantei com um casal cristão maravilhoso. Ambos eram profissionais com excelente formação acadêmica em seu país, cujo governo os havia enviado a uma grande cidade ocidental para estudarem mais e serem bolsistas no campo de pesquisa em que atuavam. Enquanto estavam ali, crentes locais interessaram-se por eles. Juntos, fizeram refeições e outras atividades, ajudaram-nos na locomoção pela região metropolitana. Também os convidaram para frequentar a igreja da qual eram membros. Embora ambos fossem ateus, decidiram participar dos cultos. Eles testemunharam a comunidadede de fé amando e servindo mutuamente. Ouviram o Evangelho e viram-no em ação. Ambos vieram a conhecer Cristo. As missões internacionais *locais* provaram ser frutíferas.

---

2 Um amigo missionário lembrou-me que não existem "países fechados"; há apenas alguns um pouco mais difíceis de acessar.

Pergunta 38: Como o pastor deve liderar a igreja a fim de ela se engajar em missões internacionais?

Quando retornaram ao país de origem, após um "discipulado" de dois anos durante a viagem a trabalho, eles corajosamente contaram a experiência para suas famílias. Procuraram uma congregação cristã na cidade deles e começaram a adorar e a ter comunhão com essa igreja "subterrânea". Participei da ordenação desse presbítero pela mesma congregação.

Missão não é algo monolítico. Nem sempre envolve um voo, um visto ou mesmo outro idioma. Missões transculturais chegaram à porta de nossas comunidades através de universitários estrangeiros, empresários em parceria com empresas locais, trabalhadores em treinamento nos Estados Unidos e turistas.

Sentei-me ao lado de um jovem da Arábia Saudita em um voo internacional. Ele passou vários anos frequentando uma universidade americana. Embora eu não conseguisse ir ao seu país com intenção missionária, ele veio ao meu. Tive a oportunidade de envolvê-lo em uma discussão sobre o Evangelho e de lhe dar um e-book cristão. Seu desejo de continuar aprendendo inglês provavelmente o motivaria a ler o livro. Talvez o Senhor o tenha trazido ao nosso país com o propósito de baixar certo livro cristão em seu telefone, lê-lo e aprender as Boas Novas, enquanto o Espírito Santo abria seu coração.

Onde encontramos esses cidadãos internacionais que podem estar aqui por um ou mais anos? Visite as universidades locais. Convide estrangeiros para passar o Natal ou o feriado de ação de graças com sua família. Esteja alerta às principais empresas de sua região que têm funcionários estrangeiros. Procure oportunidades para convidá-los para uma refeição ou passeio. Envolva-se com os refugiados, especialmente aqueles que vêm de partes do mundo de difícil acesso. Eles aceitam de bom grado conviver com qualquer pessoa que demonstre cuidado com eles, que os ajude no deslocamento, que recomende cuidados médicos e odontológicos ou que os auxilie na matrícula escolar de seus filhos. Uma família refugiada que os membros de nossa igreja haviam auxiliado compareceu ao nosso culto da Sexta-Feira Santa, em que ouviram o Evangelho. Procure pequenas lojas ou restaurantes gerenciados por pessoas de GPNs, as quais estão tentando fazer parte da comunidade. Visite-os e conheça-os. Por exemplo, há, em Nashville, no estado norte-americano do Tennessee, uma grande comunidade curda. Várias igrejas locais assumiram o desafio de servi-la, amá-la e levá-la a conhecer as Boas Novas. Nenhuma despesa com viagem internacional ou hotel foi necessária, mas apenas tempo para visitar esses curdos e se envolver com eles.

Cultive missionários dentro da igreja local

O chamado missionário é duplo. Primeiro, há um chamado interno, quando o crente tem o sentimento e o desejo crescentes de proclamar Cristo e se envolver transculturalmente na obra do Evangelho. A consciência da condição perdida da humanidade e do fardo crescente de um determinado povo faz crescer esse chamado interno. Em segundo lugar, há um chamado externo, quando a igreja local da qual se é membro reconhece esse fardo por meio de missões internacionais e dons transculturais para o evangelismo. Isso geralmente acontece quando a igreja observa a fidelidade do crente em apresentar as pessoas de seu entorno ao Evangelho e um verdadeiro amor pelos estrangeiros. Isso pode ser estimulado pela maneira como o crente tenha respondido a uma viagem missionária internacional — com uma paixão por esse trabalho, a fim de continuá-lo como um chamado.

Como o pastor conduz a igreja a cultivar membros para a obra missionária internacional?

1. Ore ao Senhor da seara que envie trabalhadores para a seara (Mt 9.36-38)

Em vez de orar genericamente no culto, ore pelos GPNs nominalmente, como mencionado antes. Ore ao Senhor que novos obreiros levem a eles o Evangelho. Algumas organizações missionárias fornecem

Pergunta 38: Como o pastor deve liderar a igreja a fim de ela se engajar em missões internacionais?

detalhes sobre os GPNs que podem ser incorporados na oração regular da igreja.[3]

2. Pregue os textos missionários de toda a Escritura

Em minhas leituras, tenho encontrado regularmente textos missionários e com aplicação missionária. Ajude a congregação a enxergar as missões como parte do trabalho normal das igrejas locais, e não uma tarefa de grupos paraeclesiásticos.

3. Convide missionários para falarem em sua igreja

Peça às famílias locais que os recebam para uma refeição ou pernoite. Durante reuniões, faça entrevistas com os missionários ou abra um momento para perguntas e respostas. Procure fazer com que sua igreja se familiarize o suficiente com os missionários, de maneira que não apenas reconheçam seus nomes, como também procurem comunicar-se com eles como parceiros de oração.

4. Use histórias de missões para ilustrar pregações e aulas

Biografias de missionários, histórias de sites de missões, correspondências e conversas são ótimas fontes para aumentar o conhecimento sobre missões. Mantenha o anonimato dos que servem em áreas de alto risco.

5. Mantenha a igreja sempre envolvida em doações missionárias

Uma parcela significativa do orçamento da igreja deve ser destinada a missões, bem como a necessidades ou projetos especiais.

---

[3] Por exemplo, veja a página da Junta de Missões Internacionais da Convenção Batista do Sul dos EUA (www.imb.org) ou a página da Jocum sobre GPNs no Sul da Ásia (www.ywamfrontiermissions.com).

6. Lidere membros da congregação em viagens missionárias de curto prazo

A liderança e o envolvimento do pastor em viagens missionárias de curto prazo ajudarão os membros a viajar voluntariamente para fora de suas zonas de conforto. A participação permite que eles vejam em primeira mão o que acontece em ambientes globais à medida que os missionários constroem relacionamentos, ensinam o Evangelho e plantam igrejas. Além disso, nessas situações o pastor tem a oportunidade de observar membros com dons transculturais.

7. Reconheça missionários em potencial na congregação

Quando os presbíteros reconhecerem o interesse de alguém em missões, devem dar continuidade ao assunto: ler livros sobre missões juntos, orar juntos por missionários e GPNs, observar inclinações transculturais, visitar estrangeiros que morem por perto, convidar essa pessoa para ajudar a liderar um estudo sobre missões e incentivá-la a visitar uma missão com o apoio da igreja. Ore ao Senhor que dê discernimento à congregação acerca dessa pessoa que serve o cidadão estrangeiro. A igreja local que tem consciência de missões globais fará questão de reconhecer quando a mão do Senhor estiver sobre um membro, conduzindo-o ao serviço missionário. A igreja, então, confirmará o chamado interno por meio de uma afirmação externa.

Resumo

As igrejas locais têm a responsabilidade de anunciar às nações as Boas Novas de Jesus Cristo. O pastor deve liderar o caminho nutrindo o pensamento missionário em sua congregação. Ele pode promover esse interesse levando a igreja a ter contato com os estrangeiros locais. Isso ajuda a cruzar as barreiras linguísticas e culturais, a fim de levar as Boas Novas àqueles que o Senhor trouxe para perto. Uma atmosfera que acolhe o trabalho missionário pode levar novos voluntários da congregação a ser enviados pela igreja para o serviço cristão.

Pergunta 38: Como o pastor deve liderar a igreja a fim de ela se engajar em missões internacionais?

Perguntas para reflexão

1. De que maneiras o pastor pode alimentar o pensamento missionário na igreja?
2. O que é um grupo de povos não alcançados?
3. Por que deveria haver uma ênfase congregacional nos grupos de povos não alcançados?
4. Quais são os efeitos potenciais das viagens missionárias de curto prazo?
5. Como o pastor pode cultivar missionários em sua igreja local?

PERGUNTA 39
COMO SABER QUANDO TERMINAR UM MINISTÉRIO E FAZER A TRANSIÇÃO PARA OUTRO?

Quando pensamos sobre transição ministerial, nenhum padrão bíblico se encaixa em nosso cenário. A igreja primitiva não funcionava com currículos, candidaturas pastorais e convites. A igreja de Jerusalém enviou representantes para ajudar outras igrejas (At 8.14; 11.22). A primeira viagem missionária estabeleceu a pluralidade de presbíteros em novas congregações (At 14.23). Paulo deixou Silas e Timóteo em Bereia (At 17.15) e, muito possivelmente, Lucas em Filipos.[1] Ele nomeou estagiários para servir como delegados apostólicos em Éfeso (Timóteo e Tíquico) e Creta (Tito e Ártemas). Essas igrejas operavam sob a sabedoria e autoridade dos apóstolos. Em geral, a igreja primitiva funcionava em uma região geográfica menor — com viagens missionárias expandindo esse alcance. Essas igrejas desenvolveram líderes internos ou por indicação apostólica.

Vivemos em uma era diferente, com circunstâncias variadas nos ministérios locais e muito mais igrejas a serem servidas. No entanto, ainda temos homens chamados pelo Espírito e confirmados no serviço do Evangelho pelas igrejas locais. Com treinamento

---

1 As passagens que trazem "nós" em Atos 16 (e.g., v. 10, 13, 16) mudam para "eles" depois de Filipos (At 17.1) e são retomadas em Atos 20.6, indicando que Paulo pode ter deixado Lucas em Filipos para lá continuar o trabalho pastoral.

e orientação, como na igreja primitiva, eles desejam servir as igrejas de Cristo. Essas circunstâncias exigem que as congregações se conectem com candidatos a pastor. Uma vez chamado, o pastor pode passar a vida em uma congregação, mas provavelmente a maioria não passará. Então, como o pastor lida com a possibilidade de fazer a transição para outro pastorado?[2] Assumindo o pressuposto de que ele, embora sirva uma congregação atualmente, tem refletido sobre a possibilidade de assumir outro pastorado, plantar igrejas ou fazer trabalho missionário, abordaremos algumas questões que ajudarão na superação desse grande desafio do ministério pastoral.

Questões a considerar antes de buscar a transição pastoral

Examine estas perguntas antes de iniciar um processo de transição. Permita que elas o ajudem a pensar e discutir com sua esposa e/ou confidentes se é sábio buscar a transição para outro ministério pastoral.

1. Você precisa de umas boas férias ou de um ano sabático em vez de transição pastoral?

Um pastor pode chegar a um ponto em que acredita na possibilidade de sobreviver ao ministério apenas se tiver um novo pastorado. No entanto, o tempo afastado poderá revigorá-lo em seu ministério atual. Certifique-se de agendar um dia de folga semanal e férias anuais. Trabalhe para construir um período sabático. Um mês sabático a cada cinco ou sete anos renovará o ministério de um pastor. Em oração, busque saber se precisa de um novo pastorado ou apenas de uma boa pausa.

---

[2] Harry L. Reeder, "When to Accept a Call or Leave My Church", em Collin Hansen & Jeff Robinson, orgs., *Fifteen Things Seminary Couldn't Teach Me* (Wheaton: Crossway, 2018), p. 85-92 [*15 Coisas que o Seminário Não Pôde Me Ensinar* (São Paulo: Vida Nova, 2020)].

Pergunta 39: Como saber quando terminar um ministério e fazer a transição para outro?

2. Você está focado em suas responsabilidades pastorais?

Podemos ficar tão absortos diante de questões e pessoas problemáticas que perdemos de vista a pregação, o discipulado e o pastoreio. Verifique suas disciplinas espirituais. Você está andando fielmente com o Senhor? Um novo púlpito não o mudará se você deixar de nutrir sua vida espiritual. Considere maneiras de melhorar sua caminhada a fim de reorientar seu trabalho pastoral, antes de prosseguir com a transição.

3. Sua motivação para sair é evitar algumas pessoas de sua igreja?

Se você não está disposto a lidar com amargura, raiva e ressentimento em relação a alguns membros, não pense que a transição eliminará sua responsabilidade como cristão (Ef 4.32; Lc 17.1-4). Padrões de pecado tendem a nos seguir aonde quer que formos. Sair para evitar a aplicação do Evangelho não é uma razão legítima para a transição.

4. A igreja negligenciou o cuidado com você e sua família?

Uma conversa franca com os líderes da igreja pode ser o primeiro passo, em vez da atualização de seu currículo. Eles demonstram cuidado com as necessidades espirituais de sua família? Às vezes, a liderança da igreja não percebe que a remuneração não é suficiente para suas necessidades. Se, mesmo podendo fazer algo, eles não estão dispostos a cuidar adequadamente de suas necessidades, isso pode ser um sinal de que uma mudança deva acontecer (1Ts 5.12-13; 1Tm 5.17). Nem toda igreja pode compensar adequadamente um pastor à medida que sua família cresce. Se o pastor e sua família administram sabiamente os recursos, mas, mesmo assim, eles continuam a faltar, e a igreja não está disposta a ajudar, ele precisa encontrar um emprego de meio período ou conversar seriamente com o Senhor sobre uma transição. Pode ser que, com o passar do tempo e com uma diminuição de gastos, as coisas sejam resolvidas; caso contrário, estará evidente a necessidade de transição.

5. Sua motivação para sair é a oposição ao seu ministério?

Se a oposição está motivando-o a trocar de igreja, perceba que o próximo pastorado provavelmente não será diferente do atual. Todo pastor que serve por alguns anos no ministério enfrenta oposição. A natureza da pregação do Evangelho traz os oponentes à superfície. Falhas em nosso cuidado e no trabalho pastoral também podem produzir oponentes. Em vez de fazer a transição, considere se permanecer e trabalhar em meio à oposição seria melhor para você e para a igreja.

6. Você chegou a um beco sem saída no ministério, de modo que, secretamente, deseja um caminho mais fácil?

Às vezes, pensamos que não podemos suportar mais, de sorte que devemos sair. Decidimos que reciclaremos sermões antigos para suportarmos mais alguns anos e, depois, nos mudaremos para outra igreja. Entretanto, esses pensamentos expõem uma relutância em "participa[r] dos meus sofrimentos como bom soldado de Cristo Jesus" (2Tm 2.3). Verifique seus motivos. Eles podem ser bons e corretos ou podem estar distorcidos pela preguiça e indisciplina. Saiba discerni-los.

7. Sua motivação para sair é o desejo de fazer parte de uma igreja maior ou mais conhecida?

Não há nada de errado em pastorear uma igreja maior. No entanto, ao fazê-lo, o pastor prestará contas de um rebanho maior. Proteja-se contra o pensamento precipitado de que merece um rebanho maior. Esse pode ser o plano do Senhor, mas, antes de seguir nessa direção, certifique-se de estar pastoreando fielmente aqueles que estão sob sua responsabilidade agora.

8. Você está convencido de que a transição contribui para um ministério melhor?

Embora seu ministério atual seja difícil, você não sabe o que enfrentará em um novo pastorado. Lembro-me de pensar, ao fazer a transição para outro pastorado, que tudo seria muito melhor. Meu pensamento mostrou-se totalmente errado. Guarde seus motivos. Uma mudança de ministério não garante um pastorado melhor.

9. Você levou a igreja até onde ela está disposta a ir, de modo que não vê mais resultado em suas ações?

Você pode ter chegado a um ponto em que seus dons e habilidades não se encaixam mais naquela igreja em particular. Nesse caso, eles não mostram mais interesse pela pregação e ensino bíblico, nem desejo de amadurecer, nem disposição para que as Escrituras moldem o regime, nem preocupação com o alcance e missão do Evangelho. Se os pastoreou por vários anos de modo paciente e eles ainda não mostram interesse, talvez seja a hora de fazer a transição. Os anos que você passou com eles podem ser uma preparação divina para outro pastorado.

Questões a considerar ao buscar a transição pastoral

Se as perguntas anteriores confirmaram a transição para outra igreja, use estas perguntas para ajudá-lo a escrutinar a decisão.

1. Você já orou até a paz de Deus encher seu coração com relação à transição?

Paulo, Silas e sua equipe missionária procuraram ir à Ásia Menor e, depois, à Bitínia, mas, como pessoas de oração e sensíveis ao Espírito, eles não tiveram paz quanto a esses intentos (At 16.6-7). Esse exemplo traz um ensinamento. Em vez de sentirmos ansiedade por uma mudança, devemos buscar o Senhor até que a paz de Deus guarde nosso coração (Fp 4.6-7).

2. Você sente que Deus o liberou de seu pastorado atual?

Obviamente, a natureza subjetiva dessa pergunta exige muita oração, exame de alma, avaliação dos motivos e sensibilidade à direção do Espírito Santo. Eu estava servindo uma igreja há quatro anos e meio quando senti o desejo de plantar uma igreja em uma área metropolitana. Tínhamos feito muito progresso na congregação, com espaço para continuar. No entanto, eu sentia uma obrigação de plantar igrejas e não consegui me livrar disso. Não me movimentei imediatamente. Passei um tempo orando, estudando plantação de igrejas, investigando um possível campo e discutindo a ideia com minha esposa e amigos íntimos. Depois de meses nesse processo, senti a liberação de meu pastorado e segui em frente. Isso não significava que eu não enfrentaria medos ou incertezas, já que nunca havia plantado uma igreja, mas uma paz imensa encheu meu coração com relação à transição.

3. Você está simplesmente sondando a possibilidade de transição ou existe outra igreja interessada em você?

Durante um período, uma igreja enviou seu comitê de busca pastoral, em diferentes momentos, para me ouvir pregar onde eu servia. Muitas coisas sobre essa igreja chamaram minha atenção. Eles, contudo, nunca entraram em contato comigo formalmente. Aquelas visitas despertaram meu interesse, mas, sem nenhum contato oficial, percebi que precisava reprimir meus pensamentos. Eles seguiram uma direção diferente e, olhando para trás, vi a providência de Deus em ação para me fortalecer onde servia. Sem o interesse de uma igreja em particular, um pastor pode utilizar contatos para testar oportunidades; contudo, durante esse processo, deve manter o foco no pastoreio do rebanho que ainda se acha sob seus cuidados, sem prejuízo para a atual congregação.

Pergunta 39: Como saber quando terminar um ministério e fazer a transição para outro?

4. Se você é casado, sua esposa concorda totalmente com a transição para outro pastorado?

A unidade entre ambos em tal decisão será essencial. Criar ressentimento devido a uma decisão precipitada e pouco discutida dessa importância pode desfazer um casamento e abalar um ministério. Você e sua esposa veem sua família se ajustando ao ritmo do ministério na nova igreja? Você está disposto a trabalhar pacientemente em ajustes junto com ela?

5. Seus confidentes concordam com a transição?

Às vezes, amigos íntimos podem discernir motivos que não podemos ver. A franqueza deles pode servir de ponto de equilíbrio diante da ideia de trocar de pastorado ou pode incentivar-nos a seguir em frente. Em uma igreja saudável, seus companheiros de ministério que conhecem melhor você e a igreja podem oferecer conselhos sábios.

6. Você sente uma obrigação de pastorear a igreja que tem interesse em você?

A questão não é se você está procurando um novo púlpito, melhor estrutura, melhor salário ou mais funcionários. A questão é se você sente amor por esse grupo e deseja pastoreá-lo por meio da Palavra, cuidado pastoral, aconselhamento e liderança.

7. Você discutiu crenças e convicções doutrinárias, eclesiológicas e pastorais com a nova igreja?

Pode ser que você não concorde em tudo com a nova igreja, mas deve haver concordância ou abertura suficiente em seu ensino para que você não comece o trabalho com um dilema teológico. Isso não significa que não enfrentará perguntas ou mesmo desafios a suas posições doutrinárias acerca das Escrituras. O que você quer discernir, então, será a maleabilidade da igreja, o que foi ensinado por pastores anteriores e o desejo de ser moldada pela Palavra de Deus.[3]

Resumo

Essas perguntas servem para ajudá-lo a buscar a vontade de Deus com bom entendimento, ao considerar uma mudança pastoral. Em última análise, depois de pesar as respostas a essas perguntas, a paz de Deus precisará orientá-lo na decisão final. Se você fizer a transição, procure fazê-la com graça para com a igreja que deixou e com fidelidade à nova. Se ficar, aprenda com as sondagens e questionamentos, a fim de que seja um pastor mais eficaz. Nunca olhe para trás e se pergunte: "E se eu tivesse ido?" Você não foi; então, se concentre em servir sua congregação. Deus cuidará das necessidades dessa outra igreja, de maneira que não é necessário que você fique pensando: "e se?"

Perguntas para reflexão

1. Em que o processo atual de transição pastoral difere do que ocorria na igreja primitiva?
2. Por que o pastor deve questionar-se e refletir bastante antes de considerar uma transição?
3. Que motivações equivocadas podem dar uma falsa ideia sobre a transição?
4. Como o pastor pode discernir se Deus o liberou de seu pastorado?
5. Por que o pastor deve discutir questões doutrinárias, eclesiológicas e pastorais ao considerar pastorear outra igreja?

---

3 Com relação à importância de manter suas convicções, veja H. B. Charles, *On Pastoring: a Short Guide to Living, Leading, and Ministering as a Pastor* (Chicago: Moody, 2016), p. 59-63.

PERGUNTA 40
POR QUE O PASTOR DEVE ALMEJAR PASTORADOS LONGOS?[1]

Minha geração sabe muito de escadas, mas pouco de raízes. As conversas com meu grupo da faculdade e com a comunidade do seminário traziam quase nada sobre criar raízes em uma igreja e ficar nela até o fim. Conversávamos sobre saltos, não sobre longevidade.

Vinte e cinco anos depois daqueles dias de faculdade e 15 anos após meu pastorado atual, alguém me perguntou: "Quanto tempo você planeja ficar em South Woods?" Eu não tinha pensado muito nisso. Então soltei: "Acho que o resto de meu ministério." Minha mente ficou agitada com aquele comentário apressado. Ficar até o fim ia contra minha ingenuidade juvenil. Mas, naquele momento, eu achei isso profundamente satisfatório. No entanto, eu sabia que permanecer no pastorado até que as rédeas precisassem ser passadas para outro pastor não seria algo automático, e um trabalho intenso de oração seria preciso. Esse processo, com o olhar no horizonte, deu-me uma alegria imensurável nos mais de 30 anos em que servi minha congregação. Ao longo do tempo, tenho aprendido algumas lições sobre a alegria de criar raízes.

---

1 Este capítulo é adaptado de Phil A. Newton, "The Joy I Can Know over a Long Tenure", em Collin Hansen & Jeff Robinson, orgs., *Fifteen Things Seminary Couldn't Teach Me* (Wheaton: Crossway, 2018), p. 129-37 (usado com permissão) [*15 Coisas que o Seminário Não Pôde Me Ensinar* (São Paulo: Vida Nova, 2020)].

O processo de criar raízes

Aceitar o chamado de uma igreja para pastoreá-la não garante longevidade. Algumas igrejas se dão bem com seus novos pastores. Outras não. Isso talvez se deva à falta de maturidade do pastor, dons particulares, dinâmica familiar, personalidade, formação cultural ou outras distinções. Ou talvez isso se deva à mentalidade da congregação, impaciência com as fraquezas do pastor, negligência financeira, visão ruim da igreja local, falta de preocupação com o crescimento na graça ou outros assuntos. No entanto, em tal cenário em que o jovem pastor tem poucas chances de longevidade, ele pode lutar com a culpa diante da ideia de ir embora.

Certa vez, um jovem pastor talentoso precisava mudar-se para onde pudesse criar raízes profundas. A culpa congelou-o no idealismo pastoral. A culpa, porém, não cultiva alegria. Ela bloqueia as raízes pastorais e oferece uma justificativa fraca para um longo mandato. Eu o instiguei a considerar outro ministério, em que pudesse usar melhor seus dons. O movimento mostrou-se frutífero à medida que as raízes foram crescendo.

No entanto, isso não significa que mudar é sempre melhor. Uma pausa saudável para examinar o ministério pode desacelerar a síndrome do pasto mais verde. Pastorados curtos continuam olhando através da cerca para encontrar um pasto um pouco melhor. Eles prestam pouca atenção ao potencial do ministério estável, que suporta as estações e tensões que finalmente levam à alegria.

Passei por uma temporada assim no sexto, sétimo e oitavo ano de meu pastorado atual. Os domingos eram difíceis. Murmúrios e dissensões atrapalhavam meu foco. Entretanto, o Senhor me sustentou e trabalhou na congregação nesse momento de luta e fraqueza. Tanto eu quanto a congregação precisávamos aprender juntos sobre a graça, a perseverança, o ministério pastoral e a verdadeira alegria que só poderia ser descoberta no fogo das lutas.

As pessoas foram embora, as finanças ficaram comprometidas, mas o dom da unidade no corpo cresceu inesperadamente. Eu teria perdido a alegria incontrolável da unidade em Cristo que o fogo refina e lustra, caso tivesse espiado por muito tempo por cima do muro e fugido para outro pasto. Algumas alegrias só podem ser experimentadas na graça da perseverança.

Solavancos da jornada pastoral

A longevidade pastoral encontrará obstáculos na jornada. O sonho do seminário, de uma navegação pastoral tranquila, era apenas uma miragem. Pastorear envolve lidar com ovelhas. As ovelhas são confusas. E o pastor também não é o sujeito mais fácil de lidar da encosta. O choque de personalidades, a guerra espiritual, os membros não regenerados, os donos de território, a tomada de poder, as falhas de comunicação, os mal-entendidos, as mudanças de liderança, a pregação expositiva, a clareza teológica, a imaturidade e a inexperiência, todos se combinam para criar solavancos — às vezes, grandes solavancos. No entanto, essa é a jornada pastoral. Se um pastor quiser fazer mais do que a típica parada de três a quatro anos no caminho para coisas maiores e melhores, precisará aprender a perseverar em meio aos obstáculos.

Somente em um ministério perseverante, que supera as dificuldades, um pastor conhecerá as alegrias do triunfo na guerra espiritual, a unidade de personalidades outrora conflitantes e um reordenamento das estruturas políticas que lhe permita praticar a liderança servil. Em duas ocasiões, de seis a oito anos depois de remover membros por indisciplina, tive a alegria de pedir à congregação que os restaurasse à comunhão. Um *imediatista* provavelmente teria perdido a experiência de ver o trabalho redentor da disciplina em ação.

Sendo realista, o solo de uma igreja em particular pode não ser fértil para as raízes de um pastor. No entanto, ele deve testá-lo por meio da fidelidade na vida, devoção a Cristo, pastoreio humilde e perseverança obstinada, para ver se a igreja a que serve é exatamente o lugar onde o Senhor se agradou em plantá-lo. O que é preciso para esse tipo de resistência?

1. Paixão pela congregação

Um pastor pode encarar seus deveres apenas como um meio de compensação, permanecendo até que algo melhor apareça. Todavia, o Senhor da igreja nos chama a pastorear e servir humildemente uma porção de seu rebanho, pregar a Palavra, consolar os necessitados, corrigir os que erram, encorajar a perseverança e dar exemplo de fidelidade a Cristo (veja At 20.28; 1Pe 5.1-4; 1Tm 4.11-16; 6.17-21; 2Tm 2.1-26; 3.10–4.5; Hb 13.17). Os frutos, nesse tipo de ministério, podem demorar a chegar, mas é mais certo que chegarão quando o pastor se mantém com o rebanho.

A paixão pelo rebanho cresce quando passamos tempo ouvindo-o, servindo-o e orando por ele. Eu não entendia isso muito bem em meus primeiros pastorados. Eu gostava de servir e até de passar tempo com *alguns* deles, mas orar regularmente por eles e ouvi-los era algo que não se encaixava muito bem na minha atribulada rotina. Foram necessários anos para eu desenvolver a paixão por uma congregação com a qual pudesse passar minha vida.

2. Disposição de perseverar

A perseverança sobrecarrega-nos. Sem perseverança, uma reunião de presbíteros tensa, o fim ruim de um boato, o desacordo com a equipe ou o desentendimento com membros mal-humorados leva à atualização do currículo. Pastorados longos são sempre pastorados testados. A perseverança torna-se a trilha cheia de graça que os pastorados longos percorrem.

3. Disciplina de longo curso

Mandatos longos exigem o desenvolvimento de padrões sustentáveis de estudo, aconselhamento, desenvolvimento de liderança, oração, administração e comunicação. Eles não acontecem automaticamente. Os pastores alimentam-nos visando a uma maior eficácia, por meio de disciplinas moldadas pela longevidade.

Pergunta 40: Por que o pastor deve almejar pastorados longos?

A longevidade requer o estabelecimento de limites em sua agenda. Você não pode fazer tudo; então, vença o complexo de Super-Homem. Esteja disposto a delegar atividades, enquanto dá atenção ao que faz de melhor. Isso não significa que nunca haverá nenhum cruzamento ou necessidade de sujar suas mãos em um vaso sanitário entupido ou outro problema mundano qualquer. Você é um servo. Sirva, pois, de bom grado. Porém, também é um servo ministrando a Palavra e pastoreando o rebanho, de maneira que deve priorizar sua agenda, à medida que serve com graça e gentileza (At 6).

4. Desenvolvimento de presbíteros (líderes)

Seu espetáculo não é um monólogo. Você é o líder da equipe que serve a congregação. Estude o ministério de Paulo. Ele excedia as habilidades de uma pessoa normal, mas trabalhou com uma equipe ao seu redor. Treinou outros para servir com ele e nas igrejas que plantou.[2]

Como ele disse a Timóteo: "E o que de minha parte ouviste através de muitas testemunhas, isso mesmo transmite a homens fiéis e também idôneos para instruir a outros" (2Tm 2.2). Timóteo era a evidência de que Paulo havia feito o que disse a Timóteo que fizesse. Você não pode sustentar as demandas de um ministério longo com mente e coração saudáveis sem desenvolver líderes que se unam ao trabalho. Além disso, não consegue desenvolver a próxima geração de líderes espirituais pulando de uma igreja para outra. Uma de minhas maiores alegrias tem sido o lento processo de treinamento de futuros presbíteros, pastores, missionários e líderes. Isso não acontece em um pastorado curto.

Relacionamentos contribuem para a longevidade

Você não vai pastorear aqueles de quem não está disposto a se aproximar. Você certamente não perseverará no ministério pastoral se mantiver a congregação distante. Você precisa de relacionamentos

---

[2] Veja Phil A. Newton, *The Mentoring Church: How Pastors and Congregations Cultivate Leaders* (Grand Rapids: Kregel Ministry, 2017), p. 163-82.

próximos, que perdurem anos e que ajudem a moldá-lo também. Como isso é feito?

1. Invista

Eu e um companheiro presbítero andávamos com um missionário por sua comunidade quando ele nos disse que precisava parar em uma casa e investir em alguém. Nós nos perguntamos o que ele estava querendo dizer. Ao pensarmos no termo financeiro, percebemos que ele descrevia adequadamente os relacionamentos pastorais. Você investe no que é valioso para você a fim de expandir aquele valor. Como pastores, investimos tempo, pensamento, energia, amor e serviço naqueles que desejamos que vivam fiéis a Cristo. Longos mandatos permitem que você tenha a alegria de ver os retornos desses investimentos.

2. Ore

Certa vez, ouvi um pastor contar que orava toda semana por cada membro de sua igreja. Aquele comentário me repreendeu. Mudou meus relacionamentos pastorais. Você construirá relacionamentos longos com aqueles que regularmente leva diante do trono da graça. Ao trabalhar em oração por eles, você cresce em amor, paixão e desejo pelo rebanho. Você descobre que, apesar de suas muitas idiossincrasias, quer ficar com eles. Chamá-los de família não é mais uma bravata ministerial. Os anos provam que você sente isso com prazer.

3. Ouça

Relacionamentos envolvem comunicação, e o maior lado da comunicação é o da escuta. Como os que estão acostumados a falar, às vezes temos dificuldade em ouvir. Queremos distribuir discursos bem emoldurados e, então, correr para fazer a próxima coisa de nossa lista. Todavia, os relacionamentos exigem paciência, gentileza e ternura. Quando você passa tempo ouvindo uma pessoa, encontra satisfação em servir aquele irmão ou irmã. No processo, suas raízes aprofundam-se no solo da congregação. A alegria de viver juntos no corpo recompensa os anos de ministério fiel.

4. Participe

Participe das alegrias e tristezas de sua congregação. Como pastor, você provavelmente será chamado quando houver uma morte ou uma tragédia. Esteja lá de coração e alma. Mas também conheça suas alegrias e se alegre com elas.

Depois de passar mais de 30 anos na mesma congregação, escutei problemas, regozijei-me com sucessos, partilhei fardos, chorei com perdas e ri com alegrias. Isso constrói relacionamentos que resistem aos dias difíceis, abre espaço para que eu aceite minhas falhas e fraquezas, constrói a confiança que permite a outros ouvirem meus ensinamentos e conselhos.

5. Pastoreie

Pastoreie o rebanho em vez de pregar para ele. Visualize a congregação enquanto se prepara para estar diante dela com a Palavra de Deus. Ore ao longo da preparação de seu sermão com ela em seu coração. Olhe para ela enquanto prega. Sinta o choro, os fardos e as necessidades do coração de suas ovelhas ao aplicar a Palavra. Com todos os defeitos delas (e os seus), o Senhor da igreja confiou esse rebanho a você. Então, deixe as raízes penetrarem profundamente na vida delas. A longa jornada ao lado delas enriquece sua pregação com terna compaixão, aplicação cuidadosa e esperança confiante em Cristo. Sua pregação será mais transparente à medida que você, com todas as suas fraquezas, confiar em Cristo para pastorear seu rebanho.

6. Valorize

Valorize a diversidade da igreja, pois ela mostra a beleza e o poder do Evangelho. Se todos fossem como você e eu, a congregação seria muito chata. Seja grato ao Senhor por ter colocado diferentes origens, etnias, personalidades e interesses no rebanho que você foi chamado a servir. Em vez de reclamar de suas chatices, agradeça porque Cristo tem prazer em mostrar sua glória entre as pessoas que você serve. A transformação pastoral que resulta do cuidado do rebanho deixa você com uma alegria indescritível em seu chamado.

Resumo

As escadas funcionam bem em estruturas imóveis, mas, quando os ventos sopram e as estruturas estremecem, tornam-se ineficazes. As raízes fortes, por outro lado, resistem ao vento e às tempestades, esbanjando firmeza e constância. O ministério pastoral transita pelas tempestades. Pela graça de Deus, somente com raízes fortes na congregação, os pastores poderão experimentar a alegria imensurável que se encontra em um ministério longo.

Perguntas para reflexão

1. Que circunstâncias e dinâmicas desafiam a longevidade pastoral?
2. Que tipo de fruto produz a perseverança no ministério pastoral?
3. O que é necessário para a longevidade pastoral?
4. Como os relacionamentos perduram em um pastorado longo?
5. O que significa "investir" na congregação?

BIBLIOGRAFIA SELECIONADA

ALEXANDER, J. W. *Thoughts on preaching*. Edição original: 1864. Edimburgo: Banner of Truth Trust, 1988.

ALLEN, Lewis. *The preacher's catechism*. Wheaton: Crossway, 2018.

AVIS, Paul D. L. *The church in the theology of the Reformers*. Eugene: Wipf & Stock, 2002.

BRIDGES, Charles. *The Christian ministry with an inquiry into the causes of its inefficiency*. Edição original: 1830. Edimburgo: Banner of Truth Trust, 1967.

BROOKS, Thomas. *Precious remedies against Satan's devices*. Edição original: 1652. Edimburgo: Banner of Truth Trust, 1968. Puritan Paperbacks. [*Remédios preciosos contra as artimanhas do Diabo*: a verdadeira batalha espiritual. São Paulo: Dordt, 2020]

BUCER, Martin. *Concerning the true care of souls*. Tradução para o inglês de Peter Beale. Edição original: 1538. Edimburgo: Banner of Truth Trust, 2009. [*Teologia pastoral*: sobre o verdadeiro cuidado das almas. Tradução de Martin Weingaertner. Rio de Janeiro: Thomas Nelson, 2020]

CALVINO, João. *The necessity of reforming the church*. Tradução para o inglês de Henry Beveridge. Edição original: 1844. Dallas: Protestant Heritage, 1995.

CHARLES JR., H. B. *On pastoring:* a short guide to living, leading, and ministering as a pastor. Chicago: Moody, 2016.

DEVER, Mark. *Nove marcas de uma igreja saudável*. 2ª ed. São José dos Campos: Editora Fiel, 2024.

DEVER, Mark; ALEXANDER, Paul. *Como edificar uma igreja saudável: um guia prático para liderança intencional*. 3ª ed. São José dos Campos: Editora Fiel, 2024.

GREIDANUS, Sidney. *The modern preacher and the ancient text*: interpreting and preaching biblical literature. Grand Rapids:

Eerdmans, 1988. [*O pregador contemporâneo e o texto antigo*. São Paulo: Cultura Cristã, 2006]

HAMMETT, John S. MERKLE, Benjamin L., orgs. *Those who must give an account:* a study of church membership and church discipline. Nashville: B&H Academic, 2012.

HANSEN, Collin. ROBINSON, Jeff, orgs. *Fifteen things seminary couldn't teach me*. Wheaton: Crossway, 2018. The Gospel Coalition. [*15 coisas que o seminário não pôde me ensinar*. São Paulo: Vida Nova, 2020]

HELLERMAN, Joseph E. *When the church was a family:* recapturing Jesus' vision for authentic community. Nashville: B&H Academic, 2009.

HELM, David. *Expositional preaching:* how we speak God's Word today. Wheaton: Crossway, 2014. 9Marks Building Healthy Churches. [*Pregação expositiva:* proclamando a Palavra de Deus hoje. São Paulo: Vida Nova, 2016.]

JOHNSON, Dennis E. *Him we proclaim*: preaching Christ from all the Scripture. Phillipsburg: P&R, 2007.

KIMBLE, Jeremy M. *40 questions about church membership and discipline*. Grand Rapids: Kregel Academic, 2017.

LANIAK, Timothy. *Shepherds after my own heart:* pastoral traditions and leadership in the Bible, vol. 20, org. D. A. Carson. Downers Grove: IVP Academic, 2006. New Studies in Biblical Theology.

LEEMAN, Jonathan. *Church discipline:* how the church protects the name of Jesus. Wheaton: Crossway, 2012. 9Marks Building Healthy Churches. [*Disciplina na igreja*: como a igreja protege o nome de Jesus. São Paulo: Vida Nova, 2016.]

LLOYD-JONES, D. Martyn. *Pregação e pregadores*. 2ª ed. São José dos Campos: Fiel, 2008.

MERKLE, Benjamin L. *40 questions about elders and deacons*. Grand Rapids: Kregel Academic, 2008.

NEWTON, Phil A. *The mentoring church:* how pastors and congregations cultivate leaders. Grand Rapids: Kregel Ministry, 2017.

NEWTON, Phil A.; SCHMUCKER, Matt. *Equipe pastoral:* fundamento e implementação. São José dos Campos: Editora Fiel, 2023.

PIPER, John. *Exultação expositiva*: a pregação cristã como adoração. São José dos Campos: Fiel, 2019.

_____. *The supremacy of God in preaching*. Grand Rapids: Baker, 1990. [*Supremacia de Deus na pregação.* São Paulo: Shedd, 2003]

RYKEN, Philip Graham et al., orgs. *Give praise to God:* a vision for reforming worship. Phillipsburg: P&R, 2003.

SIBBES, Richard. *The bruised reed.* Edição original: 1630. Edimburgo: Banner of Truth Trust, 1998. Puritan Paperbacks. [*O caniço ferido.* Brasília: Monergismo, 2013]

SPURGEON, Charles H. *Lectures to my students.* Edição original: 1881. Pasadena: Pilgrim, 1990.

TIDBALL, Derek. *Ministry by the Book:* New Testament patterns for pastoral leadership. Downers Grove: IVP Academic, 2008.

WATSON, Thomas. *The godly man's picture.* Edição original: 1666. Edimburgo: Banner of Truth Trust, 1992. Puritan Paperbacks.

Você também pode se interessar por *Equipe Pastoral*,
de Phil Newton e Matt Schmucker

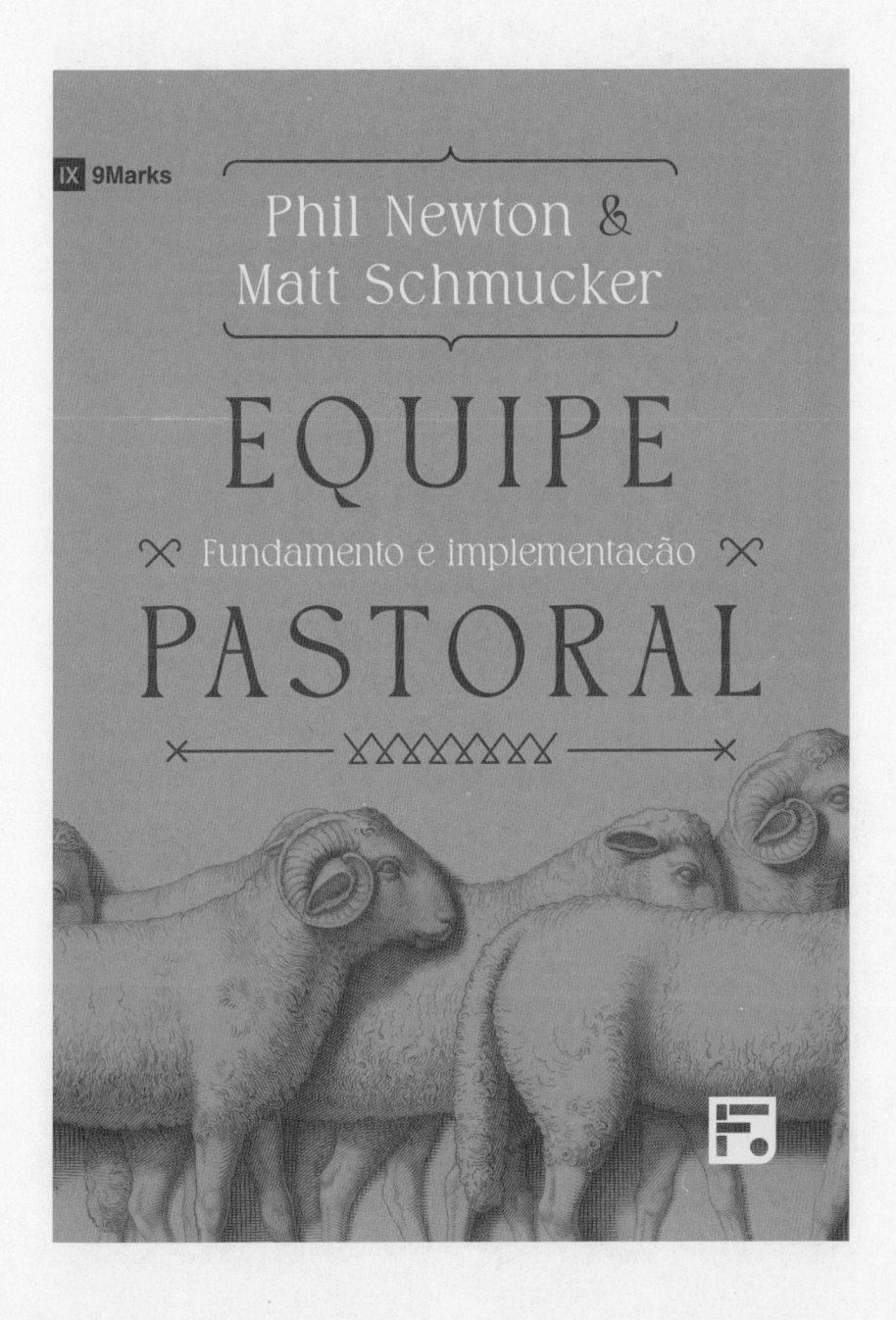

Phil Newton & Matt Schmucker

EQUIPE PASTORAL

Fundamento e implementação

Você também pode se interessar por
O Pastor Imperfeito, de Zack Eswine

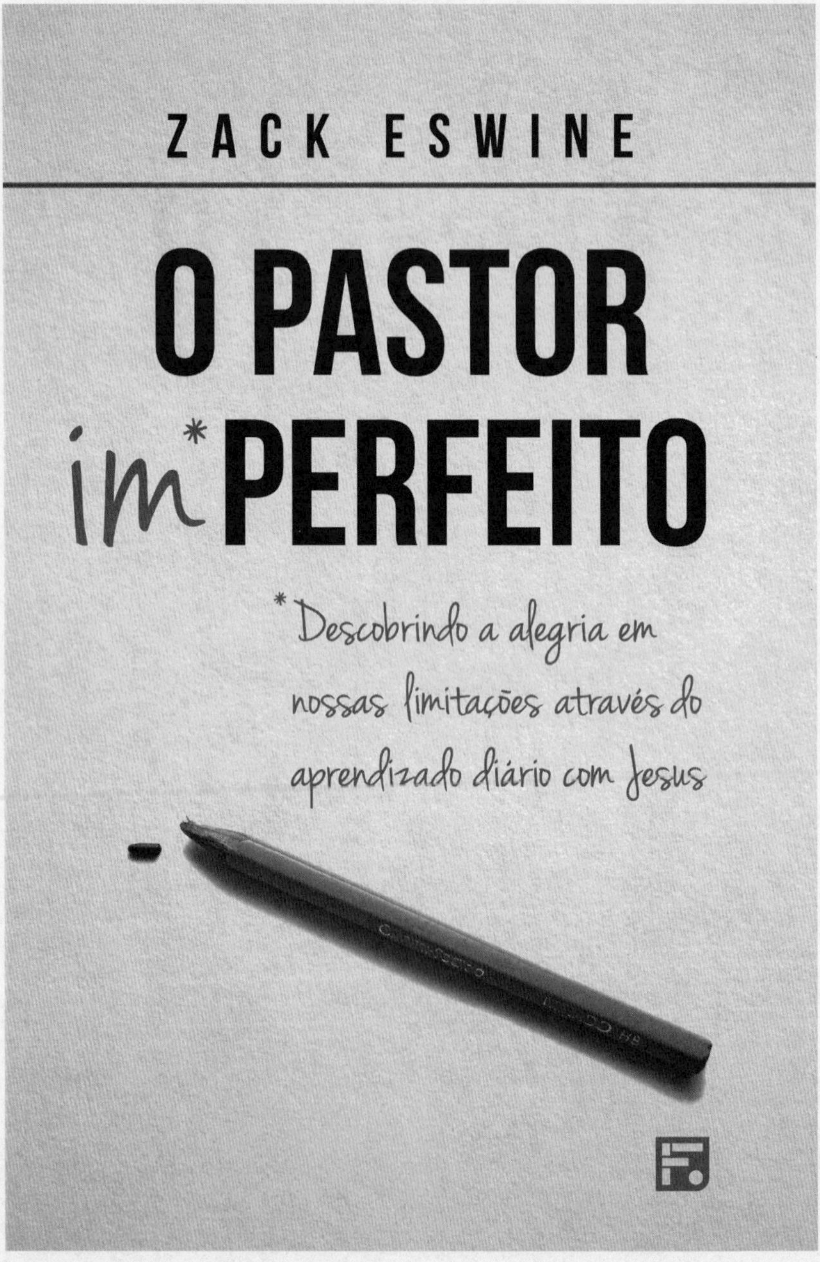

ZACK ESWINE

O PASTOR im*PERFEITO

*Descobrindo a alegria em nossas limitações através do aprendizado diário com Jesus

Você também pode se interessar por
O Ministério do Pastor, de Brian Croft

O Ministério do
PASTOR

Prioridades bíblicas para pastores fiéis

BRIAN CROFT

Você também pode se interessar por
Nove Marcas de uma Igreja Saudável, de Mark Dever

Você também pode se interessar por
Como Edificar uma Igreja Saudável,
de Mark Dever e Paul Alexander

IX 9Marcas

COMO EDIFICAR UMA
IGREJA SAUDÁVEL

*Um guia prático para
liderança intencional*

MARK DEVER & PAUL ALEXANDER

Apresentações de Franklin Ferreira e D. A. Carson

FIEL
MINISTÉRIO

O Ministério Fiel visa apoiar a igreja de Deus de fala portuguesa, fornecendo conteúdo bíblico, como literatura, conferências, cursos teológicos e recursos digitais.

Por meio do ministério Apoie um Pastor (MAP), a Fiel auxilia na capacitação de pastores e líderes com recursos, treinamento e acompanhamento que possibilitam o aprofundamento teológico e o desenvolvimento ministerial prático.

Acesse e encontre em nosso site nossas ações ministeriais, centenas de recursos gratuitos como vídeos de pregações e conferências, e-books, audiolivros e artigos.

Visite nosso site
www.ministeriofiel.com.br